普通高等教育规划教材

ERP Zonghe Shiyan Jiaocheng
ERP 综合实验教程

王 芳 杨 磊 郭慧婷 主编

人民交通出版社股份有限公司
China Communications Press Co.,Ltd.

内 容 提 要

本书以用友 ERP-U8（V10.1）软件系统为实验环境，通过模拟"高乐公司"这一生产型企业的业务运作，以业务流程为主线来阐述 ERP 的各个模块，系统地讲解 ERP 系统的建账过程，基础档案及期初数据的录入，生产制造、供应链、财务模块的日常业务处理等内容，实现了制造、供应链、财务的业务集成。

本书分为 4 篇共 17 章，涉及 37 个实验，其特点在于将理论教学与实验指导结合，通过启发式教学方式对学生进行针对性的 ERP 技能操作训练。本书可满足高等院校信息管理与信息系统、电子商务、财务会计等专业的教学需求，也适用于从事企业制造管理信息化工作管理人员，如采购管理、销售管理、库存管理人员和财务人员学习参考。

图书在版编目（CIP）数据

ERP 综合实验教程/王芳,杨磊,郭慧婷主编.—北京：人民交通出版社股份有限公司,2017.5
ISBN 978-7-114-13557-6

Ⅰ.①E… Ⅱ.①王…②杨…③郭… Ⅲ.①企业管理—计算机管理系统—教材 Ⅳ.①F272.7

中国版本图书馆 CIP 数据核字（2016）第 320460 号

书　　名：	ERP 综合实验教程
著 作 者：	王　芳　杨　磊　郭慧婷
责任编辑：	郭　跃
出版发行：	人民交通出版社股份有限公司
地　　址：	（100011）北京市朝阳区安定门外外馆斜街 3 号
网　　址：	http://www.ccpress.com.cn
销售电话：	（010）59757973
总 经 销：	人民交通出版社股份有限公司发行部
经　　销：	各地新华书店
印　　刷：	北京市密东印刷有限公司
开　　本：	787×1092　1/16
印　　张：	19.5
字　　数：	451 千
版　　次：	2017 年 5 月　第 1 版
印　　次：	2017 年 5 月　第 1 次印刷
书　　号：	ISBN 978-7-114-13557-6
定　　价：	43.00 元

（有印刷、装订质量问题的图书由本公司负责调换）

PREFACE 前 言

21世纪是一个全速发展的世纪,经济全球化进程加快,信息化、数字化成为时代主流;21世纪是一个知识经济时代,是一个以信息革命为标志的时代。在这个以高科技为核心的新经济时代,资金不再是制胜的关键因素,而科技资源和人才的充分整合将成为超越对手的唯一法宝。企业资源计划(ERP)代表了当代先进的企业管理模式,实现了不同的制造模式、商务模式、运营模式下的企业经营管理,行业适用范围涵盖机械、电子、汽配、服装、化工、食品、制药、服务业、零售业等。在这样的新形势下,创新成为时代的主题,理论在创新,手段在发展,充分认识中国当代企业发展和管理的实际,降低库存资金占用、加强财务监控力度、控制采购成本、缩短交货时间、缩短生产周期、降低生产成本、贯彻全面质量管理、把握全局信息以实现科学决策,已成为我们必须面对和亟待解决的问题。

为了帮助广大读者熟悉并掌握用友ERP-U8的各系统之间的联系和操作运行,本书通过模拟"高乐公司"这一生产型企业的业务运作,以业务流程为主线来阐述ERP的各个模块,系统讲解了用友系统软件的安装、建账过程,基础档案及期初数据的录入,购销存系统功能的参数设置及日常业务处理,月末处理、账簿报表的生成及查询等内容,一方面实现了制造与财务的高度集成,同时也实现了理论教学与实验指导的结合。本书主要内容如下:

第一篇——基础应用篇,共2章。第一章讲述企业资源计划(ERP)的基本概念及其发展阶段。第二章讲述用友ERP-U8及系统应用基础,并引入该书案例的背景和基本情况,就案例进行账套建立和基础资料设置。

第二篇——生产制造管理篇,共7章。第三章讲述生产制造管理思想的演进及生产制造系统操作步骤。第四章讲述物料清单系统的主要内容及与其他系统的关系,并就"遥控汽车玩具套装"和"金属遥控汽车玩具套装"构建物料清单,进行相关查询。第五章讲述主生产计划系统的主要业务内容。第六章讲述了需求规划系统的主要业务内容,包括对MRP计划参数的设置,生成MRP计划,并对该计划进行相关的查询。第七章讲述了生产订单系统的主要业务内容。第八章讲述了产能管理的计算原理以及产能管理系统的主要业务内容。第九章讲述了车间管理系统的主要业务内容。

第三篇——供应链管理篇,共3章。第十章讲述了供应链管理系统的主要业务内容,并就ERP中供应链系统本身构成以及与其他系统的关系进行了分析总结。第十一章讲述了销售系统的业务管理及5种主要的销售业务应用模式。第十二章讲述了采购系统的业务管理及5种主要的采购业务应用模式。

第四篇——财务管理篇,共5章。第十三章讲述了会计信息系统的主要业务内容。第十四章讲述了总账系统的主要业务内容。第十五章讲述了应收应付系统的主要业务内容。第十六章讲述了薪资系统的主要业务内容。第十七章讲述了UFO报表的功能,以利润表为例进行报表格式的手动设计,以及以资产负债表为例利用模板生成报表操作,计算保存报表数据等。

本书由长安大学王芳、杨磊、郭慧婷担任主编,由王芳负责统稿。其中第一篇由王芳、杨磊、郭慧婷共同编写,第二篇由王芳编写,第三篇由杨磊编写,第四篇由郭慧婷编写。此外,参加编写工作的还有长安大学籍晶莹、李苗、张嫚,在此表示感谢。用友软件公司提供了用友ERP－U8(V10.0)演示版软件,微软公司为本书提供了SQL Sever2008软件,在此深表感谢！本书还为读者提供试用版软件和试验账套,使用说明见本书最后一页。

由于编写水平有限,书中难免会有疏漏和不妥之处,敬请广大读者批评指正。

编　者
2017年1月

CONTENTS 目　　录

第一篇　基础应用篇

第一章　ERP 原理概述 ……………………………………………………………… 3
第一节　ERP 基本概念 ……………………………………………………………… 3
第二节　ERP 发展阶段 ……………………………………………………………… 3
第三节　ERP 软件简介 ……………………………………………………………… 9

第二章　用友 ERP-U8 系统初始化 …………………………………………………… 11
第一节　用友 ERP-U8 简介 ………………………………………………………… 11
第二节　系统应用基础 ……………………………………………………………… 11
第三节　总体案例背景及基本情况 ………………………………………………… 13
第四节　实验一：账套建立及备份 ………………………………………………… 14
第五节　实验二：基础资料设置 …………………………………………………… 18

第二篇　生产制造管理篇

第三章　生产制造系统概述 …………………………………………………………… 49
第一节　生产制造管理思想 ………………………………………………………… 49
第二节　ERP 生产制造系统概述 …………………………………………………… 50

第四章　物料清单管理 ………………………………………………………………… 53
第一节　物料清单系统介绍 ………………………………………………………… 53
第二节　实验三：物料清单实验与操作 …………………………………………… 54

第五章　主生产计划管理 ……………………………………………………………… 62
第一节　主生产计划系统介绍 ……………………………………………………… 62
第二节　实验四：主生产计划实验与操作 ………………………………………… 64
第三节　重复计划 …………………………………………………………………… 77
第四节　实验五：主生产计划 - 重复计划实验与操作 …………………………… 78

第六章 需求规划管理 82
第一节 需求规划系统介绍 82
第二节 实验六:需求规划实验与操作 84

第七章 生产订单管理 88
第一节 生产订单系统介绍 88
第二节 实验七:生产订单实验与操作 89

第八章 产能管理 102
第一节 产能管理系统介绍 102
第二节 实验八:产能管理实验与操作 104

第九章 车间管理 120
第一节 车间管理系统介绍 120
第二节 实验九:车间管理实验与操作 121

第三篇 供应链管理篇

第十章 供应链管理系统概述 135
第一节 供应链管理的基本概念 135
第二节 用友 ERP-U8 供应链管理 137

第十一章 销售业务管理 139
第一节 销售业务概述 139
第二节 实验十:期初销售业务处理 141
第三节 实验十一:普通销售业务——先发货后开票模式 146
第四节 实验十二:商业折扣、现结及代垫费用业务处理 150
第五节 实验十三:汇总开票及分次开票业务处理 153
第六节 实验十四:普通销售业务——开票直接发货及一次销售分次出库模式 156
第七节 实验十五:普通销售业务——超发货单出库模式 158
第八节 实验十六:分期收款销售业务 161
第九节 实验十七:委托代销业务 165
第十节 实验十八:直运销售业务 171
第十一节 实验十九:先发货后开票退货业务(开具发票及结转销售成本后退货) 176
第十二节 实验二十:先开票后发货退货业务 179

第十二章 采购管理 184
第一节 采购管理概述 184
第二节 实验二十一:普通采购业务处理 187
第三节 实验二十二:特殊采购业务处理 191

第四节	实验二十三：暂估业务及在途货物处理	198
第五节	实验二十四：采购退货处理	204
第六节	实验二十五：与生产计划衔接的普通采购业务	210
第七节	实验二十六：与生产计划衔接的委外采购业务	214

第四篇　财务管理篇

第十三章	会计信息系统概述	223
第一节	会计信息系统概述	223
第二节	账务处理概述	224
第三节	会计信息系统与 ERP 的关系	226
第十四章	总账系统	228
第一节	总账系统简介	228
第二节	实验二十七：总账系统日常业务处理	228
第三节	实验二十八：出纳管理	241
第四节	实验二十九：总账期末业务处理	246
第十五章	应收应付账款管理	252
第一节	应收应付系统简介	252
第二节	实验三十：应收系统日常处理	253
第三节	实验三十一：应收系统期末处理	257
第四节	实验三十二：应付系统处理	259
第十六章	薪资管理	262
第一节	薪资系统简介	262
第二节	实验三十三：薪资系统初始化	263
第三节	实验三十四：薪资系统日常业务及期末处理	271
第四节	实验三十五：总账期末结账业务	280
第十七章	UFO 报表	291
第一节	UFO 报表系统简介	291
第二节	UFO 报表功能概述	291
第三节	实验三十六：报表格式设计	292
第四节	实验三十七：利用报表模板生成报表	298

参考文献 301

第一篇 基础应用篇

第一章　ERP 原理概述
第二章　用友 ERP-U8 系统初始化

第一章　ERP 原理概述

第一节　ERP 基本概念

ERP 是 Enterprise Resource Planning 的简称,中文名称是企业资源计划。1990 年 4 月 12 日,美国计算机技术咨询和评估集团(Gartner Group Inc)发表了《ERP:A Vision of the Next – Generation MRP Ⅱ》的报告,明确提出了 ERP 概念。

该报告中提到了 ERP 的核心:两个集成——内部集成和外部集成。内部集成指实现产品研发、核心业务和数据采集三方面的集成;外部集成指实现企业与供需链上所有合作伙伴的集成。

之后,Gartner 集团又陆续发表了一系列的分析研究报告,使 ERP 的概念变得更为成熟和现实。综合以上一些研究报告,ERP 的定义可以简明表达为:ERP 是 MRP Ⅱ 的下一代,内涵主要是打破企业的内部及外围,把信息集成的范围扩大到企业的上下游,管理整个供需链,实现以供需链为核心的客户需求、企业内部制造和供应商制造的资源整合。

在此之后 ERP 出现了许多不同版本的定义,从不同的角度解释了 ERP,并且每一种版本都有自己的特点和合理性。总的来说,可以从以下三个方面来理解:

首先,ERP 是一种典型的管理信息系统。它是以现代化的计算机及网络通信技术为运行平台,整合了企业管理理念、业务流程、基础数据、人力物力、计算机硬件和软件于一体,并能对供应链上所有的资源进行有效控制的计算机管理系统。其次,ERP 系统也是一种典型的管理思想。它以供应链管理思想为基础,对企业所有资源进行整合集成管理,体现了一种先进的企业管理思想和管理模式。这种管理思想对整个组织的机构、岗位、业务流程的设置和规范都提出了新的要求,对业务数据的采集、统计报表的编制和传输以及企业领导的管理和决策都提供了方便高效的工具支持,对组织的员工素质也提出了更高的要求。

综上所述,ERP 是一种企业内部所有业务部门之间以及企业同外部合作伙伴之间交换和分享信息的管理系统。

第二节　ERP 发展阶段

ERP 由 MRP Ⅱ 发展而来,MRP Ⅱ 由 MRP 发展而来,而 MRP 则是由更早的生产管理思想发展而来。因此,为了更好地理解 ERP 管理思想,就应当从 ERP 的发展阶段说起。

一、大规模生产管理阶段

大规模生产(Mass Production)是根源于亚当·斯密劳动分工思想的最具竞争力和效率

的一种生产方式。亚当·斯密在《国民财富的性质和原因的研究》(简称《国富论》)中分析了劳动分工对于提高个人劳动技巧和熟练程度的必要性,从专业化的角度解释了劳动分工对于提高劳动生产率的必然性。弗雷德里克·泰勒在《科学管理原理》一书中详细阐述以劳动分工思想为基础,通过变量控制的标准化管理对于企业产生的影响。他指出,只有用科学化、标准化的管理代替传统的经营管理,才是实现最高工作效率的手段。而亨利·福特是第一位将大规模生产理论和科学管理融合于一体的人,1913年,其领导的福特公司设计完成了世界上第一条大规模传递带式生产线,并实现了零部件的标准化,随着管理的科学化,高效率的大规模生产也已成为可能。

大规模生产理论立足于亚当·斯密的劳动分工思想,以泰勒的科学管理为基础,以生产过程的分解、流水线的组装、标准化零部件、大批量生产及机械式重复劳动为主要特征,成为20世纪上半叶的主流生产方式。但是在生产过程中对市场需求的计算完全依靠手工统计,对于部分零部件等生产所需物料的供应,需要借助催料人员来解决供料不顺以及生产延误等问题,生产具有盲目性,生产流程相当不稳定。

二、订货点法阶段

在大规模生产管理理论诞生以后,生产管理(特别是生产控制技术配合订单数量)的研究快速发展起来,1915年,F·W·哈里斯(F. W. Harris)发明了经济订购量技术(Economic Order Quality,EOQ);1934年,R·H·威尔逊(R. H. Wilson)发展出再订购点系统(Re – Order Point,ROP),结合EOQ推出存货计划技术。20世纪50年代中后期,随着计算机以及信息技术的发展,美国一些企业开始施行ABC分类管理,根据"经济批量"和"订货点"原则,对生产所需的物料进行科学的采购管理,研究出"订货点法",在保证一定库存量的基础上降低大批量库存对流动资金的限制和库存风险。

在生产中,由于物料的供应有一定的周期,比如采购周期、加工周期等,因此不能等到物料的库存量消耗到安全库存量时才补充库存,所以必须提前订货,在安全库存量的基础上再增加一定数量的库存。这个库存量作为物料订货期间的供应量,应该满足这样的条件:当物料的供应到货时,物料的消耗刚好到了安全库存量。

该种模型在当时的环境下对生产管理起到了一定的作用,但随着市场的变化和产品复杂性的增加,它的应用不可避免地受到一定的限制,比如其对物料的供应与消耗要求相对稳定,对物料需求的独立性也比较严格,对于其提前期,也应当是已知和固定的,所以该模型只是理想状态下的一种订货需求,无法很好地解决何时订货、订多少货等问题。

三、MRP——物料需求计划

订货点法受到众多条件的限制,而且不能反映物料的实际需求,企业往往为了满足生产需求而不断提高订货点的数量,从而造成库存积压,库存占用的资金大量增加,使得产品成本随之增高,企业缺乏竞争力。此外,对于制造企业来讲,也一直存在"产供销严重脱节"现象,比如销售部门签下了销售合同,生产部门说计划排不下去,一旦生产计划能安排后,供应部门又说材料来不及采购等。

20世纪60年代,美国IBM公司奥列基博士(Dr Joseph A. Orlicky)首先提出物料需求计划(Material Requirements Planning,MRP)方案,把企业生产中涉及的所有产品、零部件、原材料、中间件等,在逻辑上统一视为物料,从产品结构入手,建立了一个赋予产品结构的时间属性模型。该模型提出物料的订货量是根据需求来确定的,这种需求应考虑产品的结构,即产品结构中物料的需求量是相关的,这样把销售件、采购件和加工件都集成在一个模型中,来解决"产供销严重脱节"这个难题,实现"既不出现短缺,又不积压库存"的目标。从而,MRP完成制造业3个主要核心业务——销售、生产和供应的信息集成,进而打破这3个部门的分割和各自为政的状态。

MRP的基本原理是,在已知生产需求(根据客户订单结合市场预测制定出来的各产品的生产需求)的条件下,根据产品结构(产品物料清单)、制造工艺流程、产品交货期以及库存状态等信息由计算机编制出各个时间段各种物料的生产及采购计划,如图1-1所示。

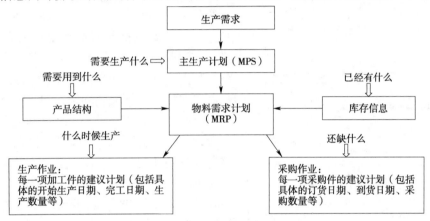

图1-1 MRP基本逻辑流程图

从图1-1中可以看出MRP系统基本解决了企业生产的5大问题:需要生产什么、需要用到什么、已经有什么、还缺什么、什么时候生产。

MRP系统主要通过主生产计划(MPS)和物料需求计划(MRP)两个层次的计划来控制企业的生产排程,并通过生产作业控制和采购作业控制来保证生产排程的执行层次。其中,主生产计划是针对最终产品的计划,是根据客户合同和市场预测,确定最终产品在每一具体时间段内的生产数量及生产时间,主生产计划是开展物料需求计划的主要依据,起到了从综合计划向具体计划过渡的承上启下的作用;物料需求计划系统则是将主生产计划的产品计划分解成各自制部件的生产计划和采购件的采购计划,是主生产计划的进一步细化生产管理的核心。

此阶段的MRP系统中主生产计划和物料需求计划都仅仅是需求计划,企业的生产能力是否有可能实现以上两种计划不得而知,因此,这个阶段的MRP也可称之为开环MRP。

四、闭环MRP阶段

MRP系统中考虑了产品需求、产品结构和库存相关信息,根据有关数据计算出相关物料需求的准确时间与数量。但在实际生产过程中,受企业现有的生产能力和采购的有关条件的约束,得出的生产计划和采购计划无法执行。比如企业的制造工艺、生产设备及生产规模的发展变化等,使得制订的采购计划可能受供货能力或运输能力的限制,而无法保障物料的及时供应。比如,因为工时或设备的不足而没有能力生产,使得计算出来的物料需求日期前无法生产出足够数量的产品,则会造成执行过程中偏离计划现象的发生。同时,因为信息是单向的,所以基本 MRP 缺乏根据计划实施情况的反馈信息对计划进行调整的功能。随着市场的发展及基本 MRP 的应用与实践,20 世纪 80 年代初在基本 MRP 基础上发展形成了闭环 MRP 理论,该理论强调管理信息必须是闭环的信息流,由输入至输出再循环影响至输入端,从而形成信息回路。

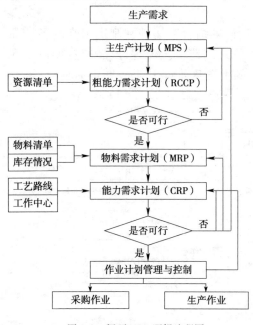

图 1-2 闭环 MRP 逻辑流程图

在闭环 MRP 中,企业根据发展的需要与市场的需求来制订生产计划,同时进行生产能力与负荷的检查与分析。该过程主要是针对企业现有资源能力与负荷的分析过程,只有通过对该过程的分析,才能达到生产计划基本可靠的要求。对主生产计划与物料需求计划都需要进行生产能力的检验,通过对各加工工序的能力平衡,调整物料需求计划。如果这个阶段无法平衡能力,则需对主生产计划或物料需求计划进行修改;采购与车间作业按照平衡能力后的物料需求计划执行,对投入与产出进行控制,并根据作业执行结果反馈到计划层。具体如图 1-2 所示。

主生产计划产生后,通过粗能力需求计划(Rough Cut Capacity Planning,RCCP)进行可行性检验,若通过检验继续向下执行,若没有通过则返回主生产计划,重新生成。在物料需求计划生成后,通过能力需求计划(CRP)进行检验,若通过检验继续向下执行,若没有通过则返回,进而调整物料需求计划及主生产计划。同时在具体执行时与能力需求计划进行信息的沟通。从而,形成一个闭环系统。在这个闭环 MRP 系统中,强调 MRP 系统的正常运行需要有一个现实可行的主生产计划(MPS)与物料需求计划(MRP),编制资源需求计划的同时也考虑能力的约束,将企业的生产能力进行平衡,使得企业在生产过程中不断调整,较好地解决了计划与控制问题,是生产管理理论的一次大飞跃。

五、MRP Ⅱ——制造资源计划

从闭环 MRP 的管理思想来看,它在生产计划的领域中确实比较先进和实用,生产计划的控制也相对完善。但是闭环 MRP 系统主要是一个以物流为主导的过程,它虽然包含了相关的信息流,但却没有涉及资金流。在企业的生产运作过程中,产品从原材料的投入到成品的产出过程都伴随着资金的流通,对这一点,闭环 MRP 却无法反映出来。鉴于此,1977 年 9 月,美国著名生产管理专家奥列弗·怀特(Oliver W·Wight)提出了一个新概念——制造资源计划(Manufacturing Resources Planning,MRP Ⅱ),是将物料需求计划 MRP 进行扩展的闭环生产计划与控制系统。它通过将企业的信息集成程度扩大,将采购、生产、销售、财务、工程紧密结合在一起。在新的 MRP Ⅱ 系统里企业内部共享数据,以生产计划为主线,对企业制造的各种资源进行统一计划和控制,组成了一个包括预测、计划、调度和生产监控的全面生产管理的集成化模式,也是反映企业的物流、信息流和资金流流向并使之畅通的动态反馈系统。

MRPⅡ系统将财务系统与企业的其他系统集成,围绕物料转化组织制造资源,实现按需、按时进行生产,同时也做到了只要有业务发生,通过实务处理,就会实时地记录在相应的会计科目上,把实物形态的物料流动直接转化成价值形态的资金流动,实现了物流信息同资金流信息的静态与动态集成。财务部门及时得到资金信息用于控制成本,通过资金流动反映物料和经营情况,随时分析企业的经济效益,指导和控制生产活动,这是MRPⅡ系统的主要特征,从图1-3的MRPⅡ的逻辑流程图中可以看出,它的主体和MRP的流程图类似,在MRP的基础上增加了财务系统,财务系统通过基础数据等信息与物料系统紧密结合。

与MRP相比,除了实现物流同信息流的信息集成外,还有一个区别就是增加了模拟功能、工艺装备(工具)管理和业绩评价等方面的内容,它可以解决"如果怎么样,将会怎么样"的问题,可以预见在相对长的计划期内可能发生的问题,及时采取措施消除隐患,使得管理人员可以把精力更多地投入到实质性的分析研究中。MRPⅡ提高了企业

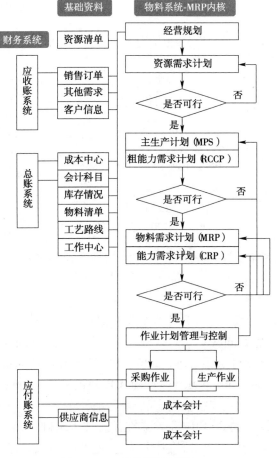

图1-3　MRPⅡ的逻辑流程图

生产计划的可行性、生产能力的均衡性、生产材料的计划性、生产控制的可靠性以及财务管理的预测性、及时性与准确性,成为当时制造业公认的管理标准系统。

六、ERP——企业资源计划

随着现代管理思想和方法的提出和发展,如 JIT(Just In Time,准时制生产)、TQC(Total Quality Control,全面质量管理)、OPT(Optimized Production Technology,优化生产技术)及 DRP(Distribution Resource Planning,分销资源计划)等,又相继出现了 MES(Manufacturing Execute System,制造执行系统)、AMS(Agile Manufacturing System,敏捷制造系统)等现代管理思想。MRPⅡ逐步吸收和融合其他先进思想来完善和发展自身理论。20世纪90年代MRPⅡ发展到了一个新的阶段:ERP(Enterprise Resource Planning,企业资源计划)。

ERP 是在 MRP 基础上,将需求市场、制造企业、供应市场的信息集成起来,面向供需链的管理信息系统。ERP 的管理模式是协同商务,通过信息技术在各个经济实体之间进行实

时、互动的供需链管理模式,它强调供需链上各个经济实体之间的沟通和相互依存,有效地安排企业的产、供、销活动,从而使 ERP 适应了企业在现代市场中竞争的需要。ERP 的面向供需链的资源管理模式,体现了精益生产及敏捷制造的企业管理思想。从图 1-4 的 ERP 发展过程中可以看出,在本质上看,ERP 仍然是以 MRP Ⅱ 为核心,但在功能和技术上却超越了传统的 MRP Ⅱ,它是以顾客驱动的、基于时间的、面向整个供应链管理的企业资源计划。

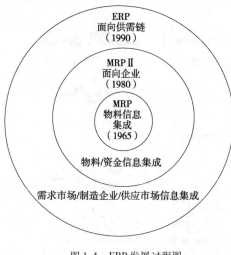

图 1-4　ERP 发展过程图

从功能上看,ERP 除了传统 MRP Ⅱ 系统的制造、供销、财务功能外,还增加了运输管理、仓库管理、在线分析处理、质量管理等业务内容。具体可以从以下三方面来介绍:

第一,ERP 针对企业内部管理的功能扩展。包括增加物料流通体系的运输管理、仓库管理功能;增加售后服务、质量反馈功能;增加质量管理、设备维修、备品备件管理功能;增加企业高层经理决策支持系统;支持集团企业多元化经营的需求,增加适应不同生产类型信息化管理的需求;支持远程通信、电子数据交换;支持企业门户等。

第二,ERP 针对企业外部管理的功能扩展。包括增加优化供应和流通渠道的供应链管理(Supply Chain Management,SCM)、客户关系管理(Customer Relation Management,CRM)、合作伙伴关系管理(Partner Relationship Management,PRM)功能;增加前端客户管理(Customer Relationship Management,CRM)的功能;支持在线分析处理功能(Online Analytical Processing,OLAP);支持协同产品电子商务等。

总之,ERP 是建立在信息技术基础上,利用现代企业的先进管理思想,全面地集成了企业的所有资源信息,并为企业提供决策、计划、控制与经营业绩评估的全方位和系统化的管理平台及管理思想。

ERP 管理信息系统虽然功能强大,但也存在一定缺陷。比如,现有 ERP 系统难以准确预测产品需求,现有 ERP 系统采用的预测方法较简单,但是预测能力较弱,导致依据预测所做的生产计划准确性较差;现有 ERP 系统缺乏智能决策支持,不能为决策提供有效信息;现有 ERP 系统柔性不足,对内表现为当企业生产方式改变时 ERP 系统不能对其提供很好的支持,外部柔性不足体现在 ERP 无法对应不断变化的市场环境,难以做出快速的响应。因此,ERP 管理信息系统仍然在不断完善与进步中。

七、ERP Ⅱ

ERP 出现后不久,计算机技术就遇到互联网快速发展的浪潮,随着 ERP 主要应用行业——制造业的国际化和信息化,ERP 也得到更新一步的发展。2000 年 10 月 4 日,Gartner 公司发布了以亚太地区副总裁、分析家邦德(B. Bond)等 6 人署名的报告:《ERP is Dead - Long Live ERP Ⅱ》,提出 ERP Ⅱ 的概念。虽然 ERP Ⅱ 的概念还存在一定争议,但报告中提出的"协同商务"的商务运作模式却是值得肯定的。

协同商务是一种各个经济实体之间的实时、互动的供应链管理模式。通过信息技术的应用,强化了供应链上各个经济实体之间的沟通和互相依存。它不再局限于生产与供销计划的协同,而是包含产品开发的协同。ERP Ⅱ提出的协同商务和电子商务的概念是相通的,可以简单地说,协同商务就是企业内部人员、企业与客户之间的电子化业务交互的过程。要做到协同,不但要实时分享信息,还要共同制定战略规划,有效地分享资源,消除非增值作业,同步运行。这种思想实际上早已存在于ERP中,只是限于条件而一直未能实现。协同商务的运作模式从技术上实现条件是"企业应用系统集成(Enterprise Application Integration,EAI)和中间件",以此来完成不同应用系统平台之间的信息集成。同时以网络为中心的计算机技术体系、面向对象技术和事件驱动编程的应用等先进技术为ERP Ⅱ提供了更多可应用的技术手段。

除此之外,ERP Ⅱ的业务范围从以制造业为主延伸到更多领域的行业,ERP Ⅱ的数据也从以企业为中心延伸到以web数据为中心的整个供应链数据为中心。随着先进的企业管理手段融入ERP Ⅱ系统,比如先进计划及排程(Advanced Planning and Scheduling,APS)、数据仓库(Data Warehouse,DW)、企业流程再造(Business Process Reengineering,BPR),ERP Ⅱ将得到更好的发展。

纵观ERP的发展,从订货点法到MRP,到MRP Ⅱ,到ERP,以及ERP Ⅱ的新概念,每个阶段发展与完善都是与当时的市场环境需求、企业管理模式的变革和技术条件紧密联系在一起的,而且集成的范围越来越大。因此,未来ERP的发展在整体思想体系上必将实现更大范围的集成,支持以协同商务、互相信任、双赢机制和实时企业为特征的供应链管理模式,实现更大范围的资源优化配置,降低产品成本,提高企业竞争力。

第三节 ERP软件简介

ERP自提出之后很快掀起了一股热潮,国内外非常多的公司已经实施并使用了ERP系统的软件。中国于20世纪80年代初开始应用MRP系统,强调物料库存管理与生产计划,大多采用的是主机/终端式计算机系统。20世纪90年代以来,国家高技术研究发展计划(863计划)的CIMS应用示范工程,在很大程度上大大推动了我国制造业应用MRP Ⅱ/ERP系统的进程。有覆盖10多个行业的200多家企业在实施CIMS应用示范工程,随后ERP系统逐渐取代了MRP Ⅱ系统。根据计世资讯(CCW)发布的《2014年中国制造业ERP行业白皮书》显示,2014年中国制造业ERP市场规模将达43.4亿元。

中国早期ERP市场以国外软件厂商为主导,随后国内软件企业纷纷参与ERP软件市场的竞争。目前市场上主要的外资厂商有SAP、Oracle、J. D. Edwards、SSA、Axapta等,国内企业的主要代表有用友、金蝶、和佳、新中大等。

ERP在国内外实施多年,已相对成熟,不乏成功的案例。成功实施ERP将给企业带来有形和无形的收益,比如降低库存资金占用、加强财务监控力度、控制采购成本、缩短交货时间、缩短生产周期、降低生产成本、贯彻全面质量管理、把握全局信息以实现科学决策等。

然而,ERP的实施中存在一定风险。比如不同ERP软件有不同的特点,适用的企业类型有所不同,不适合的软件选择往往在实施过程中问题频出;在实施过程中实施队伍的组织、项目时间和进度的控制、实施成本及实施质量控实施结果评价等某个环节出现问题很有可能导致整个项目的失败;ERP在实施过程中所带来的管理理念、组织架构等的变革与冲突也是ERP实施过程中的阻力之一。因此,可以根据企业自己的实际情况正确选择ERP软件,精心做好准备工作,科学组织,有步骤、有计划地实施ERP项目。

【补充说明】
虽然目前市场上ERP软件很多,但其核心思想是一致的,均是集成生产、财务、供应链、人力资源等功能模块,为企业提供全面的信息集成处理。在现实企业应用中ERP的功能更为强大和具体,且结合不同的企业有不同的表现形式,在此不做具体介绍。本书利用国内市场占比较多的用友ERP软件为例,介绍其ERP软件的主要模块及子系统的基本功能,以实验的形式为读者展示ERP系统的运行基本原理。

第二章　用友 ERP-U8 系统初始化

第一节　用友 ERP-U8 简介

用友 ERP-U8 软件是国有 ERP 软件之一,包括生产制造、供应链、财务会计、管理会计成熟应用模块,除此以外还延伸至人力资源、集团应用、内部控制、移动应用、企业应用集成、办公自动化(OA)等集成化的功能,将行政办公事务、人力管理和业务管理有效结合。上述功能模块共同构成了用友 U8 的系统架构,但各模块之间又相对独立,分别具有完善和细致的功能,以集成的信息管理为基础,以规范企业运营、改善经营成果为目标,最终实现从企业日常运营、人力资源管理到办公事务处理等全方位的产品解决方案,最大限度地满足用户全面深入的管理需要。

用友 ERP-U8 软件满足了不同的制造模式、商务模式、运营模式下的企业经营管理,行业适用范围涵盖机械、电子、汽配、服装、化工、食品、制药、服务业、零售业等。

用友 ERP-U8 是由后端 SQL Server 数据库和前端应用程序 U8 软件共同构成的。在实际应用中,用户只需对前端的 U8 应用软件进行操作,后端数据库是不可见的,它负责数据的存取。U8 系统是一种 C/S 结构,即客户端/服务器结构,它既可在单机上应用,也可以在网络上应用,数据存储在服务器上。待 ERP-U8 V10.1 软件安装完成后,用户即可进行后续的实验,具体安装步骤及适用软件见书中介绍。

用友 ERP 软件的前端应用程序又分为系统管理端(应用服务器)与企业应用平台(客户端),因此可以说,用友 ERP 的结构是数据服务器、应用服务器、客户端的三层架构。

第二节　系统应用基础

一、系统管理

系统管理作为用友 ERP-U8 管理软件中一个重要的组成部分,与企业应用平台共同支撑了企业管理系统正常运行。系统管理的使用者包括系统管理员 Admin、安全管理员 Sadmin、管理员用户和账套主管。系统管理的主要功能是对用友 ERP-U8 管理软件的各个产品进行统一的操作管理和数据维护,具体包括账套管理、年度账管理、根据企业经营管理中的不同岗位职能建立不同角色、操作员及权限的集中管理、系统数据及运行安全的管理等方面。系统管理是用友 ERP 管理系统的运行基础,它为其他子系统提供了公共的账套、年度账及其他相关基础数据,各子系统的操作员需要在系统管理中统一设置并分配权限。

系统管理模块主要能够实现如下功能:
(1)对账套进行统一管理,包括账套的建立、修改、引入和输出。

(2)对操作员及其功能权限进行统一管理,设立安全机制,包括用户、角色和权限设置。

(3)允许设置自动备份计划,系统根据这些设置定期进行自动备份处理,实现账套的自动备份。

(4)对账套库进行管理,包括建立、引入、输出、备份账套库,重新初始化,清空账套库数据。

(5)对系统任务进行管理,包括查看当前运行任务、清除指定任务、清退站点等。

主要的系统管理的操作员是系统管理员,系统默认用户名是"admin",无密码,系统管理员的主要权限或工作内容为:

(1)按岗位分工要求设置系统操作员,分配其对应权限。

(2)进行企业建账。

(3)随时监控系统运行过程中出现的问题,清除异常任务、排除运行故障。

(4)定期进行数据备份,保障数据安全、完整等。

二、账套管理

账套指每个企业存放数据的数据库。企业应用ERP系统之前,首先需要在系统管理中建立企业的基本信息、核算方法、编码规则等,称之为建立账套。在用友ERP管理软件中,可以为多个企业(或企业内多个独立核算的部门)分别立账,各账套间相互独立,互不影响,系统最多允许建立999套企业账套。账套由系统管理员建立,具体由账套主管管理。

1. 账套主管主要权限和工作内容

(1)确定企业会计核算的规则。

(2)对年度账进行管理。

(3)为所管辖账套内的操作员进行赋权。

(4)组织企业业务处理按既定流程运行等。

2. 账套建立过程

第一步:以系统管理员的身份登录系统管理,增加账套主管在内的用户。

第二步:选择建账套,按照建账向导引导完成建账过程,包括账套信息、单位信息、核算类型、基础信息、编码方案、数据精度。

第三步:根据账套的操作员需求设置用户及权限。

三、操作员及权限管理

明确指定各系统授权的操作人员,并对操作人员的使用权限进行明确规定,以避免无关人员对系统进行不当操作,从而保证整个系统数据的安全性和保密性。其内容涉及角色管理、用户管理和权限管理三部分。

1. 角色管理

角色是指在企业管理中对一类职能的设置。比如账套主管、销售主管、会计主管、HR经理等。同一角色可以赋予不同的人,有了角色就可以将这一角色赋予相应的权限,方便操作员权限的设置与管理。

2. 用户管理

用户是指有权登录系统,并对系统进行操作的人员,即操作员。用户设置好后,登录系统,根据工作内容对系统进行业务操作。

3. 权限管理

企业管理不断细化使越来越多的信息必须走向更细、更深层次的权限管理方式。

四、企业应用平台

企业平台是操作员进入系统操作的访问入口。通过企业应用平台,企业员工可以访问权限内的企业信息、定义自己的业务工作、设计自己的工作流程等。

如图 2-1 所示,企业应用平台分为系统菜单区、业务导航区、工作区。其中业务导航区以菜单树的形式显示系统中的各种功能,双击可以打开系统的具体业务工作内容。另外业务导航中整合了系统服务、基础设置以及企业门户中,比如消息

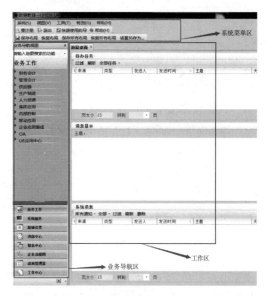

图 2-1　企业应用平台页面介绍

中心、报表中心、工作中心等功能,以便用户快捷地配置工作环境、查看相关消息、了解业务状态等。系统菜单区包括系统、视图、工具、转到、帮助等功能。工作区即具体业务的操作区域。

第三节　总体案例背景及基本情况

一、总体情况简介

西安高乐玩具有限公司是一家专业生产、销售玩具汽车为主的公司,公司于 2016 年 1 月成立,公司性质为工业企业。随着公司业务的发展,财务工作用手工核算已经很难满足工作需要,公司已于 8 月引入用友 ERP-U8(V10.1)系统,于 2016 年 9 月 1 日正式启用用友 ERP-U8(V10.1)系统。

二、公司基本情况

(1) 人员机构情况:公司有 7 个部门,分别为总经理办公室、技术部、财务部、采购部、销售部、生产部、仓储部。公司共有人员 10 名,其中行政人员 9 名,工人 1 名。

(2) 客户情况:目前与公司业务密切往来的客户有 4 家公司,分别为乐友母婴连锁商店、维尼玩具专柜、星星玩具代理、深蓝国际玩具贸易公司。

(3) 供应商情况:目前与公司业务密切往来的供应商有 5 家公司,分别为西可欣塑料厂、阳天电子元器件公司、晶开小商品批发公司、恒天办公用品公司、美宝电子产品有限公司。

(4) 仓库情况:公司共有 7 个仓库,分别是原材料仓库、产成品仓库、半成品仓库、外购品仓库、办公用品仓库、返工维修仓库、委外仓库。

(5) 产品情况:目前公司主要生产销售遥控汽车玩具套装、金属遥控汽车套装两种产品。

(6) 车间情况:共有三个工作车间,有多种生产机器设备。

第四节 实验一:账套建立及备份

一、实验目的

本实验主要目的为:
(1)系统注册及角色与用户设置。
(2)建立新账套。
(3)账套备份。
建议课时:1课时。

二、实验准备

系统日期设置为2016-09-01。

本实验是ERP系统实施的入口和开端,系统管理是用友U8(V10.1)的管理平台,可以完成账套的建立、修改、删除和备份,建立操作员、划分角色、分配权限、备份账套等操作。系统管理的使用对象为企业的信息管理人员(即系统管理软件中的操作员:admin)和账套主管。第一次使用系统管理,要以系统管理员(admin)身份注册进入系统管理,设置角色和用户,然后建立新账套,之后再为角色和用户设置权限。

三、实验要求

(1)以系统管理员身份(用户名:admin,默认无密码)登录"系统管理"。
(2)根据表2-1增加用户中的操作员信息录入用户及其具体角色与权限进行设置。

操作员信息　　　　　　　　　　　　　表2-1

编号	人名	密码	部门	角色
001	李建	无	技术部	账套主管
002	杨易	无	财务部	
003	张军	无	财务部	
004	肖华	无	财务部	
005	张林	无	采购部	
006	朱俊	无	生产部	
007	姚军	无	销售部	

(3)根据如下内容修改部分操作员的权限。

①修改"002 杨易"的权限为具有财务会计的"总账管理"的所有权限(不包括出纳签字和审核凭证的权限)、"应收款管理"、"应付款管理"、人力资源下"薪资管理"的全部操作权限。

②修改"003 张军"的权限为具有财务会计下的"总账—设置""总账—凭证"(不包括填制凭证、主管签字和审核凭证的权限)"总账—出纳"的操作权限。

③修改"004 肖华"的权限为具有财务会计下的"总账—设置""总账—凭证"(不包括填制凭证、主管签字和出纳签字的权限)的操作权限。

④修改"005 张林"及"007 姚军"的权限为基本信息的全部操作权限,财务会计下的"总账管理、应收款管理、应付款管理"权限,供应链的全部操作权限。

⑤修改"006 朱俊"的权限为基本信息及生产制造的全部操作权限。

(4)参照以下企业基本信息建立账套,账套号为101,账套名称为高乐公司账套,建账时间为2016-09-01,并进行系统全部启用(其中集团账套、质量管理按照默认状态不启用)。

企业名称:西安高乐玩具有限公司
单位简称:高乐玩具公司
单位地址:陕西省西安市未央区凤城路80号
法人代表:高乐
邮政编码:710016
联系电话:029-87654321
记账本位币:人民币
类型:工业
有无外币核算:有

(5)将101号账套备份。

四、实验指导

(1)以系统管理员身份登录"系统管理"。

在安装好的软件列表中找到"系统管理",进入后,点击"系统"下的"注册",弹出登录界面后,"登录到"填写SQL数据库名称,"操作员"填写"admin","账套"选择"(default)",之后点击"登录",即可以系统管理员身份进入系统管理。首次注册需要填写,之后系统会自动记录数据库等名称,如图2-2所示。

(2)根据表2-1增加用户。

菜单路径:系统管理/权限/用户。

进入用户管理界面,显示系统中已有的用户信息。点击"增加",录入编号、姓名、所属部门等内容,删除系统口令,口令一栏为空,并在所属角色中选中归属的内容,然后点击"确定",保存新增用户信息。根据实验要求,进行逐个增加,如图2-3所示。

图2-2 系统管理注册界面

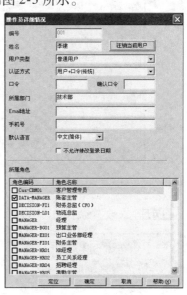

图2-3 增加操作员信息

【补充说明】
①用户和角色设置不分先后顺序,用户可以根据自己的需要先后设置。可以先设定角色,然后分配权限,最后进行用户的设置;也可以先增加用户,选择系统默认的角色,最后进行权限的调整。
②一个角色可以拥有多个用户,一个用户也可以分属于多个不同的角色。
③若角色已经设置过,系统则会将所有的角色名称自动显示在角色设置中的所属角色名称的列表中,用户自动拥有所属角色所拥有的所有权限。若修改了用户的所属角色,则该用户对应的权限也跟着角色的改变而相应的改变。
④新增加的角色没有包含的任何权限,需要手工勾选相应的权限。

(3)修改部分操作员的权限。

菜单路径:系统管理/权限/权限。

在系统管理界面,点击"权限"下的"权限",进入操作员权限列表。选中需要修改的操作员,左侧将显示其相应的权限,勾选中的权限即该操作员的权限。例如,首先,选中"002 杨易",点击"修改",并根据实验要求,勾选中财务会计下的"总账、应收款管理、应付款管理",人力资源的"薪酬核算"的权限。然后,去掉该操作员不应该有的权限。比如不勾选"出纳签字"和"审核凭证",如图2-4所示。

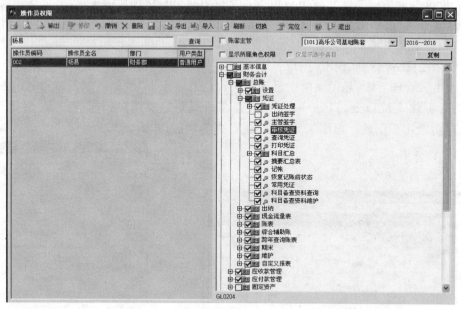

图2-4 设置会计主管人员的角色与权限

同理,修改其余操作员的权限。

【补充说明】
①只有以admin或有权限的管理员用户的身份登录才能进行账套主管的权限分配。如果以账套主管的身份注册,只能分配子系统的权限。

②拥有"账套主管"角色的操作员拥有所有对应账套库的所有子系统的所有权限。

③新账套中至少有一位账套主管,拥有账套的全部权限。此外,还应有另一个用户进行一些日常的账务处理工作,如填制凭证等。系统中必须至少有两个用户,因为用友系统中凭证的制单人与审核人不能为同一个人。

④以上权限设置只是为了实验中的学习,与企业实际分工可能有所不同,企业相关操作员比较多,分工比较细致。

（4）建立新账套。

菜单路径:系统管理/账套/建立。

①进入账套建立界面后,选择"新建空白账套",根据实验提供数据,填写相关信息,实验内容没有提供的按照系统默认选项,按照建账向导逐步完善建账信息。当初始化环境等主要步骤完成后,点击"完成",系统提示"可以创建账套了吗?",点击"是",开始建账。

②当进度条快走完时,系统弹出"确定编码方案"的对话框,在"科目编码级次"第二级、第三级、第四级分别输入2,点击"确定",其次,弹出"数据精度"对话框,单击"取消"。

③系统弹出"建账成功。您可以现在进行系统启用的设置,或以后从企业应用平台—基础信息进入系统启用功能。现在进行系统启用的设置?"点击"是",进入系统启用界面。

④点击"全启"。系统弹出"确实要启用所有的系统吗?",点击"是",完成系统启用和建账过程。

【补充说明】

（1）账套主管:用来确认新建账套的账套主管,从下拉框中选择具体的账套主管。若无特别制定,只需用系统默认的"00［00］",代表任何一个账套主管都为新创建账套的账套主管。

（2）编码方案:指业务数据代码的级次(总段数)、级长(每段数字位数)、总级长(各级长之和)等,便于对经济业务数据进行分级核算、统计和管理。若在建账过程中未定义数据精度,可在建立账套之后以账套主管的身份在企业应用平台中进行修改(菜单路径:企业应用平台/基础设置/基本信息/编码方案)。

（3）数据精度:指数据的小数位数,若需要进行数量核算,则需要精确填写。若在建账过程中未定义数据精度,可在建立账套之后以账套主管的身份在企业应用平台中进行修改(菜单路径:企业应用平台/基础设置/基本信息/数据精度)。

（4）系统启用:使用ERP任何一个系统需要先启用该系统,否则不能登录。ERP软件会记录启用日期和启用人。用户创建一个新账套后,自动进入系统启用界面,用户可以一气呵成地完成账套创建和系统启用。也可以选择不启用,之后由账套主管进入该账套后通过"企业应用平台/基础信息/基本信息/系统启用"进行系统启用的设置。系统启用有一定的规则,比如非集团账套,不能启用"集团财务"和"合并报表"。

5. 账套备份

菜单路径:系统管理/账套/输出。

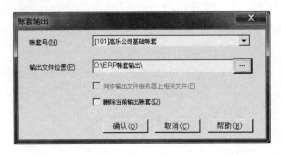

图 2-5 账套备份

账套备份是指将账套的重要数据,从服务器上拷贝出来保存到其他存储设备上,以防止企业数据因意外而不安全。在系统管理模块中,点击"账套"下的"输出",弹出账套输出界面,在"账套号"处选择需要输出的账套,选择输出路径,点击"确认"按钮完成输出,如图2-5所示。之后系统会提示输出是否成功的标识。

备份出的账套共有两个文件,一个是以".BAK"为后缀的文件,另一个是以".LST"为后缀的文件,需要将两个文件同时放在一个文件夹里。如果后期需要将备份出的文件再保存至系统数据库,需重新引入。具体操作为选择"账套"下的"引入",选择需要引入的账套号和需要引入的账套文件(两个文件中的".LST"文件),并选择引入路径后,点击"确定",则完成账套引入的功能。

第五节 实验二:基础资料设置

一、实验目的

完成企业基础数据的录入,通过基础设置的完成,建立 ERP 企业日常作业的操作平台。建议课时:1 课时。

二、实验准备

将系统时间修改为 2016 年 9 月 1 日,再以"001 李建"操作员身份登录实验一新建账套,登录时间与系统日期保持一致。

三、实验要求

(1)设置部门档案。

部门编码及名称分别为:1-总经理办公室;2-技术部;3-财务部;4-采购部;5-销售部;6-生产部;7-仓储部。

(2)录入人员类别及人员档案。

①人员类别。编号及名称分别为:101-管理人员;102-经营人员;103-车间管理人员;104-生产工人。

②人员档案:见表2-2。

人 员 档 案　　　　　　　　　　　　　　　表2-2

人员编码	人员姓名	性别	行政部门名称	是否是业务员	业务或费用部门名称	学历	人员类别
001	高乐	男	总经理办公室	是	总经理办公室	硕士	管理人员
002	李建	男	技术部	是	技术部	硕士	管理人员
003	杨易	男	财务部	是	财务部	硕士	管理人员
004	张军	女	财务部	是	财务部	本科	管理人员

续上表

人员编码	人员姓名	性别	行政部门名称	是否是业务员	业务或费用部门名称	学历	人员类别
005	肖华	女	财务部	是	财务部	本科	管理人员
006	张林	男	采购部	是	采购部	硕士	经营人员
007	朱俊	男	生产部	是	生产部	硕士	车间管理人员
008	姚军	女	销售部	是	销售部	硕士	经营人员
009	赵京	男	仓储部	是	仓储部	硕士	管理人员
010	孙红	女	生产部	是	生产部	本科	生产工人

(3) 设置供应商分类及供应商档案, 见表 2-3、表 2-4。

供应商分类 表2-3

分类编码	分类名称	分类编码	分类名称
01	原材料供应企业	03	委外业务企业
02	外购品供应企业		

供应商档案 表2-4

供应商编码	供应商简称	所属分类	可勾选属性
001	西可欣塑料厂	原材料供应企业	采购
002	阳天电子元器件公司	外购品供应企业	采购
003	晶开小商品批发公司	外购品供应企业	采购
004	恒天办公用品公司	外购品供应企业	采购
005	美宝电子产品有限公司	委外业务企业	委外

(4) 设置客户分类及客户档案, 见表 2-5、表 2-6。

客户分类 表2-5

分类编码	分类名称	分类编码	分类名称
01	经销商	02	批发商

客户档案 表2-6

客户编码	客户名称	所属分类
001	乐友母婴连锁商店	经销商
002	维尼玩具专柜	经销商
003	星星玩具代理	批发商
004	深蓝国际玩具贸易公司	批发商

(5) 设置仓库档案, 见表 2-7。

仓库档案 表2-7

仓库编码	仓库名称	部门	计价方式	是否参与MRP/ROP运算	仓库属性
001	原材料仓库	仓储部	全月平均法	是	普通仓
002	产成品仓库	仓储部	全月平均法	是	普通仓
003	半成品仓库	仓储部	全月平均法	是	普通仓
004	外购品仓库	仓储部	全月平均法	是	普通仓
005	办公用品仓库	仓储部	全月平均法	否	普通仓
006	返工维修仓库	仓储部	全月平均法	否	普通仓
007	委外仓库	仓储部	全月平均法	是	委外仓

(6) 设置收发类别，见表2-8。

收发类别　　　　　　　　　　　　　　　　　　　　　表2-8

编码	名称	标志	编码	名称	标志
1	正常入库	收	3	正常出库	发
11	采购入库	收	31	销售出库	发
12	产成品入库	收	32	领料出库	发
13	调拨入库	收	33	调拨出库	发
2	非正常入库	收	4	非正常出库	发
21	盘盈入库	收	41	盘亏出库	发
22	其他入库	收	42	其他出库	发

(7) 设置销售类型，见表2-9。

销售类型　　　　　　　　　　　　　　　　　　　　　表2-9

销售类型编码	销售类型名称	出库类别	是否默认值	是否列入MPS/MRP计划
01	批发	31-销售出库	否	是
02	零售	31-销售出库	否	否

(8) 设置采购类型，见表2-10。

采购类型　　　　　　　　　　　　　　　　　　　　　表2-10

采购类型编码	采购类型名称	入库类别	是否默认值	是否委外默认值	是否列入MPS/MRP计划
01	生产材料采购	11-采购入库	否	否	是
02	其他材料采购	11-采购入库	否	否	否

(9) 设置存货分类、计量单位及存货档案，见表2-11~表2-14。

存货分类　　　　　　　　　　　　　　　　　　　　　表2-11

分类编码	分类名称	分类编码	分类名称
01	产成品	04	原材料
02	半成品	05	办公用品
03	外购品	06	运输费用

存货计量单位组　　　　　　　　　　　　　　　　　　表2-12

计量单位组编码	计量单位组名称	计量单位组类别
01	独立单位	无换算率
02	包装	固定换算率

存货计量单位　　　　　　　　　　　　　　　　　　　表2-13

计量单位编码	计量单位名称	计量单位组	主单位标志	换算率
01	个	01 单独单位		
02	千克	01 单独单位		
03	组	01 单独单位		
04	盒	02 包装	是	1
05	箱	02 包装	否	10
06	千米	01 单独单位		

存 货 档 案   表2-14

存货编码	存货名称	主计量单位	存货分类	存货属性	固定提前期	计划价/参考成本	计划方法
001	遥控汽车玩具套装	04 盒	01 产成品	内销、外销、自制、MPS 件	1	280	R
002	金属遥控汽车玩具套装	04 盒	01 产成品	内销、外销、自制、MPS 件	1	350	R
003	遥控汽车主体	01 个	02 半成品	自制、生产耗用	1	200	R
004	金属遥控汽车主体	01 个	02 半成品	自制、生产耗用	1	280	R
005	遥控手柄	01 个	02 半成品	自制、生产耗用	1	50	R
006	充电电池	03 组	03 外购品	外购、生产耗用	1	10	R
007	充电器	01 个	03 外购品	外购、生产耗用	3	10	R
008	包装盒	01 个	03 外购品	外购、生产耗用	2	2	R
009	车壳	01 个	02 半成品	自制、生产耗用	1	70	R
010	金属车壳	01 个	02 半成品	委外、生产耗用	3	150	R
011	车轮	01 个	02 半成品	自制、生产耗用	1	10	R
012	底板	01 个	02 半成品	自制、生产耗用	2	80	R
013	手柄壳	01 个	02 半成品	自制、生产耗用	2	29	R
014	天线	01 个	03 外购品	外购、生产耗用	4	25	R
015	发送器	01 个	03 外购品	外购、生产耗用	4	15	R
016	芯片	01 个	03 外购品	外购、生产耗用	1	20	R
017	电线	03 组	03 外购品	外购、生产耗用	1	1	R
018	接收器	01 个	03 外购品	外购、生产耗用	4	55	R
019	塑料颗粒	02 千克	04 原材料	外购、生产耗用	2	150	R
020	添加剂	02 千克	04 原材料	外购、生产耗用	2	100	R
021	金属材料	02 千克	04 原材料	外购、生产耗用	2	150	R
022	打印纸	04 盒	05 办公用品	外购	1	160	N
023	办公笔	04 盒	05 办公用品	外购	1	30	N
024	运输费用	06 千米	06 运输费用	外购			N

注：设置物料001和002的安全库存为100，供应倍数为100。

（10）设置明细权限。

①增加"005 张林"的所有仓库的查询录入权限。

②增加"002 杨易"的所有科目的"查账"和"制单"。

③增加"003 张军"的所有科目的"查账"权限。

④增加"004 肖华"对"002 杨易"的"查询""审核""撤销"权限。

（11）设置自定义项。

将"遥控汽车玩具套装"和"金属遥控汽车玩具套装"两个产品设置为自定义项，其项目名称为"存货商品"。

(12) 设置总账系统基础设置参数，见表2-15。

总 账 控 制 参 数　　　　　　　　　表2-15

选项卡	参 数 设 置
凭证	☑制单序时控制　☑支票控制 赤字控制：资金往来科目　赤字控制方式：提示 可以使用应收款、应付款、存货受控科目 取消"现金流量科目必录现金流量项目"选项 凭证编号方式采用系统编号
账簿	账簿打印位数按软件的标准设定 明细账打印按年排页
预算控制	超出预算允许保存
权限	出纳凭证必须经由出纳签字 允许修改、作废他人填制的凭证 可查询他人凭证 明细账查询权限控制到科目
自定义核算项	勾选"存货商品"

(13) 设置外币，见表2-16。

外 币 设 置　　　　　　　　　表2-16

币　符	币　名	固 定 汇 率
USD	美元	1:6.275（此汇率只供演示账套使用）

(14) 设置会计科目。

①按照表2-17修改系统自带的一级科目属性。

修改一级科目属性　　　　　　　　　表2-17

科目代码及名称	辅 助 核 算	受 控 系 统	账 页 格 式
1001 库存现金	日记账		
1002 银行存款	日记账、银行账		
1122 应收账款	客户往来	应收系统	
1123 预付账款	供应商往来	应付系统	
1405 库存商品			数量金额式
2202 应付账款	供应商往来	应付系统	
2203 预收账款	客户往来	应收系统	
6001 主营业务收入			数量金额式
6401 主营业务成本			数量金额式

②按照表2-18增加二级、三级科目明细。

增加二级、三级（明细）科目　　　　　　　　　表2-18

科目名称及代码	辅 助 核 算	方向	账 页 格 式
工行存款 100201	日记、银行	借	金额式
中行存款 100202	日记、银行	借	外币金额式（外币核算币种：美元）
应收个人款 122101	个人往来	借	金额式
遥控汽车玩具套装 140501		借	数量金额式

续上表

科目名称及代码	辅助核算	方向	账页格式
金属遥控汽车玩具套装 140502		借	数量金额式
其他 140503		借	数量金额式
应付款 220201	供应商往来	贷	金额式
暂估应付款 220202	供应商往来	贷	金额式
应付工资 222101		贷	金额式
应付福利费 222102		贷	金额式
应交增值税 222101		贷	金额式
进项税额 22210101		贷	金额式
销项税额 22210102		贷	金额式
转出多交增值税 22210103		贷	金额式
转出未交增值税 22210104		贷	金额式
未交增值税 222102		贷	金额式
短期借款利息 223101		贷	金额式
未分配利润 410415		贷	金额式
直接材料 500101	项目核算	借	金额式
直接人工 500102	项目核算	借	金额式
制造费用 500103	项目核算	借	金额式
遥控汽车玩具套装 600101		贷	数量金额式
金属遥控汽车玩具套装 600102		贷	数量金额式
其他 600103		贷	数量金额式
遥控汽车玩具套装 640101		借	数量金额式
金属遥控汽车玩具套装 640102		借	数量金额式
其他 640103		借	数量金额式
薪资 660201	部门核算	借	金额式
办公费 660202	部门核算	借	金额式
差旅费 660203	部门核算	借	金额式
折旧费 660204	部门核算	借	金额式
其他 660205	部门核算	借	金额式
利息支出 660301		借	金额式

③指定会计科目:将"1001 库存现金"指定为现金科目,将"1002 银行存款"指定为银行总账科目。

(15)设置项目目录。

本账套的项目分类与项目名称信息,如表 2-19 所示。

项 目 结 构   表2-19

项目大类	项目分类编码	项目分类名称	项目编号	项目名称	是否结算
生产成本	1	自行开发项目	1-101	车体加工	否
			1-102	部件加工	否
	2	委托开发项目	2-101	控制系统总成加工	否

(16) 设置凭证类别，见表2-20。

凭 证 类 别 表2-20

凭 证 类 别	限 制 类 型	限 制 科 目
收款凭证	借方必有	1001,100201,100202
付款凭证	贷方必有	1001,100201,100202
转账凭证	凭证必无	1001,100201,100202

(17) 设置结算方式，见表2-21。

结 算 方 式 表2-21

结算方式编码	结算方式名称	是否票据管理
1	现金结算	是
2	支票结算	是
201	现金支票	是
202	转账支票	是
3	其他	否

(18) 设置开户银行，见表2-22。

开 户 银 行 表2-22

编 码	开 户 银 行	账 号	是否暂封
01	交通银行凤城路支行	831658796200	否

(19) 录入总账系统期初余额。

输入期初余额，指系统建立时键入手工系统（或旧系统）停止时的期末余额、累计发生额等；旨在保证会计电算化系统运行后单位会计业务处理的连续性、完整性。期初余额数据见表2-23、表2-24。

期初余额表（直接录入） 表2-23

科目名称及代码	期 初 余 额	科目名称及代码	期 初 余 额
库存现金 1001	6475.70	短期借款 2001	200000
银行存款 1002	511057.16	应付职工薪酬 2211	8550.00
工行存款 100201	511057.16	应付工资 221101	7500.00
中行存款 100202		应付福利费 221102	1050.00
坏账准备 1231	14000.00	应缴税费 2221	-16800.00
材料采购 1401	-80000.00	应交增值税 222101	-16800.00
原材料 1403	1003800.00	进项税额 22210101	-33800.00
材料成本差异 1404	1642.00	销项税额 22210102	17000.00
库存商品 1405	2556000.00	其他应付款 2241	600.00
遥控汽车玩具套装	1806000.00	实收资本 4001	2609052.00
金属遥控汽车玩具套装	750000.00	本年利润 4103	1478000.00
固定资产 1601	258860.00	利润分配 4104	-119022.31
累计折旧 1602	47120.91	未分配利润 410415	-119022.31
无形资产 1701	58500.00		

期初余额表（有辅助核算项）　　　　　　　　　　　　　　表 2-24

科目名称及代码	期初余额	备注
应收账款 1122	158000.00	2016-8-5，姚军销售遥控汽车玩具套装于乐友母婴连锁商店，价税合计 112000.00 元，票号 A001 2016-8-6，姚军销售遥控汽车玩具套装于维尼玩具专柜，价税合计 46000.00 元，票号 B002
预付账款 1123	4000.00	2016-8-7，张林采购西可欣塑料厂产品预付 4000.00 元，票号 C001
其他应收款 1221	4000.00	
应收个人款 122101	4000.00	2016-8-6，高乐出差借款 2100.00 元 2016-8-6，姚军出差借款 1900.00 元
生产成本 5001	15665.74	
直接材料 500101	9900.00	车体加工 6000.00 元，部件加工 3900.00 元
直接人工 500102	3200.74	车体加工 1700.00 元，部件加工 1500.74 元
制造费用 500103	1500.00	车体加工 900.00 元，部件加工 600.00 元
折旧费 500104	1065.00	车体加工 1065 元
应付账款 2202	276500.00	
应付款 220201	276500.00	2016-8-7，张林采购阳天电子元器件公司产品共 276500 元，票号 C002

（20）设置存货核算系统基础科目。

①存货科目设置。设置"原材料仓库"的存货科目为"1403 原材料"，设置"外购品仓库"的存货科目为"140503 其他"，设置"半成品仓库"的存货科目为"140503 其他"。

②对方科目设置。设置"采购入库"的对方科目为"1401 材料采购"，设置"产成品入库"的对方科目为"500101 生产成本/直接材料"，设置"盘盈入库"的对方科目为"1901 待处理财产损溢"，设置"领料出库"的对方科目为"500101 生产成本/直接材料"。

（21）应收款管理系统初始化设置。

①选项设置，见表 2-25。

应收款管理选项设置参数　　　　　　　　　　　　　　　　表 2-25

选项卡	参数设置
常规	坏账处理方式：应收余额百分比
	其他参数为系统默认
凭证	受控科目制单方式为"明细到客户"
	取消"核销生成凭证"
	其他参数为系统默认
权限与报警	取消"控制操作员权限"
	"单据报警下"的"提前天数"设置为"7"
	其他参数为系统默认
核销设置	应收款核销方式：按单据
	其他参数为系统默认

②初始设置，见表 2-26。

应收款管理科目设置参数　　　　　　　　　　　表2-26

科 目 类 别	设 置 方 式
基本科目设置	应收科目(人民币):1122 预收科目(人民币):2203 税金科目(人民币):22210102(销项税额)
控制科目设置	客户编码001~004对应的"应收科目""预收科目"相同: 应收科目:1122 预收科目:2203
结算方式科目设置	结算方式:现金;币种:人民币;科目:1001; 结算方式:现金支票;币种:人民币;科目:100201; 结算方式:转账支票;币种:人民币;科目:100201

③坏账准备设置。设置提取比例为0.5%,坏账准备期初余额为14000,坏账准备科目为"1231",对方科目为"660205"。

④账期内账龄区间及逾期账龄区间设置,见表2-27。

账龄区间设置　　　　　　　　　　　　　　　　　表2-27

序 号	起 止 天 数	总 天 数
01	1~30	30
02	31~60	60
03	61~90	90
04	91~120	120
05	121以上	

⑤报警级别设置,见表2-28。

报警级别设置表　　　　　　　　　　　　　　　　表2-28

序 号	起止比率	总 比 率(%)	级别名称
1	0以上	10	A
2	10%~30%	30	B
3	30%~50%	50	C
4	50%~100%	100	D
5	100%以上		E

(22)应付款管理系统初始化设置。

①选项设置,见表2-29。

应付款管理选项设置参数　　　　　　　　　　　表2-29

选 项 卡	参 数 设 置
核销设置	应付款核销方式:按单据 其他参数为系统默认

②初始设置,见表2-30。

应付款管理科目设置参数　　　　　　　　　　　表2-30

科 目 类 别	设 置 方 式
基本科目设置	应付科目(人民币):2202 预付科目(人民币):1123 税金科目(人民币):22210101(进项税额)

续上表

科目类别	设 置 方 式
结算方式科目设置	结算方式:现金;币种:人民币;科目:1001 结算方式:现金支票;币种;人民币;科目:100201 结算方式:转账支票;币种;人民币;科目:100201

③账期内账龄区间与报警设置同应收款管理系统。

(23)录入库存和存货核算系统期初数据。

8月30日,对各个仓库进行了盘点,结果如表2-31所示。

期末库存盘点表　　　　　　　　　　　　　　　　　表2-31

仓库名称	存货名称	数量	结存单价	存货科目编码
产成品仓库	遥控汽车玩具套装	623	280.00	140501
	金属遥控汽车玩具套装	405	350.00	140502
外购品仓库	充电电池	10	10.00	140503
	充电器	10	10.00	140503
	包装盒	10	2.00	140503
	天线	10	25.00	140503
	发送器	10	15.00	140503
	芯片	10	20.00	140503
	电线	10	1.00	140503
	接收器	10	55.00	140503

(24)录入应收款管理系统期初数据。

应收账款科目的期初余额为158000元,以应收单形式录入,见表2-32。

应收账款期初余额表　　　　　　　　　　　　　　　　表2-32

日期	凭证号	客户	业务员	摘要	方向	期初余额	票号	票据日期
2016-08-05	转-118	乐友母婴连锁商店	姚军	销售商品(遥控汽车玩具套装)	借	112000.00	A001	2016-08-05
2016-08-06	转-15	维尼玩具专柜	姚军	销售商品(遥控汽车玩具套装)	借	46000.00	B002	2016-08-06

(25)录入应付款管理系统期初数据。

①应付账款科目的期初余额中涉及阳天电子元器件公司的余额为276500元,以应付单形式录入(表2-33)。

应付账款期初余额表(阳天电子元器件公司)　　　　　表2-33

日期	凭证号	供应商	业务员	摘要	方向	期初余额	票号	票据日期
2016-08-07	转-45	阳天电子元器件公司	张林	购买原材料	贷	276500.00	C002	2016-08-07

②预付账款科目的期初余额中涉及西可欣塑料厂的余额为4000元,以付款单形式录入(表2-34)。

应付账款期初余额表(西可欣塑料厂)　　　　　　　　表2-34

日期	凭证号	客户	业务员	摘要	方向	期初余额	票号	票据日期
2016-08-07	转-119	西可欣塑料厂	张林	采购预付	借	4000.00	C001	2016-08-07

(26)录入销售管理系统期初数据。

①8月28日,销售部向乐友母婴连锁商店出售遥控汽车玩具套装800盒,报价为210元,由成品仓库发货。该发货单尚未开票。(期初发货单)

②8月26日,销售部向维尼玩具专柜出售金属遥控汽车玩具套装200盒,报价为290元,货物从成品库发出。该发货单尚未开票。(期初发货单)

(27)录入采购管理系统期初数据。

①8月25日,收到恒天办公用品公司提供的打印纸300盒,单价为160元,商品已验收入办公用品仓库。(暂估入库,录入期初采购入库单)

②8月26日,已经收到恒天办公用品公司提供的200盒办公笔的发票,价税合计额为7020元,货物还没有运到。(在途物资,录入期初采购发票)

(28)对采购管理、委外管理和库存管理或存货核算系统进行期初记账。

期初记账是指将有关期初数据记入相应的账表中,它标志着供应链管理系统各个子系统的初始工作全部结束,相关参数和期初数据不能修改、删除。如果供应链管理系统的各个子系统集成使用,则期初记账应该遵循一定的顺序。

(29)设置销售订单模板格式。

在"销售订单"现有模板中,表头增加"预发货日期""预完工日期"的项目。

(30)备份账套。

四、实验指导

1. 设置部门档案

菜单路径:基础设置/基础档案/机构人员/部门档案。

进入部门档案编辑界面,点击"增加",按实验资料输入部门信息,如图2-6所示。

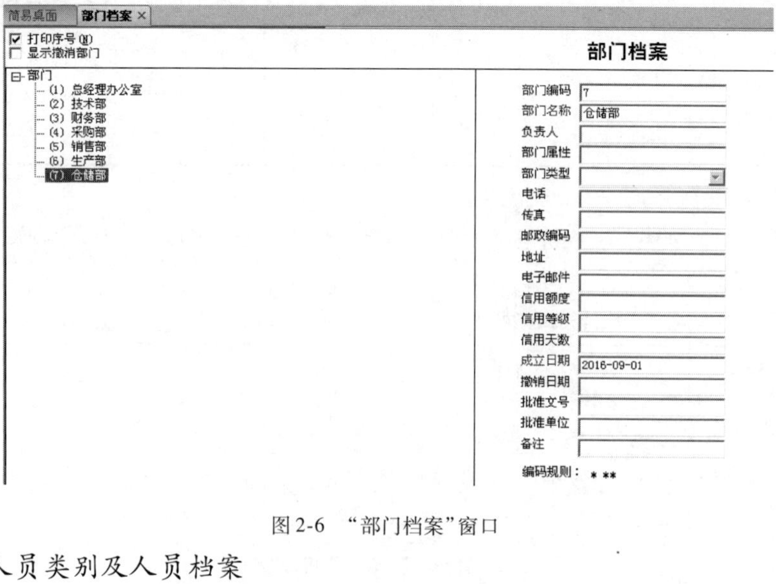

图2-6 "部门档案"窗口

2. 录入人员类别及人员档案

菜单路径:基础设置/基础档案/机构人员/人员类别。

菜单路径:基础设置/基础档案/机构人员/人员档案。

(1)进入人员类别界面,点击"增加",按实验资料输入人员类别信息,如图 2-7 所示。

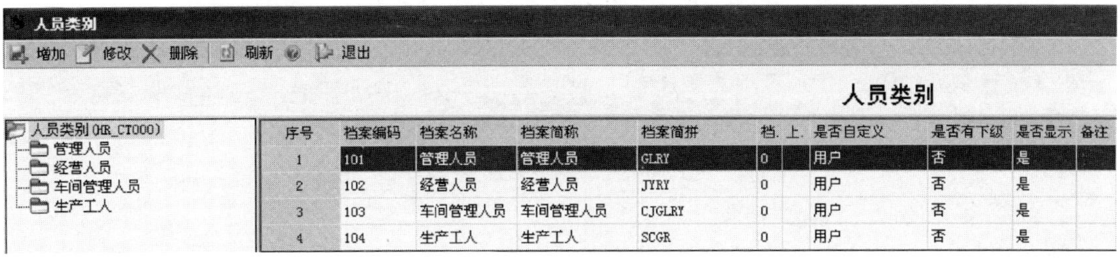

图 2-7 "人员类别"窗口

(2)进入人员档案编辑界面,点击"增加",按实验资料输入人员档案信息,如图 2-8 所示。

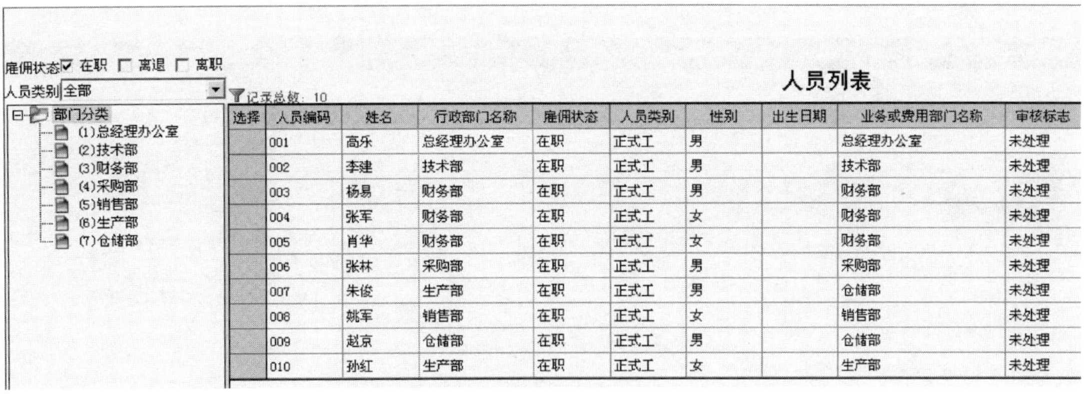

图 2-8 "人员档案"窗口

3. 设置供应商分类及供应商档案

菜单路径:基础设置/基础档案/客商信息/供应商分类。

菜单路径:基础设置/基础档案/客商信息/供应商档案。

(1)供应商分类

进入供应商分类编辑界面,点击"增加",按实验资料输入供应商分类信息,如图 2-9 所示。

图 2-9 "供应商分类"窗口

(2)供应商档案

进入供应商档案编辑界面,点击"增加",按实验资料输入供应商档案信息,如图 2-10 所示。

☑ 打印序号(N)

供应商档案

供应商分类
- (01) 原材料供应企业
- (02) 外购品供应企业
- (03) 委外业务企业

序号	选择	供应商编码	供应商名称	供应商简称	供应商分类名称	供应商分类编码	是否委外	是否采购	发展日期
1		001	西可欣塑料厂	西可欣塑料厂	原材料供应企业	01	□	☑	2016-09-01
2		002	阳天电子元器件公司	阳天电子元器件公司	外购品供应企业	02	□	☑	2016-09-01
3		003	晶开小商品批发公司	晶开小商品批发公司	外购品供应企业	02	□	☑	2016-09-01
4		004	恒天办公用品公司	恒天办公用品公司	外购品供应企业	02	□	☑	2016-09-01
5		005	美宝电子产品有限公司	美宝电子产品有限公司	委外业务企业	03	☑	□	2016-09-01

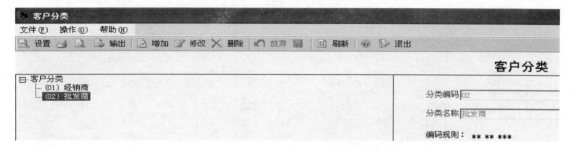

图 2-10 “供应商档案”窗口

4. 设置客户分类及客户档案

菜单路径:基础设置/基础档案/客商信息/客户分类。

菜单路径:基础设置/基础档案/客商信息/客户档案。

(1)客户分类

进入客户分类编辑界面,点击“增加”,按实验资料输入客户分类信息,如图 2-11 所示。

图 2-11 “客户分类”窗口

(2)客户档案

进入客户档案编辑界面,点击“增加”,按实验资料输入客户档案信息,如图 2-12 所示。

☑ 打印序号(N)

客户档案

客户分类
- (01) 经销商
- (02) 批发商

序号	选择	客户编码	客户名称	客户简称	客户分类编码	客户分类名称	发展日期
1		001	乐友母婴连锁商店	乐友母婴连锁商店	01	经销商	2016-09-01
2		002	维尼玩具专柜	维尼玩具专柜	01	经销商	2016-09-01
3		003	星星玩具代理	星星玩具代理	02	批发商	2016-09-01
4		004	深蓝国际玩具贸易公司	深蓝国际玩具贸易公司	02	批发商	2016-09-01

图 2-12 “客户档案”窗口

5. 设置仓库档案

菜单路径:基础设置/基础档案/业务/仓库档案。

进入仓库档案编辑界面,点击“增加”,按实验资料输入仓库档案信息,如图 2-13 所示。

☑ 打印序号(N)

仓库档案

序号	仓库编码	仓库名称	部门名称	仓库地址	电话	负责人	计价方式	是否货位管理	资金定额	对应条形码	是否参与MRP运算	是否参与ROP计算	仓库属性	配额(%)	资产仓	控制序列号	记入成本	纳入可用量计算
1	001	原材料仓库	仓储部				全月平均法	否		001	是	是	普通仓		否	是	是	是
2	002	产成品仓库	仓储部				全月平均法	否		002	是	是	普通仓		否	是	是	是
3	003	半成品仓库	仓储部				全月平均法	否		003	是	是	普通仓		否	是	是	是
4	004	外购品仓库	仓储部				全月平均法	否		004	是	是	委外仓		否	是	是	是
5	005	办公用品仓库	仓储部				全月平均法	否		005	否	否	普通仓		否	是	是	是
6	006	返工维修仓库	仓储部				全月平均法	否		006	否	否	普通仓		否	是	是	是
7	007	委外仓库	仓储部				全月平均法	否		007	是	是	委外仓		否	是	是	是

图 2-13 “仓库档案”窗口

6. 设置收发类别

菜单路径:基础设置/基础档案/业务/收发类别。

进入收发类别编辑界面,点击"增加",按实验资料输入收发类别信息,如图2-14所示。

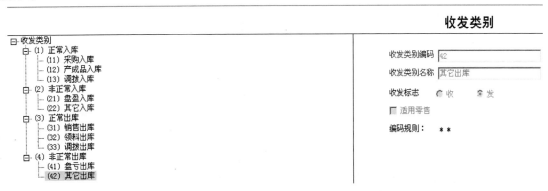

图2-14 "收发类别"窗口

7. 设置销售类型

菜单路径:基础设置/基础档案/业务/销售类型。

进入销售类型编辑界面,点击"增加",按实验资料输入销售类型信息,如图2-15所示。

序号	销售类型编码	销售类型名称	出库类别	是否默认值	是否列入MPS/MRP计划
1	01	批发	销售出库	否	是
2	02	零售	销售出库	否	否

图2-15 "销售类型"窗口

8. 设置采购类型

菜单路径:基础设置/基础档案/业务/采购类型。

进入采购类型编辑界面,点击"增加",按实验资料输入采购类型信息,如图2-16所示。

序号	采购类型编码	采购类型名称	入库类别	是否默认值	是否委外默认值	是否列入MPS/MRP计划
1	01	生产材料采购	采购入库	否	否	是
2	02	其它材料采购	采购入库	否	否	否

图2-16 "采购类型"窗口

9. 设置存货分类、计量单位及存货档案

(1)存货分类

菜单路径:基础设置/基础档案/存货/存货分类。

进入存货分类编辑界面,点击"增加",按实验资料输入存货分类信息,如图2-17所示。

图 2-17 "存货分类"窗口

(2) 计量单位

菜单路径:基础设置/基础档案/存货/计量单位。

进入计量单位编辑界面,点击"分组",必须先增加计量单位组,然后再在该组下增加具体的计量单位内容。在计量单位组下点击"增加"。按实验资料输入完单位组后,点击"单位",进入该单位组下单位的输入,待蓝色必填项信息输入完成后,点击保存按钮,如图 2-18 所示。

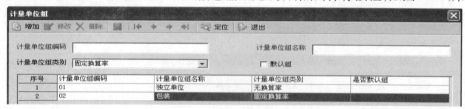

图 2-18 "计量单位组"窗口

【补充说明】

① **计量单位组**:包括无换算、浮动换算、固定换算三种类别,每个计量单位组中有一个主计量单位、多个辅助计量单位,可以设置主辅计量单位之间的换算率。无换算计量单位组下的所有计量单位都以单独形式存在。浮动换算计量单位组中只能包含两个计量单位。固定换算计量单位组中可以包含两个以上的计量单位,且每一个辅计量单位对主计量单位需有换算率。

② **换算率**:录入辅计量单位和主计量单位之间的换算比,如一箱遥控汽车套装为10盒,那么主计量单位可以设置为盒,换算率自动设置为1,辅助计量单位设置为箱,换算率为10。

数量(按主计量单位计量) = 件数(按辅计量单位计量) × 换算率

(3) 存货档案

菜单路径:基础设置/基础档案/存货/存货档案。

进入存货档案编辑界面,点击"增加",按实验资料输入存货档案信息。存货档案录入界面共有基本、成本、控制、其他、计划、质量、MPS/MRP、图片、附件9个菜单内容,其中存货编码、存货名称、存货分类、计量单位组、主计量单位等信息在存货档案的"基本"菜单中输入,存货属性在下方系统提供的属性选项中勾选,若有属性没有正确勾选对后期操作将造成很大影响,如图 2-19 所示;安全库存在"控制"菜单中输入;固定提前期在"计划"菜单中输入;

"MPS件"属性、供应倍数、供需政策、计划方法等在"MPS/MRP"菜单中输入。

图2-19 "存货档案—基本"窗口

【补充说明】

①**存货属性**：系统为存货设置了多种属性，同一存货可以设置多个属性。当一个存货同时被设置为自制、委外和（或）外购时，MPS/MRP系统默认自制为其最高优先属性而自动建议计划生产订单；而当一个存货同时被设置为委外和外购时，MPS/MRP系统默认委外为最高优先属性而自动建议计划委外订单。内销指该物品的客户是国内客户；外销指该物品的客户是国外客户。

②**计划方法**：可选择R/N，R表示此存货要计算需求，要列入MPS/MRP计算的对象，N表示该存货及其以下子件都不计算需求，不列入MPS/MRP展开物件，如量少价低、可随时取得的物料，可采用再订货点法或其他方式计划供应。

③**供需政策**：可选PE或LP。PE表示期间供应法，按该设定期间内的净需求一次供应，即一起生成一张计划订单。此方法可增加供应批量，减少供应次数，但需求来源（如销售订单）变化太大时，将造成库存太多、情况不明的现象。LP表示批量供应法，按各时间的净需求分别各自供应。所有净需求都不合并，各自生成计划订单。此方式有利于供需对应关系明朗化，库存较低，但供应批量可能偏低，未达经济规模。

④**固定提前期**：从发出需求到接获存货为止所需的固定提前期。

⑤**变动提前期**：如果生产或采购或委外时，会因数量供给变动造成生产或采购或委外时间不一时，此段时间为变动提前期。

⑥**变动基数**：如果有变动提前期考虑时，每日产量即为变动基数。

⑦**总体前期** = （总需求量 ÷ 变动基数）× 变动提前期 + 固定提前期。

⑧**累计提前期**：指从取得原材料开始到完成制造存货所需的时间。可逐层比较取得其物料清单下层子件的最长固定提前期，再将本存货与其各层子件中最长的提前期累加而得。该值由MPS或MRP模块中"累计提前天数推算"命令自动计算而得。

10. 设置明细权限

菜单路径：系统服务/权限/数据权限分配。

(1) 在"权限浏览"窗口中左边栏中选中"005 张林"，再单击"授权"按钮，弹出"记录权限设置"窗口，在"业务对象"下拉菜单中选中"仓库"，将左边"禁用"的所有仓库添加到右边"可用"栏中，将"查询""录入"选项都勾选上，最后单击"保存"按钮，如图 2-20 所示。

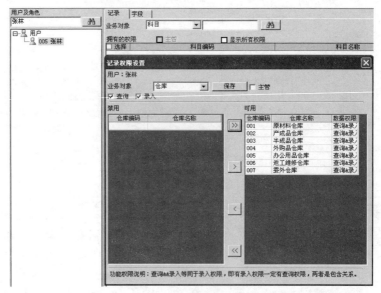

图 2-20　设置"005 张林"的仓库权限

(2) 选中"002 杨易"，再单击"授权"按钮，弹出"记录权限设置"窗口，在"业务对象"下拉菜单中选中"科目"，将左边"禁用"的所有科目添加到右边"可用"栏中，勾选"查账"和"制单"选项，最后单击"保存"按钮，如图 2-21 所示。

(3) 同理，设置"003 张军"的明细权限。

(4) 设置"004 肖华"的明细权限时，先修改业务对象为"用户"，再通过查询选中"肖华"，点击"授权"按钮；勾选"查询""审核""撤销""关闭"权限，选中"002 杨易"，单击">"，即为肖华只对杨易填制的凭证进行审核。点击"保存"，如图 2-22 所示。

【补充说明】
　　明细权限：是指进一步限定一般操作员的明细账科目查询权限、凭证审核权限及制单科目使用权限；旨在细化一般人员的操作权限，是系统管理中确定具体分工的进一步细化。

11. 设置自定义项

菜单路径：基础设置/基础档案/其他/自定义项。

(1) 选定自定义分类中的单据头中的自定义项1，双击进入"自定义项设置"窗口，在"项目名称"栏中输入项目名称"存货商品"，在下面的数据来源中选择"系统档案"选项，对应档案中选择"存货档案"，对应字段中选择"存货编码"或"存货名称"，如图 2-23 所示。

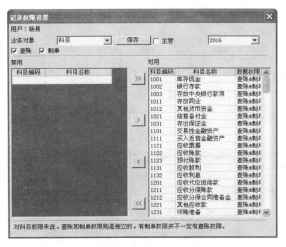

图 2-21　设置 002 杨易的权限

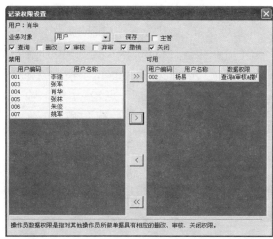

图 2-22　设置"004 肖华"的权限

（2）单击上面的"档案"按钮，进入"自定义项值设置"窗口，在自定义项值中分别增加 2 个产成品。

12. 设置总账系统基础参数

菜单路径：基础设置/业务参数/财务会计/总账。

总账系统基础参数指设置业务处理相关的控制参数，如凭证控制参数、账簿控制参数等，以决定总账系统的输入控制、处理方式、数据流向、输出格式等的要求。进入选项参数界面，按实验资料要求进行总账参数设置，如图 2-24 所示。设置完毕，点击"确定"，系统弹出"你修改了自定义项辅助核算，会造成自定义项辅助核算科目对账不平，你确认吗？"，点击"确定"。

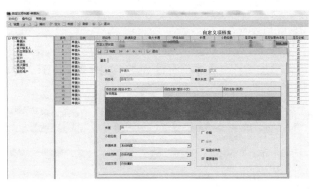

图 2-23　"自定义项设置"窗口

图 2-24　总账参数设置

13. 设置外币

菜单路径：基础设置/基础档案/财务/外币设置。

在"外币设置"窗口，先点击"增加"，输入币符 USD、币名美元，然后点击确认后，输入汇率，再点击"增加"，退出，保存该汇率，如图 2-25 所示。

14. 设置会计科目

菜单路径:基础设置/基础档案/财务/会计科目。

(1)在会计科目窗口中,找到"1001 库存现金"的科目,双击进入科目修改窗口,单击"修改"按钮,勾选"日记账",单击"确定"按钮并退出。同理,修改其他科目。

(2)在会计科目窗口,点击"增加",输入会计科目编码 100201、科目名称"工行存款",辅助核算勾选"日记账""银行账",单击"确定",如图 2-26 所示,工行存款科目设置完成。同理,增加其他新的二级或三级会计科目。

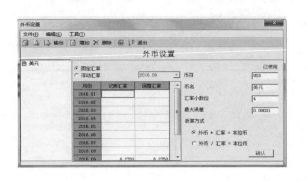

图 2-25　外币设置

图 2-26　增加工行存款会计科目

(3)在会计科目窗口菜单中点击"编辑/指定科目",打开"指定科目"对话框。在"指定科目"窗口中,单击选中"现金科目",在"待选科目"中选定"1001 现金",并单击">"选中;单击选中"银行科目",在"待选科目"中选定"1002 银行存款",并单击">"选中,然后单击"确定"按钮,完成指定科目设置,如图 2-27 所示。

15. 设置项目目录

菜单路径:基础设置/基础档案/财务/项目目录。

(1)在"项目档案"窗口中单击"增加"按钮,输入新项目大类名称为"生产成本",并单击"下一步"按钮,直到单击"完成"按钮,完成增加"生产成本"项目大类,如图 2-28、图 2-29 所示。

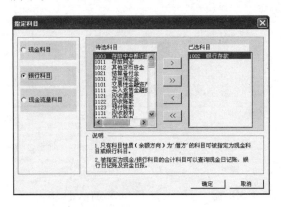

图 2-27　指定银行存款总账科目

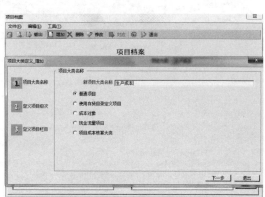

图 2-28　增加"生产成本"项目大类

图2-29 成功增加"生产成本"项目大类

(2)在"生产成本"项目大类下选择"核算科目"选项卡,将"待选科目"中5001下面的所有二级科目添加到"已选科目"中,并单击"确定"按钮,如图2-30所示。

(3)在选项卡中选择"项目分类定义",根据实验资料分别在"分类编码"和"分类名称"中录入相应信息,并单击"确定"按钮,如图2-31所示。

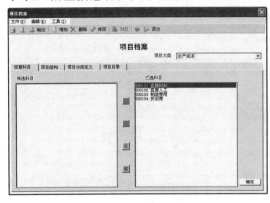

图2-30 定义项目核算科目

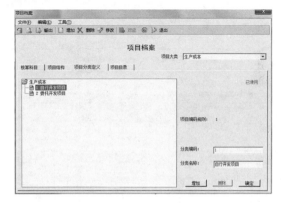

图2-31 项目分类定义设置

(4)再选中"项目目录"选项卡,单击右下角的"维护"按钮,弹出"项目目录维护"窗口,单击"增加"按钮,在"项目名称"中录入相应内容,如图2-32所示。

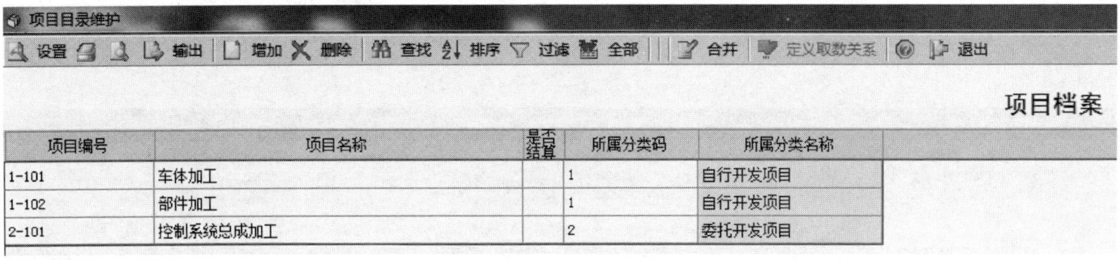

图2-32 项目名称设置

16. 设置凭证类别

菜单路径:基础设置/基础档案/财务/凭证类别。

首先进入"凭证类别预置"窗口,选择相应"分类方式"按钮,选中"收款凭证、付款凭证、转账凭证"签到单选按钮,如图2-33所示。点击"确定"按钮,打开"凭证类别"对话框,根据实验资料增加相应信息内容,如图2-34所示。

17. 设置结算方式

菜单路径:基础设置/基础档案/收付结算/结算方式。

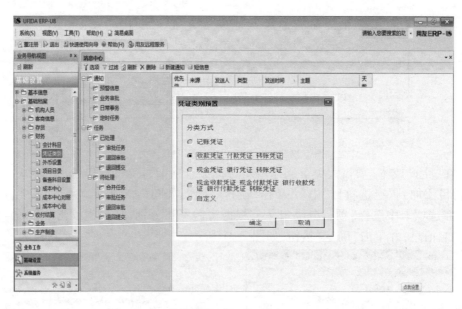

图 2-33　凭证类别选择

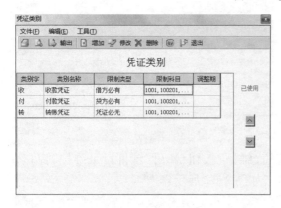

图 2-34　凭证类别设置

该功能用来建立和管理在经营活动中涉及的货币结算方式。在"结算方式"窗口中，按照实验资料增加相应信息内容。

18. 设置开户银行

菜单路径：基础设置/基础档案/收付结算/本单位开户银行。

在"本单位开户银行"窗口中单击"增加"按钮，按照资料输入相关信息，如图2-35所示。

19. 录入总账系统期初余额

菜单路径：业务工作/财务会计/总账/设置/期初余额。

图 2-35　开户银行设置

（1）进入期初余额录入窗口，白色单元格为末级科目（一级科目），单击"期初余额"对应栏，直接输入金额。灰色单元格为非末级科目（二级科目、三级科目等），输入金额后，余额将自动汇总填入末级科目（一级科目，即灰色带）。根据实验要求，录入各科目下的期初余额，不需要辅助核算的科目，金额可直接录入。

（2）若遇到需要辅助核算的科目，不允许直接录入金额，需要双击该单元格，进入辅助账期初设置，在辅助账中输入期初数据，完成后自动返回总账期初余额表中。例如输入"应收

个人款",步骤如下:

第一,双击122101科目(应收个人款)相应期初余额(黄色)单元格,进入"辅助期初余额"窗口。

第二,在"辅助期初余额"窗口,单击"往来明细",进入"期初往来明细"窗口,单击"增行",然后录入相应数据,如图2-36所示。

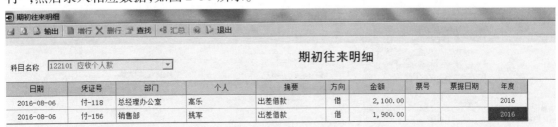

图2-36 录入期余额——往来科目录入明细

第三,单击"汇总"按钮,系统提示"完成了往来明细到辅助期初表的汇总!",单击"确定"后,再单击"退出"按钮。

同理,录入其他带辅助核算的科目余额。

(3)单击"试算"按钮,系统检查期初借贷方金额是否平衡,如图2-37所示。

20.设置存货核算基础科目

(1)存货科目设置

菜单路径:业务工作/供应链/存货核算/初始设置/科目设置/存货科目。

在"存货科目"窗口中,单击"增加"按钮,按照实验资料设置相应的存货科目,如图2-38所示。

图2-37 期初试算平衡表

图2-38 存货科目设置

(2)对方科目设置

菜单路径:业务工作/供应链/存货核算/初始设置/科目设置/对方科目。

在"对方科目"窗口中,单击"增加"按钮,按照实验资料设置相应的存货科目。

21.应收款管理系统初始化设置

(1)选项设置。

菜单路径:业务工作/财务会计/应收款管理/设置/选项。

在弹出的"账套参数设置"对话框中,点击"编辑",再点击"常规"选项卡,在"坏账处理方式"下拉菜单中选择"应收余额百分比法"选项,如图2-39所示。其余选项卡设置同理。

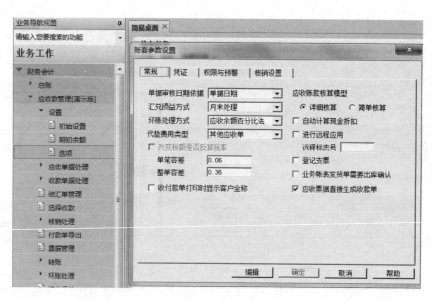

图2-39 常规选项设置

（2）设置科目。

菜单路径：业务工作/财务会计/应收款管理/设置/初始设置。

在"基本科目设置"栏中按照实验资料依次录入相应基本科目信息内容，如图2-40所示。

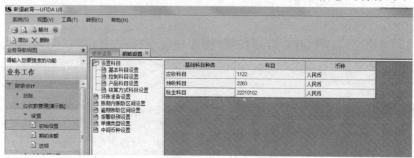

图2-40 基本科目设置

同理，设置按照实验资料依次录入相应控制科目、结算方式科目、坏账准备信息内容。

（3）在"账期内账龄区间设置"及"逾期账龄区间设置"两栏中分别按照实验资料依次录入相应信息内容，且两栏账龄区间一致。

（4）在"报警级别设置"栏中按照实验资料依次录入相应信息内容。

22．应付款管理系统初始化设置

（1）选项设置

菜单路径：业务工作/财务会计/应付款管理/设置/选项。

在弹出的"账套参数设置"对话框中，点击"核销设置"选项卡，在"应收款核销方式"下拉框中选择"按单据"选项。

（2）初始设置

菜单路径：业务工作/财务会计/应付款管理/设置/初始设置。

按实验要求依次进行基本科目设置、结算方式科目设置、账期内账龄区间设置等。

23. 录入库存和存货核算系统期初数据

(1)录入存货核算系统期初数据

菜单路径:业务工作/供应链/存货核算/初始设置/期初数据/期初余额。

在"期初余额"窗口中,在"仓库"下拉菜单中选择需要录入的仓库,然后单击"增加"按钮,根据实验资料录入相应的存货期初余额,如图 2-41 所示。

存货编码	存货名称	计量单位	数量	单价	金额	存货科目编码	存货科目
001	遥控汽车玩具套装	盒	623.00	280.00	174,440.00	140501	遥控汽车玩具套装
002	金属遥控汽车...	盒	405.00	350.00	141,750.00	140502	金属遥控汽车玩...
合计:			1,028.00		316,190.00		

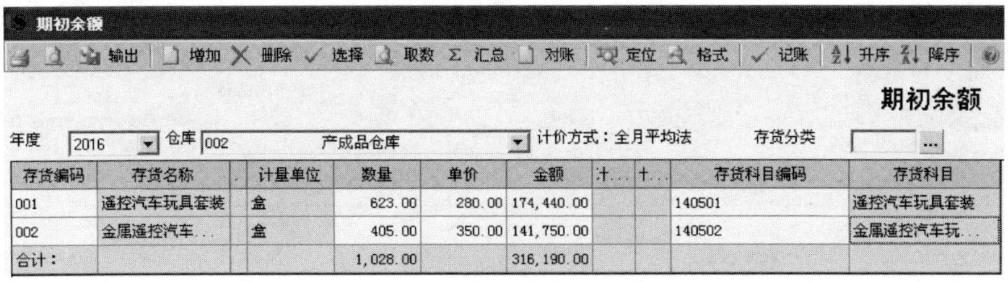

图 2-41 存货核算期初数据录入

(2)录入库存管理期初数据

菜单路径:业务工作/供应链/库存管理/初始设置/期初结存。

在"库存期初"窗口中,在"仓库"下拉菜单中选择需要录入的仓库,然后单击"修改"按钮,因之前已经在存货核算系统里录入过期初数据,因此在库存管理系统里只要单击"取数"按钮,就可以从存货核算系统中取数;录入完期初数据后,单击"保存"按钮,再单击"批审"按钮,如图 2-42 所示。

	仓库	仓库编码	存货编码	存货名称	规格型号	主计量单位	数量	单价	金额
1	产成品仓库	002	001	遥控汽车玩具套装		盒	623.00	280.00	
2	产成品仓库	002	002	金属遥控汽车玩具套装		盒	405.00	350.00	
3									
4									
5									

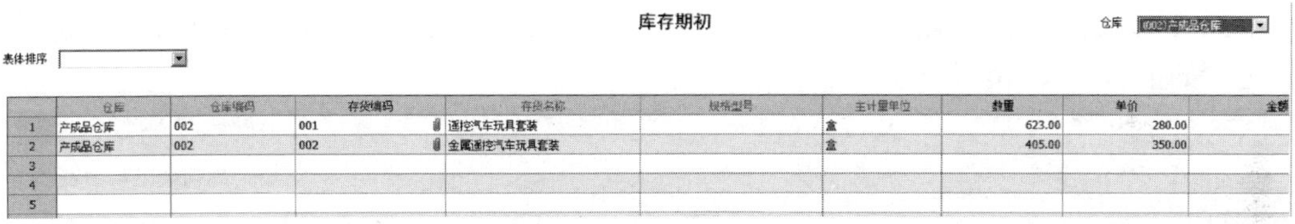

图 2-42 库存管理期初数据录入

24. 录入应收款管理系统期初数据

菜单路径:业务工作/财务会计/应收款管理/设置/期初余额。

(1)在弹出的"期初余额—查询"窗口,选择需要查询的条件(如果不加条件,即为所有记录),单击"确定"按钮,如图 2-43 所示。

(2)在系统弹出的"期初余额明细表"窗口中,单击"增加"按钮,系统弹出"单据类别"窗口,选择增加的期初单据类型,在此选择"应收单—其他应收单",然后单击"确定"按钮,如图 2-44 所示。

(3)在系统弹出的"应收单"窗口中,单击"增加"按钮,按照实验资料录入相应信息内容,最后单击"保存"按钮,如图 2-45 所示。同理,按照实验要求录入另一张单据。

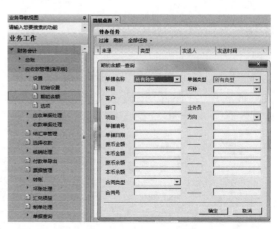

图 2-43 "期初余额—查询"窗口

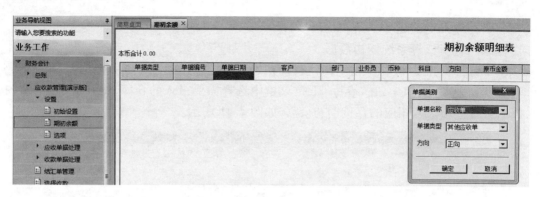

图 2-44　选择单据类别

图 2-45　应收单期初录入

25. 录入应付款管理系统期初数据

菜单路径：业务工作/财务会计/应付款管理/设置/期初余额。

(1) 仿照应收款管理系统的操作进入"期初余额明细表"窗口，单击"增加"按钮，系统弹出"单据类别"窗口，选择增加的期初单据类型，在此选择"应付单—其他应付单"，然后单击"确定"按钮，如图 2-46 所示。

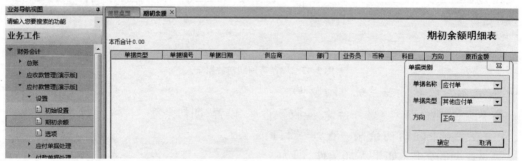

图 2-46　单据类别选择

(2) 在系统弹出的"应付单"窗口中，单击"增加"按钮，按照实验资料录入相应信息内容，最后单击"保存"按钮，如图 2-47 所示。

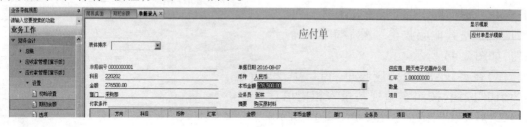

图 2-47　应付单期初录入

（3）仿照上述（1）步骤操作，选择"预付款—付款单"单据类型，单击"确定"按钮。如图2-48所示。

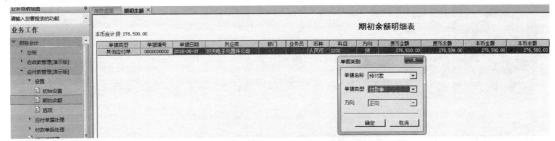

图2-48　选择单据类型

（4）仿照上述（2）步骤操作，在系统弹出的"付款单"窗口中，单击"增加"按钮，按照实验资料录入相应信息内容，最后单击"保存"按钮，如图2-49所示。

图2-49　付款单期初录入

26. 录入销售管理系统期初数据

菜单路径：业务工作/供应链/销售管理/设置/期初录入/期初发货单。

单击"增加"按钮，根据实验资料录入期初发货数据，录入完毕，单击"审核"按钮，如图2-50所示。

图2-50　期初发货单录入

27. 录入采购管理系统期初数据

（1）期初暂估入库单录入

菜单路径：业务工作/供应链/采购管理/采购入库/采购入库单。

在弹出的"期初采购入库单"窗口中，单击"增加"按钮，按实验资料录入相应期初采购入库单信息，如图2-51所示。

（2）在途物资录入期初采购发票

菜单路径：业务工作/供应链/采购管理/采购发票/专用采购发票。

在弹出的"期初采购发票"窗口中，单击"增加"按钮，按实验资料录入相应期初采购发票信息,录入完毕后,单击"保存"按钮,如图2-52所示。

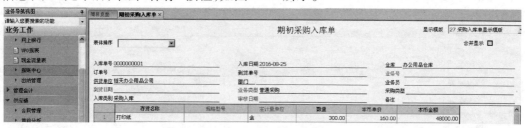

图2-51　期初暂估入库单录入

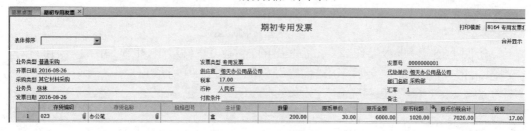

图2-52　期初采购发票录入

28.对采购管理、委外管理和库存管理或存货核算系统进行期初记账

(1)采购管理系统期初记账

菜单路径:业务工作/供应链/采购管理/设置/采购期初记账。

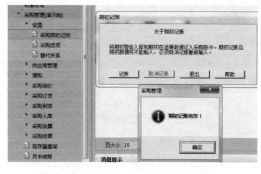

在弹出的"期初记账"对话框中,单击"记账"按钮,弹出"期初记账完毕"信息提示框,单击"确定"按钮,完成采购管理期初记账,如图2-53所示。

(2)委外管理系统期初记账

菜单路径:业务工作/供应链/委外管理/委外期初/期初记账。

在弹出的"期初记账"对话框中,单击"记账"按钮,弹出"期初记账完毕"信息提示框,单击"确定"按钮,完成采购管理期初记账。

图2-53　采购管理系统期初记账

(3)存货核算系统期初记账

菜单路径:业务工作/供应链/存货核算/初始设置/期初数据/期初余额。

在弹出的"期初余额"窗口中,单击"记账"按钮,系统弹出"期初记账成功"信息提示框,单击"确定"按钮,完成存货核算系统的期初记账工作。

【补充说明】

①供应链管理系统各个子系统集成使用时,采购管理系统先记账;库存管理系统所有仓库的所有存货必须"审核"确认;最后,存货核算系统记账。

②如果没有期初数据,可以不输入期初数据,但是必须执行记账操作。

③如果已经进行业务核算,则不能恢复记账。

29. 设置销售订单模板格式

菜单路径:基础设置/单据设置/单据格式设置。

进入单据格式设置页面后,在"U8 单据目录分类"中双击"销售管理/销售订单/显示/销售订单显示模板",然后对"销售订单"模板进行编辑。点击菜单栏中"表头项目",弹出"表头"对话框,勾选"预发货日期""预完工日期"项目,点击"确定"即可完成销售订单模板格式设置,如图 2-54 所示。

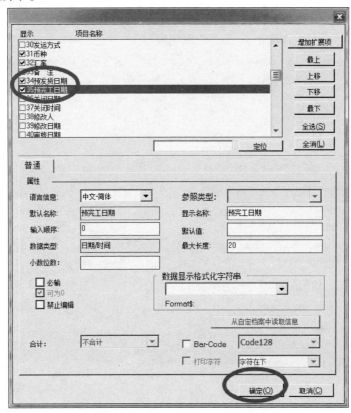

图 2-54　销售订单模板格式设置成功

30. 备份账套

注册登录进入系统管理,在账套菜单中选择"输出"菜单,在"输出文件位置"中设置好指定的文件路径,最后单击"确认"按钮,等待片刻,系统弹出"输出成功"提示框,完成账套输出备份工作。

第二篇　　生产制造管理篇

第三章　　生产制造系统概述
第四章　　物料清单管理
第五章　　主生产计划管理
第六章　　需求规划管理
第七章　　生产订单管理
第八章　　产能管理
第九章　　车间管理

第三章 生产制造系统概述

第一节 生产制造管理思想

生产制造管理是企业管理中的一个重要环节,它以企业生产活动为对象,以提高生产效率为目标,实现企业内部人、财、物等各种资源的最佳结合。对于制造企业来说,生产管理包含对物料、车间、设备等各种资源的协调,它是一个复杂的活动,需要制订计划、对计划进行控制、对过程进行有效的信息反馈。具体来说,生产制造管理的主要内容包括对生产活动进行计划、组织和控制,对与同产品制造或服务密切相关的各个方面进行管理,如生产计划、生产技术准备、生产过程组织、生产调度、生产进度控制等。

生产制造管理的思想并非近代才出现,在人类从事劳动开始就已经出现了。在科技的发展作用下,生产制造管理已经向现代化、自动化迈进。一般来说,生产制造管理的发展可以分为以下四个阶段:

早期手工化生产制造管理方式阶段,这一阶段是指在18世纪70年代以前,人类在劳动过程中采用的手工方式对生产过程的一些管理,比如人类在修建大型宫殿、建筑等时采用的手工管理方式。

标准化生产制造管理方式阶段,这一阶段源于18世纪70年代的工业革命,以泰勒的科学管理方法和福特的标准化生产为代表。泰勒的科学管理方法的主要思想是对生产制造过程中的动作进行细分,制定出最佳的操作方法和操作时间,进而成倍地提高劳动效率。福特在汽车制造中提出的标准化生产管理是通过对汽车通用零件的标准化设计和标准化的生产加以实现的,进而节省制造时间和降低汽车的生产成本。

精益化生产制造管理方式阶段,该阶段源于20世纪40年代,经济的发展使人们的购买要求和购买能力提高,标准化大批量的生产方式已经满足不了人们的需求,个性化产品逐渐成为人们的追求目标。从通用公司的产品系列化策略到丰田公司的拉动式生产方式,无不体现出生产制造管理方式向精益化发展。这个时期的代表是丰田公司,它采用拉动式的生产方法,用多批次小批量生产的混合生产线取代单品种等生产模式,创新出多种新的管理理念和管理方式,如准时制、看板管理、现场管理、全面质量管理等,极大地促进了生产制造管理方式的发展。1985年美国麻省理工学院制定的"国际汽车研究计划"的研究报告和其在1990年出版的《改造世界的机器》一书中,指出丰田的生产方式是一种先进的现代生产管理方式,不仅适用于汽车制造行业,也适用于所有其他类型的制造业。并将丰田式的生产方式和管理理念进一步深化,将其定名为"精益生产方式"(lean production system)❶。

信息系统化生产制造管理方式阶段,20世纪60年代的计算机在生产制造系统中的广泛

---

❶ 潘家轺,曹德弼. 现代生产管理学[M]. 2版.

应用以及90年代中后期因特网和万维网的迅速普及❶,以先进计算机技术为代表的现代信息技术的引入极大地促进了现代管理思想的发展,生产企业越来越多的借助计算机来参与生产管理的过程,以实现先进的生产和科学的管理,比如计算机辅助设计(CAD)、计算机集成制造(CIM)、柔性制造系统(FMS)、物料需求计划(MRP)、企业资源计划(ERP)等。

不论生产制造管理方式如何与企业自身的要求内容有所不同,其生产管理基本内容却是一致的,包括以下几个方面:

1. 生产计划

生产计划是生产管理的基础,是由生产部门根据企业产品销售情况或者客户订单情况等制定的,一般包括生产进度计划、生产作业计划、所需的资源等计划等。生产计划的划分方法有很多种,按生产计划与控制的层次来分可分为战略层、战术层、控制层三个层次。战略层的计划主要包括企业总方向的计划,比如企业经营计划等;战术层的计划主要是具体什么时间生产多少产品的计划;控制层的计划主要是针对战术层具体什么时间需要什么原材料的计划。

2. 生产准备

生产准备是指生产计划做出来后经过审批下发给车间、采购等部门进行生产准备作业,包括工艺技术方面的准备、人力的准备、物料和能源准备、设备及运输方面的准备等。

3. 生产组织

生产组织是指生产计划下达之后,对各种资源(物料、设备、人员等)进行有机配合,包含产品生产开始到结束的整个过程。其主要任务是解决产品生产过程各阶段、各工序之间在空间和时间上的衔接协调问题,并且稳定生产过程中生产者、产品、设备之间的关系。

4. 生产监控

生产监控指对生产准备、整个生产过程、产品生产完成后的协调和监控,包括对生产作业进度、产品质量、物资消耗、成本、资金占用和设备运行等各方面的协调与监控。

第二节 ERP生产制造系统概述

ERP系统中包含众多的模块,企业可根据自身的实际情况,有步骤地推进企业的信息化建设。生产制造系统是用友ERP-U8企业应用套件的重要组成部分,是企业信息化管理核心、有效的方法和工具。生产制造系统以产品的销售订单和市场预测订单为需求导向,以计划为核心,适应不同行业的需要,生产制造管理业务不再局限于离散型生产企业,也适用于流程型生产企业,广泛地应用于机械、电子、食品等行业。

在ERP系统中关于生产制造管理信息化一般是按照以下步骤进行的(图3-1):

(1)基础数据整理录入。整理并录入与生产制造管理业务相关的数据,比如所有物料的存货信息、产品生产的工作中心、产品加工的工艺路线等,这些数据是生产制造系统运行的基础。

(2)根据产品的需求制订主生产计划。产品需求主要有两个来源,一是根据企业的经营目标、销售记录等对产品的预测,二是根据销售订单(客户订单)对产品的预测。主生产计划(Master

---

❶ 戴昌钧,李金明.生产净值战略的理论、实践及国际比较[M].

Production Schedule,MPS),是以销售预测订单和客户订单为数据来源,以企业生产的产品及少数关键零部件为对象,其规划结果表明各种产品及关键零部件的生产数量和产出时间。换句话说,MPS 是描述企业生产什么、生产多少以及什么时段完成的生产计划,它是把企业战略、企业生产计划大纲等宏观计划转化为生产作业和采购作业等微观作业计划的工具。

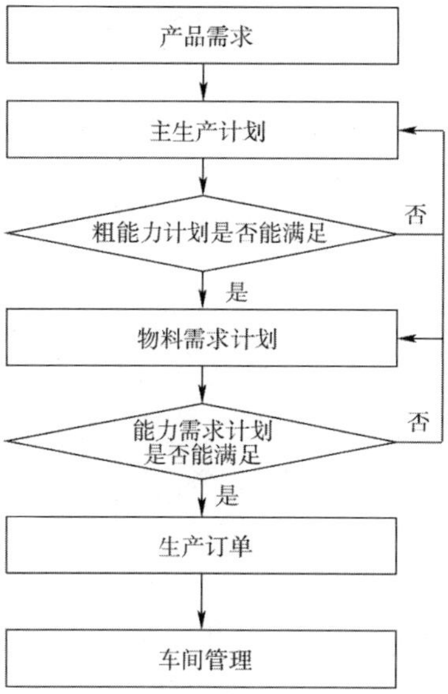

(3)进行产能的粗能力计算。粗能力计算指把主生产计划对关键工作中心的资源需求作为需求来源,以验证企业对主生产计划是否有充分的生产能力。如果不能满足需求,可以进行生产能力或生产计划的调整,以保证生产能力和负荷的匹配。

(4)根据主生产计划等资料生成物料需求计划。物料需求计划(Material Requirements Planning,MRP)是根据 MPS 的需求,展开物料清单,编制相关需求件的计划。MRP 最终要得出每一个加工件的开始日期和完成日期,说明每一个采购件的订货日期和入库日期,把生产作业计划和物资供应计划统一起来。MRP 计算方法的基本思想是按所需要的时间、所需要的地点、所需要的数量,提供所需要的物料,用生产满足需要。

图 3-1 生产制造管理信息化的一般步骤

(5)进行产能的细能力计算。细能力计算也称为能力需求计划(CRP),是对 MRP 物料需求计划的各生产阶段和各工作中心是否有生产能力进行核算的一种计划管理方法。如果不能满足生产需要可以进行生产能力或生产计划调整。

(6)生成生产订单,下达车间进行生产。经过以上步骤后,ERP 系统可以自动生成生产订单继而生成领料单、采购单、委外单等,下发到车间、采购、仓库等部门以便做好生产准备作业,比如采购部门可以根据请购单安排采购,仓库部门可以根据领料单安排出库业务等。

(7)车间生产作业。车间部门按照产品的工艺路线安排各产品的工序计划,然后根据系统中的生产订单和工序计划进行产品的生产并及时反馈生产作业信息,直到产品入库。

除了以上步骤,在生产作业过程中也贯穿着设备管理、物料清单管理、基础资料维护等业务以保证生产。生产管理系统的业务活动涉及面广,包括企业的销售、计划、生产、采购、委外、库存、财务等业务,因此,生产制造系统是 ERP 最重要的模块之一。生产制造系统主要的作用就是平衡销售、平衡采购、平衡生产、平衡产品的供需。

用友 ERPU8 系统中生产制造系统主要包括:物料清单、主生产计划、产能管理、需求规划、车间管理、工程变更、设备管理等模块。由于篇幅所限,本章只介绍生产制造系统中的物料清单、主生产计划、需求规划、产能管理、生产订单、车间管理这六个重要模块,以实验的形式介绍其生产制造管理的系统思想和主要操作流程。

这里对 ERP 系统主要模块做简单的介绍:

[物料清单]模块主要提供定义组成各产品的所有零配件及原材料组成信息。

[主生产计划]模块主要涉及企业主生产计划的生成和查询以及预测订单的维护。

[需求规划]模块主要涉及企业物料资源计划的生成和查询以及预测订单的维护。

[产能管理]模块有资源需求计划、粗能力需求计划、能力需求计划三大主要内容,从三

种不同的层次来验证企业是否有足够的生产能力。

[生产订单]模块主要完成生产订单的生成、生产领料、生产完工入库的工作,协助企业有效掌握各项生产活动的信息。

[车间管理]模块提供定义各产品的加工工艺路线以支持车间工序计划,并随时掌握生产订单各工序加工状态和完工情况以确保能适时完成生产订单要求。

[工程变更]模块协助其他部门管理、监控、设计变更过程中的各项工作,提供相关信息使相关业务部门及时变更相关资料。

生产制造管理是用友 ERP-U8 企业应用套件的重要组成部分,是企业信息化管理核心和有效的方法和工具。生产管理系统的业务活动涉及企业的销售、计划、生产、采购、委外、库存、财务等业务内容。其中,生产制造模块主要包括:物料清单、主生产计划、产能管理、需求规划、车间管理、工程变更、设备管理等模块。

生产制造模块和其他模块的不同:在其他模块里,先做数据的录入,然后通过软件来规划需要的各种报表数据,以便企业管理;生产制造以计算为核心,先平衡供需,然后指导其他环节,比如采购、生产、销售。

生产制造是最重要的模块。生产制造模块主要的作用就是平衡销售、平衡采购、平衡生产,平衡产品的供需。

【补充说明】

使用 U8 的生产制造模块,需要在服务器端开启"Distributed Transaction Coordinator"服务,否则在实验过程中会提示"[message:服务器'＊＊＊'上的 MSDTC 不可用]"的错误信息。此时需要手动开启此项服务。具体步骤如下:

右键点击"计算机",在菜单中选择"管理",进入计算机管理界面双击"服务和应用程序",再双击"服务"。进入服务列表界面,找到"Distributed Transaction Coordinator"服务,双击此服务,其次进行手动"启动"(图 3-2)。

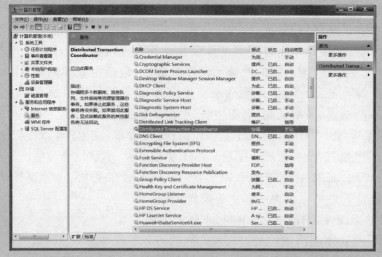

图 3-2　计算机系统服务列表

第四章 物料清单管理

第一节 物料清单系统介绍

一、物料清单简介

物料清单(Bill of Material,BOM)是产品结构文件,它列出了某一产品的所有构成物料及各物料之间的结构关系,即从最终产品往下的所有零件、组件、原材料直接的层次隶属关系。

物料清单是一个制造企业的核心文件,因此,物料清单是生产制造模块最基础的一个资料。物料清单系统与生产制造模块中的其他系统之间有密切的关系,物料清单设置的完整和准确是其他系统正常运行的基础条件。各个部门的活动都要用到物料清单,生产部门要根据物料清单来生产产品,仓库要根据物料清单进行发料,财务部门要根据物料清单来计算成本,销售和订单录入部门要通过物料清单确定客户定制产品的构成,维修服务部门要通过物料清单了解需要什么备件,等等。为了使 ERP 系统正常运行,物料清单必须完整和准确。

物料清单系统提供定义组成各产成品的所有零配件及原材料组成,以支持新产品的成本模拟、物料需求计划计算用料、领料发料的依据、标准成本卷叠计算等。物料清单模块主要有以下内容:提供物料清单资料的维护、物料清单整批处理、低阶码推算、逻辑检查等功能。

二、物料清单系统主要业务内容

用友 ERP-U8 生产制造系统通过物料清单模块来完成物料清单的建立、维护、查验和管理工作。以下为物料清单系统的主要业务内容:

1. 物料清单维护

(1)物料清单资料维护:新增、修改、删除、查询物料的组成子件资料。

(2)客户物料清单维护:按客户的要求维护某产品的物料清单。客户物料清单是为某一客户建立的物料清单,如果要满足某一客户产品结构的特定需求,同时不需要为该产品建立新的物料主档,则可以使用客户物料清单,以与标准产品结构相区别。用一个客户代号和一个标准物料,来唯一识别一个客户物料清单。

(3)订单物料清单维护:按销售订单需求维护某产品的物料清单。如果要满足某一销售订单产品结构的特定需求,同时不需要为该产品建立新的物料主档,则可以使用订单物料清单,以与标准产品结构相区别。用一个销售订单号、销售订单行和一个标准物料,来唯一识别一个订单物料清单。在面向订单生产的企业中,有一类企业,其产品的订单交期非常短(市场竞争或产品本身生产周期的原因),并且由于客户个性化定制的要求,最终交付产品的形态往往不完全一样(如消费类电子数码产品等),因此需要在不影响标准物料清单的前提下可以根据销售订单建立订单物料清单资料。

(4)物料清单整批修改:对已经建立的物料清单进行整体的修改、删除等作业,以及整批新增、取代、修改或删除物料清单的子件资料。

(5)物料清单逻辑查验:查验已经建立的物料清单中是否有发生逻辑错误的物料,即检查是否存在某两种物料互为母子件的错误。比如在已建立的物料清单中,有一个是 A 为母件,B 为子件,另一个是 B 为母件,A 为子件,在系统进行业务处理时,会出现逻辑错误。

(6)物料低阶码推算:计算物料的低阶码(概念见本章实验指导补充说明),作为成本管理系统物料成本计算的依据。

(7)无物料清单物料查询:查询未建立主要物料清单的属性为自制、委外、计划品、PTO、选项类的物料资料,供 MPS/MRP 展开前查核,以免因物料清单建立不完整而无法完成 MPS/MRP 计算。

2. 物料清单查询与报表

建立物料清单后,可以通过不同方式对已经建立的物料清单进行查询。

(1)母件结构查询－多阶:查询母件之下各阶的子件资料。

(2)子件用途查询－多阶:查询单个子件之上各阶的母件资料。

(3)母件结构表－单阶:依指定母件代号范围,查询母件其下一阶的子件资料。

(4)母件结构表－多阶:依指定母件编码范围,查询母件其下各阶的子件资料。

(5)客户 BOM 结构表:依指定客户代号范围,查询客户 BOM 母件下各阶的子件资料。

(6)订单 BOM 结构表:依指定销售订单和母件编码范围,查询订单 BOM 母件下各阶的子件资料。

(7)子件用途表－单阶:按指定子件编码范围,查询多个子件的直接上阶的母件资料。

(8)子件用途表－多阶:按指定子件编码范围,查询多个子件其上各阶的母件资料。

(9)母件结构表－汇总式:按指定母件编码范围及母件数量,查询母件以下所有各子件的汇总用量。

(10)公用清单明细表:按物料编码范围,查询公用物料清单明细表。

(11)物料清单替代料明细表:查询母件物料清单中,各子件可被替代的物料编码及数量关系等。

(12)物料清单差异比较表:查询同一母件主要清单和替代清单、不同母件主要清单不同版本,或订单 BOM、客户 BOM 之间的比较表。

(13)物料清单变更记录明细表:查询物料清单变更历史记录。

(14)物料清单资料查询:物料清单资料查询是对 BOM 按级展开查询,母件的 BOM 清单信息可以按"显示全阶、仅显示下一层、仅显示最低层"其中一种方式展开显示物料结构、物料替代关系、基本用量、累计用量、单位成本、使用成本、累积成本及主供应商等信息。

第二节　实验三:物料清单实验与操作

一、实验目的

通过本实验,掌握物料清单的基础概念及相关操作。

建议课时:1课时。

二、实验准备

引入实验二完成后的备份账套将系统时间修改为2016年9月1日,再以"006 朱俊"操作员身份登录,登录时间与系统日期保持一致。

三、实验要求及步骤

(1)根据"遥控汽车玩具套装""金属遥控汽车玩具套装"的产品结构图建立这两个产品的物料清单,版本日期为2016-1-1,版本说明为1,母子件信息根据产品结构图填写,其余选项按系统默认。

注:企业生产的主要产品为"遥控汽车玩具套装"、"金属遥控汽车玩具套装",其物料结构资料如图4-1、图4-2所示,括号里的数字表示物料相对于1个单位上一级母件所需要的数量。比如图4-1中生产1个单位的"车轮"需要0.05单位的"塑料颗粒"和0.015单位的"添加剂"。

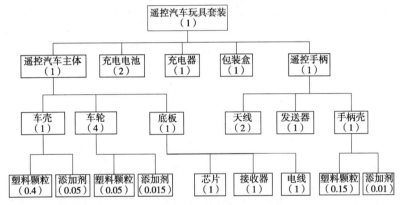

图4-1 "遥控汽车玩具套装"的产品结构图

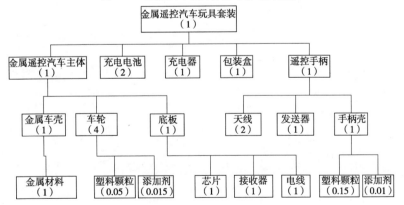

图4-2 "金属遥控汽车玩具套装"的产品结构图

(2)对已经建立好的物料清单进行逻辑查验。
(3)查询是否存在没有纳入物料清单的物料。
(4)查询"遥控汽车玩具套装""金属遥控汽车玩具套装"物料清单结构表。
(5)查询有哪些物料在生产中用到"塑料颗粒"。

(6)查询若要生产"遥控汽车玩具套装"800盒,需要多少数量的其他物料。

(7)账套备份。

四、实验指导

1. 建立"遥控汽车玩具套装""金属遥控汽车玩具套装"的物料清单

菜单路径:业务工作/生产制造/物料清单/物料清单维护/物料清单资料维护。

(1)进入物料清单资料维护界面后,点击"增加"按钮,需要从高阶到低阶输入,每层母件只输入它下一级的子件,首先增加"遥控汽车玩具套装"的物料清单,母件从"遥控汽车玩具套装"开始,子件为"遥控汽车主体""充电电池""充电器""包装盒""遥控手柄",如图4-3所示,输入完成后点击"保存"。

图4-3 物料清单维护图

【补充说明】

①母件、子件:在产品结构的上下阶中,上阶的物料称为母件,下阶的物料称为子件。每一种物料可能既是母件又是子件。在物料清单中单层的上下母子件的关系称为单阶,若对整个结构而言,上中下各阶称为多阶或全阶。

②BOM类别:系统默认为"主BOM",可改为"替代BOM"。主要物料清单(主BOM)是建立产品最常用的子件用料清单,替代物料清单(替代BOM)则是另一相同母件的子件清单。

③版本代号:建立主要清单时必输,即主要物料清单须至少有一个版本代号,建替代清单时不可输入。同一母件,其版本代号不可重复。在建立一个新的版本时,应确保输入的版本日期(生效日期)与其他现有版本不重复。版本说明:对版本代号的说明。版本日期:表示该物料清单的生效日期。

④基本用量\基础用量:基础数量表示每个母件对应子件的需求数量,基础数量表示基本用量的放大倍数,两者组合起来表示生产单位该母件所需的子件的单位数量。比如本案例中,生产一个"车轮"需要0.05千克的"塑料颗粒"和0.015千克的"添加剂"。在输入的时候一种方式为子件"塑料颗粒"的基本用量为0.05,基础数量为1,子件"添加剂"的基本用量为0.005(此处数据默认精度为2位,0.005如需显示可在基础设置-数据精度中进行修改),基础数量为1,;另一种方式为子件"塑料颗粒"的基本用量为50,基础数量为1000,子件"添加剂"的基本用量为15,基础数量为1000。

(2)逐级输入每个母件的资料,直到最后一级母件输入完成后,点击"保存",全部输入完成。

针对本案例中两个产品,可以先输入"遥控汽车玩具套装"所有的母件(遥控汽车玩具套装、遥控汽车主体、遥控手柄、车壳、车轮、底板、手柄壳)的资料,其后再输入"金属遥控汽车玩具套装"的母件资料,对于重复部分,比如"车壳、车轮、遥控手柄"等,不需重复输入。

2.对物料清单进行逻辑查验

菜单路径:业务工作/生产制造/物料清单/物料清单维护/物料清单逻辑查验。

双击"物料清单逻辑查验",弹出物料清单逻辑查验对话框后,点击"执行",成功后会弹出"处理成功"的对话框。

3.查询是否存在没有纳入物料清单的物料

菜单路径:业务工作/生产制造/物料清单/物料清单维护/无物料清单物料查验。

双击"无物料清单物料查验",弹出查询条件选择对话框,选择物料编码从"001"到"021",点击确定,若页面为空,表示除"打印纸"等与主产品无关的物料外其他物料均已纳入物料清单中(图4-4)。

图4-4 无物料清单物料查询的查询条件选择

4.查询"遥控汽车玩具套装""金属遥控汽车玩具套装"物料清单结构表

方式一:

菜单路径:业务工作/生产制造/物料清单/物料清单查询报表/母件结构查询-多阶。

进入"母件结构查询"界面后,单击"查询"按钮,母件编码选择"001-遥控汽车玩具套装"等信息,如图4-5所示,然后点击"确定",即可查看"遥控汽车玩具套装"的全阶结构。可以点击"+"对全部阶层进行展开查询,如图4-6所示。重复相同的操作查询"金属遥控汽车玩具套装"。

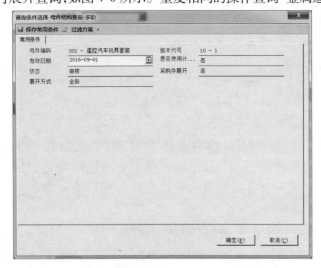

图4-5 母件结构查询-多阶的查询条件选择图1

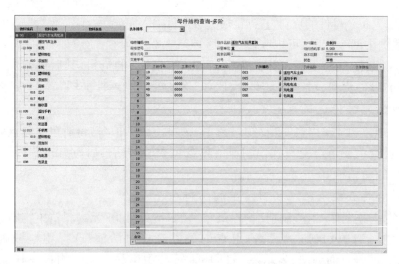

图4-6 "遥控汽车玩具套装"结构查询结果图1

方式二：

菜单路径：业务工作/生产制造/物料清单/物料清单查询报表/母件结构表-多阶。

双击"母件结构表-多阶"，在查询条件选择对话框中，母件编码选择"001-遥控汽车玩具套装"-"002-金属遥控汽车玩具套装"，然后点击"确定"，即可查看两者的全阶结构（图4-7）。在系统菜单上方点击左右切换按钮进行切换。

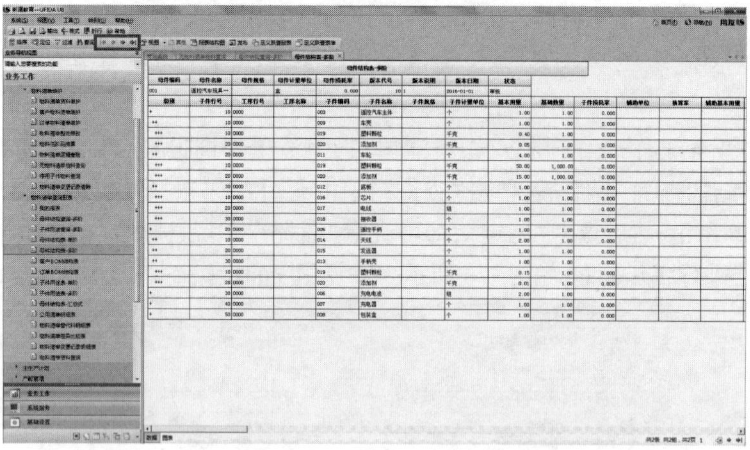

图4-7 "遥控汽车玩具套装"结构查询结果图2

方式三：

菜单路径：业务工作/生产制造/物料清单/物料清单查询报表/物料清单资料查询。

进入"物料清单资料查询"界面后，单击菜单栏上"过滤"按钮，母件编码选择"001-遥控汽车玩具套装"-"002-金属遥控汽车玩具套装"，然后点击"确定"，即可查看两者的物料清单资料。

5. 查询有哪些物料在生产中用到"塑料颗粒"

物料清单建立好后，若想要查询某种物料有哪些物料生产会用到，可以通过两种方式查询："子件用途查询"与"子件用途表"。

方式一：

菜单路径：业务工作/生产制造/物料清单/物料清单查询报表/子件用途查询－多阶。

进入"子件用途查询"界面后，在查询条件窗口输入子件编码"019"等查询条件后，点击"确定"，即可完成查询作业。如图4-8、图4-9所示。

图4-8 "塑料颗粒"子件用途查询－多阶的查询条件选择图

图4-9 "塑料颗粒"子件用途查询－多阶的查询结果图

方式二：

菜单路径：业务工作/生产制造/物料清单/物料清单查询报表/子件用途表－多阶。

在"子件用途表－多阶"的查询条件中"子件编码"处选择"019－塑料颗粒"到"019－塑料颗粒"，点击"确定"，即可完成查询作业。

6. 查询若要生产"遥控汽车玩具套装"800盒，需要多少数量的其他物料

菜单路径：业务工作/生产制造/物料清单/物料清单查询报表/母件结构表－汇总式。

进入"母件结构表－汇总式"界面后，在"母件编码"处选择"001－001"，在"母件数量"处输入800，然后点击"确定"，即可完成查询工作。如图4-10、图4-11所示。

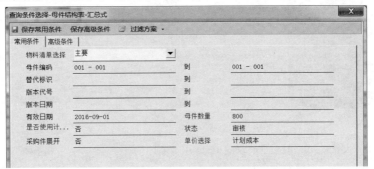

图4-10 母件结构表－汇总式查询条件图

7. 账套备份

将账套进行备份，并将账套号和名称修改为"102 物料清单完成账套"。

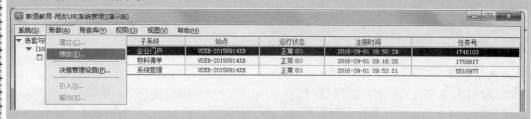

图 4-11 母件结构表 – 汇总式查询结果

【补充说明】

修改账套名称：首先以账套主管"001"登录系统管理，账套号选择"10"，登录进入后，选择菜单中"账套"下的"修改"，随后将账套名称修改为"物料清单完成账套"，点击"下一步"，取消"编码方案"和"数据精度"的设置，直至系统提示"账套修改成功"。如图 4-12、图 4-13 所示。

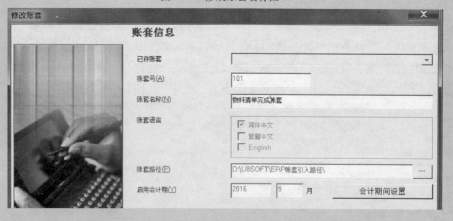

图 4-12 修改账套名称图 1

图 4-13 修改账套名称图 2

修改账套号：以"admin"登录系统管理，将 101 号账套输出备份，待输出成功后，共保存"UFDATA. BAK"和"UfErpAct. Lst"两个文件。用"记事本"程序打开"UfErpAct. Lst"的文件，将文件中的"101"改为"102"，然后保存并关闭，即可完成对已备份账套号的修改。如图 4-14～图 14-16 所示。

图 4-14 输出账套图 1

图 4-15 输出账套图 2

图 4-16 修改"UfErpAct.Lst"文件账套号

第五章 主生产计划管理

第一节 主生产计划系统介绍

一、主生产计划简介

主生产计划即 MPS 计划(Master Production Schedule),是用来定义关键物料的预期生产计划。它以企业对关键物料的独立需求为数据来源,在考虑现有库存的基础上,对企业生产的关键物料进行计算,以得出该关键物料所需供应的时间和净需求,最终使企业达到供需平衡。

简单地说,MPS 计划是描述企业生产什么、生产多少以及什么时间完成的生产计划。MPS 计划把企业战略、企业生产计划大纲等宏观计划转化为生产作业和采购作业等微观作业计划的工具。生产、委外和采购三种活动的细致日程,均是依据 MPS 计划的日程加以计算而得到的。因此 MPS 是产销协调的依据,是所有作业计划的根源。如果 MPS 日程不够稳定,或可行性不高,那么它将迫使所有的供应活动摇摆不定,造成极大的浪费。

二、主生产计划系统主要业务内容

1. MPS 计划参数维护

在 MPS 计划执行之前,建立 MPS 计划代号,并维护 MPS 计划用相关参数,如预测版本、时栅代号、冻结日期、截止日期等,作为 MPS 展开计算时所依据的条件。

2. 需求来源资料维护

主生产计划的需求来源资料维护主要是针对产品预测相关的操作,包括产品预测订单的输入、整批处理、明细表、比较表等。

(1)产品预测订单输入:用于建立 MPS 物料的需求预测资料,以作为 MPS 计算的独立需求来源之一。(此处 MPS 物料子件中不包含 MPS 件)

(2)产品预测订单 – 展开式:当预测产品的存货属性中的"预测展开"为"是"时(参见存货属性的补充说明),选择本作业按时段建立该产品的需求预测资料。当产品预测订单保存时,系统首先进行均化处理,然后按该产品的 BOM 资料执行逐层展开,直到"预测展开"为"否"的物料。展开后子件的需求日期等于被展开母件(预测对象)的需求日期,数量按 BOM 全阶展开逻辑(考虑子件计划比例)计算,并依存货主档"是否切除尾数"设置,若为"是"则将数量小数取上整。

(3)产品预测订单整批处理:用于对产品预测订单执行审核/弃审/关闭/还原/删除/重展处理;产品预测订单明细表用于查询、核对产品预测订单及其均化处理、预测展开后的产品预测资料。

(4)产品预测订单整批处理:用于对产品预测订单执行审核/弃审/关闭/还原/删除/重

展处理;产品预测订单明细表用于查询、核对产品预测订单及其均化处理、预测展开后的产品预测资料。

(5)产品预测资料比较表:用于查询不同预测版本产品预测资料的比较表。

(6)未关闭销售订单明细表:用于查询锁定/审核状态的客户订单明细资料,供 MPS/MRP 展开前查核用。

3. MPS 计划前稽核作业

(1)累计提前天数推算:是根据物料清单的结构计算各物料的累计提前天数,更新存货档案中的累计提前期的值及 MPS 系统参数中的最长累计提前天数。如果 BOM 结构发生了变化,应执行累计提前天数的重新计算,以消除由于物料提前期改变或者 BOM 结构改变等造成的物料累计提前期不正确,从而保证 MPS 计划展开结果的正确性。

(2)库存异常状况查询:库存异常状况查询是用来查询库存中是否出现现存量为负值的物料。若有为负值的物料,会影响 MPS 展开结果的正确性,因此在 MPS 展开前应先检查库存是否存在异常状况。

(3)仓库净算定义查询:此项查询是为了确认所有存放参加 MPS 计算的物料的仓库是否均已设定为参与需求运算。

(4)订单异常状况查询:查询预计完工/交货日期逾期或超出物料替换日期的订单资料,供 MPS/MRP 展开前核查,以免这些异常资料导致 MPS/MRP 计算结果不符合实际而无法进行,此作业与[主生产计划]的库存异常状况查询功能一致。

4. MPS 计划作业

(1)MPS 计划生成:设定 MPS 计划参数后,可执行"MPS 计划生成"操作,以自动生成 MPS 计划。

(2)MPS 计划维护:查询、修改、删除 MPS 自动生成的计划供应,或手动新增 MPS 计划资料。

(3)MPS 计划维护-展开式:按设定的时段显示 MPS 计划资料,供查询、修改、删除 MPS 自动生成的计划供应,或手动新增 MPS 计划资料,并可下达生产订单、委外订单和请购单/采购订单。

(4)MPS 计划整批删除:将不再执行和保留的 MPS 计划整批删除。

(5)供需资料查询-订单:按销售订单,查询 MPS 计划的供需资料的计算过程及结果。

(6)供需资料查询-物料:按物料编码,查询 MPS 计划的供需资料的计算过程及结果。

(7)供需资料查询-汇总式:按物料编码和时格,查询 MPS 计划的供需资料的计算过程及结果。

(8)供需资料查询-需求分类:按需求分类,查询 MPS 计划的供需资料的计算过程及结果。

(9)供需追溯资料查询:以树形结构查询由 MPS 计划后,各订单(计划订单、生产订单、请购单、采购订单、进口订单、委外订单)的需求来源资料,以及以销售订单追踪其相关供应资料。

(10)自动规划错误信息表:查询自动 MPS 计划后物料出现展开的错误信息。例如,物料的供需日期超过公司工作日历范围,MPS 件无有效 BOM 等错误。

5. 报表

MPS 计划生成后,可以根据销售订单或者物料对 MPS 计划后的净需求明细资料报表进行不同方式的查询,如预测与实际订单抵消情况、订单对应需求来源等,以便及时对各项供给工作做出安排。

(1)我的报表:可以对系统所能提供的全部报表进行管理,报表通过账夹对报表进行管理。

(2)建议计划量明细表:按销售订单或物料编码以及物料属性,查询 MPS 计划自动产生或手工修改后的建议计划量资料。

(3)建议计划比较表:查询 MPS 计划不同版本(或不同 MPS/MRP 计划)之间的比较表。

(4)预测消抵明细表:查询物料在各时间段内,产品预测订单与客户订单数量的消抵明细资料,供详细了解 MPS 的独立需求来源。

(5)供需追溯明细表:查询 MPS 计划生成后,各订单(计划订单、生产订单、请购单、采购订单、委外订单)多阶的需求来源资料。

(6)待处理订单明细表:查询 MPS 计划生成后的不同状态的待处理订单资料。

(7)供需资料表:按物料编码或需求跟踪方式,查询 MPS 计划的供应/需求资料及供需资料的计算过程。

第二节　实验四:主生产计划实验与操作

一、实验目的

通过本实验,理解生产计划的原理,掌握主生产计划的相关操作。

建议课时:2 课时。

二、实验准备

引入"102 物料清单完成账套"的账套备份数据,将系统时间修改为 2016 年 9 月 20 日,再以"006 朱俊"操作员身份登录,登录时间与系统日期保持一致。

三、实验要求

(1)按表 5-1 设置时栅资料。

需 求 时 栅 资 料
(时栅代号:0001,时栅说明:1)　　　　　　　　　　表 5-1

行　号	日　数	需求来源
1	15	客户订单
2	20	预测+客户订单,反向消抵
3	40	预测+客户订单,先反向再正向消抵

(2)按表 5-2 设置时格资料。

时 格 资 料
(时格代号:0001,时格说明 1)　　　　　　　　　　表 5-2

行　号	类　别	期间数	起始位置
1	周	1	星期一
2	周	1	星期一
3	月	1	1 日

(3)设置 2016 年 9 月、10 月工作日历,其中 10 月 1~5 日为节假日,其余星期一至星期

五为工作日(工作时间为9:00~12:00、13:00~18:00),星期六、日为非工作日。

(4)按表5-3设置预测版本资料。

预测版本资料　　　　　　　　　　　　　　　　　　　　　　　表5-3

版本代号	版本说明	版本类别	默认版本
001	1号预测版本	MPS	否

(5)按表5-4输入一个MPS的预测订单。

MPS预测订单资料　　　　　　　　　　　　　　　　　　　　表5-4

MPS预测订单	版本号	均化方式	取整方式	起始日期	结束日期	预测数量
遥控汽车玩具套装	001	周均化	取下整	2016-09-20	2016-10-31	2500盒
金属遥控汽车玩具套装	001	周均化	取下整	2016-09-20	2016-10-31	1500盒

(6)查询001号预测订单的均化结果。

(7)以007姚军身份,按表5-5输入两张销售订单。

销售订单资料　　　　　　　　　　　　　　　　　　　　　　表5-5

客户简称	存货名称	订单日期	销售类型	税率	预发货日期	数量	无税单价
维尼玩具专柜	遥控汽车玩具套装	2016-09-15	批发	17	2016-10-03	350盒	300元/盒
	金属遥控汽车玩具套装					200盒	380元/盒
乐友母婴连锁商店	遥控汽车玩具套装	2016-09-19	批发	17	2016-10-21	300盒	300元/盒
	金属遥控汽车玩具套装					250盒	380元/盒

(8)进行MPS计划前的累计提前天数推算。

(9)进行MPS计划前的库存异常状况查询。

(10)进行MPS计划前的仓库净算定义查询。

(11)进行MPS计划前的订单异常状况查询。

(12)按表5-6设置MPS计划参数。

MPS计划参数　　　　　　　　　　　　　　　　　　　　　　表5-6

MPS计划参数	计划代号	计划说明	是否生效	预测版本	需求时栅	起始日期	截止日期	初始库存	订单种类	供需追溯	逾期正向排程
要求	01	1号MPS计划	是	001	0001	2016-09-20	2016-10-31	现存量	所有订单	是	是

(13)生成MPS计划。

(14)查询自动规划错误信息表。

(15)查询MPS计划作业的物料供需资料内容。

(16)账套备份。

四、实验指导

(1)按表5-1设置时栅资料。

菜单路径:基础设置/基础档案/生产制造/需求时栅维护。

进入需求时栅维护界面(图5-1),点击"增加",按照实验要求录入时栅资料,然后保存。

图 5-1 需求时栅维护图

【补充说明】

①时栅也称时间栏,表示企业政策或做法改变的时点。时栅通过日期和需求来源的设置决定销售预测和客户订单之间冲抵关系。用友 ERP-U8 系统用时栅来决定如何利用预测订单及客户订单计算毛需求。

②时栅由两个因素构成,一个是天数,另一个是需求来源。时栅每一区段的天数可以自行决定。日数计算包括工作日与非工作日。例如:若三个区段天数分别为 15、30、60,MPS/MRP 展开时系统日期为 2004-03-01,则此时栅三个区段的起止日期分别为:第一个区段 04-03-01~04-03-15,第二个区段 04-03-16~04-04-14,第三个区段 04-04-15~04-06-13。在时栅维护时,最后区段的结束日期应等于或大于"MPS 计划参数维护"中的"截止日期"。

③时栅的需求来源是确定在某个时段内物料计划以何种方式选择需求来源,可选择按预测或客户订单或两者不同形式组合共 7 种形式。消抵是指客户订单去消抵预测订单,使两种需求来源的数量根据一定规则进行消抵,消抵不跨区段作业。具体通过以下的例子讲解,在某一个区段内预测订单共有 3 笔,8 月 3 日、8 月 12 日、8 月 24 日各 300 个某产品,客户订单有 1 笔,8 月 9 日 800 个某产品,如图 5-2 所示。

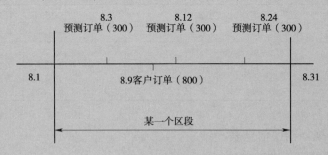

图 5-2 时栅实例

根据不同的需求来源设定,最终的需求来源结果不同:

a. 选择"预测订单":8.3(300),8.12(300),8.24(300);

b. 选择"客户订单":8.9(800);

c. 选择"预测订单+客户订单,反向抵消":8.9(800),8.12(300),8.24(300);

d. 选择"预测订单+客户订单,正向抵消":8.3(300),8.9(800);

e. 选择"预测订单+客户订单,先反向后正向抵消":8.9(800),6.24(100);

f. 选择"预测订单+客户订单,先正向再反向抵消":8.3(100)、8.9(800);

g. 选择"预测订单+客户订单,不抵消":8.3(300)、8.12(300)、8.24(300)、8.9(800)。

对于时栅时间段的设置一般至少设置3个时间段,LT表示提前期,比如图5-3分为 $0 \sim T_1$、$T_1 \sim T_2$、$T_2 \sim T_3$ 三个时段。

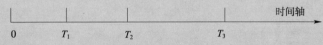

图5-3 时栅时间段设置说明图

$0 \sim T_1$ 可以称作"冻结时栅",该时段内生产日程不宜变动,否则换线、制造通知、备料、更动日程及相关工作等成本会很高,除非冻结区内生产负荷还有空余,料的库存够用或者还来得及采购,否则不宜插单。此时段大致等于企业产品的平均"制造提前期"。

$T_1 \sim T_2$ 可以称作"协议时栅",如果企业有料可以生产则可以插单,因为车间在协议区内主要做的产品,这时还没有开始制造,因此不会引发额外插单的成本。此时段大致等于平均的"制造提前期+采购提前期"。

$T_2 \sim T_3$ 可以称作"计划时栅",大致代表每次主生产计划时间的长短,原则上是根据业务情况(即依据业务部门提出的市场需求,即客户订单与需求预测的内容)估算时间。

(2)按表5-2设置时格资料。

菜单路径:基础设置/基础档案/生产制造/时格资料维护。

进入时格资料维护界面(图5-4),点击"增加",按照实验要求录入时格资料,然后保存。

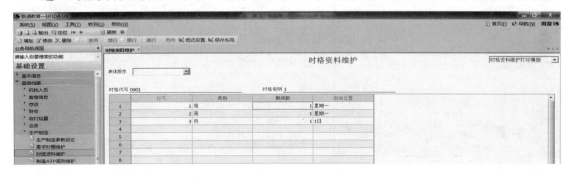

图5-4 时格资料设置图

【补充说明】

①时格也称时段,用来合并某些与时间相关的资料时所用的时间单位,是一种时间区段的划分方式,时段可以是一周、一旬、一月、一季、一年或某一段时间天数。时格用来查询一些资料的使用时段,比如查看物料可承诺量、MPS和MRP工序资料、工作中心资源产能及负载资料、设定资源需求计划期间等时候使用。不同的物料(资料)可依不同的时格代号查询可承诺量和可用量,反映系统以何种时间形态提供资讯。

②期间数:对应于所选期间类别(天/周/旬/季/年)的期间数,必须输入。

③起始位置:当类别为"周""月"时必输,类别为其他时,不可输入。

④时格计算逻辑:举例来说,假如时格设定为:行号1类别为周,起始位置为星期一;行号2类别也为周,起始位置也为星期一;行号3类别为月,起始位置为26(期间数都为1)。若系统日期为2016-08-08(星期一),则该时格所代表的日期范围分别为2016-08-08~2016-08-14、2016-08-15~2016-08-21、2016-08-22~2016-08-25。若系统日期为2016-08-10(星期三),因当周的起始位置为星期一,所以其日期范围也同上。若上述时格行号3类别月的起始日期为1,则该时格所代表的日期范围分别为2016-08-08~2016-08-14、2016-08-15~2016-08-21、2016-08-22~2016-08-31。若上述时格代号其行号3的类别为日,期间数为30,则计划期间的日期范围分别为2016-08-08~2016-08-14、2016-08-15~2016-08-21、2016-08-22~2016-09-20。

(3)设置2016年9月、10月工作日历,其中10月1~5日为节假日,其余星期一至星期五为工作日(工作时间为9:00~12:00、13:00~18:00),星期六、日为非工作日。

菜单路径:基础设置/基础档案/业务/工作日历维护。

进入工作日历维护界面后,选择到2016年9月,系统默认为空,选中代号"SYSTEM",点击"修改",设置起始日期为9月1日至9月30日,选择星期一至星期五,开始时间选择9:00~12:00,点击"回车"再增加第二行时间13:00~18:00,将"是否覆盖"选中,最后点击确定。如图5-5、图5-6所示。同理设置10月工作日历,可以通过直接设置10月6日至31日的工作时间,也可以10月全部设置好后,单独修改10月3日至5日的工作时间为0。

图5-5 设置工作日历图1

图5-6 设置工作日历图2

【补充说明】

①工作日历中分为工作日与非工作日,其中时栅和时格日期计算既包括工作日又包括非工作日,而MRP和MPS运算只包含工作日。工作日历供物料需求、车间工序计划、产能计算进行日期推算,系统按实际工作日安排各工作日期。

②一旦工作日历代号被其他任何资料引用,即不可被删除。

③工作日历代号:输入工作日历代号,必须输入。SYSTEM代号是系统预设日历,作为MPS/MRP自动规划的依据,其资料可修改,但不可删除。

④工作时数：系统按每一工作日的工作时间自动计算显示。若工作小时数为零，则表示本日为非工作日。工作小时数供资源产能计算时使用，MPS/MRP 只考虑是否工作日，不考虑工作时数。

(4)按表 5-3 设置预测版本资料。

菜单路径：基础设置/基础档案/生产制造/预测版本资料维护。

进入预测版本资料维护界面后，点击“增加”，输入资料后，点击“保存”(图 5-7)。预测版本资料维护的主要功能是维护需求预测订单的版本号及其类别，以说明 MPS 展开所用的产品预测资料来源。

预测版本资料维护

序号	版本代号	版本说明	版本类别	默认版本
1	001	1号预测版本	MPS	否

图 5-7 预测版本资料维护图

(5)按表 5-4 输入一个 MPS 的预测订单。

菜单路径：业务工作/生产制造/主生产计划/需求来源资料维护/产品预测订单输入。

进入产品预测订单输入界面(图 5-8)，点击“增加”，待全部信息输入后，点击“保存”，再点击“审核”。

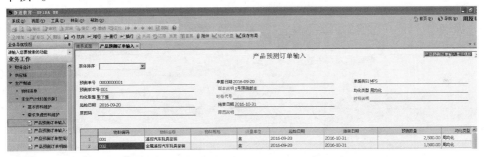

图 5-8 产品预测订单输入

【补充说明】

①系统中需求预测分为 MPS 预测和 MRP 预测。可以使用 MPS 预测，先用于 MPS 计划，然后根据 MPS 计划制定 MRP。没有 MPS 模块的情况下可以使用 MRP 预测来做市场预测 MRP 件，用于 MRP 计划。一般来说，企业只需使用一种预测。预测订单的录入是可以分区段录入总预测资料，然后再由系统根据均化类型来进行处理。

②企业可以采用多种预测方法，ERP 系统不提供具体预测方法，只将预测结果录入系统中，系统只提供将预测结果均化在某时段内的方式。

③不论是 MPS 预测还是 MRP 件的预测都可以按预测单号建立多个预测，并将其分别归属到不同的预测版本中。不同的预测版本号表示不同的预测方案，系统可选择不同的预测版本来执行 MPS 计划或 MRP 计划，以便模拟每个预测版本对 MPS/MRP 计划所产生的影响。

④均化类型：均化是为了保证生产的稳定对预测的需求进行均化，目前本系统支持5种类型的均化：不均化、日均化、周均化、月均化、时格均化。表头中的均化类型的选择是作为表体资料新增时的默认值，可不选。预测订单输入保存时，系统即自动按表体中每行的均化类型执行均化处理。

⑤计算方法：当前期间的需求预测数＝（总预测数÷所有的工作日数）×本期间的工作日数。其中工作日数由工作日历中确定。

本例中“遥控汽车玩具套装”的预测订单，采用周均化的方式，预测数量为3000，起始日期是2016年9月20日，结束日期是2016年10月31日。9月20日到10月31日的工作日27天，以每周的第一个工作日为需求日期，周均化结果是9月20日370盒（$2500/27\times4\approx370.37$，取数370），9月26日462盒（$2500/27\times5\approx462.96$，向下取整462），10月6日185盒，10月10日462盒，10月17日462盒，10月24日462盒，10月31日97盒，共7笔。

（6）查询001号预测订单的均化结果。

菜单路径：业务工作/生产制造/主生产计划/需求来源资料维护/产品预测订单明细表（MPS）。

进入产品预测订单明细表界面，首先填出查询条件选择窗口，选择“均化”的方式（图5-9），其次弹出查询条件第二个窗口，状态选择“审核”，点击“确定”后进行预测订单均化结果的查询（图5-10）。

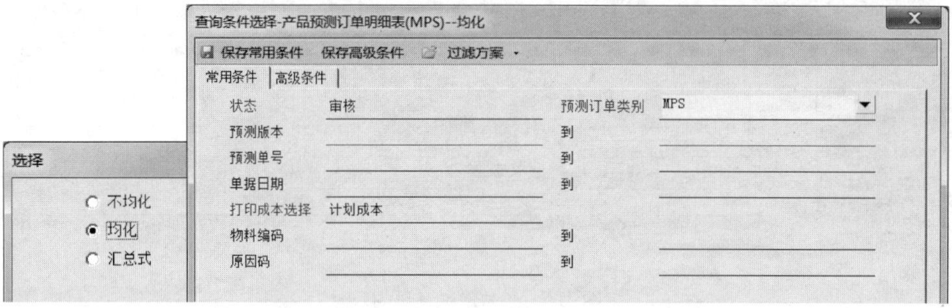

图5-9 预测订单均化结果查询条件

产品预测订单明细表(MPS)--均化

单据编号： 到 状态： 审核
单据日期： 到 单据类别： MPS
预测版本： 到 成本选择： 计划成本
原因码： 到

预测单号	单据日期	单据类别	预测版本	物料编码	物料名称	[illegible]	计量单位	起始日期	结束日期	预测数量	均化类型	均化取整	时格代号	时格说明	状态	均化行号	均化物料编码	均化物料名称	均化物料规格	均化计量单位	均化预测数量	需求日期	供应日期
0000000001	2016/9/20	MP	001	001	遥控汽车玩具套装		盒	2016/9/20	2016/10/31	2,500.00	周均化	取下整			审核	15	001	遥…		盒	370.00	2016/9/20	2016/9/25
0000000001	2016/9/20	MP	001	001	遥控汽车玩具套装		盒	2016/9/20	2016/10/31	2,500.00	周均化	取下整			审核	16	001	遥…		盒	462.00	2016/9/26	2016/10/2
0000000001	2016/9/20	MP	001	001	遥控汽车玩具套装		盒	2016/9/20	2016/10/31	2,500.00	周均化	取下整			审核	17	001	遥…		盒	185.00	2016/10/6	2016/10/9
0000000001	2016/9/20	MP	001	001	遥控汽车玩具套装		盒	2016/9/20	2016/10/31	2,500.00	周均化	取下整			审核	18	001	遥…		盒	462.00	2016/10/10	2016/10/16
0000000001	2016/9/20	MP	001	001	遥控汽车玩具套装		盒	2016/9/20	2016/10/31	2,500.00	周均化	取下整			审核	19	001	遥…		盒	462.00	2016/10/17	2016/10/23
0000000001	2016/9/20	MP	001	001	遥控汽车玩具套装		盒	2016/9/20	2016/10/31	2,500.00	周均化	取下整			审核	20	001	遥…		盒	462.00	2016/10/24	2016/10/30
0000000001	2016/9/20	MP	001	001	遥控汽车玩具套装		盒	2016/9/20	2016/10/31	2,500.00	周均化	取下整			审核	21	001	遥…		盒	97.00	2016/10/31	2016/10/31
0000000001	2016/9/20	MP	001	002	金属遥控汽车玩…		盒	2016/9/20	2016/10/31	1,500.00	周均化	取下整			审核	22	002	金…		盒	222.00	2016/9/20	2016/9/25
0000000001	2016/9/20	MP	001	002	金属遥控汽车玩…		盒	2016/9/20	2016/10/31	1,500.00	周均化	取下整			审核	23	002	金…		盒	277.00	2016/9/26	2016/10/2
0000000001	2016/9/20	MP	001	002	金属遥控汽车玩…		盒	2016/9/20	2016/10/31	1,500.00	周均化	取下整			审核	24	002	金…		盒	111.00	2016/10/3	2016/10/9
0000000001	2016/9/20	MP	001	002	金属遥控汽车玩…		盒	2016/9/20	2016/10/31	1,500.00	周均化	取下整			审核	25	002	金…		盒	277.00	2016/10/10	2016/10/16
0000000001	2016/9/20	MP	001	002	金属遥控汽车玩…		盒	2016/9/20	2016/10/31	1,500.00	周均化	取下整			审核	26	002	金…		盒	277.00	2016/10/17	2016/10/23
0000000001	2016/9/20	MP	001	002	金属遥控汽车玩…		盒	2016/9/20	2016/10/31	1,500.00	周均化	取下整			审核	27	002	金…		盒	277.00	2016/10/24	2016/10/30
0000000001	2016/9/20	MP	001	002	金属遥控汽车玩…		盒	2016/9/20	2016/10/31	1,500.00	周均化	取下整			审核	28	002	金…		盒	59.00	2016/10/31	2016/10/31
总计																					4,000.00		

图5-10 预测订单均化结果查询图

(7) 以007姚军身份,按表5-5输入两张销售订单。

操作员:007。

菜单路径:业务工作/供应链/销售管理/销售订货/销售订单。

进入"销售订单"录入界面,点击"增加",按实验要求录入这张销售订单资料后,点击"保存",然后点击"审核"。如图5-11所示。

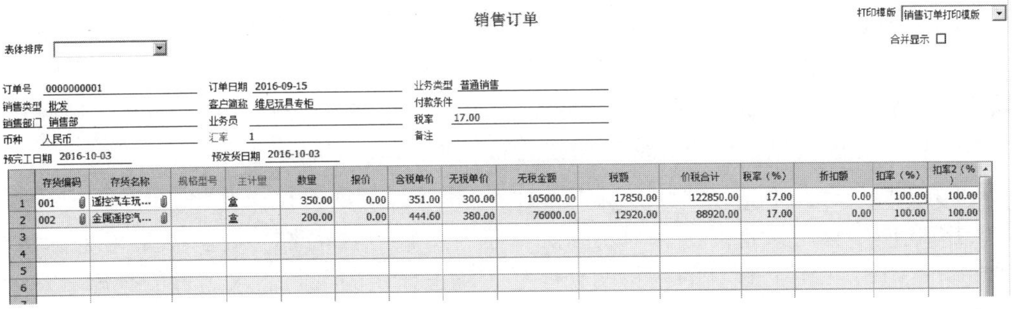

图5-11 销售订单(其中一张)

【补充说明】

①特别标注一点,录入销售订单时,要注意销售订单表头中的预计发货日期,MPS系统调用销售订单的日期是以销售订单表头的"预计发货日期"为准,默认状态下表头的预计发货日期是不显示的,需要在基础设置/单据设置/单据格式设置中进行修改(具体见实验二的步骤29)。当表头的"预发货日期"显示出来时,注意修改为正确的日期。

②由于"预计发货日期"要大于"预计完工日期",因此,先录入"预计发货日期",再录入"预计完工日期"。

(8) 进行MPS计划前的累计提前天数推算。

操作员:006。

菜单路径:业务工作/生产制造/主生产计划/MPS计划前稽核作业/累计提前天数推算。

以操作员"006"重新登录企业应用平台,双击"累计提前天数推算"后,弹出执行作业窗口,点击"执行"(图5-12)。执行后,可查询相应的MPS件的存货档案,可以看到"计划"选项中的累计提前期中出现数值(图5-13)。

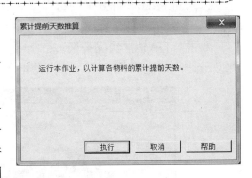

图5-12 累计提前天数推算待执行图

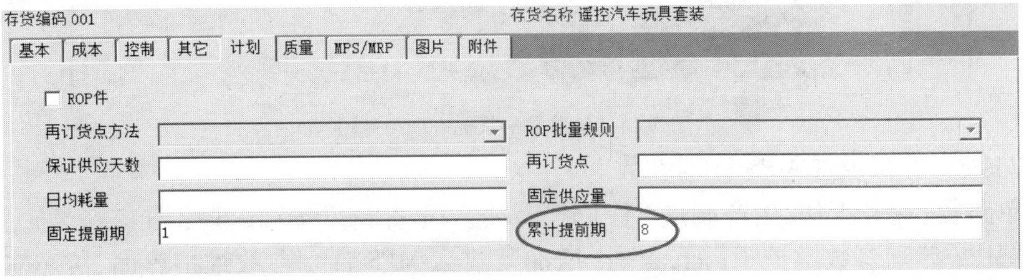

图5-13 累计提前天数推算后存货档案显示图

【补充说明】
　　累计提前天数计算是根据物料清单的结构层次,由系统自动逐层将各层中最长提前期滚动累加而成的。

(9)进行 MPS 计划前的库存异常状况查询。

菜单路径:业务工作/生产制造/主生产计划/MPS 计划前稽核作业/库存异常状况查询。

双击"库存异常状况查询"后,弹出查询窗口,查询条件为不包含非 MRP 仓,点击"确定"后,若无异常情况,表内容为空,代表所有参加计划的仓库均没有出现存货有负数的情况。

(10)进行 MPS 计划前的仓库净算定义查询(图 5-14)。

菜单路径:业务工作/生产制造/主生产计划/MPS 计划前稽核作业/仓库净算定义查询。

双击"仓库净算定义查询"后,显示参加需求计算的仓库名称。此步骤是为了确认所有存放有参加 MPS 和 MRP 计算的物料的仓库是否均已设定为参与需求运算的仓库,以避免设置不当造成计算错误。如果错漏,可以在仓库资料维护中进行修改。

序号	仓库代号	仓库名称	是否需求计算
1	001	原材料仓库	是
2	002	产成品仓库	是
3	003	半成品仓库	是
4	004	外购品仓库	是
5	005	办公用品仓库	否
6	006	返工维修仓库	否
7	007	委外仓库	是

图 5-14　仓库净算定义查询结果图

(11)进行 MPS 计划前的订单异常状况查询。

菜单路径:业务工作/生产制造/主生产计划/MPS 计划前稽核作业/订单异常状况查询。

双击"订单异常状况查询"后,弹出查询条件选择窗口,单据类型选项中勾选所有的单据类型,点击"确定"(图 5-15)。若无异常,表体为空。

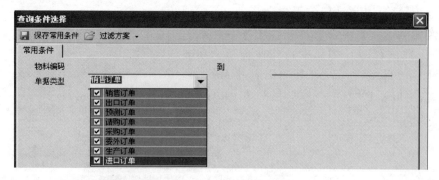

图 5-15　订单异常状况查询条件图

(12)按表 5-6 设置 MPS 计划参数。

菜单路径:业务工作/生产制造/主生产计划/基本资料维护/MPS 计划参数维护。

在"MPS 计划参数维护"界面,点击"增加",进入 MPS 计划参数维护界面,按照实验要求设置 MPS 参数,如图 5-16 所示。MPS 计划参数设置完成如图 5-17 所示。

第五章 主生产计划管理

图 5-16 MPS 计划参数设置图

MPS 计划参数维护

序号	计划代号	计划说明	计划类别	默认计划	预测版本	版本说明	需求时栅	时栅说明	时栅优先考虑	重复计…	时格说明	是否生效	计划期间起…
1	01	1号MPS计划	MPS	否	001	1号预测版本	0001	1	物料			是	2016-09-20

图 5-17 MPS 计划参数设置完成图

【补充说明】

① 预测版本：输入要参与 MPS 计算的需求预测订单的版本号。一个 MPS 计划只可以参照一个预测订单，或者不参照，输入的版本号其类别须为"MPS"。

② 是否生效：执行 MPS 计算时，决定生成的 MPS 计划代号是否立即生效，若生效，其他系统可以调用，若没有生效，其他系统不可调用。

③ 重复计划时格代号：做重复计划时需要提前设置的时格代号，重复计划的概念原理见本章第三节。

④ 计划期间起始日期：可输入，默认是服务器上的系统时间，U8 系统要求起始日期不可大于系统日期，若输入的小于系统日期，U8 系统计算期间日期同样按照系统时间值截止时间计算。

⑤ 截止日期：设定参与 MPS 计划的客户订单和产品预测订单资料预计完工日期的截止日期。在截止日期之后的客户订单或预测订单，不视为本次计划的对象；均化后预测订单的需求日期若小于系统日期，也不视为计划对象。

⑥ 来源 MPS 计划代号：表示本次 MPS 计算要考虑哪一 MPS 计划中锁定的计划订单。输入 MPS 计划代号，可不输入。

⑦ 初始库存：MPS 计算时各物料的期初库存量。如果设置为"无"，则 MPS 不考虑物料的现存量；如果设置为"现存量"，则考虑物料现存量；若设置为"安全库存"，则取物料主档中的安全库存量视同现存量处理。该设置主要用于长/短期规划时进行不同选择。

⑧MPS 计划时考虑：选择 MPS 计算时是否考虑锁定、审核状态的"生产订单、委外订单、请购订单、采购订单、进口订单、计划订单"，以及是否考虑存货的安全库存量。

⑨供需追溯：若选择为"是"，MPS 计算时记录供需追溯的资料，若选择为"否"，则 MPS 计算时不记录供需追溯资料，以提高运算效率。

⑩逾期时正向排程：用于设置计划订单的排程方式。如果选择为"否"，系统总以物料的需求日反向推算计划订单的开始日，而不论计划订单是否逾期；若选择为"是"，则当计划订单开工日期逾期时，系统自动将该计划订单以系统日作为开始日进行正向排程，而不论是否满足需求日期。

(13) 生成 MPS 计划。

菜单路径：业务工作/生产制造/主生产计划/MPS 计划作业/MPS 计划生成。

双击"MPS 计划生成作业"，弹出"MPS 计划生成"对话框，在"计划代号"处选择 01，然后点击"执行"。等待片刻，系统提示"MPS 计划处理成功"。

【补充说明】
若 MPS 计划生成成功，则系统仅提示"MPS 计划处理成功"的提示框；若 MPS 计划中有错误，系统会提示"有例外报告产生"。查询例外报告在自动规划错误信息表中查询，具体说明见本实验第 14 步。

(14) 查询自动规划错误信息表。

菜单路径：业务工作/生产制造/主生产计划/MPS 计划作业/自动规划错误信息表。

计划代号选择 01，若无错误，表体为空；若有错误，表体会列出错误出处及错误说明。如计划物料的供需日期是否超过公司工作日历范围、非采购件计划订单母件是否有 BOM 信息等信息，可根据错误说明进行计划作业之前实验步骤的修改。

(15) 查询 MPS 计划作业的物料供需资料内容。

计划生成后，可以通过多种方式对 MPS 计划进行查询：

方式一：

菜单路径：业务工作/生产制造/主生产计划/MPS 计划作业/供需物料查询－物料。

此种方式是查询计划完成后不同物料的计划作业计算的过程。在查询窗口的计划代号处选择"01-1 号 MPS 计划"点击"确定"，显示列表资料。看物料计算明细时，双击该物料名称。如图 5-18～图 5-20 所示。

物料编码	物料名称	物料规格	物料属性	供需数据	需求跟踪方式	需求跟踪号	需求跟踪行号	客户代号	客户名称
001	遥控汽车玩具套装		自制件	PE					
002	金属遥控汽车玩具…		自制件	PE					
小计									

图 5-18　MPS 计划作业物料供需查询

第五章 主生产计划管理

供需资料查询--明细(物料)

物料编码 001　　物料名称 遥控汽车玩具套装　　物料规格
物料属性 自制件　　计量单位 盒　　　　　　　　固定提前期 1
供应期间类型 日　　供应期间　　　　　　　　时格代号
可用日期 第一需求日　　供应策略 PE　　　　　蚕食计划 否
安全库存 100.00　　切转仅款 否　　　　　　　分单台并
变动提前期　　　　最高供应量　　　　　　　　固定供应量
最低供应量　　　　交允素数　　　　　　　　　替换日期
需求跟踪号　　　　需求跟踪行号　　　　　　　现存量 623.00
供应倍数 10.00

	供应日期	审核日期	需求...	需求...	订单号码	订单行号	订单型态	状态	供/需	订单原量	订单余量	结存量-1	建议...	建...	结存量-2	替换状态	来源
1	2016-10-03				0000000001		审核销售订单		需	350.00	350.00	273.00			273.00		
2	2016-10-06	2016-09-30			GEN000000004		规划供应		供	20.00	20.00	293.00			293.00		
3	2016-10-06				0000000001	3	审核预测		需	185.00	185.00	108.00			108.00		
4	2016-10-10	2016-10-07			GEN000000005		规划供应		供	460.00	460.00	568.00			568.00		
5	2016-10-10				0000000001	4	审核预测		需	462.00	462.00	106.00			106.00		
6	2016-10-17	2016-10-14			GEN000000006		规划供应		供	160.00	160.00	266.00			266.00		
7	2016-10-17				0000000001	5	审核预测		需	462.00	462.00	104.00			104.00		
8	2016-10-21	2016-10-20			GEN000000007		规划供应		供	300.00	300.00	404.00			404.00		
9	2016-10-21				0000000002	1	审核销售订单		需	300.00	300.00	104.00			104.00		
10	2016-10-24	2016-10-21			GEN000000008		规划供应		供	460.00	460.00	564.00			564.00		
11	2016-10-24				0000000001	6	审核预测		需	462.00	462.00	102.00			102.00		
12	2016-10-31	2016-10-28			GEN000000009		规划供应		供	100.00	100.00	202.00			202.00		
13	2016-10-31				0000000001	7	审核预测		需	97.00	97.00	105.00			105.00		
14																	
15																	

图 5-19　"遥控汽车玩具套装"MPS 计划作业物料供需查询结果图

供需资料查询--明细(物料)

物料编码 002　　物料名称 金属遥控汽车玩具套装　　物料规格
物料属性 自制件　　计量单位 盒　　　　　　　　固定提前期 1
供应期间类型 日　　供应期间　　　　　　　　时格代号
可用日期 第一需求日　　供应策略 PE　　　　　蚕食计划 否
安全库存 100.00　　切转仅款 否　　　　　　　分单台并
变动提前期　　　　最高供应量　　　　　　　　固定供应量
最低供应量　　　　交允素数　　　　　　　　　替换日期
需求跟踪号　　　　需求跟踪行号　　　　　　　现存量 405.00
供应倍数 10.00

	供应日期	审核日期	需求...	需求...	订单号码	订单行号	订单型态	状态	供/需	订单原量	订单余量	结存量-1	建议...	建...	结存量-2	替换状态	来源
1	2016-10-03				0000000001	2	审核销售订单		需	200.00	200.00	205.00			205.00		
2	2016-10-10	2016-10-07			GEN000000013		规划供应		供	180.00	180.00	385.00			385.00		
3	2016-10-10				0000000001	11	审核预测		需	277.00	277.00	108.00			108.00		
4	2016-10-17	2016-10-14			GEN000000014		规划供应		供	20.00	20.00	128.00			128.00		
5	2016-10-17				0000000001	12	审核预测		需	277.00	27.00	101.00			101.00		
6	2016-10-21	2016-10-20			GEN000000015		规划供应		供	250.00	250.00	351.00			351.00		
7	2016-10-21				0000000002	2	审核销售订单		需	250.00	250.00	101.00			101.00		
8	2016-10-24	2016-10-21			GEN000000016		规划供应		供	280.00	280.00	381.00			381.00		
9	2016-10-24				0000000001	13	审核预测		需	277.00	277.00	104.00			104.00		
10	2016-10-31	2016-10-28			GEN000000017		规划供应		供	60.00	60.00	164.00			164.00		
11	2016-10-31				0000000001	14	审核预测		需	59.00	59.00	105.00			105.00		
12																	
13																	

图 5-20　"金属遥控汽车玩具套装"MPS 计划作业物料供需查询结果图

【补充说明】

①供需日期:表示订单的供应或者需求日期,对应"供/需"栏位。

②审核日期:指发出供应订单的日期,如生产订单的开工日期。

③订单号码/行号:显示计划、锁定、审核采购订单、委外订单、生产订单的订单号码及行号。订单形态:指对应前面订单号的订单类型,如审核生产订单、审核销售订单、审核预测、规划供应等。

④供/需:表示该订单是表示供应或需求。

⑤订单原量:订单的原始计划数量或接单数量,如采购订单的计划采购数量。

⑥订单余量:订单尚未完成的数量,如采购订单的未交货数量。PE件的销售订单/出口订单/生产订单子件/委外订单子件,显示未作库存预留的余量。

⑦结存量-1:物料现存量加供应订单余量、减需求订单余量。

⑧结存量-2:物料现存量加供应订单建议调整量(若无建议调整量则为供应订单余量)、减需求订单余量。

⑨在供需资料明细查询表体,点右键弹出界面"查询供需追溯资料",可查询该计划代号原始版本、该订单(生产订单、计划订单等)的供需追溯资料。

【MPS 计算原理说明(以"遥控汽车玩具套装"物料为例)】

①计划时间计算原理。

当接受客户订单时,客户所订购的产品都会按自定义的需求时栅对需求预测进行抵消。抵消后的资料,将作为需求来源产生主生产计划并推动物料需求及计划。影响预测消抵的重要因素是需求时栅的设定。MPS 展开计算时,在某一时段对某一 MPS 而言,是按客户订单生产或计划生产或两者都有,其不同的时栅 MPS 展开的逻辑是不同的,系统是依据各物料所对应的时栅代号内容而运作的。

系统读取时栅代号的顺序为:先以 MPS 物料在其存货主档中制定的时栅代号为准,若无,则采用本系统"MPS 计划参数设定"中选择的时栅代号。

本案例中 MPS 物料没有规定的时栅代号,规划期间时栅为 0001 代号,该时栅分三个区段,天数分别为 15、20、40,MPS/MRP 展开时系统日期为 2016-9-20,结束日期为 2016-10-31,因此该区间通过时栅划分三个区段的起止日期分别为:第一区段 2016-9-20~2016-10-4,第二个区段为 2016-10-5~2016-10-24,第三区段为 2016-10-25~2016-10-31。

②计划数量计算原理。

在 MPS 系统中,按照先完工先规划的原则,根据该产品的物料清单结构,结合现有库存状况等资料,计算物料的净需求量。净需求的计算公式为:

净需求 = 本时段毛需求 - 前一时段的可用库存量 - 本时段计划接收量 + 安全库存量 + 已分配量

其中,"本段毛需求"指 MPS 规划周期内该物料的总需求量;

"前一时段的可用库存量"指在本周期的前一个时段的剩余库存量,也可用现存量表示;

"本时段计划接收量"指根据正在执行中的采购订单或生产订单,在规划周期内未来某个时间点将要入库或将要完成的数量;

"安全库存量"指为了预防需求或供应方面的不可预测的波动,在仓库中经常应保持最低库存数量作为安全库存量;

"已分配量"指尚保持在仓库中但已经被分配掉的物料数量。

本例中,在第一个区段内(2016-9-20~2016-10-4),"遥控玩具汽车套装"原本有三笔需求来源:9 月 20 日的 370 盒(预测订单)、9 月 26 日的 462 盒(预测订单)、10 月 3 日的 350 盒(销售订单)。此区段时栅的需求来源为客户订单,因此在第一区段内按需求时栅的规则计算出来为一笔需求来源为 10 月 3 日需 350 盒。同时,前一段可用库存为 623 盒,因此"结存量-1"为 273 盒(623-350=273)。

在第二个区段内(2016-10-5~2016-10-24),原本有五笔需求来源:10 月 6 日的 185 盒(预测订单)、10 月 10 日的 462 盒(预测订单)、10 月 17 日的 462 盒(预测订单)、10 月 21 日的 300(客户订单)、10 月 24 日的 462 盒(预测订单)。此区段时栅的需求来源为"预测+客户订单,反向抵消",由于本区没有客户订单,因此本区段的最终需求来源为以下五笔需求:10 月 6 日需 185 盒、10 月 10 日需 462 盒、10 月 17 日需 162 盒、10 月 21 日需 300、10 月 24 日需 462 盒。

对于 10 月 6 日 185 盒的需求,供应量计算应先以上一笔结存量(273)减去这笔需求量(185)等于 88 盒,但"遥控玩具汽车套装"的安全库存为 100 盒,因此,10 月 6 日需要生产 12

盒来满足需求。同时,"遥控玩具汽车套装"的供应倍数为10,因此,最终10月6日需要供应20盒。此时"结存量-1"为293盒(273+20)。"遥控玩具汽车套装"的固定提前期为1天,因此10月6日这笔需求的审核日期(即为"开工日期")为前提一个工作日,即9月30日(其中10月1日至5日均为非工作日)。

按照如上原理,最终计算出在第二个区段内供应"遥控玩具汽车套装"的信息为:

9月30日生产20盒、10月7日生产460盒、10月14日生产160盒、10月20生产300盒、10月21日生产460盒。

其他原理类似,此处不再赘述。

方式二:

菜单路径:业务工作/生产制造/主生产计划/报表/建议计划量明细表(MPS)。

查询"建议计划量明细表",按照"计划订单"方式查询,计划代号选择"01",查询结果如图5-21所示。

订单号码	物料编码	物料名称	物料规格	物料属性	需求跟	需求跟踪	需求跟踪方式	计量单位	建议计划量	未计划量	审核日期	厂	厂	需求日期
GEN00000004	001	遥控汽车玩具套装		自制				盒	20.00	20.00	2016/9/30			2016/10/6
GEN00000005	001	遥控汽车玩具套装		自制				盒	450.00	460.00	2016/10/7			2016/10/10
GEN00000006	001	遥控汽车玩具套装		自制				盒	160.00	160.00	2016/10/14			2016/10/17
GEN00000007	001	遥控汽车玩具套装		自制				盒	300.00	300.00	2016/10/20			2016/10/21
GEN00000008	001	遥控汽车玩具套装		自制				盒	450.00	460.00	2016/10/24			2016/10/24
GEN00000009	001	遥控汽车玩具套装		自制				盒	100.00	100.00	2016/10/28			2016/10/31
GEN00000013	002	金属遥控汽车玩具套装		自制				盒	160.00	160.00	2016/10/7			2016/10/10
GEN00000014	002	金属遥控汽车玩具套装		自制				盒	20.00	20.00	2016/10/14			2016/10/17
GEN00000015	002	金属遥控汽车玩具套装		自制				盒	250.00	250.00	2016/10/21			2016/10/21
GEN00000016	002	金属遥控汽车玩具套装		自制				盒	280.00	280.00	2016/10/21			2016/10/24
GEN00000017	002	金属遥控汽车玩具套装		自制				盒	60.00	60.00	2016/10/28			2016/10/31
总计									2,290.00	2,290.00				

图5-21 建议计划量明细表查询结果图

(16)账套备份。

将账套进行备份,并将账套号和名称修改为"103主生产计划完成账套"。具体操作步骤参考"实验三"实验指导中的第7步操作。

第三节 重复计划

重复计划是一种特殊的生产计划,它是将离散的生产计划数量平均到一段时期内,最终表现的形式为日产量及相应的起始、结束日期。一般MPS/MRP计划产生的结果是离散的生产计划量,最终表现形式仅表示计划订单计划完工日那一天的供应,即生产日期是一个个点的离散量,而重复计划是使用起始和终止日期之间的每个工作日的连续供应量来表示。

采用重复计划可以防止计划的重复生产率波动过于频繁。需要做重复计划的物料,需要在基础设置的存货档案中勾选中重复计划的选项,系统将来形成的MPS计划是以计划期间日产量来计划重复性制造物料的供应和需求。

重复计划期间:以"MRP计划参数维护"中设定"计划期间起始日期"为起点,并按参数中"重复计划时格代号"所对应的时段和顺序,将计划期间起始日期展开至系统工作日历限度的日期,正向和反向分别划分为若干计划期间。

计划生产量：系统通过合并各计划期间的有效供应和需求资料，计算出计划期间的净需求量。该净需求量再考虑重复制造物料在存货主档中所定义的"安全库存、供应倍数、最低供应量、固定供应量、切除尾数"等计划参数，被修正为该计划期间的计划生产量。

计划日产量：各计划期间的日产量＝该期间计划生产量/计划期间的有效工作天数。

计划日期：重复计划的首件完成日与末件完成日，分别为各计划期间的起始与结束日期，分别为"首件完成日/末件完成日－固定提前期"。若计划期间起始/结束日为非工作日，则系统分别自动修正为起始日之后第一个工作日/结束日期之前第一个工作日。

第四节　实验五：主生产计划－重复计划实验与操作

一、实验目的

通过本实验，理解重复生产计划的原理。
建议课时：1课时。

二、实验准备

引入"102 物料清单完成账套"的账套备份数据，将系统时间修改为2016年9月20日，再以"006 朱俊"操作员身份登录，登录时间与系统日期保持一致。

三、实验要求及步骤

（1）如实验四设置时栅资料（表5-1）、时格资料（表5-2）、工作日历。
（2）按表5-7设置预测版本资料。

预测版本资料　　　　　表5-7

版本代号	版本说明	版本类别	默认版本
002	2号预测版本	MPS	否

（3）按表5-8输入一个MPS的预测订单。

MPS预测订单资料　　　　　表5-8

MPS预测订单	版本号	均化方式	取整方式	起始日期	结束日期	预测数量
遥控汽车玩具套装	002	周均化	取下整	2016－10－01	2016－10－31	1000盒

（4）设置"001 遥控汽车玩具套装"的存货属性为"重复计划"。
（5）进行MPS计划前的累计提前天数推算、库存异常状况查询、仓库净算定义查询、订单异常状况查询作业。
（6）按表5-9设置MPS计划参数。

MPS计划参数　　　　　表5-9

MPS计划参数	计划代号	计划说明	是否生效	预测版本	需求时栅	时格代号	起始日期	截止日期	初始库存
要求	02	2号MPS计划	是	002	0001	0001	2016－09－20	2016－10－31	无

（7）生成MPS的供需规划资料，并查询自动规划错误信息表。

（8）查询 MPS 计划作业的物料供需资料内容。

（9）账套备份。

四、实验指导

（1）如实验四设置时栅资料（表 5-1）、时格资料（表 5-2）、工作日历。

菜单路径：基础设置/基础档案/生产制造/需求时栅维护。

菜单路径：基础设置/基础档案/生产制造/时格资料维护。

菜单路径：基础设置/基础档案/业务/工作日历维护。

具体参照实验四相关步骤实验指导。

（2）按表 5-8 设置预测版本。

菜单路径：基础设置/基础档案/生产制造/预测版本资料维护。

具体操作参照实验四相关步骤实验指导。

（3）按表 5-9 输入一个 MPS 的预测订单。

菜单路径：业务工作/生产制造/主生产计划/需求来源资料维护/产品预测订单输入。

具体操作参照实验四相关步骤实验指导（图 5-22）。

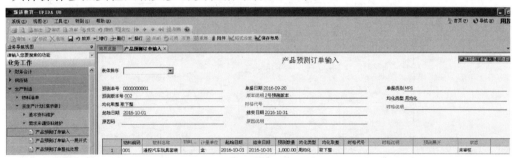

图 5-22　产品预测订单输入

（4）设置"001 遥控汽车玩具套装"的存货属性为"重复计划"。

菜单路径：基础设置/基础档案/存货/存货档案。

进入存货档案后，选中"001 遥控汽车玩具套装"的存货，双击进入修改界面，选中"MPS/MRP"选项卡，勾选中"重复计划"，点击菜单上的保存按钮。如图 5-23 所示。

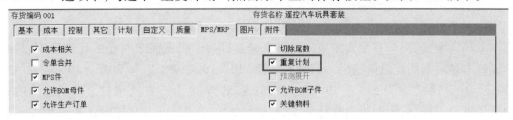

图 5-23　"遥控汽车玩具套装"的存货属性设置

【补充说明】

只有存货有"自制件"的属性才可以设置为"重复计划"的属性。

（5）进行 MPS 计划前的累计提前天数推算、库存异常状况查询、仓库净算定义查询、订单异常状况查询作业。

菜单路径:业务工作/生产制造/主生产计划(MPS)/计划前稽核作业/累计提前天数推算(库存异常状况查询/仓库净算定义查询/订单异常状况查询)。

具体操作参照实验四相关步骤实验指导。

(6)按表5-10设置MPS计划参数。

菜单路径:业务工作/生产制造/主生产计划/基本资料维护/MPS计划参数维护。

具体操作参照实验四相关步骤实验指导(图5-24)。

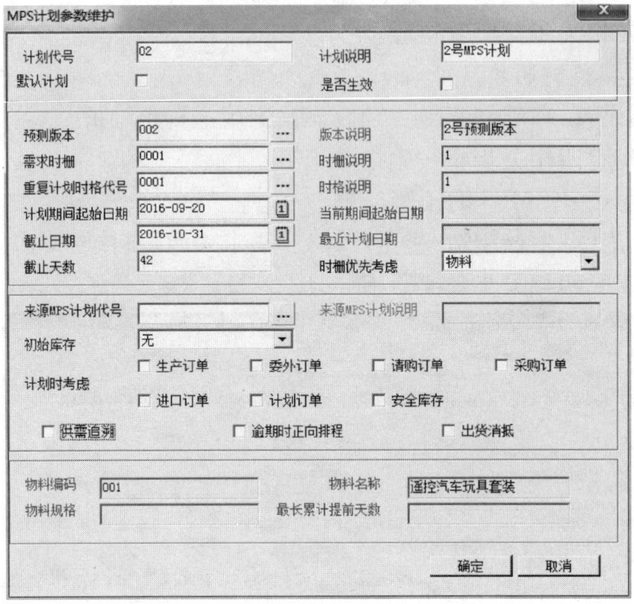

图5-24　MPS计划参数设置图

(7)生成MPS的供需规划资料,并查询自动规划错误信息表。

菜单路径:业务工作/生产制造/主生产计划/MPS计划作业/MPS计划生成。

将计划代号设置为02,点击执行。

(8)查询MPS计划作业的物料供需资料内容。

菜单路径:业务工作/生产制造/主生产计划/MPS计划作业/供需物料查询-物料。

在本实验中,因为只有预测需求一种需求来源,因此,根据需求时栅的计算原则,最终需求结果基本和预测均化后的结果一致,即2016-10-10需求238盒、2016-10-17需求238盒、2016-10-24需求为238盒、2016-10-31需求为48盒。在需求日之前的区间内对需求的盒数进行了均分,此即为重复计划,将离散的生产需求转变为连续性的生产供应。如图5-25所示。

(9)账套备份。

以系统主管"admin"登录系统管理窗口,将账套输出备份。将输出的账套文件中账套编号修改为201。然后以账套主管"001"登录系统管理,将账套号和名称修改为"201重复计划完成账套"。具体操作步骤参考"实验三"实验指导中的第7步操作。

图 5-25 "遥控汽车玩具套装"MPS 计划作业物料供需查询结果图(不含小数)

【补充说明】

对于图 5-25 中供应量均分后出现小数的情况,如果与实际不符,可以对表单参数进行修改,点击"供应资料查询 – 明细(物料)"界面菜单中的"格式设置",系统自动转接到"单据格式设置"界面。点击"表体项目",将"订单原量""订单余量""结存量 – 1""结存量 – 2"的小数位数设置为"0"。"确定"后将不会出现小数的情况,如图 5-26 所示。

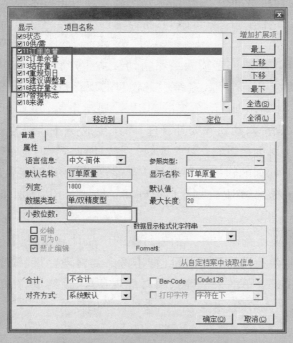

图 5-26 供需资料查询单据格式设置图

第六章　需求规划管理

第一节　需求规划系统介绍

一、需求规划简介

需求规划（MRP）系统是依 MPS 计划，利用物料清单展开，并考虑现有库存和未关闭订单，最终计算出各自制件、采购件、委外件的需求数量和日期，以供生产订单、采购管理、委外管理系统调用进而生成自制部件的生产计划、采购件的采购计划及委外件的委外计划。

一般情况下 MRP 的需求来源是主生产计划，由主生产计划将关键物料（MPS 物料）先模拟出可行的产销计划，再依定案的产销计划进行 MRP 计划，以保证 MRP 计划的可行性。但有的企业根据业务特点不使用主生产计划系统，此时 MRP 计划的需求来源则是销售订单和预测订单。因此，需求规划系统也可以另外建立 MRP 类型的需求预测。即 MRP 的需求来源除了 MPS 以外，同时也考虑 MRP 件的需求预测和客户订单或者需求预测和客户单的某种组合，即某些企业可以不启用[主生产计划]，将需求预测与客户订单消抵后的资料作为需求来源产生物料需求计划。

需求规划系统与生产制造许多模块关系密切，[主生产计划]系统的规划结果是[需求规划]系统的需求来源。[库存管理]系统中各物料的现存量等，是[需求规划]系统计算必须考虑的供应量之一。[需求规划]系统的 MRP 计划结果是[生产订单]系统生成生产计划、[采购管理]系统生成采购计划、[委外管理]系统生成委外计划的来源，同时有部分生产订单、采购订单、委外计划也是进行[需求规划]系统计划运算时需要考虑的要素之一。另外，[需求规划]中 MRP 计划的建议计划量，是[产能管理]计算细能力计划的依据。

需求规划系统除了提供 MRP 计划生成以外，同时提供 SRP 计划和 BRP 计划：

1. SRP 计划

SRP 计划是针对企业所选定的客户销售订单的产品计算物料需求时，直接依物料清单上记录的使用数量推算各物料的毛需求量（即不考虑物料现存量、锁定及审核采购请购单、采购订单、生产订单、委外订单的余量等），再考虑现存量、预约量、在单量等进行计算，自动计算供应数量和日期，作为请购、采购、生产、委外订单的依据。

2. BRP 计划

BRP 计划是针对企业所选定的客户订单上的产品计算物料需求时，直接按物料清单上记录的使用数量推算各物料的毛需求量（即不考虑物料现存量、锁定及审核采购请购单、采购订单、生产订单、委外订单的余量等），以毛需求作为计划请购、采购、生产、委外订单的依据。

二、需求规划系统主要业务内容

1. MRP 计划参数维护

在执行 MRP 计划之前,建立 MRP 计划代号,并设置相关参数,作为 MRP 展开计算时所依据的条件,可在具体执行时进行进一步完善。

2. 需求来源资料维护

(1)产品预测订单输入:建立 MRP 物料的需求预测资料,类似[主生产计划]系统的产品预测订单输入。当[主生产计划]系统启用时,产品预测订单输入在[主生产计划]系统,若没有启用,则在此输入 MRP 类型的产品预测订单。

(2)产品预测订单输入-展开式:当预测产品的存货属性中的"预测展开"为"是"时(参见存货属性的补充说明),选择本作业按时段建立该产品的需求预测资料,类似[主生产计划]系统的产品预测订单输入-展开式。

(3)产品预测订单整批处理:对产品预测订单执行审核/弃审/关闭/还原/删除/重展处理。

(4)产品预测订单明细表(MRP):查询产品预测订单及其均化处理,预测展开后的产品预测资料。

(5)产品预测资料比较表(MRP):比较不同预测版本产品预测的资料。

(6)未关闭销售订单明细表:按客户订单号、预计完工日、物料编码范围选择,打印锁定/审核状态的客户订单明细资料,供 MPS/MRP 展开前查核用,此作业与[主生产计划]的未关闭销售订单明细表功能一致。

3. MRP 计划前稽核作业

(1)累计提前天数推算:根据物料清单的结构计算各物料的累计提前天数,此作业与[主生产计划]的累计提前天数推算功能一致。

(2)库存异常状况查询:检查库存中是否出现存量为负值的不正常物料,此作业与[主生产计划]的库存异常状况查询功能一致。

(3)仓库净算定义查询:此项查询是为了确认所有存放参加 MRP 计算的物料的仓库是否均已设定为 MRP 仓。

(4)订单异常状况查询:查询预计完工/交货日期逾期或超出物料替换日期的订单资料,供 MPS/MRP 展开前核查,以免这些异常资料导致 MPS/MRP 计算结果不符合实际而无法进行,此作业与[主生产计划]的库存异常状况查询功能一致。

(5)销售订单可承诺交期推算:本作业用于当企业接到紧急订单时,推算是否可以接单,或者可行的可以交货的日期。本作业基于已经生效的 MPS、MRP 计划版本,在优先保证冻结订单按时交货的前提下,推算可承诺的预订单的交货计划。

(6)供需平衡分析:本作业用于在进行"销售订单可承诺交期推算"之后,以查看为了满足预订单的交货,而产生的模拟计划和模拟计划的子件需求对原来生效计划版本的供需平衡的影响。

4. 计划作业

(1)MRP 计划生成:设定 MRP 计划参数后,执行"MRP 计划生成"操作,以自动生成

MRP 计划。

（2）SRP 计划生成：按照设定条件及 MRP 计划参数后，自动生成 SRP 计划。

（3）BRP 计划生成：按照设定条件及 MRP 计划参数后，自动生成 BRP 计划。

（4）MRP 计划维护：查询、修改、删除 MRP 自动生成的计划供应，也有手动新增 MRP 计划资料的功能。

（5）MRP 计划维护－展开式：按时段显示 MRP 计划资料，供查询、修改、删除 MRP 自动生成的计划供应，或手动新增 MRP 计划资料，并可下达生产订单、委外订单和请购单/采购订单。

（6）MRP 计划整批删除：将不再执行和保留的 MRP 计划整批删除。

（7）供需资料查询－订单：按销售订单，查询 MRP 计划的供需资料的计算过程及结果。

（8）供需资料查询－物料：按物料编码，查询 MRP 计划的供需资料的计算过程及结果。

（9）供需资料查询－汇总式：按物料编码和时格，查询 MRP 计划的供需资料的计算过程及结果。

（10）供需资料查询－需求分类：按需求分类，查询 MRP 计划的供需资料的计算过程及结果。

（11）供需追溯资料查询：以树形结构查询由 MRP 计划后，各订单（计划订单、生产订单、请购单、采购订单、进口订单、委外订单）的需求来源资料，以及以销售订单追踪其相关供应资料。

（12）自动规划错误信息表（MRP）：查询 MRP/SRP/BRP 展开后，物料出现展开错误的信息资料。

5. 报表

（1）建议计划量明细表（MRP）：按销售订单或物料编码以及物料属性，查询 MRP/SRP/BRP 计划自动产生或手工修改后的建议计划量资料。

（2）建议计划量比较表（MRP）：查询 MRP 计划不同版本（或不同 MPS/MRP 计划）之间的比较表。

（3）预测抵消明细表（MRP）：查询物料在各时间段内，产品预测订单与客户订单数量的消抵明细资料，供详细了解 MRP 的独立需求来源。

（4）供需追溯明细表（MRP）：查询 MRP 计划生成后，各订单（计划订单、生产订单、请购单、采购订单、委外订单）多阶的需求来源资料。

（5）待处理订单明细表（MRP）：查询 MRP 计划生成后的不同状态的待处理订单资料。

（6）替换料处理供需资料表：查询 MRP 自动规划中替换/替代料处理的供应/需求资料及计算过程。

（7）供需资料表（MRP）：按物料编码或需求跟踪方式，查询 MRP 计划的供应/需求资料及供需资料的计算过程。

第二节　实验六：需求规划实验与操作

一、实验目的

通过本实验，理解 MRP 计划的作用及原理，掌握 MRP 计划的相关操作。

建议课时:1 课时。

二、实验准备

引入"103 主生产计划完成账套"的账套备份数据,将系统时间修改为 2016 年 9 月 20 日,再以"006 朱俊"操作员身份登录,登录时间与系统日期保持一致。

三、实验要求及步骤

(1)按表 6-1 设置 MRP 计划参数。

MRP 计 划 参 数　　　　　　　　　　　　　　　　表 6-1

MRP 计划参数	计划代号	计划说明	是否生效	需求时栅	起始日期	截止日期	初始库存	订单种类	供需追溯	逾期正向排程
要求	03	1号MRP计划	是	0001	2016－09－20	2016－10－31	现存量	所有订单	是	是

(2)生成 MRP 计划。
(3)查询自动规划错误信息表。
(4)查询 MRP 的供需资料内容。
(5)账套备份。

四、实验指导

(1)按表 6-1 设置 MRP 计划参数。

菜单路径:业务工作/生产制造/需求规划/基本资料维护/MRP 计划参数维护。

进入 MRP 计划参数维护界面,点击"增加",进入 MRP 计划参数维护界面,按照实验要求设置参数,如图 6-1 所示。

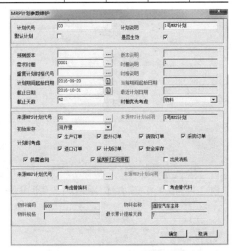

图 6-1　MRP 计划参数设置图

> 【补充说明】
> ①来源 MPS 计划代号:指定以哪一 MPS 计划作为 MRP 计划的需求来源。输入 MPS 计划代号,可不输入。
> ②来源 MRP 计划代号:表示本次 MRP 计算要考虑哪一 MRP 计划中锁定的计划订单。输入 MRP 计划代号,可不输入。

(2)生成 MRP 计划。

菜单路径:业务工作/生产制造/需求规划/计划作业/MRP 计划生成。

双击"MRP 计划生成作业",弹出"MRP 计划生成"对话框,在"计划代号"处选择 03,然后点击"执行"。等待片刻,系统提示"MRP 计划处理成功"。

(3)查询自动规划错误信息表。

菜单路径:业务工作/生产制造/需求规划/计划作业/自动规划错误信息表。

计划代号选择“03 - 1 号 MRP 计划”,点击“确定”,若无错误,表体为空。

(4)查询 MRP 的供需资料内容。

计划生成后,可以通过如下多种方式对 MRP 计划进行查询。

方式一:

菜单路径:业务工作/生产制造/需求规划/计划作业/供需资料查询—物料。

将“计划代号”改为“03”,然后点击“确定”,即显示供需物料的列表,如图 6-2 所示。

记录总数:19　　　　供需资料查询—物料

物料编码	物料名称	物料规格	物料属性	供需政策	需求跟踪方式	需求跟踪号	需求
003	遥控汽车主体		自制件	PE			
004	金属遥控汽车主体		自制件	PE			
005	遥控手柄		自制件	PE			
006	充电电池		采购件	PE			
007	充电器		采购件	PE			
008	包装盒		采购件	PE			
009	车壳		自制件	PE			
010	金属车壳		委外件	PE			
011	车轮		自制件	PE			
012	底板		自制件	PE			
013	手柄壳		自制件	PE			
014	天线		采购件	PE			
015	发送器		采购件	PE			
016	芯片		采购件	PE			
017	电线		采购件	PE			
018	接收器		采购件	PE			
019	塑料颗粒		采购件	PE			
020	添加剂		采购件	PE			
021	金属材料		采购件	PE			
小计							

图 6-2　MRP 计划作业物料供需查询结果图

在“供需物料查询—物料”窗口中,对所有物料的供需明细可进一步查询,比如双击“003 - 遥控汽车主体”所在行,即可查询其详细规划资料,如图 6-3 所示。

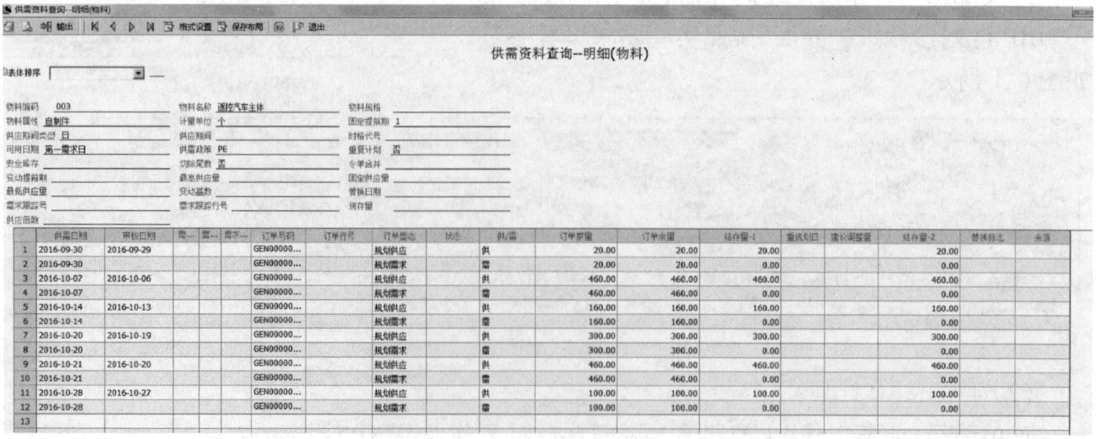
供需资料查询--明细(物料)

输出　格式设置　保存布局　退出

表体排序

物料编码 003　物料名称 遥控汽车主体　物料规格
物料属性 自制件　计量单位 个　固定提前期 1
供应期间类型 日　供应期间　时格代号
可用日期 第一需求日　供需政策 PE　重复计划 否
安全库存　切除尾数 否　令单合并
变动提前期　最高供应量　固定供应量
最低供应量　变动基数　替换日期
需求跟踪号　需求跟踪行号　现存量
供应倍数

	供需日期	审核日期	需...	需...	需求...	订单号码	订单行号	订单型态	状态	供/需	订单原量	订单余量	结存量-1	重规划日	建议调整量	结存量-2	替换标志	来源
1	2016-09-30	2016-09-29				GEN00000...		规划供应		供	20.00	20.00	20.00			20.00		
2	2016-09-30					GEN00000...		规划需求		需	20.00	20.00	0.00			0.00		
3	2016-10-07	2016-10-06				GEN00000...		规划供应		供	460.00	460.00	460.00			460.00		
4	2016-10-07					GEN00000...		规划需求		需	460.00	460.00	0.00			0.00		
5	2016-10-14	2016-10-13				GEN00000...		规划供应		供	160.00	160.00	160.00			160.00		
6	2016-10-14					GEN00000...		规划需求		需	160.00	160.00	0.00			0.00		
7	2016-10-20	2016-10-19				GEN00000...		规划供应		供	300.00	300.00	300.00			300.00		
8	2016-10-20					GEN00000...		规划需求		需	300.00	300.00	0.00			0.00		
9	2016-10-21	2016-10-20				GEN00000...		规划供应		供	460.00	460.00	460.00			460.00		
10	2016-10-21					GEN00000...		规划需求		需	460.00	460.00	0.00			0.00		
11	2016-10-28	2016-10-27				GEN00000...		规划供应		供	100.00	100.00	100.00			100.00		
12	2016-10-28					GEN00000...		规划需求		需	100.00	100.00	0.00			0.00		
13																		

图 6-3　“遥控汽车玩具套装”MRP 计划作业物料供需查询结果图

【补充说明】

MRP 计算原理如下：

以"003 - 遥控汽车主体"为例，供需资料分析如下："003 - 遥控汽车主体"的上一级母件"001 - 遥控汽车玩具套装"的供应（生产）时间即是物料"003"的需求时间。根据 MPS 规划结果物料"001 - 遥控汽车玩具套装"的供应时间为 9 月 30 日供 20 盒，10 月 7 日供 460 盒，10 月 14 日供 160 盒，10 月 20 日供 300 盒，10 月 21 日供 460 盒，10 月 28 日供 100 盒。由于生产一个"001 - 遥控汽车玩具套装"需要 1 个"003 - 遥控汽车主体"，因此，"003 - 遥控汽车主体"的需求为：9 月 30 日需 20 个，10 月 7 日需 460 个，10 月 14 日需 160 个，10 月 20 日需 300 个，10 月 21 日需 460 个，10 月 28 日需 100 个。对于"003 - 遥控汽车主体"的供应（生产）时间同样按照它的提前期向前推算。其余物料同理。

方式二：

菜单路径：业务工作/生产制造/需求规划/报表/建议计划量明细表（MRP）。

双击"建议计划量明细表（MRP）"，系统弹出选择窗口，选择"计划订单"后，填写查询条件窗口，将计划代号填为 03，点击"确定"，即可以明细表形式查出 MRP 计划结果。

（5）账套备份。

将账套进行备份，并将账套号和名称修改为"104 需求规划完成账套"。具体操作步骤参考"实验三"实验指导中的第 7 步操作。

第七章 生产订单管理

第一节 生产订单系统介绍

一、生产订单简介

生产指物料经制造、组装到最终产品形成的过程,对于一般制造业的流程,生产包括领料、车间(委外)生产、入库等过程。生产订单主要表示某一物料的生产数量,以及计划开工/完工日期等。生产订单是企业生产管理的重要资料,是现场自制、派工或领料的依据,也可以成为控制生产环节的产能利用、缺料、效率、进度等的基础资料。

生产订单系统主要完成生产订单的生成、审核、查询、分析等作业,协助企业有效掌握各项生产制造活动。本系统的功能还包括:根据业务需求手动或自动建立标准、非标准、重复计划的生产订单,也可以按工作中心建立生产计划;提供按生产订单、销售订单、物料编码等方式对生产订单的完工状况进行查询,以有效掌握生产进度;提供生产订单锁定和审核功能,有效控制计划执行过程等。

二、生产订单系统主要业务内容

1. 基本资料维护—生产订单类别资料维护

建立生产订单所属类别,如返工、拆卸等,供生产订单统计分析之用。

2. 生产订单生成

(1)生产订单手动输入:新增非标准生产订单资料,修改、删除、查询标准与非标准生产订单资料。

(2)生产订单自动生成:查核并确认 MPS/MRP 所产生的建议自制(或委外)量,并自动生成生产订单。

(3)领料申请单:生产用原辅料、包装材料、设备维修所用的备品备件等出库的申请单维护。

3. 生产订单处理

(1)生产订单整批处理:整批审核、弃审、关闭、还原、删除、重载生产订单。

(2)已审核生产订单修改/已审核重复计划修改:修改已审核生产订单母件的生产数量、开工/完工日期等资料,或新增、修改、删除已审核生产订单的子件的相应资料。

(3)生产订单变更记录清除:整批清除生产订单变更历史记录,以节省系统空间,提高系统运行效率。

(4)生产订单综合查询:查询生产订单子件用料及工序进度情况。

(5)生产订单改制:将在制的生产订单分拆,或改制为其他物料的生产订单。

(6)生产订单挪料:用在将在制生产订单的已领用料挪作其他生产订单之用。

（7）补料申请单：记录生产过程中子件报废状况，以作为子件补料的申请依据。

（8）补料申请单整批处理：整批审核、弃审、关闭、还原、删除补料申请单。

（9）生产订单挪料列表：查询生产订单改制/挪料明细资料。

4. 报表

（1）未审核生产订单明细表：查询手动和自动生成的未审核生产订单资料。

（2）生产订单通知单：生产订单经审核后，即可自动生成通知单，作为生管派工时交予承制单位的凭单。

（3）生产订单缺料明细表：为生产订单缺料进行模拟，以确保派工的有效性，避免生产订单派工到现场而现场却因缺料而无法生产的状况。

（4）生产订单领料单：生产订单经审核后，即可自动生成其领料单，作为派工时交予承制单位进行领料的凭单。

（5）生产订单完工状况表：查询生产订单的完工状况表。

（6）生产订单用料分析表：按生产订单号查询订单中各项子件的标准用量与实际用量比较分析资料。

（7）生产订单在制物料分析表：提供各生产订单的已领料数量、已完工入库产品的理论耗用数量以及已领仍在加工现场的数量，以协助现场管理人员对生产订单现场物料进行有效管控。

（8）补料申请单明细表：查询补料申请单明细资料。

（9）生产订单与物料清单差异分析：提供生产订单子件用料与标准物料清单或订单BOM的用料差异分析。

（10）生产订单工序领料单：本作业可按生产订单分工序分页打印生产订单领料单。

（11）生产订单变更记录明细表：查询生产订单变更历史记录。

（12）生产订单预警与报警资料表：查询临近开工或完工、逾期与超量完成的生产订单资料，提供相关预警和报警报告。

（13）计划下达生产订单日/月/周报：计划订单下达生产订单后，可使用该报表按日/月/周的形式显示MRP/MPS计划的计划数量和已下达生产订单的数量，对计划执行状况进行对比分析。

（14）生产订单开工查询日/月/周报：按照日/月/周要求查询各个物料的生产订单开工数量，对物料的生产状况进行对比分析。

（15）生产订单执行情况日/月/周报：按照日/月/周查询各个物料的生产数量、入库数量、退库数量，对物料的生产执行状况进行统计分析。

第二节　实验七：生产订单实验与操作

一、实验目的

通过本实验，掌握生产订单的生成及相关操作，并掌握根据生产订单进行领料生产的过程。

建议课时：1课时。

二、实验准备

引入"104 需求规划完成账套"的账套备份数据,将系统时间修改为 2016 年 9 月 20 日,再以"006 朱俊"操作员身份登录,登录时间与系统日期保持一致。

三、实验要求及步骤

(1)设置生产订单的编号规则为手工编号。

(2)根据实验六中 MPS 和 MRP 规划的结果,自动生成一张生产订单,生产订单号为 SS001。

(3)对生成的生产订单进行审核。

说明: 以下实验为以生产订单其中一行为例,进行相应的采购原材料、领料生产、完工入库等作业。

(4)查询"SS001"号生产订单的第 47 行"生产 20 个手柄壳"的生产订单通知单。

(5)查询"SS001"号生产订单的第 47 行"生产 20 个手柄壳"是否存在缺料情况。

(6)查询"SS001"号生产订单的第 47 行"生产 20 个手柄壳"的生产订单领料单。

(7)9 月 25 日,针对"SS001"号生产订单的第 47 行"生产 20 个手柄壳"进行采购原材料("塑料颗粒"3 千克,"添加剂"0.2 千克)。以"操作员 005—张林—采购主管"身份重新登录系统(实验七中第 5~11 步均以操作员 005 身份登录系统进行具体操作),根据 MRP 规划结果建议编制采购单,供应商为编号 001 – 西可欣塑料厂,采购日期为 9 月 25 日,部门为采购部。

(8)9 月 27 日进行采购到货处理,填制到货单。

(9)9 月 27 日对采购的物料进行验收入库,全部存入原材料仓库中。

(10)9 月 27 日开始"生产 20 个手柄壳",领用生产该物料所需的材料。

(11)9 月 29 日生产完成后,入库作业。

(12)9 月 29 日发现已生产完成的"手柄壳"中有 10 个为不合格品,需要退回。

(13)9 月 29 日对 10 个手柄壳进行维修——建立非标准生产订单,当天返修完成后重新入库。

(14)账套备份。

四、实验指导

(1)设置生产订单的编号规则为手工编号。

菜单路径: 基础设置/单据设置/单据编号设置。

进入单据编号设置的对话框,在"编号设置"的选项卡里,找到"生产订单"—"生产订单/重复计划",点击编辑按钮,勾选"完全手工编号",然后保存并退出(图 7-1)。

(2)根据实验六中 MPS 和 MRP 规划的结果,自动生成一张生产订单。

菜单路径: 业务工作/生产制造/生产订单/生产订单生成/生产订单自动生成。

①选择"生产订单自动生成"菜单命令,弹出查询条件选择窗口,在生产订单号码处录入"SS001",点击"确定"后,系统自动列出符合要求的订单资料(图 7-2)。

②点击"修改",然后点击"全选",最后点击"保存",即可完成生产订单的自动生成操作(图 7-3)。

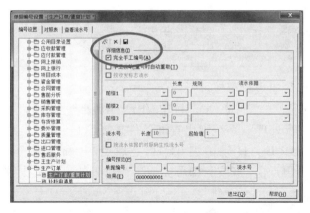

图 7-1　生产订单单据编号设置

图 7-2　生产订单自动生成查询条件图

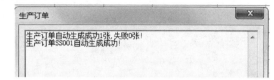

图 7-3　生产订单自动生成图

【补充说明】

①只有生效的 MRP 计划才可以自动产生生产订单,即 MRP 计划参数设置里勾选"是否生效"或在 MRP 计划维护界面,点击菜单中的"生效"按钮,见图 7-4。

图 7-4　MRP 计划维护图

②生产订单的四种状态:

未审核:未审核的生产订单不能进行任何库存交易作业(领/退料、入/退库),不能执行报检、转车间处理。MPS/MRP 计算时不考虑。

锁定:锁定状态的生产订单不能进行任何库存交易作业,不能执行报检、转车间处理。MPS/MRP 将纳入计算之中。生产订单自动生成的状态为锁定状态,表明在重新进行 MPS/MRP 计算时,不会对"锁定"状态的生产订单产生影响。

审核:审核状态的生产订单为可执行订单,即可以进行库存交易作业,或报检、转车间处理,MPS/MRP 计算时也纳入计算之中。

关闭:关闭状态的生产订单不可进行任何库存交易作业,或报检、转车间处理。MPS/MRP 计算时不考虑。

> ③若要修改或删除自动生成的而未审核的生产订单资料,可在"生产订单手动输入"作业进行删除或修改,删除后可以重新生成生产订单。

(3)对生成的生产订单进行审核。

菜单路径:业务工作/生产制造/生产订单/生产订单处理/生产订单整批处理。

双击"生产订单整批处理",系统弹出查询条件选择窗口,或点击菜单栏中的"查询",对查询条件中的日期改为 9 月 1 日至 10 月 31 日,然后点击"确定"。进入生产订单整批处理界面后,点击"全选"后再点击"审核",即可完成生产订单的审核工作(图 7-5)。

> 【补充说明】
> ①如果要删除已审核的生产订单,在"生产订单整批处理"里,首先将审核的生产订单弃审,将生产订单状态从审核变为锁定状态,然后再将锁定状态的生产订单删除。
> ②重载:若生产订单已经生成,对应生产订单中的资料修改了工艺路线或物料清单等资料,需要选中对应的生产订单行后,点击"重载"按钮,可整批将物料清单、工艺路线等更新为最新资料。
> ③图形:选择需要查询或修改的生产订单行,选择图形按钮下拉中的"查询"或"修改",系统将以甘特图方式显示选定的表体中的生产订单,若有修改操作权限,可拖拽甘特图修改生产订单的开工/完工日期。

说明:以下实验为以生产订单其中一行为例,进行相应的采购原材料、领料生产、完工入库等作业。

(4)查询"SS001"号生产订单的第 47 行"生产 20 个手柄壳"的生产订单通知单。

菜单路径:业务工作/生产制造/生产订单/报表/生产订单通知单。

生产订单通知单可作为生管派工时交予生产部门的凭单,以便通知生产部门做生产准备。生产订单通知单共有两种方式,一是生产订单以单行形式显示具体的资料;二是以明细表的形式显示所有生产订单的所有行的资料。

①双击"生产订单通知单",在弹出的对话框中选择"生产订单"(图 7-6),在"查询条件

图 7-5 生产订单审核完成结果图

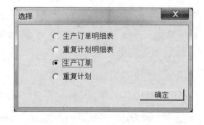

图 7-6 生产订单通知单查询条件图 1

选择”对话框内将生产订单号、生产订单行、开工日期条件输入后(图 7-7),点击“确定”,即可显示第 47 行生产 20 个手柄壳的生产订单通知单(也可不设置查询条件,显示所有的生产订单通知单,在菜单栏按左右按钮,进行手工查找)。此种方式显示的是以生产订单单行形式显示具体的资料,包括开完工日期、生产数量等(图 7-8)。

查询条件选择

保存常用条件 过滤方案

常用条件

生产部门		到	
生产订单	SS001 - SS001	到	SS001 - SS001
生产订单行号	47	到	47
开工日期	2016-09-01	到	2016-10-31
销售订单类别			

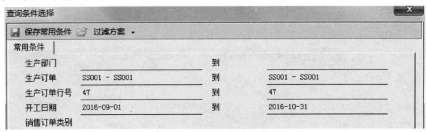

图 7-7 生产订单通知单查询条件图 2

生产订单通知单

生产部门 部门名称 生产订单 SS001 行号 47

物料编码	013				
物料名称	手柄壳				
物料规格					
计量单位	个	生产订单数量	20.00	MRP净算量	20.00
开工日期	2016/9/27	完工日期	2016/9/29	生产批号	
预入仓库		仓库名称		销售订单	
销售订单行号		销售订单类别		订单类别	
类别说明		原因码		原因说明	
备注		来源生产订单号		来源生产订单行号	
总经理		经理	主管	承办人	

图 7-8 生产订单通知单查询结果图

②双击“生产订单通知单”,在弹出的对话框选择“生产订单明细表”,在查询条件选择中开工日期选择为 2016 - 09 - 01 到 2016 - 10 - 31,设置好查询条件后,可以明细表的方式查看生产订单的相关信息(图 7-9)。

生产订单明细表

生产部门 : 到 开工日期 : 2016-09-01 到 2016-10-31 订单类别: 到
生产订单 : 到 生产订单行号: 到 原因码 : 到
销售订单类别: 销售订单 : 到 出口订单: 到
物料编码 : 到

生产部门	部门名称	生产订单号码	行号	物料编码	物料名称	物料规格	计量单位	生产订单数量	MRP净算量	开工日期	完工日期	生产批号	预入仓库	仓库名称	销售订单类别
		SS001	1	001	遥控汽车玩…		盒	20.00	20.00	2016/9/30	2016/10/6				
		SS001	2	001	遥控汽车玩…		盒	460.00	460.00	2016/10/7	2016/10/10				
		SS001	3	001	遥控汽车玩…		盒	160.00	160.00	2016/10/14	2016/10/17				
		SS001	4	001	遥控汽车玩…		盒	300.00	300.00	2016/10/20	2016/10/21				
		SS001	5	001	遥控汽车玩…		盒	460.00	460.00	2016/10/21	2016/10/24				
		SS001	6	001	遥控汽车玩…		盒	100.00	100.00	2016/10/28	2016/10/31				
		SS001	7	002	金属遥控汽…		盒	180.00	180.00	2016/10/7	2016/10/10				
		SS001	8	002	金属遥控汽…		盒	20.00	20.00	2016/10/14	2016/10/17				
		SS001	9	002	金属遥控汽…		盒	250.00	250.00	2016/10/20	2016/10/21				
		SS001	10	002	金属遥控汽…		盒	280.00	280.00	2016/10/21	2016/10/24				
		SS001	11	002	金属遥控汽…		盒	60.00	60.00	2016/10/28	2016/10/31				
		SS001	12	003	遥控汽车主体		个	20.00	20.00	2016/9/29	2016/9/30				
		SS001	13	003	遥控汽车主体		个	460.00	460.00	2016/10/6	2016/10/7				
		SS001	14	003	遥控汽车主体		个	160.00	160.00	2016/10/13	2016/10/14				
		SS001	15	003	遥控汽车主体		个	300.00	300.00	2016/10/19	2016/10/20				
		SS001	16	003	遥控汽车主体		个	460.00	460.00	2016/10/20	2016/10/21				
		SS001	17	003	遥控汽车主体		个	100.00	100.00	2016/10/27	2016/10/28				
		SS001	18	004	金属遥控汽…		个	180.00	180.00	2016/10/6	2016/10/7				
		SS001	19	004	金属遥控汽…		个	20.00	20.00	2016/10/13	2016/10/14				
		SS001	20	004	金属遥控汽…		个	250.00	250.00	2016/10/19	2016/10/20				
		SS001	21	004	金属遥控汽…		个	280.00	280.00	2016/10/20	2016/10/21				
		SS001	22	004	金属遥控汽…		个	60.00	60.00	2016/10/27	2016/10/28				
		SS001	23	005	遥控手柄		个	20.00	20.00	2016/9/29	2016/9/30				
		SS001	24	005	遥控手柄		个	640.00	640.00	2016/10/6	2016/10/7				
		SS001	25	005	遥控手柄		个	180.00	180.00	2016/10/13	2016/10/14				
		SS001	26	005	遥控手柄		个	550.00	550.00	2016/10/19	2016/10/20				
		SS001	27	005	遥控手柄		个	740.00	740.00	2016/10/20	2016/10/21				
		SS001	28	005	遥控手柄		个	160.00	160.00	2016/10/27	2016/10/28				
		SS001	29	009	车壳		个	20.00	20.00	2016/9/28	2016/9/29				
		SS001	30	009	车壳		个	460.00	460.00	2016/9/30	2016/10/6				

数据 共52条 共2页 1

图 7-9 生产订单明细表查询结果图

(5)查询“SS001”号生产订单的第 47 行“生产 20 个手柄壳”是否存在缺料情况。

菜单路径：业务工作/生产制造/生产订单/报表/生产订单缺料明细表。

双击"生产订单缺料明细表"后，在"查询条件选择"对话框内将生产订单号、生产订单行号、开工日期条件输入后，点击"确定"（图7-10），即可显示出生产订单的第47行"生产20个手柄壳"的缺料情况。若存在缺料现象，需要根据缺料情况进行采购（若表体为空，表示不缺料，可直接生产）。实验结果为"SS001"号生产订单的第47行"生产20个手柄壳"存在缺料情况（图7-11）。

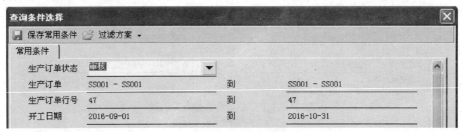

图7-10　生产订单缺料明细表查询条件图

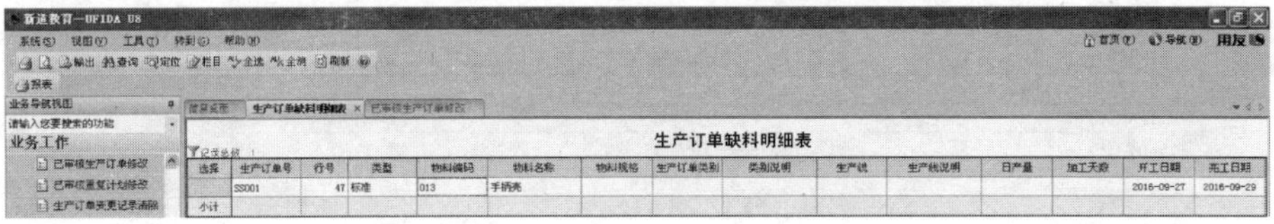

图7-11　生产订单缺料明细表查询结果图

（6）查询"SS001"号生产订单的第47行"生产20个手柄壳"的生产订单领料单。

菜单路径：业务工作/生产制造/生产订单/报表/生产订单领料单。

双击"生产订单领料单"，在弹出的对话框中选择"生产订单"，之后在"查询条件选择"对话框内将生产订单号、生产订单行、开工日期条件输入后，点击"确定"（图7-12），即可显示第47行生产20个手柄壳的生产订单领料单，可作为生产派工时交予生产部门进行领料的凭单。点击生产订单每行最左边的"＋"，可以看到对应的需要领用的子件信息（图7-13）。

图7-12　生产订单领料单查询条件图2

图7-13　生产订单领料单查询结果图

实验结果显示,该"20 个手柄壳",需要 9 月 25 日领料"塑料颗粒"3 千克,"添加剂"0.2 千克。

> **【补充说明】**
> ①生产订单审核后就可以进行领料生产了,按照产品的生产顺序(按产品的物料清单,从高阶向低阶生产),经过领料、生产、完工入库;再领料、再生成、再完工入库,逐级加工,直至生产出成品。
> ②若其中某物料需要由车间按工序进行加工生产(具体见第九章内容),则该物料就不能按生产领料的方式进行领料生产,应该在车间管理中对工序进行管理,并按工序领料加工生产及完工入库。

(7)9 月 25 日,针对"SS001"号生产订单的第 47 行"生产 20 个手柄壳"进行采购原材料("塑料颗粒"3 千克,"添加剂"0.2 千克)。以"操作员 005—张林—采购主管"身份重新登录系统,根据 MRP 规划结果建议编制采购单,供应商为编号 001 - 西可欣塑料厂,采购日期为 9 月 25 日,部门为采购部。

操作员:005。

菜单路径:业务工作/供应链/采购管理/采购订货/采购订单。

进入采购订单界面,点击"增加",然后选择"生单"下拉菜单中的"MPS/MRP 计划",弹出的查询窗口可不做选择,点击"确定",系统随后弹出订单拷贝 MRP 计划。选择 9 月 25 日的"塑料颗粒"及"添加剂"后,点击"确定"(图 7-14),系统自动将相应的信息带入到采购订单,补齐采购订单的订单日期(2016 - 09 - 25),点击"保存"并"审核"(图 7-15)。

选择	存货编码	存货名称	币种	规格型号	主计量	计划数量	已下达量	订货日期	计划到货日期	供应商	计划员	采购员	计划来源	存货分类	需求分类代号说明
	017	电线	人民币		组	550.00	0.00	2016-10-16	2016-10-17				MRP	03	
	017	电线	人民币		组	740.00	0.00	2016-10-17	2016-10-18				MRP	03	
	017	电线	人民币		组	160.00	0.00	2016-10-24	2016-10-25				MRP	03	
	018	接收器	人民币		个	10.00	0.00	2016-09-23	2016-09-27				MRP	03	
	018	接收器	人民币		个	640.00	0.00	2016-09-25	2016-09-29				MRP	03	
	018	接收器	人民币		个	180.00	0.00	2016-10-07	2016-10-11				MRP	03	
	018	接收器	人民币		个	550.00	0.00	2016-10-13	2016-10-17				MRP	03	
	018	接收器	人民币		个	740.00	0.00	2016-10-14	2016-10-18				MRP	03	
	018	接收器	人民币		个	160.00	0.00	2016-10-21	2016-10-25				MRP	03	
Y	019	塑料颗粒	人民币		千克	3.00	0.00	2016-09-25	2016-09-28				MRP	04	
	019	塑料颗粒	人民币		千克	12.00	0.00	2016-09-26	2016-09-28				MRP	04	
	019	塑料颗粒	人民币		千克	96.00	0.00	2016-09-27	2016-09-29				MRP	04	
	019	塑料颗粒	人民币		千克	312.00	0.00	2016-09-28	2016-09-30				MRP	04	
	019	塑料颗粒	人民币		千克	27.00	0.00	2016-10-09	2016-10-11				MRP	04	
	019	塑料颗粒	人民币		千克	100.00	0.00	2016-10-10	2016-10-12				MRP	04	
	019	塑料颗粒	人民币		千克	82.50	0.00	2016-10-15	2016-10-17				MRP	04	
	019	塑料颗粒	人民币		千克	341.00	0.00	2016-10-16	2016-10-18				MRP	04	
	019	塑料颗粒	人民币		千克	332.00	0.00	2016-10-22	2016-10-24				MRP	04	
	019	塑料颗粒	人民币		千克	24.00	0.00	2016-10-23	2016-10-25				MRP	04	
	019	塑料颗粒	人民币		千克	72.00	0.00	2016-10-24	2016-10-26				MRP	04	
Y	020	添加剂	人民币		千克	0.20	0.00	2016-09-25	2016-09-27				MRP	04	
	020	添加剂	人民币		千克	2.20	0.00	2016-09-26	2016-09-28				MRP	04	
	020	添加剂	人民币		千克	6.40	0.00	2016-09-27	2016-09-29				MRP	04	
	020	添加剂	人民币		千克	61.40	0.00	2016-09-28	2016-09-30				MRP	04	
	020	添加剂	人民币		千克	1.80	0.00	2016-10-09	2016-10-11				MRP	04	

图 7-14 原材料(塑料颗粒/添加剂)采购订单录入图 2——订单拷贝 MRP 计划

图 7-15　原材料(塑料颗粒/添加剂)采购订单录入完成图

【补充说明】

①根据 MRP 计划结果,第 47 行"生产 20 个手柄壳"需要 9 月 25 日实行采购计划,具体见 MRP 供需资料查询。

②采购订单可以手工输入,也可以参照请购单、销售订单、MPS/MRP 采购计划、采购合同等生成。

(8)9 月 27 日进行采购到货处理,填制到货单。

操作员:005。

菜单路径:业务工作/供应链/采购管理/采购到货/到货单。

在到货单页面,点击"增加"后,点击"生单"下的"采购订单",不录入查询条件,直接点击"确定"。进入"拷贝并执行"窗口,选择单据号"0000000001",点击全选,然后点击"确定",系统自动将相应的信息带入到货单。补齐到货单的到货日期(2016 – 09 – 27),点击"保存"并"审核"(图 7-16)。

图 7-16　原材料(塑料颗粒/添加剂)到货单录入完成图

(9)9 月 27 日对采购的物料进行验收入库,全部存入原材料仓库中。

操作员:005。

菜单路径:业务工作/供应链/库存管理/入库业务/采购入库单。

①采购入库单可根据上步填制的采购到货单的内容生成。双击"采购入库单",进入采购入库单界面后,点击"生单"下的"采购到货单(蓝字)",在"到货单生单列表"中选择单据号"0000000001",点击全选,然后点击"确定",系统自动将相应的信息带入采购入库单。补齐采购入库单的仓库(原材料仓库)、入库日期(2016 – 09 – 27)等资料,点击"保存"并"审核"(图 7-17)。

②材料入库后,可以通过查询现存量来确认(图 7-18)。

菜单路径:业务工作/供应链/库存管理/报表/库存账/现存量查询。

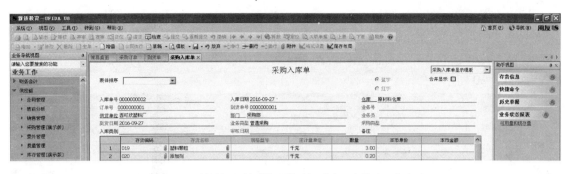

图7-17 原材料(塑料颗粒/添加剂)采购入库单录入完成图

现存量查询

仓库编码	存货编码	现存数量	其中冻结数量	到货/在检数量	预计入库数量合计	待发货数量	调拨待发数量	预计出库数量	不合格品数量	可用数量
001	019	3.00								3.00
001	020	0.20								0.20
002	001	623.00								623.00
002	002	405.00								405.00
004	006	10.00								10.00
004	007	10.00								10.00
004	008	10.00								10.00
004	014	10.00								10.00
004	015	10.00								10.00
004	016	10.00								10.00
004	017	10.00								10.00
004	018	10.00								10.00
总计		1,111.20								1,111.20

图7-18 现存量查询入库原材料

(10)9月27日开始"生产20个手柄壳",领用生产该物料的所需的材料。

菜单路径:业务工作/供应链/库存管理/出库业务/材料出库单。

点击"生单"下的"生产订单(蓝字)",在查询条件窗口选择"SS001"号订单的第47行,点击"确定"后,再点击全选,然后点击"确定",系统自动将相应的信息带入材料出库单。补齐材料出库单的仓库(原材料仓库)、日期(2016-09-27)等资料,点击"保存"并"审核"(图7-19)。

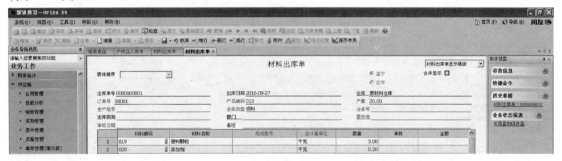

图7-19 生产订单材料出库单录入完成图

(11)9月29日生产完成后,入库作业。

操作员:005。

菜单路径:业务工作/供应链/库存管理/入库业务/产成品入库单。

①点击"生单"下"生产订单(蓝字)",在查询条件窗口选择"SS001"号订单的第47行,点击"确定",再点击全选,然后点击"确定",系统自动将相应的信息带入产成品入库单。补齐产成品入库单的仓库(半成品仓库)、入库日期(2016-09-29)等资料,点击"保存"并"审核",如图7-20所示。

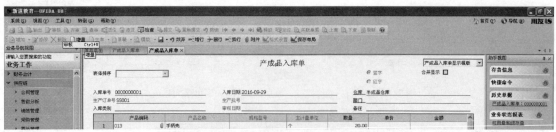

图7-20 产成品入库单录入完成图

②入库后,可通过现存量进行查询。可以看到库存里多了20个手柄壳(存货编码是013),并且塑料颗粒(存货编码是019)和添加剂(存货编码是020)已经用完。如图7-21所示。

仓库编码	存货编码	现存数量	其中冻结数量	到货/在检数量	预计入库数量合计	待发货数量	调拨待发数量	预计出库数量	不合格品数量	可用数量
001	019									
001	020									
002	001	623.00								623.00
002	002	405.00								405.00
003	013	20.00								20.00
004	006	10.00								10.00
004	007	10.00								10.00
004	008	10.00								10.00
004	014	10.00								10.00
004	015	10.00								10.00
004	016	10.00								10.00
004	017	10.00								10.00
004	018	10.00								10.00
总计		1,128.00								1,128.00

图7-21 现存量查询入库产成品

③此时"SS001号生产订单的第47行"应处于"关闭"状态,可在"生产订单整批处理"中进行查询(菜单路径:业务工作/生产制造/生产订单/生产订单处理)(图7-22)。进入"生产订单整批处理"界面,选中"SS001"号生产订单,可看到此生产订单的第47行的审核状态已变为"关闭"(图7-23)。

查询条件选择			
生产订单类型	标准;非标准;重复计划	生产订单状态	未审核;锁定;审核;关闭
生产订单		到	
物料编码		到	
开工日期	2016-09-01	到	2016-10-31

图7-22 生产订单处理查询条件图

生产订单整批处理

记录总数：53

选择	生产订单号	行号	状态	审批状态	类型	物料编码	物料名称	物料规格	生产订单类别	类别说明	生产线	生产线说明	日产量	加工天数	开工日期	完工日期	计
	SS001	23	审核	录入	标准	005	遥控手柄								2016-09-29	2016-09-30	个
	SS001	24	审核	录入	标准	005	遥控手柄								2016-10-06	2016-10-07	个
	SS001	25	审核	录入	标准	005	遥控手柄								2016-10-13	2016-10-14	个
	SS001	26	审核	录入	标准	005	遥控手柄								2016-10-19	2016-10-20	个
	SS001	27	审核	录入	标准	005	遥控手柄								2016-10-20	2016-10-21	个
	SS001	28	审核	录入	标准	005	遥控手柄								2016-10-27	2016-10-28	个
	SS001	29	审核	录入	标准	009	车壳								2016-09-28	2016-09-29	个
	SS001	30	审核	录入	标准	009	车壳								2016-09-30	2016-10-06	个
	SS001	31	审核	录入	标准	009	车壳								2016-10-12	2016-10-13	个
	SS001	32	审核	录入	标准	009	车壳								2016-10-18	2016-10-19	个
	SS001	33	审核	录入	标准	009	车壳								2016-10-19	2016-10-20	个
	SS001	34	审核	录入	标准	009	车壳								2016-10-26	2016-10-27	个
	SS001	35	审核	录入	标准	011	车轮								2016-09-28	2016-09-29	个
	SS001	36	审核	录入	标准	011	车轮								2016-09-30	2016-10-06	个
	SS001	37	审核	录入	标准	011	车轮								2016-10-12	2016-10-13	个
	SS001	38	审核	录入	标准	011	车轮								2016-10-18	2016-10-19	个
	SS001	39	审核	录入	标准	011	车轮								2016-10-19	2016-10-20	个
	SS001	40	审核	录入	标准	011	车轮								2016-10-26	2016-10-27	个
	SS001	41	审核	录入	标准	012	底板								2016-09-27	2016-09-29	个
	SS001	42	审核	录入	标准	012	底板								2016-09-29	2016-10-06	个
	SS001	43	审核	录入	标准	012	底板								2016-10-11	2016-10-13	个
	SS001	44	审核	录入	标准	012	底板								2016-10-17	2016-10-19	个
	SS001	45	审核	录入	标准	012	底板								2016-10-18	2016-10-20	个
	SS001	46	审核	录入	标准	012	底板								2016-10-25	2016-10-27	个
	SS001	47	关闭	录入	标准	013	手柄壳								2016-09-27	2016-09-29	个
	SS001	48	审核	录入	标准	013	手柄壳								2016-09-29	2016-10-06	个
	SS001	49	审核	录入	标准	013	手柄壳								2016-10-11	2016-10-13	个
	SS001	50	审核	录入	标准	013	手柄壳								2016-10-17	2016-10-19	个
	SS001	51	审核	录入	标准	013	手柄壳								2016-10-18	2016-10-20	个
	SS001	52	审核	录入	标准	013	手柄壳								2016-10-25	2016-10-27	个

图 7-23　关闭生产订单完成图

(12)9 月 29 日发现已生产完成的“手柄壳”中有 10 个为不合格品,需要退回。

操作员:005。

①记录此笔不合格产品。

菜单路径:业务工作/供应链/库存管理/不合格品/不合格品记录单。

进入不合格品记录单界面,点击“增加”,日期选择为 9 月 29 日,转入仓库选为“返工维修仓库”,转出仓库为“半成品仓库”,入库类别为“其他入库”,出库类别为“其他出库”,在表体中录入 10 个不合格手柄壳的信息。点击“保存”并“审核”(图 7-24)。

不合格品记录单

不合格品记录单打印模版

表体排序　　合并显示 ☐

单据号 0000000001　日期 2016-09-29　转入仓库 返工维修仓库

转出仓库 半成品仓库　入库类别 其它入库　出库类别 其它出库

部门名称　经手人　备注

	存货编码	存货名称	规格型号	主计量单位	数量	单价	金额
1	013	手柄壳		个	10.00		
2							
3							

图 7-24　不合格品记录单信息录入

②处理该不合格品。

菜单路径:业务工作/供应链/库存管理/不合格品/不合格品处理单。

进入不合格品处理单界面,点击“增加”,输入仓库及不合格品的相关信息后,点击“保存”并“审核”(图 7-25)。

不合格品处理单

不合格品处理单打印模版

表体排序　　合并显示 ☐

单据号 0000000001　日期 2016-09-29　仓库 返工维修仓库

客户　部门　出库类别 其他出库

经手人　备注

	存货编码	存货名称	规格型号	主计量单位	数量	处理日期	处理地点	处理方式
1	013	手柄壳		个	10.00	2016-09-29		维修
2								
3								
4								
5								

图 7-25　不合格品处理单信息录入

【补充说明】
①若有不合格产品出现,首先需要建立不合格品记录单和对此不合格产品进行处理。其次,手动建立非标准生产订单,对不合格产品进行处理,比如返工、维修、报废等方式。
②审核日期不能早于单据日期,因此若单据日期靠后,重新以新的日期登录。

(13)9月29日对10个手柄壳进行维修——建立非标准生产订单,单据号为"SS002",当天返修完成后重新入库。

①录入非标准生产订单。

操作员:006。

菜单路径:业务工作/生产制造/生产订单/生产订单生成/生产订单手动输入。

进入生产订单手动输入界面,点击"增加",在表体中的类型中选择为"非标准",开工和完工日期都填为9月29日,生产数量为10个。录入完毕后,点击"保存"(图7-26)。

图7-26 非标准生产订单录入

②审核该非标准生产订单。

操作员:006。

菜单路径:业务工作/生产制造/生产订单/生产订单处理/生产订单整批处理。

在"生产订单类型"处选择为"非标准"(图7-27),然后点击"确定"后,对刚才所录入的生产订单进行审核。或者在上一个"生产订单手动输入"的界面,在保存完毕后,直接点击菜单中的"审核",同样可完成该非标准生产订单的审核(图7-28)。

图7-27 非标准生产订单审核条件图

图7-28 非标准生产订单审核完成图

③查看该非标准生产订单的通知单(图7-29)。

操作员:006。

菜单路径:业务工作/生产制造/生产订单/报表/生产订单通知单。

④维修好后将已维修好的产品进行入库作业。

操作员:005。

菜单路径:业务工作/供应链/库存管理/入库业务/其他入库单。

进入其他入库单界面后,点击增加,仓库选择"半成品仓库",入库类别选择"其他入库",表体部分输入10个手柄壳,点击"保存",随后点击"审核"(图7-30)。

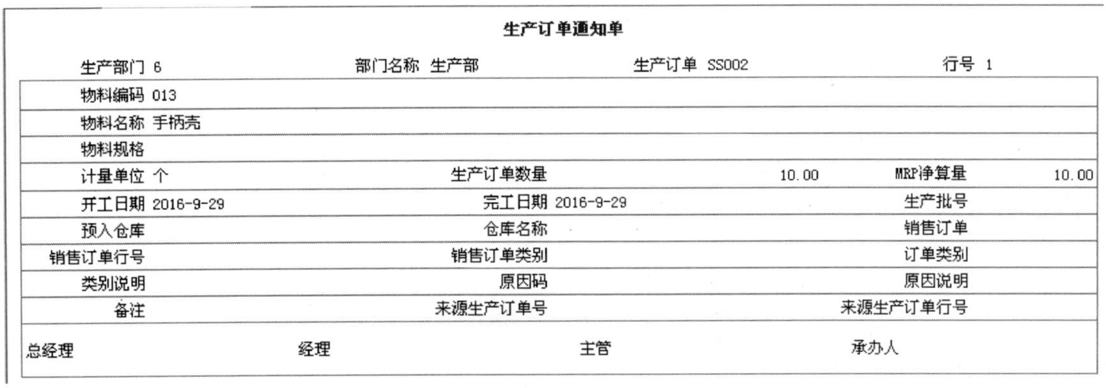
生产订单通知单

生产部门 6　部门名称 生产部　生产订单 SS002　行号 1

物料编码	013				
物料名称	手柄壳				
物料规格					
计量单位	个	生产订单数量	10.00	MRP净算量	10.00
开工日期	2016-9-29	完工日期	2016-9-29	生产批号	
预入仓库		仓库名称		销售订单	
销售订单行号		销售订单类别		订单类别	
类别说明		原因码		原因说明	
备注		来源生产订单号		来源生产订单行号	

总经理　经理　主管　承办人

图 7-29　非标准生产订单通知单

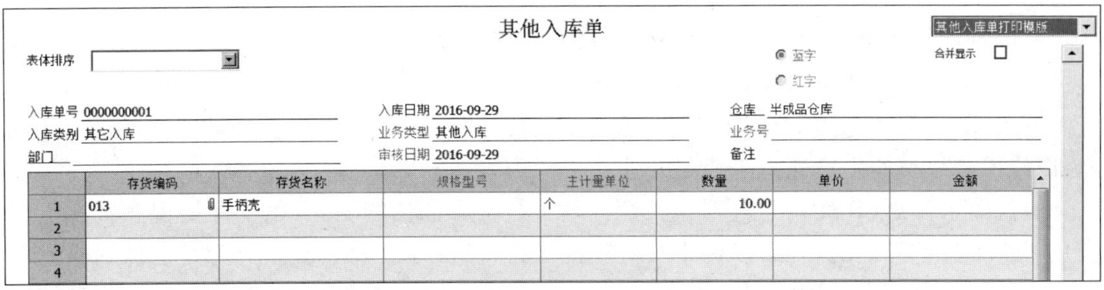

入库单号 0000000001　入库日期 2016-09-29　仓库 半成品仓库

入库类别 其它入库　业务类型 其他入库　业务号

部门　审核日期 2016-09-29　备注

	存货编码	存货名称	规格型号	主计量单位	数量	单价	金额
1	013	手柄壳		个	10.00		
2							
3							
4							

图 7-30　维修后产成品入库单信息录入

⑤关闭“SS002”生产订单。

操作员:006。

菜单路径:业务工作/生产制造/生产订单/生产订单处理。

进入“生产订单整批处理”界面,选中“SS002”号生产订单,点击菜单栏中的“关闭”,系统弹出关闭对话框,点击保存,系统将提示关闭成功。操作类似本节实验的第 12 步,图略。

(14)账套备份。

将账套进行备份,将账套号和名称修改为“105 生产订单完成账套”。具体操作步骤参考“实验三”实验指导中的第 7 步操作。

第八章 产能管理

第一节 产能管理系统介绍

一、产能管理简介

产能管理系统是通过不同时段内的需求计划所需要的工作中心和资源的产能与负载情况进行计算,判断企业是否有足够的生产能力以满足生产需求。产能管理有三个层面——资源需求计划、粗能力需求计划和能力需求计划,针对不同层面的计划对应不同的产能判断,以确保有足够的生产能力来满足企业的生产需求。

资源需求计划(RRP),是针对中长期计划进行资源评估的工具,用于评估现有资源能否满足一个中长期计划的需要,以便于及时安排人力、设备等资源配备。资源需求计划检验对象是产品的预测需求。RRP 是一种平衡需求的极其粗略的能力计划,主要是对比关键的资源消耗指标,不涉及工艺路线。

粗能力需求计划(RCCP),是针对主生产计划进行资源评估的工具,用于评估关键工作中心的资源是否满足主生产计划的需要。粗能力需求计划对象是 MPS 物料,考虑已下达 MPS 件订单对资源的占用,然后得出需求与工作中心的定额能力比较的结论。RCCP 是一种计算量较小、占用计算机机时较少,比较简单粗略、快速的能力核定方法,通常只考虑关键工作中心(或瓶颈工序)及相关的工艺路线。

能力需求计划(CRP),是针对 MRP 物料需求计划进行资源评估的工具,用于评估企业的资源是否满足企业生产的需要。能力需求计划的对象是所有生产订单物料,在产能参数中指定状态下、预完工日小于等于截止日期且大于等于系统日期的各种生产订单余量。能力需求计划通过对各生产阶段和各工作中心所需要的各种资源进行精确计算,得出人力负荷、设备负荷等资源负荷情况,做好生产能力与生产负荷的平衡工作,及早发现现有资源的瓶颈所在,从而为实现企业的生产任务而提供能力方面的保障。

【补充说明】

(1)资源:指计划、执行或成本计算所要求的任何事物,包括员工、设备、外协处理和物理场所等,可以使用资源来定义物料在加工上所花费的时间和在工序所引起的成本。系统中的资源资料是指各工作中心的资源资料,用来评估产能、计算成本之用。简单地说,资源指生产所能用到的物品。

(2)工作中心:是各种生产能力单元的统称,也是发生加工成本的实体,包括设备、人员甚至是装配面积等能力资源。它是由一台或几台功能相同的设备,一个或多个工作人员,一个小组或一个工段,一个成组加工单元或一个装配场地等组成。工作中心作为产能、负载计算、成本资料收集、分摊或者生产效率评估的单位,也让工艺路线工序得到归属。简单地说,工作中心指生产的场所。

(3)标准工序:指制造过程的一个步骤,可以在其中执行各项作业,工序的定义中包含资源以及用量。标准工序通常作为建立工艺路线的工序模块,如果在建立工艺路线时指定标准工序的工作代码,则标准工序信息将被复制到当前定义的工序中,然后对其进行修改,以节省输入时间。

(4)工艺路线:主要说明实际加工和装配等的工序顺序、每道工序使用的工作中心,各项时间定额,以及外协工序的时间和费用等。工艺路线由物料、一系列工序、工序序列和工序有效日期组成,是产品制造工作的一个序列。简单地说,工艺路线指物料如何生产的步骤。

这三种不同层次的计划可以通过表8-1来进行对比分析。

不同层级产能计划对比　　　　　　　　　　　　　　　　　　　　表8-1

对比项目	资源需求	粗能力需求计划	能力需求计划
计划阶段	预测订单制定阶段	MPS制定阶段	MRP制定阶段
能力计划对象	关键工作中心	关键工作中心	MRP所涉及的所有工作中心
负荷计算对象	独立需求件	独立需求件	相关需求件(且是生产订单物料)
计划的订单类型	预测订单	计划及确认的订单(不含已经下达的计划订单)	全部订单(包含已经下达的计划订单)
使用的工作日历	系统工作日历	系统工作日历或工作中心工作日历	工作中心的工作日历
计划的提前期考虑	偏置天数	偏置天数	开始/完工时间,可以精确到天或小时

二、产能管理的计算原理

系统计算能力需求是以资源为计算基础的,先算出生产产品所有需求的资源以及可用的资源,将两者进行比较。

某时间段内的可用资源 = 该时间段内的工作天数 × 每天工作小时数 × 资源数量

某时间段内的资源需求 = 每单位物料耗用的工时数 × 该时间段内的生产数量

如果资源需求大于可用资源,则是产能不足,需要调整生产,或者增加可用资源,比如加班、增加人员、设备、提高工作效率等;如果资源需求小于可用资源,则是产能过剩,可以根据情况增加产量,或者减少可用资源。

三、产能管理系统主要业务内容

1. 基本资料

(1)产能管理参数设定:维护产能管理系统资源需求计划、粗能力计划、能力需求计划的有关参数。

(2)资源清单版本维护:设置资源清单的版本号及其说明,以供建立资源清单时使用。资源需求计划和粗能力需求计划计算时,可选择不同版本的资源清单执行。

(3)工艺路线转资源清单:将 MPS 自制件(含 MPS 计划品)的工艺路线资料自动生成资源需求计划及粗能力计划所需的资源清单。

(4)资源清单维护:手动建立或维护自工艺路线自动生成的 MPS 物料的资源清单,供处理资源需求计划和粗能力计划时使用。

(5)资源清单明细表:查询 MPS 物料的资源清单明细表,供核对资料用。

2. 资源需求计划

(1)资源需求计算:按 MPS 物料设定预测版本作为需求来源,以物料的资源清单计算各工作中心的资源需求,并同时计算相关工作中心资源的可用产能。

(2)资源需求汇总表:按资源代号或工作中心,查询各计划期间工作中心资源的产能/负载比较分析资料。

3. 粗能力需求计划

(1)粗能力需求计算:以 MPS 物料为需求来源,以物料的资源清单计算各工作中心的资源需求,并同时计算相关工作中心资源的可用产能。

(2)粗能力需求汇总表:按资源代号或工作中心,查询各计划期间工作中心资源的产能/负载比较分析资料。

(3)关键资源负载明细表:查询工作中心各关键资源在某一时段的资源占用情况,即哪些 MPS 订单占用了某一资源。方便使用人员在关键资源产能不足情况下,调整主计划或资源产能。

4. 能力需求计划

(1)能力需求计算:依设定的截止日期及生产订单状态,将范围内的生产订单按其工艺路线计算负载,并同时计算各工作中心资源的可用产能。

(2)产能问题检核:查询各工作中心的资源,在各时段内的产能/负载的总体情况。

(3)能力需求汇总表:按资源代号或工作中心,查询各时段工作中心资源的产能/负载比较分析资料。

(4)资源负载明细表:查询工作中心各资源在某一时段的资源占用情况明细,即哪些生产订单占用了某一资源。方便使用人员在资源产能不足情况下,调整生产订单或资源产能。

第二节　实验八:产能管理实验与操作

一、实验目的

通过本实验,了解产能管理的三个层面的产能计划,理解不同产能计算对应的不同层次的计划,掌握产能管理的相关操作。

建议课时:2 课时。

二、实验准备

引入"105 生产订单完成账套"的账套备份数据,将系统时间修改为 2016 年 9 月 20 日,再以"006 朱俊"操作员身份登录,登录时间与系统日期保持一致。

三、实验要求及步骤

(1) 按照表 8-2 设置工作中心资料。

工 作 中 心 资 料　　　　　　　表 8-2

工作中心代号	工作中心名称	隶属部门	是否生产线
001	注塑车间	生产部	是
002	加工车间	生产部	是
003	装配车间	生产部	是

(2) 按照表 8-3 设置资源资料。

资 源 资 料　　　　　　　表 8-3

资源代号	资源名称	资源类别	基准类型	计费类型	隶属工作中心	工作中心名称	计算产能	可用数量	关键资源
001	技工	人工	物料	自动	003	装配车间	是	5	否
002	高级技工	人工	物料	自动	001	注塑车间	是	4	是
003	注塑机	机器设备	物料	自动	001	注塑车间	是	5	是
004	数控机床1	机器设备	物料	自动	002	加工车间	是	1	是
005	数控机床2	机器设备	物料	自动	002	加工车间	是	1	是
006	半自动装配机	机器设备	物料	自动	003	装配车间	是	2	否

(3) 按照表 8-4 设置标准工序资料。

标 准 工 序 资 料　　　　　　　表 8-4

工序代号	工序说明	工作中心	资源代号	资源名称	工时(分子)	工时(分母)	是否计划	计费类型
01	配料着色	001	002	高级技工	2	60	是	自动
02	注塑成型	001	003	注塑机	3	60	是	自动
03	表面装饰	001	002	高级技工	2	60	是	自动
04	五金加工	002	004	数控机床1	5	60	是	自动
05	PCB加工	002	005	数控机床2	2	60	是	自动
06	组装	003	001	技工	5	3600	是	自动
		003	006	半自动装配机	10	3600		

(4) 按照表 8-5 设置"遥控汽车玩具套装"和"金属遥控汽车玩具套装"的工艺路线资料。

甲产品的工艺路线资料维护　　　　　　　表 8-5

物料编码	物料名称	版本代号	版本说明	工序行号	标准工序	工序说明
001	遥控汽车玩具套装	10	1	0010	06	组装
003	遥控汽车主体	10	1	0010	06	组装
002	金属遥控汽车玩具套装	10	1	0010	06	组装
004	金属遥控汽车主体	10	1	0010	06	组装

续上表

物料编码	物料名称	版本代号	版本说明	工序行号	标准工序	工序说明
009	车壳	10	1	0010	01	配料着色
		10	1	0020	02	注塑成型
		10	1	0030	03	表面装饰
011	车轮	10	1	0010	01	配料着色
		10	1	0020	02	注塑成型
		10	1	0030	03	表面装饰
013	手柄壳	10	1	0010	01	配料着色
		10	1	0020	02	注塑成型
		10	1	0030	03	表面装饰
012	底板	10	1	0010	04	五金加工
		10	1	0020	05	PCB加工
005	遥控手柄	10	1	0010	05	PCB加工
		10	1	0020	06	组装

（5）按表8-6设定产能管理参数。

产能管理参数　　　　　　　　　表8-6

资源需求计划	预测版本	时格代号	超载百分比	低载百分比	截止日期	
	001	0001	100%	50%	2016-10-31	
粗能力计划	MPS计划代号	时格代号	超载百分比	低载百分比		
	01	0001	100%	50%		
能力需求计划	MRP计划代号	资源选择	超载百分比	低载百分比	截止日期	生产订单
	03	全部资源	100%	50%	2016-10-31	全部状态

（6）将"遥控汽车套装"与"金属遥控汽车套装"的工艺路线资料生成物料资源清单,并进行查询。

（7）计算资源需求和查询资源需求状况。

（8）计算粗能力需求和查询粗能力需求状况。

（9）查询关键资源负载情况。

（10）计算能力需求。

（11）对产能问题进行检核。

（12）查询资源需求汇总表及资源负载明细。

（13）账套备份。

四、实验指导

（1）按照表8-2设置工作中心资料。

菜单路径:基础设置/基础档案/业务/工作中心维护。

进入"工作中心维护"界面,根据实验要求录入工作中心资料,并保存（图8-1）。

（2）按照表8-3设置资源资料。

菜单路径:基础设置/基础档案/生产制造/资源资料维护。

工作中心维护

序号	工作中心代号	工作中心名称	隶属部门	部门名称	工作日历代号	是否生产线
1	001	注塑车间	6	生产部	SYSTEM	是
2	002	加工车间	6	生产部	SYSTEM	是
3	003	装配车间	6	生产部	SYSTEM	是

图 8-1　工作中心资料设置完成图

进入资源资料维护界面,点击"增加",按照实验要求录入资源资料,并点击保存按钮(图8-2)。资源资料录入后以供评估产能、计算成本之用。

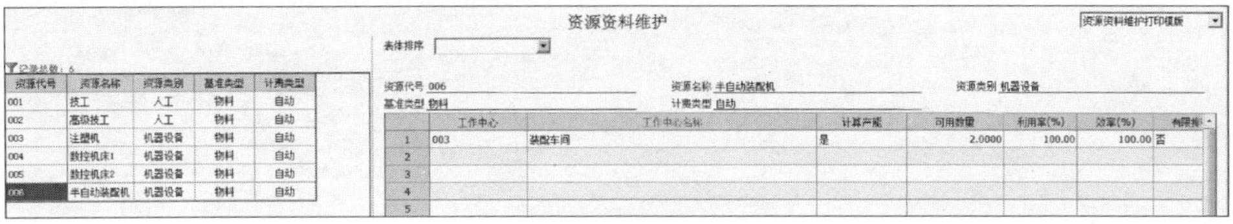

图 8-2　资源资料设置完成图

【补充说明】
　　进入程序时,系统不读取任何资料,可直接新增资源资料。点击"查询"按钮,可查询到已建立的资源资料。也可点击工具栏"隐藏"将列表隐藏,或点击"显示"改为显示列表,方便后期修改资料。

(3) 按照表 8-4 设置标准工序资料。
　　菜单路径:基础设置/基础档案/生产制造/标准工序资料维护。
　　进入标准工序资料维护界面,点击"增加",按照实验要求录入标准工序资料,并保存(图8-3)。

图 8-3　标准工序资料设置完成图

【补充说明】
　　①进入程序时,系统不读取任何资料,可直接新增标准工序。如果需要修改,点击"查询",可查询到已建立的标准工序资料,可点工具栏"隐藏"改为将列表隐藏,也可点击"显示"改为显示列表。工序代号:输入标准工序的编号,必输。
　　②资源代号:参照资源主档,必输,且输入的资源代号须为资源主档中该工作中心所包含的资源代号。资源名称、资源数量等资料设置由资源资料中所设置好的信息直接

带入,也可根据具体情况进行修改。

③工时(分子)(分母):组合起来表示每分母对应的单位标准工时,单位为小时。比如某资源的单位标准工时为1分钟,则工时(分子)为1,工时(分母)为60。

④计划否:可选"是/否/同上工序结束/同上工序开始"。其中"是"表示该资源参与该工序计划计算,即使该资源并不实际提供增值作业,如等待时间等。"否"表示该资源不参与该工序计划计算,虽然将资源制定到该工序,但并不影响该工序加工时间,但可能要计算负载和成本。"同上工序结束"表示该工序资源与上工序同时结束;"同下工序开始"表示该工序资源与下工序同时开始。

⑤计费类型:有"手动"和"自动"两种方式。"手动"表示在建立工时记录单时,该工序资源须手动输入完工工时;"自动"则表示系统可自动按该工序资源的标准工时计算完工工时。

(4)按照表8-5设置"遥控汽车玩具套装"和"金属遥控汽车玩具套装"的工艺路线资料。

菜单路径:基础设置/基础档案/生产制造/工艺路线资料维护。

①进入"工艺路线资料维护"界面后,根据实验要求设置"遥控玩具汽车套装"等的工艺路线资料,并保存(图8-4)。

图8-4 工艺路线资料维护图

【补充说明】

a. 每个工艺路线可以有任意道工序。每道工序只能在一个工作中心完成,并用这个工作中心的一个或多个资源进行产品的加工。

b. 工艺路线类别:选择要建立主要或替代工艺路线。默认值为"主工艺路线",可改。如返工、维修工艺路线等,可建立替代工艺路线。

c. 工序行号:表示装配件在工艺路线中加工的顺序号。新增时系统默认当前最大行号+生产制造参数中设定的"清单/工艺路线版本增加值",可改但不可重号,必须输入。新增保存后再刷新时,系统按该行号大小由小至大排列显示工序资料。

d. 标准工序:可参照标准工序档输入。如果输入,则带出该标准工序的所有资料。

e. 在某一工序行,点右键,可维护或查询该工序的资源资料。

②工艺路线资料设置完成后,可通过"工艺路线整批修改"作业进行整批修改、审核、弃审、停用、还原、删除工艺路线资料的功能(菜单路径:基础设置/基础档案/生产制造/工艺路线整批修改)。

③工艺路线资料设置完成后,还可以通过"无工艺路线物料查询"作业查询未建立主要工艺路线的属性为自制、委外、计划品、采购的物料资料,以免漏建部分物料的工艺路线(菜单路径:基础设置/基础档案/生产制造/无工艺路线物料查询)。若无遗漏,则页面为空。

(5)按表8-6设定产能管理参数。

菜单路径:业务工作/生产制造/产能管理/基本资料/产能管理参数设定。

进入"产能管理参数设定"窗口,根据实验要求设置产能管理参数后,点击"确定"(图8-5)。

图 8-5　产能管理参数设置完成图

【补充说明】

资源需求计划栏目:

①资源需求计划(RRP)是一个针对中长期计划进行资源评估的工具,用于评估现有资源能否满足一个中长期计划的需要。一般用于建立长期的需求预测之后、主生产计划之前。

②需求预测是编制资源需求计划的起点,资源需求计划提供满足这一计划所需的时间和资源的估计。在本系统,RRP的计划对象是MPS物料。针对MPS件可按预测单号建立多个需求预测版本。不同的预测版本可表示不同的预测方案,系统可选择不同的预测版本来执行RRP计划,以便可以模拟每个预测版本对RRP所产生的影响。其次需要建立资源清单,资源清单是生产一个物料所必需的有关资源需求的一个列表,其中资源限于工作中心的关键资源。最后即可生产资源需求计划,系统自动依需求来源,按各产品对应的资源清单,分别计算每一预测产品在各计划期间各工作中心、各资源的资源需求。同时以资源清单中,各工作中心资源的可用数量及各计划期间的有效工作时数,计算各计划期间工作中心资源的可用产能。

③预测版本:输入要参与资源需求计划计算的需求预测订单的版本号,输入的版本号其类别须为"MPS"。

④截止日期:设定参与资源需求计划的产品预测订单资料需求日期的截止日期,必须输入,且不可小于系统日期。在截止日期之后的预测订单,不视为本次计划的对象;均化后预测订单的需求日期若小于系统日期,也不视为计划对象。

⑤超载百分比/低载百分比:设定资源负载或产能比超过/低于多少百分比时,资源需求汇总表产生超载/低载提示信息。默认为"100",必须输入且"超载百分比"不可小于"低载百分比"。

粗能力计划栏目:

①粗能力需求计划(RCCP)是针对主生产计划进行资源评估的工具,用于评估关键工作中心的资源是否满足主生产计划的需要。粗能力需求计划对象是MPS物料,将主计划转换为对工作中心关键资源的能力需求得出需求与工作中心的定额能力比较的结论。粗能力需求计划通常只考虑关键工作中心(或瓶颈工序)及相关的工艺路线。

②粗能力需求计划的计划对象是 MPS 物料的主生产计划,待资源清单形成后,可以执行粗能力需求计划。RCCP 以 MPS 计划参数中设定的时格代号,将最近 MPS 计划日期至 MPS 展开工作日历限度(当年往后两年、往前一年)截止日期,划分为若干计划期间。

③MPS 计划代号:输入要参与粗能力计划计算的 MPS 计划代号。新增时默认计划代号档中的 MPS 默认计划代号,若输入则计划类别须为 MPS。

④时格代号:输入划分粗能力计划期间所用的时格代号,可参照时格资料档输入。

⑤资源清单版本:输入要用来执行粗能力需求计算的资源清单的版本号。粗能力需求计划计算时,可选择不同版本的资源清单执行。新增时系统默认资源清单主档中的默认版本代号,可参照资源清单版本资料输入。

能力需求计划栏目:

①能力需求计划(CRP)是针对 MRP 物料需求计划进行资源评估的工具,用于评估企业的资源是否满足企业生产的需要。

②能力需求计划的对象是产能参数中指定状态下、预完工日小于等于截止日期且大于等于系统日期的各种生产订单余量。工艺路线是能力需求计划计算工作中心资源负载的基础资料。计划订单(建议计划量)以其预计开工日,默认当前有效的主工艺路线版本;未审核/锁定/审核/工序生产订单,以其指定的工艺路线为准;若生产订单无工艺路线,则不参与 CRP 负载计算。

③MRP 计划代号:输入要参与能力需求计划计算的 MRP 计划代号。新增时默认计划代号档中的 MRP 默认计划代号,若输入则计划类别须为 MRP。

④截止日期:设定参与能力需求计划的生产订单预完工日的截止日期。有关截止日期的认定,是以生产订单的预计完工日为准。在截止日期之后的生产订单,不视为本次计划的对象;生产订单的预完工日若小于系统日期,也不视为计划对象。系统默认系统日期可改,必输且不可小于系统日期。

⑤生产订单状态:选择参与能力需求计划的生产订单的状态。可同时选择"未规划、规划、锁定、审核、工序",其中"未规划"表示 MPS/MRP/RBP 产生的建议计划量、"规划"表示未锁定/审核生产订单、"工序"表示已转车间系统的生产订单。

⑥资源选择:选择能力需求计划是计算所有资源或关键资源的产能和负载。默认"关键资源"可改。

图 8-6 工艺路线转资源清单图

(6)将"遥控汽车套装"与"金属遥控汽车套装"的工艺路线资料生成物料资源清单,并进行查询。

①执行工艺路线转资源清单。

菜单路径:业务工作/生产制造/产能管理/基本资料/工艺路线转资源清单。

双击"工艺路线转资源清单",弹出待执行窗口,选择起始物料编码为 001,结束物料编码为 002,其他选项为默认设置,点击"执行",即可完成工艺路线转资源清单,系统会弹出窗口提示成功。(图 8-6)。

第八章 产能管理

【补充说明】

a. 资源清单：指生产单件产品所需资源与总时间列表。资源清单是资源需求计划和粗能力需求计划最重要的基础资料。

b. 工艺路线转资源清单是将有"MPS件"属性的物料的工艺路线资料自动生成资源清单，以供资源需求计划和粗能力计划的计算MPS物料的产能负载数据。若没有此步骤，资源需求计划和粗能力计划将无法展开。

c. 资源清单的对象：资源对象仅限于各工作中心的关键资源。由于本案例中，高级技工、注塑机、数控机床1、数控机床2是关键资源，因此，"遥控玩具汽车"和"金属遥控汽车"所涉及的所有物料中，资源清单只列出生产中涉及以上关键资源的物料，比如车轮、车壳、手柄壳等物料，并不包含所有物料。

d. 资源清单计算原理：转资源清单时，系统首先执行物料清单展开，即将输入条件范围内的自制MPS件，依所输入的版本日期当前有效的、审核状态的主要清单版本，进行全阶展开，并考虑子件的计划百分比。若某一子件的下阶子件为采购件，则不再往下阶展开；若某一子件为虚拟件或委外件，则依其用量往下阶展开子件，但自身资料不保存。待物料清单展开完毕，再分别计算母件及其各子件物料的资源用量。

e. 总工时：若资源基准类型为批次，等于该资源的单位工时；若资源基准类型为物料，则等于该资源的"单位工时×使用数量"。

②查询已生成物料资源清单。

菜单路径：业务工作/生产制造/产能管理/基本资料/资源清单明细表。

双击"资源清单明细表"，选择好查询条件后，点击"确定"后进行查询。如图8-7所示。

图8-7 资源清单明细表查询结果图

若需要修改，选中"资源清单维护"菜单（菜单路径：业务工作/生产制造/产能管理/基本资料/资源清单维护），进入后可点击系统菜单里的向左向右按钮进行查看。可选择"修改"，对系统自动生成的资源清单进行修改。也可选择"增加"，进行手动添加（图8-8）。

序号	来源物料	物料...	...	使用数量	工序...	工作...	工作中心	资...	资源名称	资源类别	基准	偏置天数	工时(分子)	工时(分...	总工时	效率%	来...
1	005	遥控手柄	个	1.00	0010	002	加工车间	005	数控机床2	机器设备	物料	1	2.00	60.00	0.0333	100.00	自动
2	013	手柄壳	个	1.00	0030	001	注塑车间	002	高级技工	人工	物料	2	2.00	60.00	0.0333	100.00	自动
3	013	手柄壳	个	1.00	0010	001	注塑车间	002	高级技工	人工	物料	2	2.00	60.00	0.0333	100.00	自动
4	013	手柄壳	个	1.00	0020	001	注塑车间	003	注塑机	机器设备	物料	2	3.00	60.00	0.0500	100.00	自动
5	012	底板	个	1.00	0010	002	加工车间	004	数控机床1	机器设备	物料	2	5.00	60.00	0.0833	100.00	自动
6	012	底板	个	1.00	0020	002	加工车间	005	数控机床2	机器设备	物料	2	2.00	60.00	0.0333	100.00	自动
7	011	车轮	个	4.00	0010	001	注塑车间	002	高级技工	人工	物料	2	2.00	60.00	0.1333	100.00	自动
8	011	车轮	个	4.00	0030	001	注塑车间	002	高级技工	人工	物料	2	2.00	60.00	0.1333	100.00	自动
9	011	车轮	个	4.00	0020	001	注塑车间	003	注塑机	机器设备	物料	2	3.00	60.00	0.2000	100.00	自动
10	009	车壳	个	1.00	0010	001	注塑车间	002	高级技工	人工	物料	2	2.00	60.00	0.0333	100.00	自动
11	009	车壳	个	1.00	0030	001	注塑车间	002	高级技工	人工	物料	2	2.00	60.00	0.0333	100.00	自动
12	009	车壳	个	1.00	0020	001	注塑车间	003	注塑机	机器设备	物料	2	3.00	60.00	0.0500	100.00	自动

图8-8 资源清单查询结果修改图

（7）计算资源需求和查询资源需求状况。

① 资源需求计算。

菜单路径：业务工作/生产制造/产能管理/资源需求计划/资源需求计算。

点击"资源需求计算"，自动带出产能管理参数中的设定值，点击"执行"，进行资源需求的计算（图8-9）。

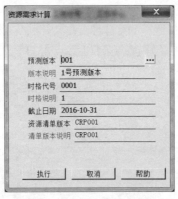

图8-9 资源需求计算条件图

【补充说明】

a. 资源需求计算说明：资源需求计算是按设定的MPS物料的预测版本作为需求来源，以各物料对应的资源清单分别计算预测订单在每一计划期间内在各工作中心的资源需求量及需求日期（资源的需求日期等于各预测订单的需求日期减去该资源在资源清单中的偏置天数）；资源需求计算同时计算相关工作中心资源的可用产能，则以资源清单中各工作中心资源的可用数量，乘以各计划期间总工作小时数及资源利用率而得。

b. 如果没有MPS件的预测订单，资源需求计算不能执行。

② 查询的资源需求状况。

菜单路径：业务工作/生产制造/产能管理/资源需求计划/资源需求汇总表。

双击"资源需求汇总表"，选择"工作中心"或"资源代号"两种方式进行查询。当一种方式查询完成后，再双击"资源需求汇总表"，可换另一种方式。

按工作中心查询资源需求汇总表，如图8-10所示。

图8-10　以工作中心形式查询资源需求结果图

按资源代号查询的资源汇总表，如图8-11所示。

图8-11　以资源代号形式查询资源需求结果图

【补充说明】

a. 资源需求汇总表：按工作中心或资源代号，查询各计划期间工作中心或资源代号下的资源的产能/负载比较分析资料。

b. 差额：为"可用产能 – 产能需求"。

c. 负载比：等于"产能需求/可用产能"。

d. 状态：若"起始日期"小于系统日期，显示"逾期"；若负载比小于产能管理参数中的"低载百分比"，显示"低载"；若负载比大于"超载百分比"，则显示"超载"。

（8）计算粗能力需求和查询粗能力需求状况。

①计算粗能力需求。

菜单路径：业务工作/生产制造/产能管理/粗能力需求计划/粗能力需求计算。

点击"粗能力需求计算"，自动带出产能管理参数中的设定值，点击"执行"，进行粗能力需求的计算。

【补充说明】

a. 粗能力计算的说明:粗能力计算是将主生产计划转换为对工作中心关键资源的能力需求,以验证主生产计划是否具有充分的工作中心生产能力。MPS 是企业所有计划的根源,一般在生成详细的 MRP 计划之前,最好使用粗能力计划以验证主生产计划,以确保使用的是切实可行的主生产计划来驱动 MRP 计划及其他生产、采购等计划。后期可通过更改 MPS 日期和数量,或调整可用产能,来达成 MPS 的产能负载平衡,从而制订出可行的主生产计划。

b. 粗能力需求计算的需求来源:来源是指定 MPS 计划的当前版本的净需求中,MPS 自制件(含 MPS 之计划品)的计划订单余量及锁定/审核状态的生产订单,且这些订单的预计完工日期应大于/等于 MPS 排程参数档中“最近排程日”。

c. 粗能力计算的原理:负载计算是以有效范围内的各物料对应的资源清单分别计算每一订单在各工作中心资源的资源需求量及需求日期(资源的需求日期等于各订单的完工日期减去该资源在资源清单中的偏置天数)。资源的产能计算是以资源清单中各工作中心资源的可用数量,乘以各计划期间总工作小时数及资源利用率。

②查询粗能力需求状况。

菜单路径:业务工作/生产制造/产能管理/粗能力需求计划/粗能力需求汇总表。

粗能力需求计算成功后,双击“粗能力需求汇总表”,选择“工作中心”或“资源代号”两种方式进行查询(图 8-12、图 8-13)。当一种方式查询完成后,再双击“粗能力需求汇总表”,可换另一种方式。

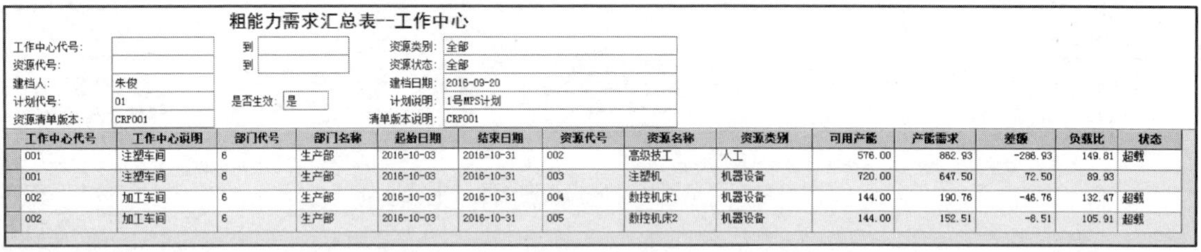
粗能力需求汇总表--工作中心

工作中心代号: 到
资源代号: 到
资源类别: 全部
资源状态: 全部
建档人: 朱俊
建档日期: 2016-09-20
计划代号: 01
是否生效: 是
计划说明: 1号MPS计划
资源清单版本: CRP001
清单版本说明: CRP001

工作中心代号	工作中心说明	部门代号	部门名称	起始日期	结束日期	资源代号	资源名称	资源类别	可用产能	产能需求	差额	负载比	状态
001	注塑车间	6	生产部	2016-10-03	2016-10-31	002	高级技工	人工	576.00	862.93	-286.93	149.81	超载
001	注塑车间	6	生产部	2016-10-03	2016-10-31	003	注塑机	机器设备	720.00	647.50	72.50	89.93	
002	加工车间	6	生产部	2016-10-03	2016-10-31	004	数控机床1	机器设备	144.00	190.76	-46.76	132.47	超载
002	加工车间	6	生产部	2016-10-03	2016-10-31	005	数控机床2	机器设备	144.00	152.51	-8.51	105.91	超载

图 8-12　以工作中心形式查询粗能力需求结果图

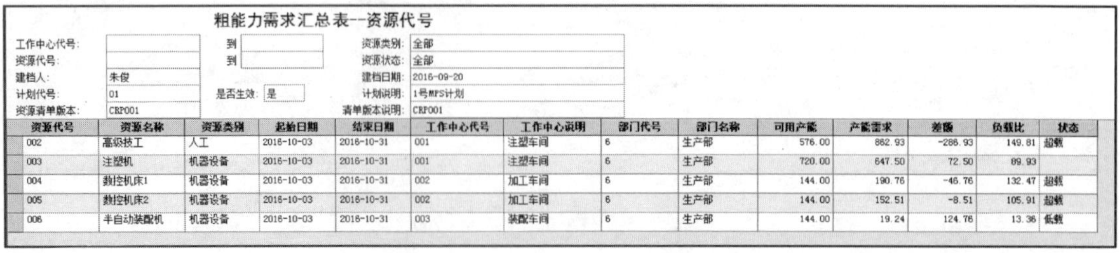
粗能力需求汇总表--资源代号

工作中心代号: 到
资源代号: 到
资源类别: 全部
资源状态: 全部
建档人: 朱俊
建档日期: 2016-09-20
计划代号: 01
是否生效: 是
计划说明: 1号MPS计划
资源清单版本: CRP001
清单版本说明: CRP001

资源代号	资源名称	资源类别	起始日期	结束日期	工作中心代号	工作中心说明	部门代号	部门名称	可用产能	产能需求	差额	负载比	状态
002	高级技工	人工	2016-10-03	2016-10-31	001	注塑车间	6	生产部	576.00	862.93	-286.93	149.81	超载
003	注塑机	机器设备	2016-10-03	2016-10-31	001	注塑车间	6	生产部	720.00	647.50	72.50	89.93	
004	数控机床1	机器设备	2016-10-03	2016-10-31	002	加工车间	6	生产部	144.00	190.76	-46.76	132.47	超载
005	数控机床2	机器设备	2016-10-03	2016-10-31	002	加工车间	6	生产部	144.00	152.51	-8.51	105.91	超载
006	半自动装配机	机器设备	2016-10-03	2016-10-31	003	装配车间	6	生产部	144.00	19.24	124.76	13.36	低载

图 8-13　以资源代号形式查询粗能力需求结果图

(9)查询关键资源负载情况。

菜单路径:业务工作/生产制造/产能管理/粗能力需求计划/关键资源负载明细表。

双击“关键资源负载明细表”,选择“工作中心”或“资源代号”两种方式进行查询(图 8-14)。当一种方式查询完成后,再双击“关键资源负载明细表”,可换另一种方式。

在关键资源负载明细表中，每个工作中心或资源代号的具体由哪个订单的具体哪一行产生的资源负载都可以明确地查询到，同时还包括产生这一负载的订单余量、预计完成日期等信息。关键资源的负载明细可为调整计划或调整资源提供可供追溯的途径，以便使用人员在关键资源产能不足或产能过剩的情况下，调整主生产计划或资源产能。

关键资源负载明细表—工作中心

工作中心代号:		到		资源类别:	全部
资源代号:		到		资源状态:	全部
建档人:	朱俊			建档日期:	2016-09-20
计划代号:	01	是否生效:	是	计划说明:	1号MPS计划
资源清单版本:	CRP001			清单版本说明:	CRP001

工作中心	工作中心名称	部门代号	部门名称	起始日期	结束日期	资源代号	资源名称	资源类别	可用产能	产能需求	差额	负载比	状态	订单号码
001	注塑车间	6	生产部	2016-10-03	2016-10-31	003	注塑机	机器设备	720.00	6.00	714.00	0.83	低载	SS001
001	注塑车间	6	生产部	2016-10-03	2016-10-31	003	注塑机	机器设备	720.00	138.00	582.00	19.17	低载	SS001
001	注塑车间	6	生产部	2016-10-03	2016-10-31	003	注塑机	机器设备	720.00	48.00	672.00	6.67	低载	SS001
001	注塑车间	6	生产部	2016-10-03	2016-10-31	003	注塑机	机器设备	720.00	90.00	630.00	12.50	低载	SS001
001	注塑车间	6	生产部	2016-10-03	2016-10-31	003	注塑机	机器设备	720.00	138.00	582.00	19.17	低载	SS001
001	注塑车间	6	生产部	2016-10-03	2016-10-31	003	注塑机	机器设备	720.00	30.00	690.00	4.17	低载	SS001
001	注塑车间	6	生产部	2016-10-03	2016-10-31	003	注塑机	机器设备	720.00	45.00	675.00	6.25	低载	SS001
001	注塑车间	6	生产部	2016-10-03	2016-10-31	003	注塑机	机器设备	720.00	5.00	715.00	0.69	低载	SS001
001	注塑车间	6	生产部	2016-10-03	2016-10-31	003	注塑机	机器设备	720.00	62.50	657.50	8.68	低载	SS001
001	注塑车间	6	生产部	2016-10-03	2016-10-31	003	注塑机	机器设备	720.00	70.00	650.00	9.72	低载	SS001
001	注塑车间	6	生产部	2016-10-03	2016-10-31	003	注塑机	机器设备	720.00	15.00	705.00	2.08	低载	SS001
001	注塑车间	6	生产部	2016-10-03	2016-10-31	002	高级技工	人工	576.00	83.30	492.70	14.46	低载	SS001
001	注塑车间	6	生产部	2016-10-03	2016-10-31	002	高级技工	人工	576.00	93.30	482.70	16.20	低载	SS001
001	注塑车间	6	生产部	2016-10-03	2016-10-31	002	高级技工	人工	576.00	59.98	516.02	10.41	低载	SS001
001	注塑车间	6	生产部	2016-10-03	2016-10-31	002	高级技工	人工	576.00	6.66	569.34	1.16	低载	SS001
001	注塑车间	6	生产部	2016-10-03	2016-10-31	002	高级技工	人工	576.00	183.91	392.09	31.93	低载	SS001
001	注塑车间	6	生产部	2016-10-03	2016-10-31	002	高级技工	人工	576.00	39.98	536.02	6.94	低载	SS001
001	注塑车间	6	生产部	2016-10-03	2016-10-31	002	高级技工	人工	576.00	63.97	512.03	11.11	低载	SS001
001	注塑车间	6	生产部	2016-10-03	2016-10-31	002	高级技工	人工	576.00	119.94	456.06	20.82	低载	SS001
001	注塑车间	6	生产部	2016-10-03	2016-10-31	002	高级技工	人工	576.00	8.00	568.00	1.39	低载	SS001
001	注塑车间	6	生产部	2016-10-03	2016-10-31	002	高级技工	人工	576.00	183.91	392.09	31.93	低载	SS001
001	注塑车间	6	生产部	2016-10-03	2016-10-31	002	高级技工	人工	576.00	19.99	556.01	3.47	低载	SS001
002	加工车间	6	生产部	2016-10-03	2016-10-31	004	数控机床1	机器设备	144.00	1.67	142.33	1.16	低载	SS001
002	加工车间	6	生产部	2016-10-03	2016-10-31	004	数控机床1	机器设备	144.00	13.33	130.67	9.26	低载	SS001
002	加工车间	6	生产部	2016-10-03	2016-10-31	004	数控机床1	机器设备	144.00	38.32	105.68	26.61	低载	SS001
002	加工车间	6	生产部	2016-10-03	2016-10-31	004	数控机床1	机器设备	144.00	24.99	119.01	17.35	低载	SS001
002	加工车间	6	生产部	2016-10-03	2016-10-31	004	数控机床1	机器设备	144.00	38.32	105.68	26.61	低载	SS001
002	加工车间	6	生产部	2016-10-03	2016-10-31	004	数控机床1	机器设备	144.00	1.67	142.33	1.16	低载	SS001
002	加工车间	6	生产部	2016-10-03	2016-10-31	004	数控机床1	机器设备	144.00	14.99	129.01	10.41	低载	SS001

数据　　共44条 共1页

图 8-14　以工作中心形式查询粗能力需求结果图

(10)计算能力需求。

①修改生产订单的工艺路线属性。

菜单路径：业务工作/生产制造/生产订单/生产订单处理/已审核生产订单修改。

进入“已审核生产订单修改”界面，点击菜单栏上的向左向右按钮，找到实验七自动生成的生产订单，并在生产订单的表体中找到“工艺路线选择”列。点击菜单栏中的“修改”，然后将生产订单表体中“工艺路线选择”列的“不选”改选为“主工艺路线”，工艺路线版本号选择为“10”（本实验中第 4 步录入的版本号），其中第 47 行因订单关闭，不用选择工艺路线。逐次修改好后，点击“保存”（图 8-15）。

已审核生产订单修改

表体排序

生产订单号 SS001

	BOM版本日期	BOM替代标识	BOM替代说明	工艺路线选择	工艺路线版本号	工艺路线版本说明	工艺路线版本日期
1	2016-01-01			主工艺路线	10	1	2000-01-01
2	2016-01-01			主工艺路线	10	1	2000-01-01
3	2016-01-01			主工艺路线	10	1	2000-01-01
4	2016-01-01			主工艺路线	10	1	2000-01-01
5	2016-01-01			不选			
6	2016-01-01			不选			
7	2016-01-01			主工艺路线 替代工艺路线			
8	2016-01-01			不选			
9	2016-01-01			不选			
10	2016-01-01			不选			
11	2016-01-01			不选			
12	2016-01-01			不选			

图 8-15　生产订单工艺路线属性修改图

【补充说明】

能力需求计算前注意事项：工艺路线是能力需求计划计算工作中心资源负载最重要的基础资料。若生产订单无工艺路线，则不参与能力需求计划计算。在生产订单没有指定工艺路线的前提下执行能力需求计算，系统会提出"无需处理资料"。

② 计算能力需求。

菜单路径：业务工作/生产制造/产能管理/能力需求计划/能力需求计算。

点击"能力需求计算"，自动带出产能管理参数中的设定值，点击"执行"，进行能力需求的计算。

【补充说明】

a. 能力需求计算的说明：能力需求计算是根据产能管理参数设定的截止日期及生产订单状态，将满足条件范围内的生产订单按照物料工艺路线资料，计算各工作中心资源的产能和负载，以核实各工作中心是否具有足够的可用能力来满足所有生产计划的能力需求，以便及时调配资源，使生产活动顺利进行。能力需求计划生成后，系统提供工作中心资源产能/负载比较分析报表、资源负载明细表，检查各工作中心资源在各时段内的产能/负载情况，以评估生产计划的可行性并采取应变措施。与粗能力需求计算相比，能力需求计算是一个短期能力需求计划工具，它考虑了物料的预计完工和现存量，即能力需求计算是满足净生产需求（计划、未审核、锁定、审核生产订单余量）的能力需求计划。

b. 能力需求计算的原理：以资源主档中各工作中心"计算产能"为"是"，且依产能管理参数中"资源选择"范围内（关键资源/全部资源）的资源的可用数量与有效工作时数，计算各工作中心资源的每日可用产能。

(11) 对产能问题进行检核。

菜单路径：业务工作/生产制造/产能管理/能力需求计划/产能问题检核。

进入产能问题检核的界面，输入"时格代号：0001"后，点击"查询"，即可显示各工作中心产能情况列表。其中在负载资料一列，有"＊"表示该工作中心有负载资料，即有能力需求负载的计算资料（图8-16）。

序号	工作中心	工作中心名称	资源代号	资源名称	资源类别	可用数量	利用率	关键资源	负载资料
1	001	注塑车间	002	高级技工	人工	4.0000	100.00	是	＊
2	001	注塑车间	003	注塑机	机器设备	5.0000	100.00	是	＊
3	002	加工车间	004	数控机床1	机器设备	1.0000	100.00	是	＊
4	002	加工车间	005	数控机床2	机器设备	1.0000	100.00	是	＊
5	003	装配车间	001	技工	人工	5.0000	100.00	否	＊
6	003	装配车间	006	半自动装配机	机器设备	2.0000	100.00	否	＊

图8-16 产能问题检核结果图

可以双击有负载资料的行进行产能问题核验明细的查询，内容包括具体的生产订单号及行号、物料名称、生产数量、MRP净算量、开工完工日期等信息。比如双击"001 注塑车间－高级技工"的产能明细，则如图8-17所示。

在产能问题检核界面点击菜单中的"图形"，即可以图形的形式显示产能负载汇总表资料，具体显示是按选定的时格来划分阶段，每阶段用不同的颜色代表该时段内资源的汇总产能/负载资料（图 8-18）。

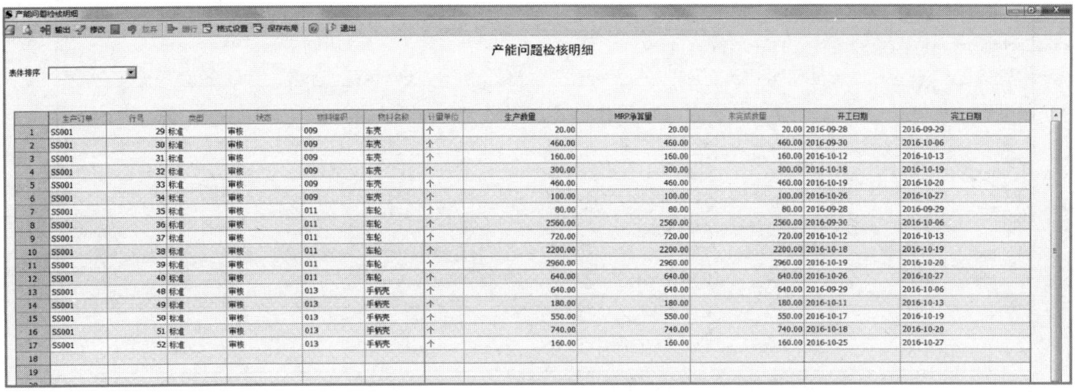

	生产订单	行号	类型	状态	物料编码	物料名称	计量单位	生产数量	MRP净算量	未完成数量	开工日期	完工日期
1	SS001	29	标准	审核	009	车壳	个	20.00	20.00	20.00	2016-09-28	2016-09-29
2	SS001	30	标准	审核	009	车壳	个	460.00	460.00	460.00	2016-09-30	2016-10-06
3	SS001	31	标准	审核	009	车壳	个	160.00	160.00	160.00	2016-10-12	2016-10-13
4	SS001	32	标准	审核	009	车壳	个	300.00	300.00	300.00	2016-10-18	2016-10-19
5	SS001	33	标准	审核	009	车壳	个	460.00	460.00	460.00	2016-10-19	2016-10-20
6	SS001	34	标准	审核	009	车壳	个	100.00	100.00	100.00	2016-10-26	2016-10-27
7	SS001	35	标准	审核	011	车轮	个	80.00	80.00	80.00	2016-09-28	2016-09-29
8	SS001	36	标准	审核	011	车轮	个	2560.00	2560.00	2560.00	2016-09-30	2016-10-06
9	SS001	37	标准	审核	011	车轮	个	720.00	720.00	720.00	2016-10-12	2016-10-13
10	SS001	38	标准	审核	011	车轮	个	2200.00	2200.00	2200.00	2016-10-18	2016-10-19
11	SS001	39	标准	审核	011	车轮	个	2960.00	2960.00	2960.00	2016-10-19	2016-10-20
12	SS001	40	标准	审核	011	车轮	个	640.00	640.00	640.00	2016-10-26	2016-10-27
13	SS001	48	标准	审核	013	手柄壳	个	640.00	640.00	640.00	2016-09-29	2016-10-06
14	SS001	49	标准	审核	013	手柄壳	个	180.00	180.00	180.00	2016-10-11	2016-10-13
15	SS001	50	标准	审核	013	手柄壳	个	550.00	550.00	550.00	2016-10-17	2016-10-19
16	SS001	51	标准	审核	013	手柄壳	个	740.00	740.00	740.00	2016-10-18	2016-10-20
17	SS001	52	标准	审核	013	手柄壳	个	160.00	160.00	160.00	2016-10-25	2016-10-27
18												
19												

图 8-17　产能问题检核结果图

起始日期	结束日期	可用产能	产能需求	差额	负载比%	状态
2016-09-19	2016-09-25	160.0000	0.0000	160.0000	0.00	逾期
2016-09-26	2016-10-02	160.0000	193.2223	-33.2223	120.76	超载
2016-10-03	2016-10-31	576.0000	668.7773	-92.7773	116.11	超载
2016-11-01	2099-12-31	0.0000	0.0000	0.0000		

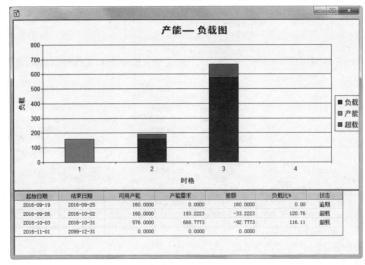

图 8-18　产能负载图

（12）查询能力需求汇总表及资源负载明细。

①查询能力需求汇总表。

菜单路径：业务工作/生产制造/产能管理/能力需求计划/能力需求汇总表。

双击“能力需求汇总表”，可按“工作中心”或“资源代号”两种方式查看各工作中心或各资源在某一时段内（时段的时间具体是按选择的时格决定的）产能和负载的汇总情况。

以工作中心方式查询能力需求汇总表，如图 8-19 所示。

以资源代号形式查询能力需求汇总表，如图 8-20 所示。

②资源负载明细查询。

菜单路径：业务工作/生产制造/产能管理/能力需求计划/资源负载明细查询。

资源负载明细表同样可按工作中心或资源代号两种形式查询各时段内各工作中心或各资源具体产能/负载比较分析资料。资源负载明细表可具体到对应到具体的生产订单和行号。

以工作中心形式查询资源负载明细表，如图 8-21 所示。

能力需求汇总表—工作中心

工作中心代号:		到		MPS计划代号:	01
资源代号:		到		MPS计划说明:	1号MPS计划
日期:		到		MPS计划生效:	是
资源类别:	全部			MRP计划代号:	03
资源状态:	全部			MRP计划说明:	1号MRP计划
打印选择:	时格			MRP计划生效:	是
时格代号:	0001			建档人:	朱俊
				建档日期:	2016-09-20

工作中心	工作中心名称	部门代号	部门名称	起始日期	结束日期	资源代号	资源名称	资源类别	可用产能	产能需求	差额	负载比	状态
001	注塑车间	6	生产部	2016-09-26	2016-10-02	002	高级技工	人工	160.00	193.22	-33.22	120.76	超载
001	注塑车间	6	生产部	2016-09-26	2016-10-02	003	注塑机	机器设备	200.00	188.00	12.00	94.00	
001	注塑车间	6	生产部	2016-10-03	2016-10-31	002	高级技工	人工	576.00	668.78	-92.78	116.11	超载
001	注塑车间	6	生产部	2016-10-03	2016-10-31	003	注塑机	机器设备	720.00	458.50	261.50	63.68	
002	加工车间	6	生产部	2016-09-26	2016-10-02	004	数控机床1	机器设备	40.00	55.00	-15.00	137.50	超载
002	加工车间	6	生产部	2016-09-26	2016-10-02	005	数控机床2	机器设备	40.00	15.56	24.44	38.89	低载
002	加工车间	6	生产部	2016-10-03	2016-10-31	004	数控机床1	机器设备	144.00	135.83	8.17	94.33	
002	加工车间	6	生产部	2016-10-03	2016-10-31	005	数控机床2	机器设备	144.00	137.11	6.89	95.22	
003	装配车间	6	生产部	2016-09-26	2016-10-02	001	技工	人工	200.00	0.07	199.93	0.03	低载
003	装配车间	6	生产部	2016-09-26	2016-10-02	006	半自动装配机	机器设备	80.00	0.14	79.86	0.17	低载
003	装配车间	6	生产部	2016-10-03	2016-10-31	001	技工	人工	720.00	9.47	710.53	1.32	低载
003	装配车间	6	生产部	2016-10-03	2016-10-31	006	半自动装配机	机器设备	288.00	18.94	269.06	6.58	低载

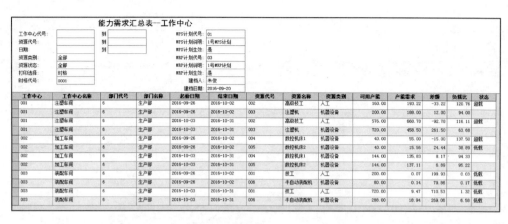

图 8-19　以工作中心方式查询能力需求汇总表

能力需求汇总表—资源代号

工作中心代号:		到		MPS计划代号:	01
资源代号:		到		MPS计划说明:	1号MPS计划
日期:		到		MPS计划生效:	是
资源类别:	全部			MRP计划代号:	03
资源状态:	全部			MRP计划说明:	1号MRP计划
打印选择:	时格			MRP计划生效:	是
时格代号:	0001			建档人:	朱俊
				建档日期:	2016-09-20

资源代号	资源名称	资源类别	起始日期	结束日期	工作中心	工作中心名称	可用产能	产能需求	差额	状态	负载比
001	技工	人工	2016-09-26	2016-10-02	003	装配车间	200.00	0.07	199.93	低载	0.03
001	技工	人工	2016-10-03	2016-10-31	003	装配车间	720.00	9.47	710.53	低载	1.32
002	高级技工	人工	2016-09-26	2016-10-02	001	注塑车间	160.00	193.22	-33.22	超载	120.76
002	高级技工	人工	2016-10-03	2016-10-31	001	注塑车间	576.00	668.78	-92.78	超载	116.11
003	注塑机	机器设备	2016-09-26	2016-10-02	001	注塑车间	200.00	188.00	12.00		94.00
003	注塑机	机器设备	2016-10-03	2016-10-31	001	注塑车间	720.00	458.50	261.50		63.68
004	数控机床1	机器设备	2016-09-26	2016-10-02	002	加工车间	40.00	55.00	-15.00	超载	137.50
004	数控机床1	机器设备	2016-10-03	2016-10-31	002	加工车间	144.00	135.83	8.17		94.33
005	数控机床2	机器设备	2016-09-26	2016-10-02	002	加工车间	40.00	15.56	24.44	低载	38.89
005	数控机床2	机器设备	2016-10-03	2016-10-31	002	加工车间	144.00	137.11	6.89		95.22
006	半自动装配机	机器设备	2016-09-26	2016-10-02	003	装配车间	80.00	0.14	79.86	低载	0.17
006	半自动装配机	机器设备	2016-10-03	2016-10-31	003	装配车间	288.00	18.94	269.06	低载	6.58

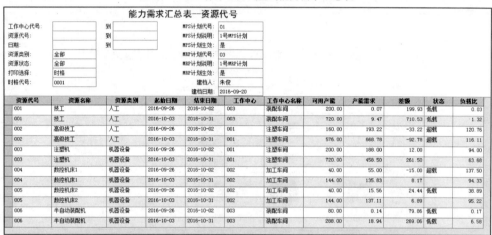

图 8-20　以资源代号形式查询能力需求汇总表

资源负载明细表—工作中心

工作中心代号:		到		MPS计划代号:	01
资源代号:		到		MPS计划说明:	1号MPS计划
日期:		到		MPS计划生效:	是
资源类别:	全部			MRP计划代号:	03
资源状态:	全部			MRP计划说明:	1号MRP计划
打印选择:	时格			MRP计划生效:	是
订单状态:	全部			建档人:	朱俊
时格代号:	0001			建档日期:	2016-09-20

工作中心	工作中心名称	部门代号	部门名称	起始日期	结束日期	资源代号	资源名称	资源类别	可用产能	产能需求	差额	负载比	状态	生产订
001	注塑车间	6	生产部	2016-09-26	2016-10-02	002	高级技工	人工	160.00	1.33	158.67	0.83	低载	SS001
001	注塑车间	6	生产部	2016-09-26	2016-10-02	002	高级技工	人工	160.00	23.00	137.00	14.38	低载	SS001
001	注塑车间	6	生产部	2016-09-26	2016-10-02	002	高级技工	人工	160.00	5.33	154.67	3.33	低载	SS001
001	注塑车间	6	生产部	2016-09-26	2016-10-02	002	高级技工	人工	160.00	128.00	32.00	80.00		SS001
001	注塑车间	6	生产部	2016-09-26	2016-10-02	002	高级技工	人工	160.00	35.56	124.44	22.22	低载	SS001
001	注塑车间	6	生产部	2016-10-03	2016-10-31	002	高级技工	人工	576.00	7.67	568.33	1.33	低载	SS001
001	注塑车间	6	生产部	2016-10-03	2016-10-31	002	高级技工	人工	576.00	10.67	565.33	1.85	低载	SS001
001	注塑车间	6	生产部	2016-10-03	2016-10-31	002	高级技工	人工	576.00	20.00	556.00	3.47	低载	SS001
001	注塑车间	6	生产部	2016-10-03	2016-10-31	002	高级技工	人工	576.00	30.67	545.33	5.32	低载	SS001
001	注塑车间	6	生产部	2016-10-03	2016-10-31	002	高级技工	人工	576.00	6.67	569.33	1.16	低载	SS001
001	注塑车间	6	生产部	2016-10-03	2016-10-31	002	高级技工	人工	576.00	42.67	533.33	7.41	低载	SS001
001	注塑车间	6	生产部	2016-10-03	2016-10-31	002	高级技工	人工	576.00	48.00	528.00	8.33	低载	SS001
001	注塑车间	6	生产部	2016-10-03	2016-10-31	002	高级技工	人工	576.00	146.67	429.33	25.46	低载	SS001
001	注塑车间	6	生产部	2016-10-03	2016-10-31	002	高级技工	人工	576.00	197.33	378.67	34.26	低载	SS001
001	注塑车间	6	生产部	2016-10-03	2016-10-31	002	高级技工	人工	576.00	42.67	533.33	7.41	低载	SS001
001	注塑车间	6	生产部	2016-10-03	2016-10-31	002	高级技工	人工	576.00	7.11	568.89	1.23	低载	SS001
001	注塑车间	6	生产部	2016-10-03	2016-10-31	002	高级技工	人工	576.00	12.00	564.00	2.08	低载	SS001
001	注塑车间	6	生产部	2016-10-03	2016-10-31	002	高级技工	人工	576.00	36.67	539.33	6.37	低载	SS001
001	注塑车间	6	生产部	2016-10-03	2016-10-31	002	高级技工	人工	576.00	49.33	526.67	8.56	低载	SS001
001	注塑车间	6	生产部	2016-10-03	2016-10-31	002	高级技工	人工	576.00	10.67	565.33	1.85	低载	SS001
001	注塑车间	6	生产部	2016-09-26	2016-10-02	003	注塑机	机器设备	200.00	1.00	199.00	0.50	低载	SS001
001	注塑车间	6	生产部	2016-09-26	2016-10-02	003	注塑机	机器设备	200.00	23.00	177.00	11.50	低载	SS001
001	注塑车间	6	生产部	2016-09-26	2016-10-02	003	注塑机	机器设备	200.00	4.00	196.00	2.00	低载	SS001
001	注塑车间	6	生产部	2016-09-26	2016-10-02	003	注塑机	机器设备	200.00	128.00	72.00	64.00		SS001
001	注塑车间	6	生产部	2016-09-26	2016-10-02	003	注塑机	机器设备	200.00	32.00	168.00	16.00	低载	SS001
001	注塑车间	6	生产部	2016-10-03	2016-10-31	003	注塑机	机器设备	720.00	8.00	712.00	1.11	低载	SS001

图 8-21　以工作中心形式查询资源负载明细表

以资源代号形式查询资源负载明细表,如图 8-22 所示。

资源负载明细表—资源代号

工作中心代号:		到		MPS计划代号:	01
资源代号:		到		MPS计划说明:	1号MPS计划
日期:		到		MPS计划生效:	是
资源类别:	全部			MRP计划代号:	03
打印选择:	时格			MRP计划说明:	1号MRP计划
订单状态:	全部			MRP计划生效:	是
资源状态:	全部			建档人:	朱俊
时格代号:	0001			建档日期:	2016-09-20

资源代号	资源名称	资源类别	起始日期	结束日期	工作中心	工作中心名称	部门代号	部门名称	可用产能	产能需求	差额	负载比	状态	生产订
002	高级技工	人工	2016-09-26	2016-10-02	001	注塑车间	6	生产部	160.00	1.33	158.67	0.83	低载	SS001
002	高级技工	人工	2016-09-26	2016-10-02	001	注塑车间	6	生产部	160.00	23.00	137.00	14.38	低载	SS001
002	高级技工	人工	2016-09-26	2016-10-02	001	注塑车间	6	生产部	160.00	5.33	154.67	3.33	低载	SS001
002	高级技工	人工	2016-09-26	2016-10-02	001	注塑车间	6	生产部	160.00	128.00	32.00	80.00		SS001
002	高级技工	人工	2016-09-26	2016-10-02	001	注塑车间	6	生产部	160.00	35.56	124.44	22.22	低载	SS001
002	高级技工	人工	2016-10-03	2016-10-31	001	注塑车间	6	生产部	576.00	7.67	568.33	1.33	低载	SS001
002	高级技工	人工	2016-10-03	2016-10-31	001	注塑车间	6	生产部	576.00	10.67	565.33	1.85	低载	SS001
002	高级技工	人工	2016-10-03	2016-10-31	001	注塑车间	6	生产部	576.00	20.00	556.00	3.47	低载	SS001
002	高级技工	人工	2016-10-03	2016-10-31	001	注塑车间	6	生产部	576.00	30.67	545.33	5.32	低载	SS001
002	高级技工	人工	2016-10-03	2016-10-31	001	注塑车间	6	生产部	576.00	6.67	569.33	1.16	低载	SS001
002	高级技工	人工	2016-10-03	2016-10-31	001	注塑车间	6	生产部	576.00	42.67	533.33	7.41	低载	SS001
002	高级技工	人工	2016-10-03	2016-10-31	001	注塑车间	6	生产部	576.00	48.00	528.00	8.33	低载	SS001
002	高级技工	人工	2016-10-03	2016-10-31	001	注塑车间	6	生产部	576.00	146.67	429.33	25.46	低载	SS001
002	高级技工	人工	2016-10-03	2016-10-31	001	注塑车间	6	生产部	576.00	197.33	378.67	34.26	低载	SS001
002	高级技工	人工	2016-10-03	2016-10-31	001	注塑车间	6	生产部	576.00	42.67	533.33	7.41	低载	SS001
002	高级技工	人工	2016-10-03	2016-10-31	001	注塑车间	6	生产部	576.00	7.11	568.89	1.23	低载	SS001
002	高级技工	人工	2016-10-03	2016-10-31	001	注塑车间	6	生产部	576.00	12.00	564.00	2.08	低载	SS001
002	高级技工	人工	2016-10-03	2016-10-31	001	注塑车间	6	生产部	576.00	36.67	539.33	6.37	低载	SS001
002	高级技工	人工	2016-10-03	2016-10-31	001	注塑车间	6	生产部	576.00	49.33	526.67	8.56	低载	SS001
002	高级技工	人工	2016-10-03	2016-10-31	001	注塑车间	6	生产部	576.00	10.67	565.33	1.85	低载	SS001
003	注塑机	机器设备	2016-09-26	2016-10-02	001	注塑车间	6	生产部	200.00	1.00	199.00	0.50	低载	SS001
003	注塑机	机器设备	2016-09-26	2016-10-02	001	注塑车间	6	生产部	200.00	23.00	177.00	11.50	低载	SS001
003	注塑机	机器设备	2016-09-26	2016-10-02	001	注塑车间	6	生产部	200.00	4.00	196.00	2.00	低载	SS001
003	注塑机	机器设备	2016-09-26	2016-10-02	001	注塑车间	6	生产部	200.00	128.00	72.00	64.00		SS001
003	注塑机	机器设备	2016-09-26	2016-10-02	001	注塑车间	6	生产部	200.00	32.00	168.00	16.00	低载	SS001
003	注塑机	机器设备	2016-10-03	2016-10-31	001	注塑车间	6	生产部	720.00	8.00	712.00	1.11	低载	SS001

图 8-22 以资源代号形式查询资源负载明细表

【补充说明】

a. 能力需求计划还可划分为无限能力计划和有限能力计划。无限能力计划指做物料需求计划时不考虑生产能力的限制,对各个工作中心的能力与负荷进行计算后得出各工作中心和各资源的负载情况。当负荷大于能力对超负荷的工作中心进行负荷调整,比如采取加班、转移负荷工作中心、外协加工等方式,甚至可以延长交货期或取消订单。无线能力只是暂时不考虑能力的约束,当能力不足时可以去平衡和协调,最大可能地满足市场需要。目前多数 ERP 系统都是采用这种方式。

b. 有限能力计划指工作中心的能力是不变的,即是有限的。当负荷大于工作中心的能力时,计划的安排就会按照优先级来进行,优先级高的物料先生产,级别低的物料计划将被推迟。

(13)账套备份。

将账套进行备份,并将账套号和名称修改为“106 产能管理完成账套”。具体操作步骤参考“实验三”实验指导中的第 7 步操作。

第九章　车间管理

第一节　车间管理系统介绍

一、车间管理系统简介

车间是企业进行产品制造加工的场所。车间管理是对产品生产过程中的各个加工工序(即产品的工艺路线)的管理,目的是通过产品的工序计划使各项生产资源组合并在计划时间内生产出所需要的合格产品。

车间管理的对象是产品生产过程的各个工序。车间管理系统主要功能是根据设置的自制品的加工工艺路线生成车间工序计划,通过对各个工序的管理,随时了解产品的加工进度与已完工的合格品数量,并根据生产现场的拒绝或报废数量,进行调度,以保证在计划时间内完成生产订单要求。另外,车间管理系统还可以统计各生产订单完工工序的实际加工工时、用料情况、生产完成的数量等信息,提供给生产部门计算工作中心效率和财务部门计算物料成本。

在本系统中,通过"生产订单工序转移单"使被加工的产品在工序之间正向或反向移动,通过移动系统自动更新工序完成数量,自动产生工序报检等作业。

二、车间管理系统主要业务内容

1. 生成订单工序计划

(1)生产订单工序计划生成:将[生产订单]系统中已审核生产订单,按照其工艺路线的资料生成各生产订单(包括同一生产订单中的不同行)的工序计划。

(2)生产订单工序资料维护:对已经生成的订单工序资料进行修改其工序日期、检验资料、资源需求等作业,也可另外增加或删除生产订单工序资料。

(3)重复计划工序资料维护:对已经生成的重复计划工序资料进行修改其工序日期、检验资料、资源需求等,也可另外增加或删除重复计划工序资料。

(4)工序派工资料维护:对已生成的生产订单工序资料进行具体派工资料的完善,具体包括班次、设备、员工的制造数量等资料。

(5)工序资料整批处理:整批调整、自动重排或整批删除生产订单工序计划,也可整批删除工序转移单和工时记录单。

(6)工序计划产能检核:整批检查生产订单工序计划的产能可用性,协助进行有限能力排程。

2. 交易处理

(1)订单报工:按照生产订单,以批量的方式进行完工汇报。

（2）工序报工：按照工作中心或者混报（工作中心、部门代码等）方式，对所输入的生产订单进行完工汇报。

（3）转移报工：对转出工序进行生产状况汇报，并能够自动生成工序转移单。

（4）报工列表：对所有的报工单进行批量审核、弃审等操作。

（5）报工单生成工时记录：将已审核的报工单记录整批生成工时记录单。

（6）工序转移单（逐笔）：按生产订单工序计划中逐行录入单个工序的工序转移单。

（7）工序转移单（整批）：按生产订单工序计划整批录入多个工序的工序转移单。

（8）工序转移单整批处理：可将生产订单工序转移单整批生成生产订单工时记录单、整批报检或删除作业。

（9）工时记录单（汇总式）：可输入生产订单工序计划的各设备或员工等的实际完工数量及耗用工时。

（10）工时记录单（明细式）：与"工时记录单（汇总式）"功能类似，与工时记录单（汇总式）不同之处在于本作业只可输入生产订单工序计划的班次、员工、设备明细等资料。

3．流转卡业务

流转卡是指工序流转卡，它是随产品流转，作为产品进行检验的标识。一般每道工序完成都要在流转卡上进行记录，直到产品全部加工完成后，放在最后工序的检验人员处，作为质量记录。本系统的流转卡业务主要是根据生产订单每生产行的工序计划，进行生成、维护、拆分、合并、整批处理等针对工序流转卡管理的业务。具体业务不在此展开。

4．报表

（1）资源资料表：用来核对基础设置中的资源资料信息。

（2）标准工序资料表：用来核对基础设置中的标准工序资料信息。

（3）工艺路线资料表：用来核对基础设置中的工艺路线资料信息。

（4）公用物料工艺路线明细表：用来核对公用工艺路线资料的信息。

（5）生产订单工序派工明细表：可查询或打印所有派工单的明细表。

（6）生产订单工序派工单：可查询或打印单张派工单，作为派工时交予现场单位执行的凭单。

（7）工序转移单明细表：用来核对工序转移单明细资料。

（8）工时记录单明细表：用来核对生产订单工时记录单明细资料。

（9）工序在制状况表：用来查询各生产订单工序在制状况资料。

（10）资源负载状况分析表：用来查询各工作中心各时段的资源产能/负载分析资料。

（11）生产统计日报表：用来查询指定日期的生产状况。

（12）资源实际负载分析表：用来查询各工作中心资源的产能/负载比较分析资料。

（13）资源回报明细表：查看目前资源的实际使用，将生产订单工序资源明细做出统计。

第二节　实验九：车间管理实验与操作

一、实验目的

通过本实验，了解车间管理的理念，掌握车间管理系统的主要操作。

建议课时：1课时。

二、实验准备

引入"106产能管理完成账套"的账套备份数据，将系统时间修改为2016年9月20日，再以"006朱俊"操作员身份登录，登录时间与系统日期保持一致。

三、实验要求及步骤

（1）根据"SS001"号生产订单对"车壳"制作工序计划（SS001号生产订单的29－34行），并查询生产订单工序派工单。

（2）对"车壳"所需的原材料进行采购，9月20日采购人员向西可欣塑料厂采购"塑料颗粒"600千克，"添加剂"75千克，于当天到货，入原材料仓库（以操作员005进行操作）。

（3）按照工序计划进行"SS001号生产订单的29～34行"的生产材料的领料作业（以操作员005进行操作）。

（4）对"车壳"进行工序加工，在每道工序衔接过程中填制工序转移单，每道工序加工数量和计划一致，直到最后一道工序完工为止，加工数量全部合格。

（5）查询工序转移单明细表。

（6）生成"车壳"的工时记录单。

（7）查询工时记录单。

（8）对工序生产完工的查询。

（9）对"车壳"进行入库作业（以操作员005进行操作）。

（10）对现存量进行查询（以操作员005进行操作）。

（11）账套备份。

四、实验指导

（1）根据"SS001号"生产订单对"车壳"制作工序计划（SS001号生产订单的29～34行），并查询生产订单工序派工单。

①生产订单工序计划生成。

菜单路径：业务工作/生产制造/车间管理/生产订单工序计划/生产订单工序计划生成。

双击"生产订单工序计划生成"，弹出查询条件选择窗口，输入查询条件（SS001号订单的29～34行），点击"确定"后，进入表体内容。对表体内容点击"全选"，然后点击"生成"，系统提示工序计划生成成功，即可完成"车壳"的生产订单工序计划生成作业（图9-1）。

图9-1 生产订单工序计划生成页面

【补充说明】
已转入车间系统的生产订单不可重复转入。生产订单转入车间系统时,将生产订单所指定的工艺路线的工序明细资料包括检验资料记入各生产订单工序,同时也将工艺路线工序的资源资料记入各生产订单工序并计算生产数量总耗用工时。

②生产订单工序资料修改。

如需修改生产订单供需资料,需要进入"生产订单工序资料维护"(菜单路径:业务工作/生产制造/车间管理/生产订单工序计划/生产订单工序资料维护)界面,点击"修改",修改完成后点击"保存",最后还需点击"重排—整单/中点"将新修改的工序资料重新生成(图9-2)。

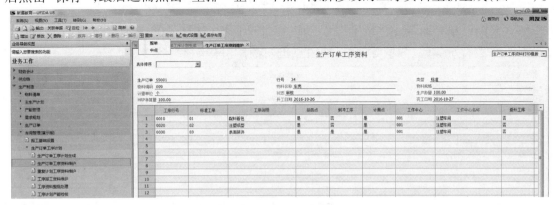

图9-2 生产订单工序资料修改图

【补充说明】
a. 在某一工序行,点击右键,可维护或查询该工序的派工资料、资源资料和检验资料。
b. 删除生产订单工序资料时,若有车间交易作业(工序转移单)发生或已进行工序领料发生,则该生产订单工序资料不能被删除,除非把已有的工序转移单或领料单先删除后,生产订单工序才可删除。

③查看生产订单工序派工单。

菜单路径:业务工作/生产制造/车间管理/报表/生成订单工序派工单。

在生产订单工序计划生成后,便可查询或打印"生产订单工序派工单",作为派工时交给现场加工单位执行的凭单。双击"生产订单工序派工单",在弹出的查询窗口选择好查询条件后(开工日期为"2016-09-01到2016-10-31"),即可显示已生成的派工单。点击菜单栏的左右按钮可以查看全部派工单(图9-3)。

(2)对"车壳"所需的原材料进行采购,9月20日采购人员向西可欣塑料厂采购"塑料颗粒"600千克,"添加剂"75千克,于当天到货,入原材料仓库(以操作员005进行操作)。

操作员:005。

①采购作业。

菜单路径:业务工作/供应链/采购管理/采购订货/采购订单。

图9-3　生成订单工序派工单

进入采购订单界面,点击"增加",手动填写订单日期(2016 – 09 – 20)、供应商(西可欣塑料厂)、采购存货编码、数量等信息,然后点击"保存"并"审核"(图9-4)。

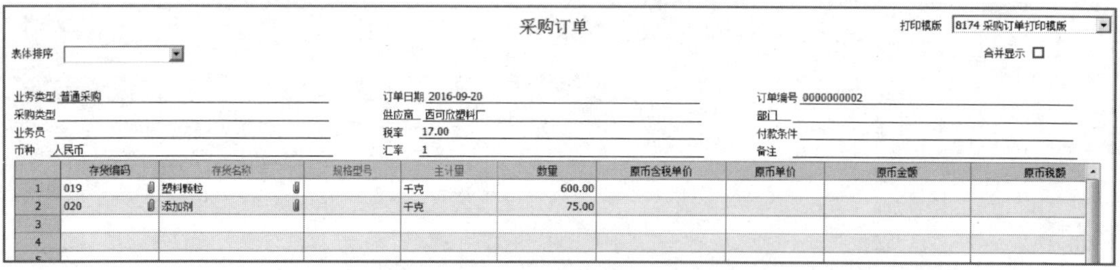

图9-4　"车壳"所需原材料(塑料颗粒/添加剂)采购订单录入图

②到货作业。

菜单路径:业务工作/供应链/采购管理/采购到货/到货单。

在到货单页面,点击"增加"后,点击"生单"下的"采购订单",不录入查询条件,直接点击"确定"。进入"拷贝并执行"窗口,选择单据号"0000000002",点击全选,然后点击"确定",系统自动将相应的信息带入到货单,补齐到货单的到货日期(2016 – 09 – 20),点击"保存"并"审核"(图9-5)。

图9-5　"车壳"所需原材料(塑料颗粒/添加剂)到货单录入图

③入库作业。

菜单路径:业务工作/供应链/库存管理/入库业务/材料入库单。

双击"采购入库单",进入采购入库单界面后,点击"生单"下的"采购到货单(蓝字)",在"到货单生单列表"中选择单据号"0000000002",点击全选,然后点击"确定",系统自动将相应的信息带入采购入库单(图9-6)。补齐采购入库单的仓库(原材料仓库)、入库日期(2016 – 09 – 20)等资料,点击"保存"并"审核"(图9-7)。

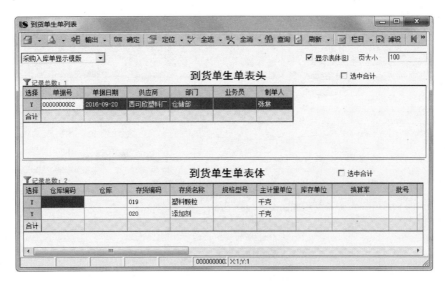

图 9-6 "车壳"所需原材料(塑料颗粒/添加剂)入库单录入图——到货单生单

图 9-7 "车壳"所需原材料(塑料颗粒/添加剂)采购入库单录入完成图

(3)按照工序计划进行"SS001 号生产订单的 29-34 行"的生产材料的领料作业(以操作员 005 进行操作)。

操作员:005。

菜单路径:业务工作/供应链/库存管理/出库业务/材料出库单。

方式一:

进入材料出库单界面后,点击"增加","仓库"处选择"原材料仓库",在"订单号"处点击"…",选择"工序领料",点击"确认"。在订单生单列表中,点击"全选""确定"等原材料出库操作,同样可完成对"车壳"的生产材料的领料作业。如图9-8、图9-9所示。

方式二:

进入材料出库单界面后,选择"生单"下的"工序领料(蓝字)",设置好查询条件后(生产订单号为SS001,生产订单行号为29到34行),点击"确定",然后在"订单生单列表-工序领料"中点击"确定"。在订单生单列表中,点击"全选""确定",系统将29-34行"车壳"生产所需的原材料带入到材料出库单中。随后点击"保存""审核",即完成了对"车壳"的生产材料的领料作业。

材料出库单内容选择好后,进行保存并审核,即完成了对"车壳"的生产材料的领料作业。

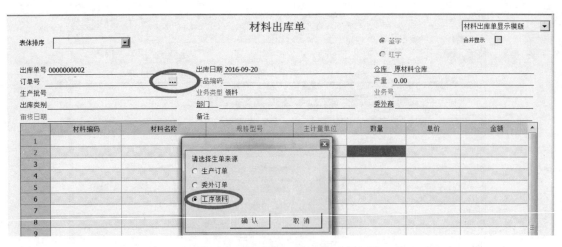

图 9-8 材料出库单 – 工序领料增加方式

材料出库单

出库单号 0000000002　出库日期 2016-09-20　仓库 原材料仓库
订单号 SS001　产品编码 009　产量
生产批号　业务类型 领料　业务号
出库类别　部门 生产部　委外商
审核日期 2016-09-20　备注

	材料编码	材料名称	规格型号	主计量单位	数量	单价	金额
1	019	塑料颗粒		千克	8.00		
2	020	添加剂		千克	1.00		
3	019	塑料颗粒		千克	184.00		
4	020	添加剂		千克	23.00		
5	019	塑料颗粒		千克	64.00		
6	020	添加剂		千克	8.00		
7	019	塑料颗粒		千克	120.00		
8	020	添加剂		千克	15.00		
9	019	塑料颗粒		千克	184.00		
10	020	添加剂		千克	23.00		
11	019	塑料颗粒		千克	40.00		
12	020	添加剂		千克	5.00		
13							

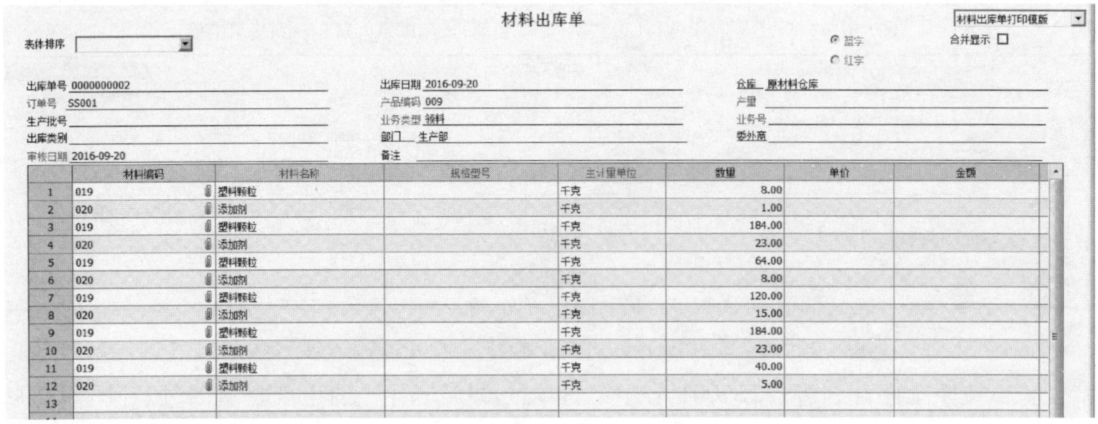

图 9-9 生产订单材料出库单录入完成图

【补充说明】

①如果企业不启用[车间管理]系统，产品生产领料按照生产领料的方式进行，加工完成后便可入库。如果企业启用[车间管理]系统，产品生产就需要进入车间管理中，每一步工序都需要相应的系统操作，以方便产品生产工序的管理。

②如果是其中一部分物料需要工序管理，则这一部分物料转入[车间管理]系统生成工序计划、按照工序领料、完工入库，其余不需要工序管理的物料则按生产领料、完工入库的步骤生产。原则是开工日期越早的物料先开始领料加工，逐级生产。

(4)对“车壳”进行工序加工，在每道工序衔接过程中填制工序转移单，每道工序加工数量和计划一致，直到最后一道工序完工为止，加工数量全部合格。

操作员:006。

菜单路径:业务工作/生产制造/车间管理/交易处理/工序转移单(逐笔)。

每一道工序加工完成后，相应的要制作一张工序转移单。工序转移直到最后一道工序完成为止。最后一道工序上的合格数量即作为工序完工的依据。

①点击"增加",生产订单选择"SS001"号订单,行号为 29 的"车壳",移出工序选择 0010—配料着色,此时可用数量为 20(图 9-10)。

图 9-10　工序转移单 1

②移入工序选择 0020—注塑成型,加工数量输入 20,此步表示第一道工序已经加工完成,且全部可以移入下道工序。

③点击"保存"后,移出工序处的可用数量自动变为 0。此时,完成第一道工序转移向第二道工序的转移(图 9-11)。

图 9-11　工序转移单 3

④当第二道工序加工完成,转入第三道工序,再填制一张新的工序转移单,移出工序为 0020,移入工序为 0030,移入加工数量为 20(图 9-12)。

图 9-12　工序转移单 4

⑤当第三道工序加工完成，再填制一张新的工序转移单，此时移出工序和移入工序均选择0030，此时移入工序的数量填为“合格数量20”。此时表示，生产订单“SS001”号的第29行，20个车壳已经加工完成，合格数量为20个（图9-13）。

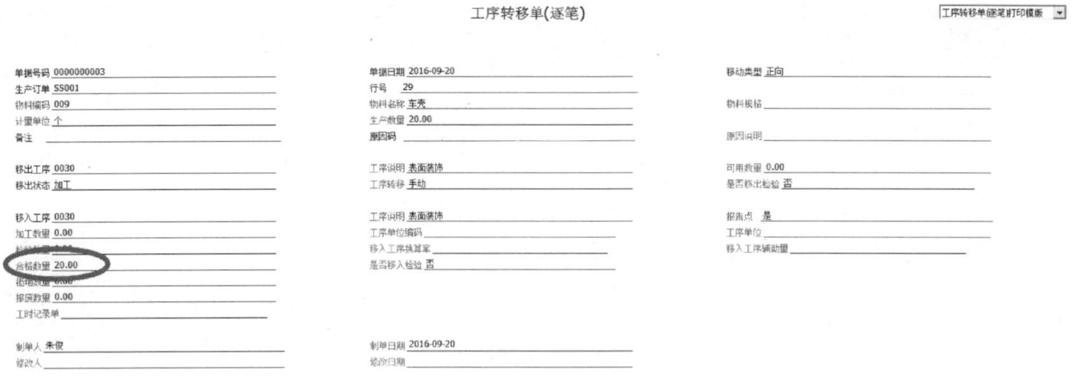
工序转移单(逐笔)

工序转移单逐笔打印模版

单据号码 0000000003
生产订单 SS001
物料编码 009
计量单位 个
备注
移出工序 0030
移出状态 加工
移入工序 0030
加工数量 0.00
合格数量 20.00
报废数量 0.00
工时记录单
制单人 朱俊
修改人

单据日期 2016-09-20
行号 29
物料名称 车壳
生产数量 20.00
原因码
工序说明 表面装饰
工序转移 手动
工序说明 表面装饰
工序单位编码
移入工序换算率
是否移入检验 否
制单日期 2016-09-20
修改日期

移动类型 正向
物料规格
原因说明
可用数量 0.00
是否移出检验 否
报告点 是
工序单位
移入工序辅助量

图9-13　工序转移单5

【补充说明】

a. 工序转移是不同加工工序衔接的工具，是对产品加工过程中对各工序有效管理的手段，简单来说即上一道工序加工完成转入下一道工序。系统中可以使用“生产订单工序转移单”在工序内和工序间正向或反向移动被加工母件，工序转移可以自动更新工序完成数量。

b. 移动类型：选择工序移动的类型，有“正向/反向”可以选择。工序移入下一步工序选择正向，工序移入上一步工序、工序非加工状态移入加工状态选择反向，工序非加工状态之间互相移动正向方向都可以选择。

c. 移出工序/移出状态：按照生产订单工序计划输入要移出生产订单的工序行号及状态。正向移动为“加工”状态，反向移动可选择为“加工、检验、合格、拒绝、报废”其中一项。

d. 可用数量：显示该生产订单在该工序状态的当前数量。首道工序的可用数量即加工数量来自该工序所在生产订单的生产数量。

e. 移入工序：按照生产订单工序计划输入要移入生产订单的工序行号。正向移动时移入工序不可小于移出工序行号，反向移动时移入工序不可大于移出工序行号。

f. 系统使用生产订单工序转移单在工序内和工序间正向或反向移动被加工母件，工序转移可以自动更新工序完成数量（可随时掌握母件在各工序的状态及其数量），自动产生工序报检单，以及倒冲倒扣子件。单据一经确认即不可修改或删除。如果移动错误，可执行反向移动。

⑥以此类推，对行号29～34的车壳进行工序的转移，在此过程中，可以随时查询“车壳”的工序在制状况，以随时掌握生产订单各工序的在制情况。

菜单路径：业务工作/生产制造/车间管理/报表/工序在制状况表。

双击“工序在制状况表”，弹出查询条件选择界面，输入查询条件（开工日期设置为2016

-09 -01 到 2016 -10 -31)后点击“确定”,即可看到所查询的每道工序的加工、检验、合格、拒绝、报废、未完成数量(图 9-14)。

工序在制状况表

生产订单: 到 工作中心: 到
开工日期: 2016-09-01 到 2016-1… 完工日期: 到

生产订单	行号	订单类	物料	物料名称	生产数量	开工日期	完工日期	工序行号	工序说明	工作中心	工作中心	加工数量	检验数量	合格数量	拒绝数量	报废数量	完成数量	未完成量
SS001	29	标准	009	车壳	20.00	2016/9/28	2016/9/29	0010	配料着色	001	注塑车间						20.00	
SS001	29	标准	009	车壳	20.00	2016/9/28	2016/9/29	0020	注塑成型	001	注塑车间						20.00	
SS001	29	标准	009	车壳	20.00	2016/9/28	2016/9/29	0030	表面装饰	001	注塑车间			20.00			20.00	
SS001	30	标准	009	车壳	460.00	2016/9/30	2016/10/6	0010	配料着色	001	注塑车间	460.00						460.00
SS001	30	标准	009	车壳	460.00	2016/9/30	2016/10/6	0020	注塑成型	001	注塑车间							460.00
SS001	30	标准	009	车壳	460.00	2016/9/30	2016/10/6	0030	表面装饰	001	注塑车间							460.00
SS001	31	标准	009	车壳	160.00	2016/10/12	2016/10/13	0010	配料着色	001	注塑车间	160.00						160.00
SS001	31	标准	009	车壳	160.00	2016/10/12	2016/10/13	0020	注塑成型	001	注塑车间							160.00

图 9-14　工序在制状况表

【补充说明】

a. 加工/检验/合格/拒绝/报废数量:指生产订单各工序状态的数量,随工序转移单随时更新。

b. 完成数量:指生产订单工序的累计合格数量。

c. 未完成量:生产订单的生产数量减去该工序的累计合格数量。

(5)查询工序转移单明细表。

菜单路径:业务工作/生产制造/车间管理/报表/工序在制状况表。

输入查询条件后,即可显示已经进行的工序转移单明细,此功能主要供核对用(图 9-15)。

工序转移单明细表

单据号… 到 单据日期: 2016-09-01 到 2016-10-31

单据号码	单据日期	移动类型	生产订单	行号	物料编	物料名称	移出工序行号	移出工序说	移出状态	移入工序行号	移入工序说明	计量	加工数量	检验数量	合格数量	拒绝数量	报废数量
0000000001	2016/9/20	正向	SS001	29	009	车壳	0010	配料着色	加工	0020	注塑成型	个	20.00				
0000000002	2016/9/20	正向	SS001	29	009	车壳	0020	注塑成型	加工	0030	表面装饰	个	20.00				
0000000003	2016/9/20	正向	SS001	29	009	车壳	0030	表面装饰	加工	0030	表面装饰	个			20.00		

图 9-15　工序转移单明细表

(6)生成“车壳”的工时记录单。

当工序转移完成时,可手动输入生成工时记录单,也可通过系统自动生成。

方式一:

菜单路径:业务工作/生产制造/车间管理/交易处理/工时记录单(汇总式)。

在“工时记录单(汇总式)”窗口中,单击“增加”按钮,选择对应生产订单号及行号,在“带出工序资料”一栏选择“全部”后(图 9-16),表体即显示出各工序情况,在表体每行工序中需要输入“合格数量”(图 9-17),然后单击“保存”按钮,即可计算出完工数量和所耗工时。该表用于记录生产订单工序的实际完工数量及耗用工时。

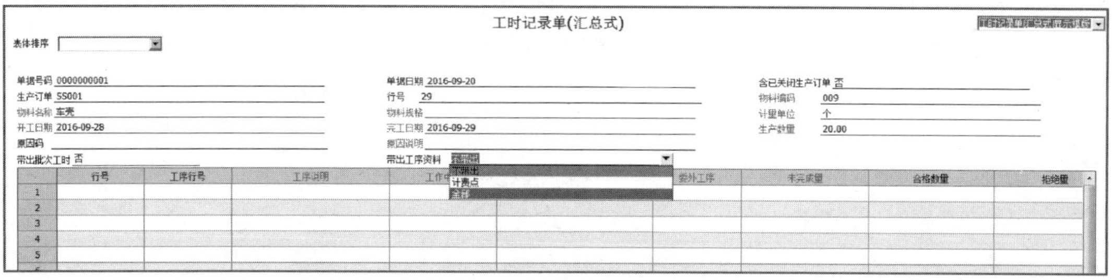

图 9-16　工时记录单(汇总式)条件选择图

图 9-17　工时记录单(汇总式)

方式二：

菜单路径：业务工作/生产制造/车间管理/交易处理/工序转移单整批处理。

双击"工序转移单整批处理"，在选择好查询条件后，在工序转移单整批处理窗口中，点击工具栏中"全选"，把已经完成工序转移单的所在行选中，即出现"Y"字样后(图9-18)，点击"生成"，即可自动生成工时记录单(图9-19)。

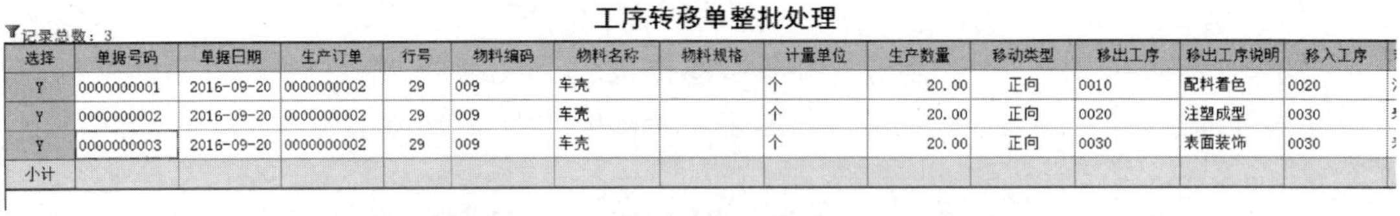

图 9-18　工序转移单整批处理条件选择图

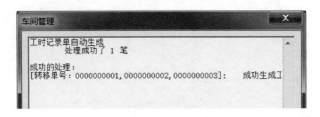

图 9-19　工序转移单整批处理完成图

(7) 查询工时记录单。

菜单路径：业务工作/生产制造/车间管理/报表/工时记录单明细表。

生成工时记录单后，可以查询"工时记录单明细表"。工时记录单明细表主要是按单号及单据日期范围，查询生产订单工序记录单明细资料，主要是供核对之用。

双击"工时记录单明细表"后，输入查询条件后，即可查询到每道工序的单件工时及总工时(图9-20)。

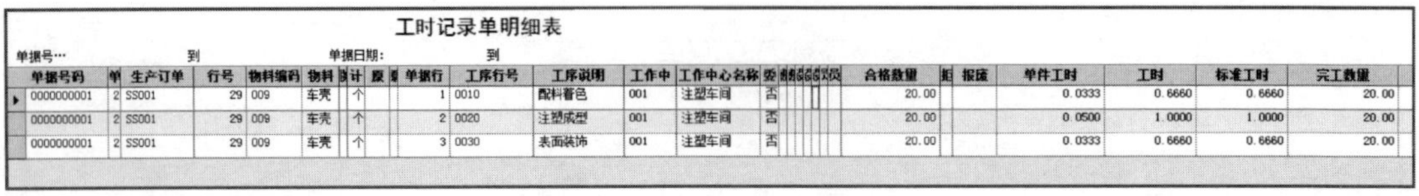

图 9-20　工时记录单明细表

(8)工序生产完工的查询。

菜单路径:业务工作/生产制造/车间管理/报表/工序完工统计表。

工序完工后,可按生产订单、工作中心及其他形式来查询及打印生产订单各工序的完工数量和工时统计表。

双击“工序完工统计表”,选择“生产订单”方式查询,在查询条件对话框输入查询条件后(记录单日期为 2016 - 09 - 01 到 2016 - 10 - 30),即可查询到工序完工的统计情况。如图 9-21 所示。

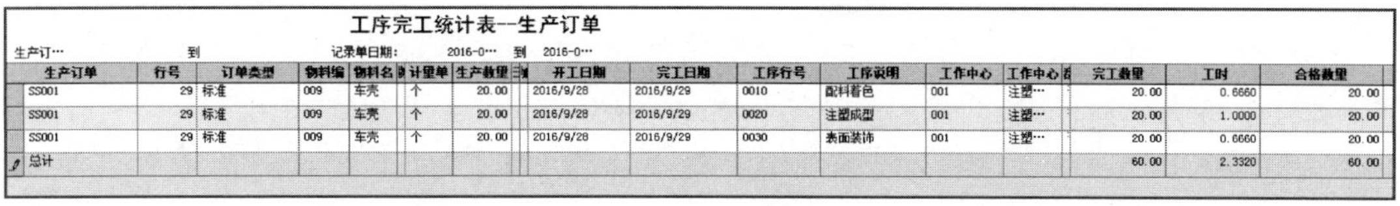

工序完工统计表--生产订单

生产订… 到 记录单日期: 2016-0… 到 2016-0…

生产订单	行号	订单类型	物料编	物料名	计量单	生产数量	开工日期	完工日期	工序行号	工序说明	工作中心	工作中心	完工数量	工时	合格数量
SS001	29	标准	009	车壳	个	20.00	2016/9/28	2016/9/29	0010	配料着色	001	注塑…	20.00	0.6660	20.00
SS001	29	标准	009	车壳	个	20.00	2016/9/28	2016/9/29	0020	注塑成型	001	注塑…	20.00	1.0000	20.00
SS001	29	标准	009	车壳	个	20.00	2016/9/28	2016/9/29	0030	表面装饰	001	注塑…	20.00	0.6660	20.00
总计													60.00	2.3320	60.00

图 9-21 以工作中心形式查询的工序完工统计表

(9)对“车壳”进行入库作业。

操作员:005。

菜单路径:业务工作/供应链/库存管理/入库业务/产成品入库单。

将本实验中已经生成好的 20 个车壳入库,进入产成品入库单界面后,点击“增加”或“生单”,选择生产订单号 SS001 下 29 行的“车壳”,仓库选择“半成品仓库”,然后点击“保存”,并审核,即完成了“车壳”的入库作业。如图 9-22、图 9-23 所示。

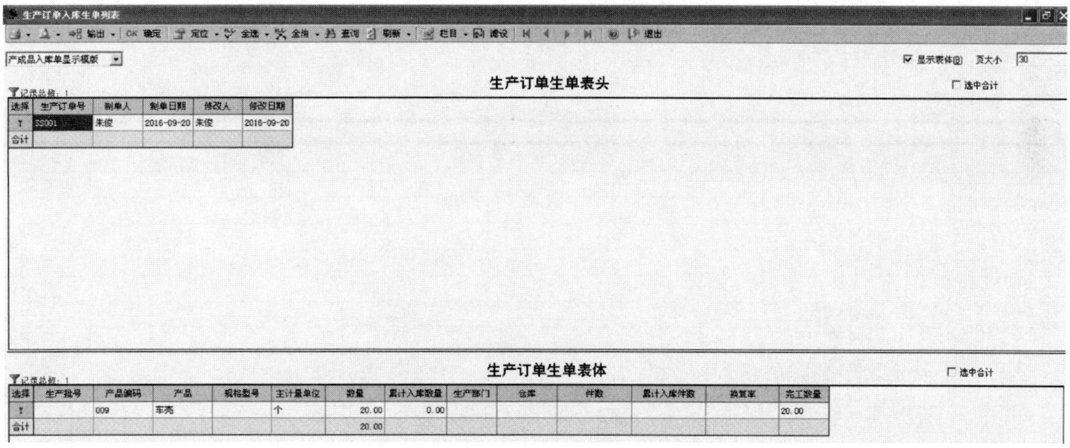

生产订单入库生单列表

产成品入库单显示模版 显示表体(B) 页大小 30

生产订单生单表头

记录总数: 1 选中合计

选择	生产订单号	制单人	制单日期	修改人	修改日期
Y	SS001	朱俊	2016-09-20	朱俊	2016-09-20
合计					

生产订单生单表体

记录总数: 1 选中合计

选择	生产批号	产品编码	产品	规格型号	主计量单位	数量	累计入库数量	生产部门	仓库	件数	累计入库件数	换算率	完工数量
Y		009	车壳		个	20.00	0.00						20.00
合计						20.00							

图 9-22 车壳产成品入库单查询条件图

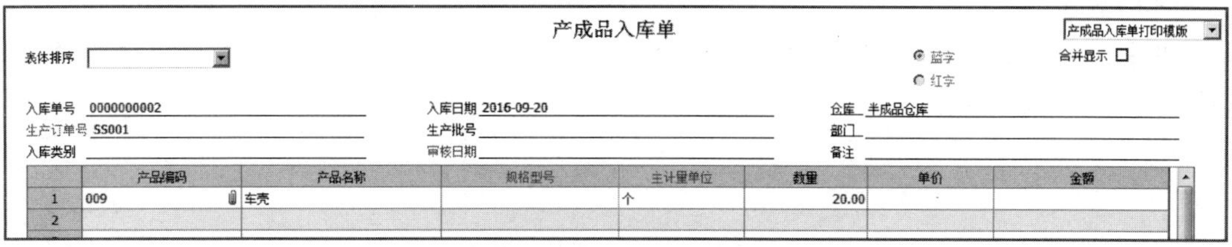

产成品入库单

产成品入库单打印模版

表体排序 蓝字 红字 合并显示

入库单号 0000000002 入库日期 2016-09-20 仓库 半成品仓库

生产订单号 SS001 生产批号 部门

入库类别 审核日期 备注

	产品编码	产品名称	规格型号	主计量单位	数量	单价	金额
1	009	车壳		个	20.00		
2							

图 9-23 车壳产成品入库单录入完成图

生产订单 000000001 号 30 ~ 34 行的操作同理,具体操作省略。

> **【补充说明】**
> ①车间管理模块的使用为可选项,若使用则领料要按照工序领料方式进行;若不使用,则领料按生产领料方式进行。
> ②若企业使用车间管理系统的功能管理物料的生产,如果全部自制品都需要使用车间管理由工序进行生产,那么,首先在"生产订单"模块中生成生产订单,然后由"车间管理"模块按照生产订单生成物料的工序计划,再按照工序进行领料、加工,一道工序完成后,将这道工序转移到下一道工序,直到最后一道工序完成为止,最后将该物料在"库存管理"模块中按产成品进行入库。遵循先开工的物料先领料、先加工、先入库的顺序进行工序生产,逐级生产。
> ③若其中一部分物料需要由车间按工序进行加工生产,则这些物料要按照工序进行领料生产,操作原理同上所述。当这些物料完工入库以后,其他物料则仍按生产领料的方式进行领料生产,直到最终产品生产完成。

(10) 对现存量进行查询。

操作员:005。

菜单路径:业务工作/供应链/库存管理/报表/库存账/现存量查询。

通过对现存量进行查询,即可看出半成品仓库中"009 – 车壳"有20个(图9-24)。

现存量查询

仓库编码	存货编码	现存数量	其中冻结数量	到货/在检数量	预计入库数量合计	待发货数量	调拨待发数量	预计出库数量	不合格品数量	可用数量
001	019									
001	020									
002	001	623.00								623.00
002	002	405.00								405.00
003	009	20.00								20.00
003	013	20.00								20.00
004	006	10.00								10.00
004	007	10.00								10.00
004	008	10.00								10.00
004	014	10.00								10.00
004	015	10.00								10.00
004	016	10.00								10.00
004	017	10.00								10.00
004	018	10.00								10.00
006	013							10.00		
总计		1,148.00						10.00		1,148.00

图9-24　现存量查询车壳半成品

(11) 账套备份。

将账套进行备份,并将账套号和名称修改为"107车间管理完成账套"。具体操作步骤参考"实验三"实验指导中的第7步操作。

第三篇　供应链管理篇

第十章　供应链管理系统概述

第十一章　销售业务管理

第十二章　采购管理

第十章 供应链管理系统概述

第一节 供应链管理的基本概念

一、供应链的概念

在市场经济环境下,任何一个企业都不可能是孤立存在的,它必然与其他企业有合作关系,如企业上游的供应商和下游的客户,把这些相互关联的企业连接起来,就构成了供应链。按照美国生产与库存管理协会 APICS 的定义,"供应链是从原材料开始直到把产品和服务交到客户手中。它包括了所有的合作伙伴,以及通过物流、信息流和资金流的形式,连接合作伙伴的各种方法。"

供应链是一个非常宽泛的概念,以下从广义供应链和狭义供应链两个层面上进行说明:

1. 广义供应链

从社会乃至全球来看,供应链不是一个简单地从供应商到企业再到用户的单向链结构,而是一个围绕核心企业的,将供应商的供应商、供应商、核心企业、用户以及用户的用户连成一个整体的功能网链,如图 10-1 所示。

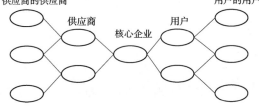

图 10-1 广义供应链

在广义供应链中,拆除了企业与企业之间的围墙,把过去分离的业务过程集成起来,覆盖了从原材料供应、外协加工和组装、生产制造、销售分销与运输、批发零售、客户服务的全过程,建立起一种跨企业的协作,以此来追求和分享市场机会。在网络技术的支撑下,更是把这种协作拓展到全球范围。在广义供应链中,每个企业是一个节点,节点企业之间是一种需求与供应的关系。

2. 狭义供应链

狭义供应链是企业内部供应链,它是制造企业的一个内部过程,是指企业从购买原材料,到生产加工和产品销售,最终传递给客户的过程,如图 10-2 所示。本教材主要以企业内部供应链为研究对象。

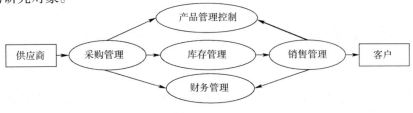

图 10-2 狭义供应链

二、供应链管理的概念

计算机网络的发展进一步推动了制造业的全球化、网络化过程。虚拟制造、动态联盟等制造模式的出现,更加迫切需要新的管理模式与之相适应。传统的企业组织中的采购(物资供应)、加工制造(生产)、销售等看似整体,但却是缺乏系统性和综合性的企业运作模式,已经无法适应新的制造模式发展的需要,而那种大而全、小而全的企业自我封闭的管理体制,更无法适应网络化竞争的社会发展需要。因此,供应链的概念和传统的销售链是不同的,它已跨越了企业界限,从建立合作制造或战略伙伴关系的新思维出发,从产品生命线的源头开始,到产品消费市场,从全局和整体的角度考虑产品的竞争力,使供应链从一种运作性的竞争工具上升为一种管理性的方法体系,这就是供应链管理提出的实际背景。

供应链管理是一种集成的管理思想和方法,它执行供应链中从供应商到最终用户的物流的计划和控制等职能。例如,伊文斯(Evens)认为:供应链管理是通过前馈的信息流和反馈的物料流及信息流,将供应商、制造商、分销商、零售商,直到最终用户连成一个整体的管理模式。菲利浦(Phillip)则认为供应链管理不是供应商管理的别称,而是一种新的管理策略,它把不同企业集成起来以增加整个供应链的效率,注重企业之间的合作。最早人们把供应链管理的重点放在管理库存上,作为平衡有限的生产能力和适应用户需求变化的缓冲手段,它通过各种协调手段,寻求把产品迅速、可靠地送到用户手中所需要的费用与生产、库存管理费用之间的平衡点,从而确定最佳的库存投资额。因此其主要的工作任务是管理库存和运输。现在的供应链管理则把供应链上的各个企业作为一个不可分割的整体,使供应链上各企业分担的采购、生产、分销和销售的职能成为一个协调发展的有机体。

供应链管理就是对供应链中各项活动的计划、组织与控制,其目标是在确定的时间,按照预定的数量把符合质量标准的产品送到客户指定的送达地,并使总成本最低。

严格地讲,供应链管理是一种管理思想,而不等于一个软件产品。管理软件是先进管理思想的载体,是管理者用于提升企业管理水平的管理工具。

三、供应链管理涉及的内容

供应链管理主要涉及四个主要领域:供应(Supply)、生产计划(Schedule Plan)、物流(Logistics)、需求(Demand)。供应链管理是以同步化、集成化生产计划为指导,以各种技术为支持,尤其以 Internet/Intranet 为依托,围绕供应、生产作业、物流(主要指制造过程)、满足需求来实施的。供应链管理主要包括计划、合作、控制从供应商到用户的物料(零部件和成品等)和信息。供应链管理的目标在于提高用户服务水平和降低总的交易成本,并且寻求两个目标之间的平衡(这两个目标往往有冲突)。

在以上四个领域的基础上,我们可以将供应链管理细分为职能领域和辅助领域。职能领域主要包括产品工程、产品技术保证、采购、生产控制、库存控制、仓储管理、分销管理。而辅助领域主要包括客户服务、制造、设计工程、会计核算、人力资源、市场营销。

由此可见,供应链管理关心的并不仅仅是物料实体在供应链中的流动,除了企业内部与企业之间的运输问题和实物分销以外,供应链管理还包括以下主要内容:

(1)战略性供应商和用户合作伙伴关系管理；
(2)供应链产品需求预测和计划；
(3)供应链的设计(全球节点企业、资源、设备等的评价、选择和定位)；
(4)企业内部与企业之间物料供应与需求管理；
(5)基于供应链管理的产品设计与制造管理、生产集成化计划、跟踪和控制；
(6)基于供应链的用户服务和物流(运输、库存、包装等)管理；
(7)企业间资金流管理(汇率、成本等问题)；
(8)基于Internet/Intranet的供应链交互信息管理等。

供应链管理注重总的物流成本(从原材料到最终产成品的费用)与用户服务水平之间的关系，为此要把供应链各个职能部门有机地结合在一起，从而最大限度地发挥出供应链整体的力量，达到供应链企业群体获益的目的。

四、ERP 与供应链管理

ERP系统有效地集成企业内部各种资源的信息，通过信息处理优化资源配置，降低成本、提高效率，但是随着产品市场竞争的加剧，一个企业孤军奋战是无法抵抗组织起来的企业联盟。供应链管理成为现代企业管理提高竞争力的有力武器，而且，ERP系统集成的信息如果不走出企业，在市场环境下提供运用，只能是市场环境下的信息孤岛。不仅信息利用率低，而且企业对市场的响应受到限制。

供应链和信息集成是ERP原理所依据的两项最基本的概念。理解ERP，首先要理解供应链和信息集成。信息集成在这里就不再赘述。

第二节 用友 ERP-U8 供应链管理

用友ERP-U8供应链管理系统是用友ERP-U8企业应用套件的重要组成部分，它是以企业购销存业务环节中的各项活动为对象，记录各项业务的发生，有效跟踪其发展过程，为财务核算、业务分析、管理决策提供依据，并实现财务业务一体化全面管理，实现物流、资金流、信息流管理的统一。

用友ERP-U8供应链管理系统主要包括合同管理、采购管理、委外管理、销售管理、库存管理、存货核算、售前分析、质量管理等几个模块。主要功能在于增加预测的准确性，减少库存，提高发货供货能力；减少工作流程周期，提高生产效率，降低供应链成本；减少总体采购成本，缩短生产周期，加快市场响应速度。同时，在这些模块中提供了对采购、销售等业务环节的控制，以及对库存资金占用的控制，完成对存货出入库成本的核算。使企业的管理模式更符合实际情况，制订出最佳的企业运营方案，实现管理的高效率、实时性、安全性、科学性。各模块主要功能简述如下：

1. 合同管理

合同管理可以对企业的采购、生产、销售、库存等业务活动进行规范，对企业的收付行为进行监控，对资金使用进行严格管理。合同管理提供了合同签订、合同执行、合同收付、合同分析的完整过程。可以有效提高资金使用效率，监督合同及时回款。

2. 采购管理

采购管理帮助企业对采购业务的全部流程进行管理,提供请购、订货、到货、检验、入库、开票、采购结算的完整采购流程,支持普通采购、受托代销、直运等多种类型的采购业务,支持按询价比价方式选择供应商,支持以订单为核心的业务模式。企业还可以根据实际情况进行采购流程的定制,既可选择按规范的标准流程操作,又可按最简约的流程来处理实际业务,方便企业构建自己的采购业务管理平台。

3. 委外管理

委外加工是委托其他生产厂家为本企业加工产品的一种业务。委外管理提供了对委外业务的全部流程进行管理,提供委外订单下达、委外材料出库、委外到货、委外入库、委外材料核销、委外开票、委外结算的完整委外流程。支持以委外订单为核心,严格按照委外订单进行收发料及开具加工费的业务处理。

4. 销售管理

销售管理帮助企业对销售业务的全部流程进行管理,提供报价、订货、发货、开票的完整销售流程,支持普通销售、委托代销、分期收款、直运、零售、销售调拨等多种类型的销售业务,支持以订单为核心的业务模式,并可对销售价格和信用进行实时监控。企业可以根据实际情况进行销售流程的定制,构建自己的销售业务管理平台。

5. 库存管理

库存管理主要是从数量的角度管理存货的出入库业务,能够满足采购入库、销售出库、产成品入库、材料出库、其他出入库、盘点管理等业务需要,提供多计量单位使用、仓库货位管理、批次管理、保质期管理、出库跟踪入库管理、可用量管理等全面的业务应用。通过对存货的收发存业务处理,及时动态地掌握各种库存存货信息,对库存安全性进行控制,提供各种储备分析,避免库存积压占用资金,或材料短缺影响生产。

6. 存货核算

存货核算是从资金的角度管理存货的出入库业务,掌握存货耗用情况,及时准确地把各类存货成本归集到各成本项目和成本对象上。存货核算主要用于核算企业的入库成本、出库成本、结余成本。反映和监督存货的收发、领退和保管情况,反映和监督存货资金的占用情况,动态反映存货资金的增减变动,提供存货资金周转和占用分析,以降低库存,减少资金积压。

7. 售前分析

售前分析是针对销售人员和计划人员设置的功能,主要包括 ATP 模拟运算和模拟报价两个部分。ATP 模拟运算主要解决在实现销售之前对可交付的产品量进行模拟,以分析销售量对企业整体业务的影响。模拟报价主要实现制造企业在销售之前对产品报价进行模拟。

8. 质量管理

质量管理从严格把控质量的角度对企业的各业务过程进行质量控制,提供了采购到货检验、委外到货检验、半成品/成品检验、工序检验、在库存货复检、发货检验、销售退货检验等。通过完善的质量管理体系,使得供应链管理过程更加严谨、全面,是供应链管理体系中不可分割的组成部分。

第十一章 销售业务管理

第一节 销售业务概述

一、销售业务主要任务

企业所属行业和生产类型不同,销售形式也多种多样,但销售管理的主要任务是相同的,主要包括以下几项:

(1)有效管理客户。对客户进行分类管理,维护客户档案信息,制定针对客户的价格政策,建立长期稳定的销售渠道。

(2)根据市场需求信息,进行产品销售预测。

(3)编制销售计划。销售计划的编制是按照客户订单、市场预测情况和企业生产情况,对某一段时期内企业的销售品种、各品种的销售量与销售价格做出安排。企业也可以制订针对某个部门或某个业务员的销售计划。

(4)根据客户的需求信息编制销售订单,并将销售订单传递给生产计划人员以便安排生产,并进行订单跟踪与管理。

(5)按销售订单的交货期组织货源,下达提货单,并组织发货,然后将发货情况转给财务部门。

(6)向客户开具销售发票并催收销售贷款,将发票转给财务部门记账。

(7)维护客户关系,为客户提供各种相关的服务。

(8)进行销售与市场分析。

二、销售业务的应用模式

根据本书关于销售管理涉及的实验内容,销售管理分为以下几种业务模式:

1. 普通销售业务模式

普通销售业务模式支持正常的销售业务,适用于大多数企业的日常销售业务。普通销售业务根据"发货－开票"的实际业务流程不同,可以分为两种业务模式:先发货后开票业务模式和开票直接发货业务模式。

(1)先发货后开票业务模式是指根据销售订单或其他销售合同,向客户发出货物;发货之后根据发货单开具发票并结算。先发货后开票业务适用于普通销售、分期收款、委托代销业务。

业务模式的操作步骤如下:

①用户填制销售订单,并进行审核。

②销售部门根据销售订单填制销售发货单,发货单作为仓库出货及填制销售发票的依

据,可以对应企业的专用票据,如销售小票、提货单、发送单等。

③用户根据销售发货单生成销售出库单,仓库出库,客户接收货物。

④销售部门参照发货单生成销售发票。

⑤销售发票传递到应收款管理系统,进行收款结算。

(2)开票直接发货业务,是指根据销售订单或其他销售合同,向客户开具销售发票,客户根据发票到指定仓库提货。开票直接发货业务只适用于普通销售。

业务模式的操作步骤如下:

①销售部门根据销售订单生成销售发票,客户或送货人依据销售发票中某联到仓库提货。

②系统自动生成销售发货单,并根据参数设置生成销售出库单,或由库存管理系统参照已复核的销售发票生成销售出库单;在实际业务中仓库依据销售发票中某联作为出货依据。

③销售发票传递到应收款管理系统,进行收款结算。

2. 委托代销业务模式

委托代销业务是指企业将商品委托他人进行销售但商品所有权仍归本企业的销售方式。委托代销商品销售后,受托方与企业进行结算,并开具正式的销售发票,形成销售收入,商品所有权转移。委托代销业务只能先发货后开票,不能开票直接发货。

业务步骤如下:

(1)销售部门制订销售计划,销售人员按照销售计划,签订委托代销合同或协议,填制委托代销订单。

(2)销售部门根据委托代销订单填制委托代销发货单并审核。

(3)销售部门通知仓库备货,根据生成的销售出库单出库。

(4)客户(受托方)对货物进行接收。

(5)受托方售出代销商品后,开具售出清单。

(6)销售部门根据客户的售出清单开具委托代销结算单。

(7)结算单审核后,系统生成销售发票。

(8)销售发票传递到应收款管理系统,进行收款结算。

3. 直运业务模式

直运业务是指产品无须入库即可完成购销业务,客户向本公司订购商品,双方签订购销合同;本公司向供应商采购客户所需商品,与供应商签订采购合同;供应商直接将商品发运给客户;结算时,由购销双方分别与企业结算。直运业务包括直运销售业务和直运采购业务,没有实物的出入库,货物流向是直接从供应商到客户,财务结算通过直运销售发票、直运采购发票解决。

业务流程步骤如下:

(1)销售部门根据用户订货情况签订销售合同,并填制销售订单。

(2)根据直运业务模式规则,销售部门填制的销售订单直接传递到采购部门,采购部门参照生成采购订单。

(3)采购部门根据采购订单参照生成直运采购发票。

(4)根据直运业务模式规则,采购部门生成的直运采购发票直接传递到销售部门,采销售部门参照生成直运销售发票。

（5）财务部门审核直运采购发票并确认应付账款。

（6）财务部门审核直运销售发票并确认应收账款。

4. 分期收款业务模式

分期收款销售业务类似于委托代销业务，是指将货物提前一次发给客户，分期收回货款。其特点是：一次发货，当时不确认收入，分次确认收入，在确认收入的同时配比性地结转成本。分期收款销售业务的订货、发货、出库、开票等处理与普通销售业务相同，只是业务类型应选择"分期收款"。分期收款时，开具销售发票，结转销售成本。

业务流程步骤如下：

（1）购销双方签订分期收款销售合同。

（2）用户的销售部门发货，仓库部门出库。

（3）客户交来部分销售款，部分确认收入，按该次收入占总收入的比例转成本、部分核销应收款。

（4）直至全部收款，全部确认收入，全部结转成本，方可全部完成该笔分期收款销售业务。

5. 销售退货业务模式

销售退货业务模式是指客户因货物质量、品种、数量不符合要求或者其他原因，而将已购货物退回给本单位的业务。

业务流程步骤如下：

（1）销售部门根据客户需求签订销售合同，并填写销售订单。

（2）销售部门根据销售订单生成销售发货单，并传递给仓库，库管人员生成销售出库单，并安排进行送货。

（3）销售部门根据销售发货单生成销售专用发票。

（4）客户发现货物有质量问题，提交销售部门要求退货，销售部门填制退货单。

（5）仓储部根据填制的退货单参照生成红字销售出库单。

（6）销售部门根据红字销售出库单生成红字销售专用发票。

（7）财务核算部门审核红字应收单并制单。

（8）财务部门根据红字销售发票和红字销售出库单进行结转销售成本。

第二节 实验十：期初销售业务处理

一、实验目的

通过本实验，掌握期初销售业务处理的基本流程及相关操作。

建议课时：1课时。

二、实验准备

引入"105生产订单完成账套"的账套备份数据。系统日期根据资料业务具体日期设定,再以"005 张林"操作员身份登录,登录时间与系统日期保持一致。

三、实验要求

(1)设置"销售专用发票""销售发货单""销售报价单""销售订单""销售出库单"的单据编号为"完全手工编号"。

(2)设置销售管理系统报价不含税。

(3)发生人事变动,调换"张林"与"姚军"的职位部门,张林改为销售部主管,姚军为采购部主管,对应操作员的权限不发生变动。

(4)完成以下业务操作:

9月1日,收到乐友母婴连锁商店8月28日购买的遥控汽车玩具套装800盒的价税款196560元(转账支票ZZ2016001),本公司于9月2日开具销售专用发票(XP1001)确认出库成本。

(5)账套备份。

四、实验指导

(1)设置"销售专用发票""销售发货单""销售报价单""销售订单""销售出库单"的单据编号为"完全手工编号"。

菜单路径:基础设置/单据设置/单据编号设置。

根据实验要求,登录日期设置为2016年9月1日。在"单据编号设置"窗口中左侧树状条目中找"销售专用发票"的单据,点击"修改",在详细信息中勾选"完全手工编号",然后点击"保存"。依照上述操作步骤,对"销售专用发票""销售发货单""销售报价单""销售订单""销售出库单"单据进行类似的设置。

(2)设置销售管理系统报价不含税。

菜单路径:基础设置/基础档案/机构人员/人员档案。

在"业务控制"选项卡中取消勾选"报价含税"选项。

(3)发生人事变动,调换"张林"与"姚军"的职位部门,张林改为销售部主管,姚军为采购部主管,对应操作员的权限不发生变动。

菜单路径:业务工作/供应链/销售管理/销售开票/销售专用发票。

在人员列表中找到"张林",双击进入"人员档案"编辑窗口,点击"修改",将"行政部门"与"业务或费用部门"改为"销售部",最后点击"保存"。同理将"姚军"的"行政部门"与"业务或费用部门"改为"采购部"。

(4)业务的具体操作。

①销售管理系统开具专用发票。

菜单路径:业务工作/供应链/销售管理/销售开票/销售专用发票。

a.根据实验要求,登录日期改为2016年9月2日。进入销售专业发票界面,点击"增加",系统自动弹出"参照生单"窗口。设置查询条件,例如输入或参照输入起始结束日期、部门业务员、订单号等信息,确认后点击"查询",系统根据查询条件显示符合条件的全部单据。在显示的发货单记录中的选择"0000000001号"单据,出现Y表示选择成功。系统自动显示该发货单的存货信息,选择需要开具发票的存货,在其前面单击,出现 Y 表示选择成功,如图 11-1 所示。选择完毕,点击"OK 确定"。

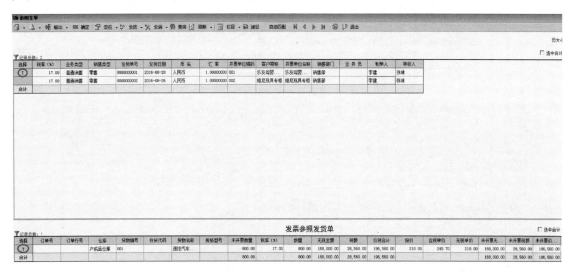

图 11-1 销售专用发票参照生单(期初发货单)

b. 系统根据所选择的发货单和存货自动生成一张销售专用发票。修改发票日期、发货票号,确认后点击"保存",确认并保存发票信息,如图 11-2 所示。

图 11-2 根据发货单生成销售专用发票

【补充说明】

a)销售专用发票可以参照发货单自动生成,也可以手工输入。如果需要手工输入销售专用发票,则必须将销售系统选项中的"普通销售必有订单"取消,否则,只能参照生成,不能手工输入。

b)系统自动生成发票后,如果直接单击"复核",则不能进行现结处理,只能确认为应收账款。

c. 由于开票的同时收到款项,所以单击"现结",系统自动弹出"销售现结"窗口。输入结算方式、结算号、结算金额等信息。如图 11-3 所示。

d. 结算信息输入并确认后,点击"确认",系统在专用发票上盖章确认,并显示"现结"字样,如图 11-4 所示。

图 11-3 现结窗口

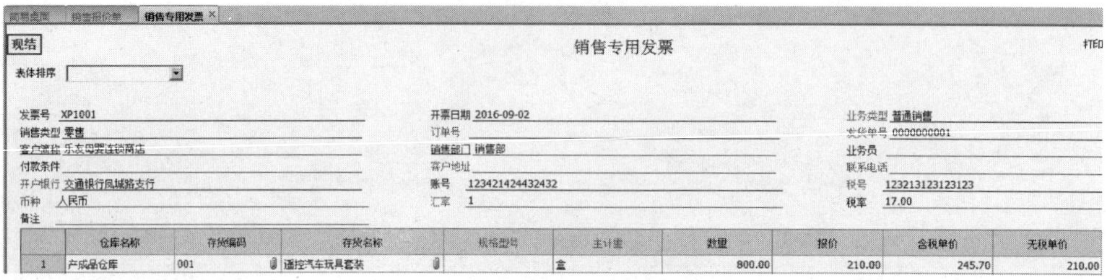

图 11-4 已现结的销售专用发票

【补充说明】

a) 只有在基础档案中设置了客户开户银行、税号等信息的客户,才能开具销售专用发票,否则,只能开具普通发票。

b) 根据销售专用发票生成的发货单信息不能修改,发货单日期为操作业务日期。

c) 如果需要现结处理,需要在自动生成销售发票时,先单击"现结",进行现结处理,再单击"复核"。

e. 点击"复核",保存销售专用发票的信息,点击"退出"。

② 正常单据记账。

菜单路径:业务工作/供应链/存货核算/业务核算/正常单据记账。

系统自动弹出"查询条件选择"对话框。设置查询条件中仓库为"产成品"、单据类型为"专用发票",点击"确定",系统显示符合条件的单据。选择需要记账的单据,点击"记账",系统提示记账成功如图 11-5 所示。

图 11-5 正常单据记账

③ 生成凭证。

菜单路径:业务工作/供应链/存货核算/财务核算/生成凭证。

a. 点击"选择",打开生成凭证的"查询条件"对话框。选择"销售专用发票"复选框,如图 11-6 所示。

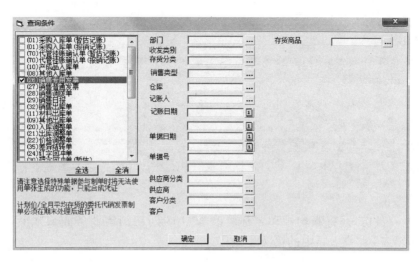

图 11-6 "查询条件"对话框

b. 点击"确定",系统打开"未生成凭证单据一览表"窗口。选择"XP001 号"单据,如图 11-7 所示。

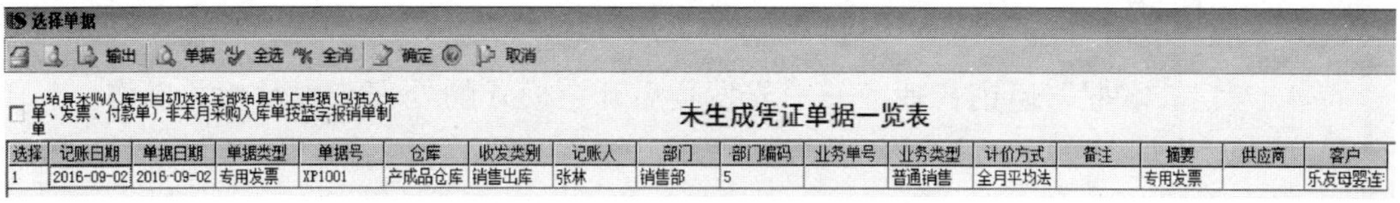

图 11-7 "未生成凭证单据一览表"窗口

c. 在"生成凭证"窗口中凭证类别为转账凭证,点击"确定",对方科目为 640101,存货科目为 140501,然后点击"生成",系统自动生成一张结转销售成本的凭证(图 11-8)。最后,修改凭证类别为转账凭证,点击"保存",系统显示"已生成"标志(图 11-9)。

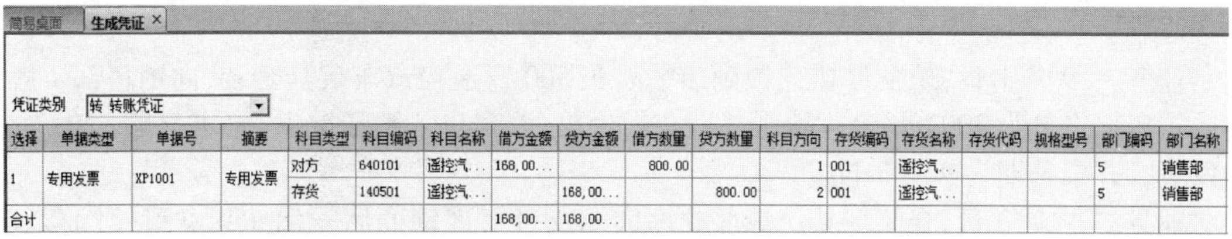

图 11-8 "生成凭证"窗口

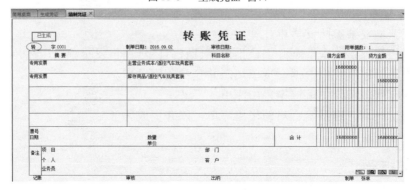

图 11-9 生成结转销售成本的凭证

【补充说明】
　　a. 如果在存货核算系统初始化时已经设置过存货科目和对方科目,则此处可以不再设置。
　　b. 可以根据每笔业务结转销售成本,生成结转凭证;也可以月末集中结转,合并生成结转凭证。一般来说,先进先出、后进先出、移动平均、个别计价这四种计价方式的存货在单据记账时进行出库成本核算;全月平均、计划价/售价法计价的存货在期末处理处进行出库成本核算。本实验为了业务流程完整性,采用每笔业务都进行结转操作。

(5)账套备份。

将账套进行备份,并将账套号和名称修改为"108期初销售业务完成账套"。具体操作步骤参考"实验三"实验指导中的第7步操作。

第三节　实验十一:普通销售业务——先发货后开票模式

一、实验目的

通过本实验,掌握普通销售业务——先发货后开票模式的处理流程及相关操作。
建议课时:1课时。

二、实验准备

引入"108期初销售业务完成账套"的账套备份数据,系统日期根据资料业务具体日期设定,再以"005 张林"操作员身份登录,登录时间与系统日期保持一致。

三、实验要求

业务一:9月1日,乐友母婴连锁商店欲购买500盒遥控汽车玩具套装,向销售部了解价格。销售部报价为300元/盒。填制并审核报价单;该客户了解情况后,要求订购450盒,要求发货及开票日期为9月3日。

业务二:9月3日,仓储部从产成品仓库向乐友母婴连锁商店发出450盒遥控汽车玩具套装,并据此开具专用销售发票一张。此笔业务销售部要求结算收入并核算成本。

根据以上业务,完成如下操作:
(1)设置新增发票参照发货单。
(2)在销售管理系统中填制并审核报价单、销售订单、销售发货单。
(3)在销售管理系统中根据发货单填制并复核销售发票。
(4)在库存管理系统中审核销售出库单。
(5)在存货核算管理系统中对销售出库单记账并生成凭证。
(6)账套备份。

四、实验指导

(1)设置新增发票参照发货单。

菜单路径:业务工作/供应链/销售管理/设置/销售选项。

根据实验要求,登录日期设置为2016年9月1日。在"其他控制"选项卡中的"新增发票默认"中选择"参照发货"选项,点击"确定"。

(2)在销售管理系统中填制报价单、销售订单、生成销售发货单。

①销售报价单。

菜单路径:业务工作/供应链/销售管理/销售报价/销售报价单。

点击"增加",录入相关资料内容;然后点击"保存",最后点击"审核",如图11-10所示。

图11-10　销售报价单

【补充说明】
在企业管理中,为预防单据错误,审核人与制单人最好不是同一人,这样能达到审核人再次确认单据是否正确的目的。在本账套为演示方便,制单人和审核人为同一人。

②销售订单。

菜单路径:业务工作/供应链/销售管理/销售订货/销售订单。

a. 点击"增加",再点击"生单",选择"报价",系统自动显示订单参照报价单过滤窗口。选择9月1日乐友母婴连锁商店的报价单,选中标志为Y,同时选中下半部的存货:遥控汽车玩具套装,选中标志为Y,如图11-11所示。

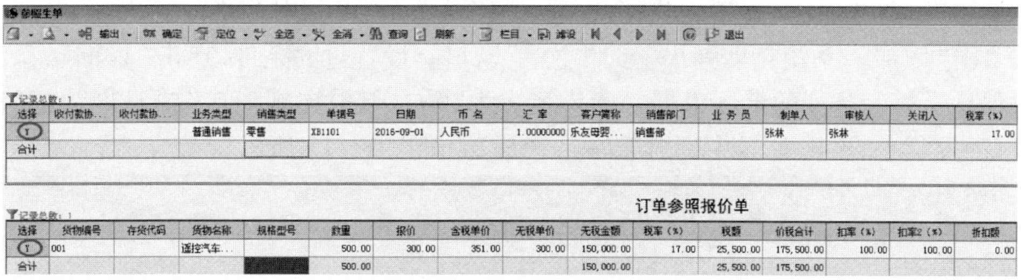

图11-11　销售订单参照生单(报价单)

b. 系统根据报价单自动生成一张销售订单。修改订单与报价单不一致的信息,如数量变为450,信息确认后点击"保存",再点击"审核",如图11-12所示。

图11-12　生成销售订单

③销售发货单。

菜单路径:业务工作/供应链/销售管理/销售发货/发货单。

a. 根据实验要求,登录日期改为2016年9月3日。点击"增加",系统自动显示"参照生单"窗口。然后点击"查询",系统显示符合条件的销售订单。点击出现Y选中销售订单和存货,如图11-13所示。

图11-13　发货单参照生单(销售订单)

b. 点击"OK确定",系统自动参照销售订单生成销售发货单,修改发货日期为9月3日,输入发货仓库为产成品仓库。点击"保存",再点击"审核",如图11-14所示。

图11-14　生成销售发货单

(3)销售专用发票。

菜单路径:业务工作/供应链/销售管理/销售开票/销售专用发票。

①点击"增加",系统自动弹出"参照生单"窗口。设置过滤条件,点击"查询",系统根据查询条件显示符合条件的全部单据。选择客户为"乐友母婴连锁商店"或日期为"2016年9月3日"的发货单,出现Y选中标志表示选择成功,如图11-15所示。

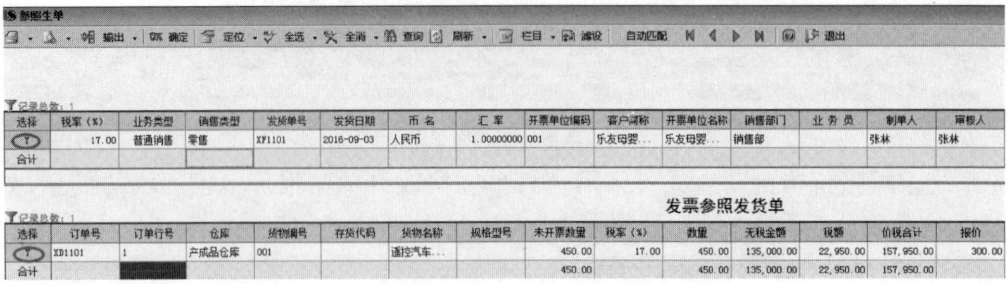

图11-15　销售专用发票参照生单(发货单)

②选择下半部相对应的存货,点击出现Y选中标志表示选择成功,点击"OK确定"。

③系统根据所选择的发货单和存货自动生成一张销售专用发票。修改发票相应信息,确认后点击"保存",确认并保存发票信息。

④点击"复核",保存发票信息,如图11-16所示。

图 11-16　生成销售专用发票

【补充说明】

在销售发票的表体中,单击鼠标右键,系统会弹出一个小菜单,在此可以查看现存量、当前发票收款结算情况、当前发票预估毛利、当前发票对应发货单、当前发票对应出库单、当前发票对应的采购发票(如果是参照采购发票生成的情况才方可)、关闭当前发票对应发货单。

(4)在库存管理系统中审核销售出库单。

菜单路径:业务工作/供应链/库存管理/出库业务/销售出库单。

系统根据销售发货单,自动生成了销售出库单。点击"审核",确认销售出库单,如图 11-17 所示。

图 11-17　销售出库单

(5)在存货核算管理系统中对销售出库单记账并生成凭证。

①对销售出库单记账。

菜单路径:业务工作/供应链/存货核算/业务核算/正常单据记账。

系统自动弹出"过滤条件选择"对话框。设置过滤条件为"产成品仓库",单据类型为"专用发票",点击"确定",系统显示符合条件的单据。选择需要记账的单据,如图 11-18 所示。点击"记账"。

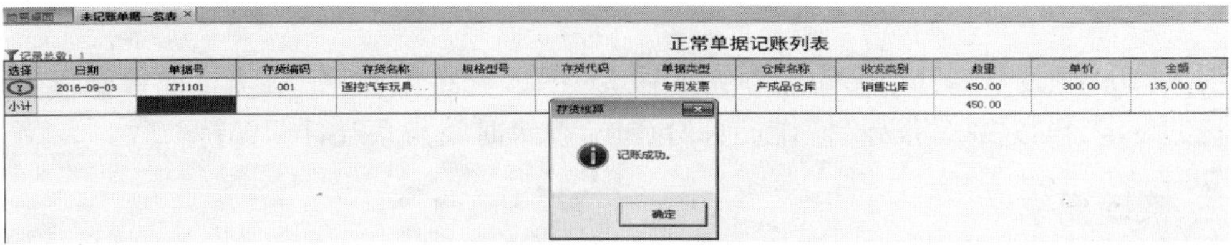

图 11-18　正常单据记账

②生成凭证。

菜单路径:业务工作/供应链/存货核算/财务核算/生成凭证。

a. 点击“选择”,打开“查询条件”对话框。选择“销售专用发票”复选框,点击“确定”。

b. 点击“确定”,系统打开“未生成凭证单据一览表”窗口。选择“XP1101 号”单据。

c. 在“生成凭证”窗口中凭证类别为转账凭证,点击“确定”,对方科目为 640101,存货科目为 140501,点击“生成”,系统自动生成一张结转销售成本的凭证。最后,修改凭证类别为转账凭证,点击“保存”,系统显示“已生成”标志。如图 11-19、图 11-20 所示。

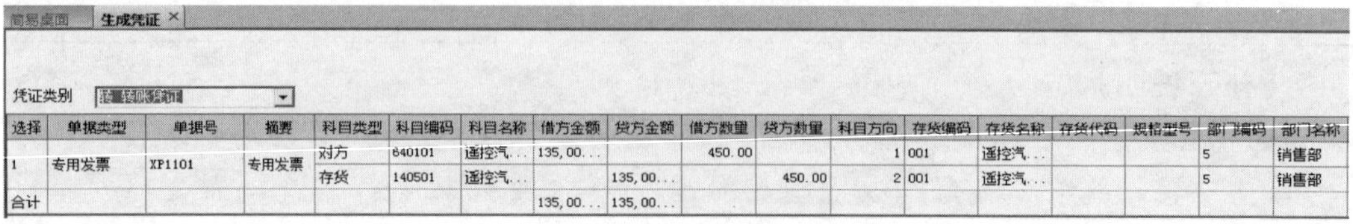

选择	单据类型	单据号	摘要	科目类型	科目编码	科目名称	借方金额	贷方金额	借方数量	贷方数量	科目方向	存货编码	存货名称	存货代码	规格型号	部门编码	部门名称
1	专用发票	XP1101	专用发票	对方	640101	遥控汽...	135,00...		450.00		1	001	遥控汽...			5	销售部
				存货	140501	遥控汽...		135,00...		450.00	2	001	遥控汽...			5	销售部
合计							135,00...	135,00...									

图 11-19　生成凭证窗口

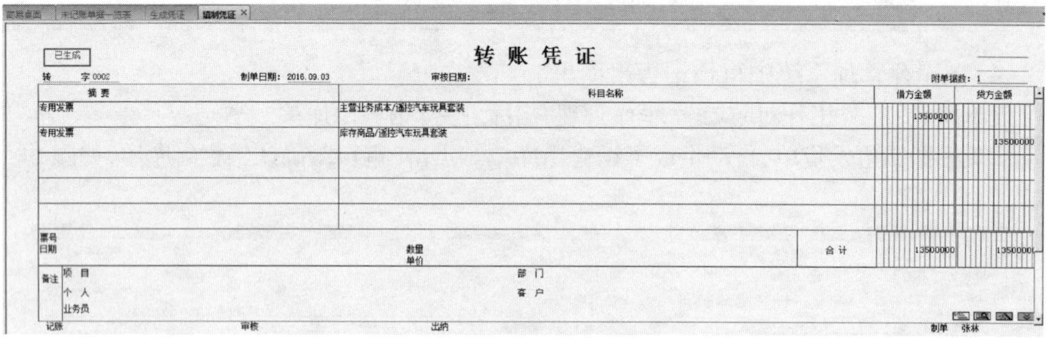

图 11-20　生成结转销售成本凭证

(6)账套备份。

将账套进行备份,并将账套号和名称修改为“109 先发货后开票模式业务完成账套”。具体操作步骤参考“实验三”实验指导中的第 7 步操作。

第四节　实验十二:商业折扣、现结及代垫费用业务处理

一、实验目的

通过本实验,掌握商业折扣、现结及代垫费用业务的处理流程及相关操作。

建议课时:1 课时。

二、实验准备

引入“109 先发货后开票模式业务完成账套”的账套备份数据,系统日期根据资料业务具体日期设定,再以“005 张林”操作员身份登录,登录时间与系统日期保持一致。

三、实验要求

业务一:9 月 3 日,销售部向星星玩具代理出售遥控汽车玩具套装 40 台,无税单价为

300元/台,要求当天发货并开具专用发票一张。最终成交价为报价的95%,当天仓储部将货物从成品库发出,销售部开具销售发票。

业务二:9月3日当天下午,销售部发现在向星星玩具代理销售商品过程中,发生了一笔代垫的运输费500元,客户尚未支付该笔款项。

根据以上业务,完成如下操作:

(1)在销售管理系统中填制并审核报价单。
(2)在销售管理系统中填制并审核销售订单。
(3)在销售管理系统中填制并审核销售发货单。
(4)在销售管理系统中根据发货单生成销售专用发票并执行现结。
(5)在库存管理系统中审核销售出库单。
(6)在企业应用平台设置费用项目。
(7)在销售管理系统中填制并审核代垫费用单。
(8)账套备份。

四、实验指导

(1)在销售管理系统中填制并审核报价单。

菜单路径:业务工作/供应链/销售管理/销售报价/销售报价单。

登录日期设置为2016年9月3日。其中在销售报价单中的扣率栏中输入商业折扣95%,如图11-21所示。

图11-21 销售报价单

(2)在销售管理系统中填制并审核销售订单。

菜单路径:业务工作/供应链/销售管理/销售订货/销售订单。

具体操作参考实验十一中的操作指导。

(3)在销售管理系统中填制并审核销售发货单。

菜单路径:业务工作/供应链/销售管理/销售发货/发货单。

具体操作参考实验十一中的操作指导。

(4)在销售管理系统中根据发货单生成销售专用发票并执行现结。

菜单路径:业务工作/供应链/销售管理/销售开票/销售专用发票。

点击"增加",系统自动弹出"参照生单"窗口。设置查询条件,选择客户为"星星玩具代理"或日期为"2016年9月3日"的发货单,系统根据所选择的发货单和存货自动生成一张销售专用发票。修改发票相应信息,确认后点击"保存",确认并保存发票信息。

点击"现结",打开"现结"窗口,输入结算方式和结算金额,如图11-22所示。输入完毕,点击"确定"。发票上自动显示"现结"标志,点击"复核"。

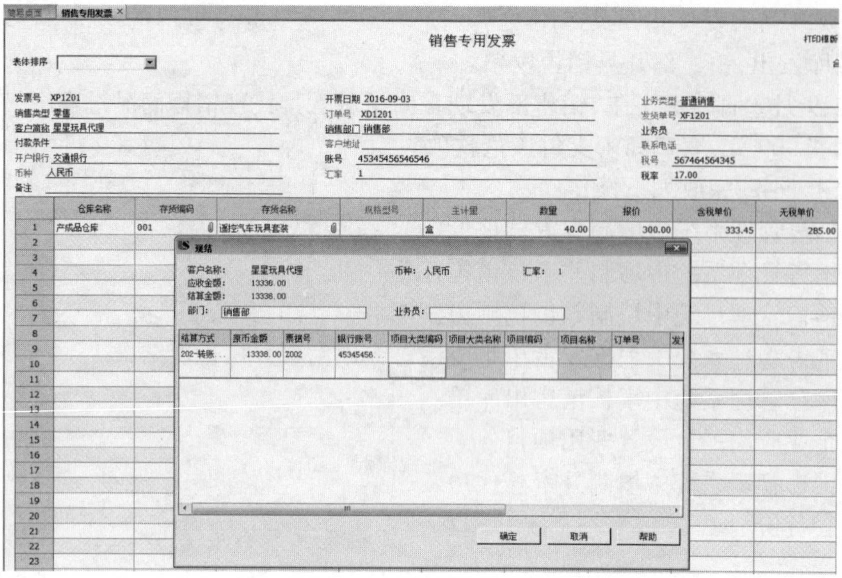

图11-22　现结窗口

（5）在库存管理系统中审核销售出库单。

菜单路径：业务工作/供应链/库存管理/出库业务/销售出库单。

系统根据生成的销售专用发票自动生成了销售出库单，找到相应的销售出库单，点击"审核"。

（6）在企业应用平台设置费用项目。

①费用项目分类设置。

菜单路径：基础设置/基础档案/业务/费用项目分类。

点击"增加"，输入分类编码、名称，点击"保存"。如图11-23所示。

图11-23　用项目分类输入窗口

②费用项目设置。

菜单路径：基础设置/基础档案/业务/费用项目。

点击"增加"，输入费用项目编码、名称、分类后，点击"保存"。如图11-24所示。

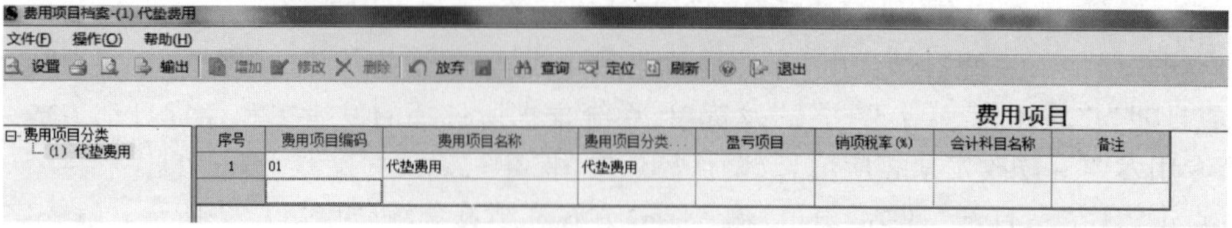

图11-24　用项目档案输入窗口

(7)在销售管理系统中填制并审核代垫费用单。

菜单路径:业务工作/供应链/销售管理/代垫费用/代垫费用单。

点击"增加",输入资料内容,点击"保存",点击"审核",退出。如图11-25所示。

图11-25 垫费用单

(8)账套备份。

将账套进行备份,并将账套号和名称修改为"110 商业折扣、现结及代垫费用业务完成账套"。具体操作步骤参考"实验三"实验指导中的第7步操作。

第五节 实验十三:汇总开票及分次开票业务处理

一、实验目的

通过本实验,掌握汇总开票及分次开票业务的处理流程及相关操作。

建议课时:1课时。

二、实验准备

引入"110 商业折扣、现结及代垫费用业务完成账套"的账套备份数据,系统日期根据资料业务具体日期设定,再以"005 张林"操作员身份登录,登录时间与系统日期保持一致。

三、实验要求

业务一:9月5日,销售部向星星玩具代理出售金属遥控汽车玩具套装20盒,无税单价为400元/台,要求9月10日发货。

业务二:9月6日,销售部向星星玩具代理出售金属遥控汽车玩具套装25盒,无税单价为400元/台,要求9月10日发货。

业务三:9月10日,仓储部根据9月5日和9月6日与星星玩具代理签订的销售合同发货,并根据上述两张发货单开具专用发票一张。

业务四:9月11日,销售部向维尼玩具专柜出售金属遥控汽车玩具50套,报价为400元/台,货物从产成品库发出。

业务五:9月12日,应客户要求,对上述所发出的商品开具两张专用销售发票,第一张发票中所列示的数量为20套,第二张发票中所列示的数量为30套。

根据以上业务,完成如下操作:

(1)在销售管理系统中填制并审核报价单、销售订单。

(2)在销售管理系统中填制并审核销售发货单。

(3)在销售管理系统中根据发货单生成销售专用发票(两笔业务汇总开票+一笔业务

分次开票)。

(4)在库存管理系统中审核销售出库单。

(5)重复(1)和(2)步骤,进行实验要求中的业务四、业务五。

(6)账套备份。

四、实验指导

(1)在销售管理系统中填制并审核销售报价单、销售订单。

菜单路径:业务工作/供应链/销售管理/销售报价/销售报价单。

菜单路径:业务工作/供应链/销售管理/销售订货/销售订单。

参考实验十一中的操作指导进行操作。

(2)在销售管理系统中填制并审核销售发货单。

菜单路径:业务工作/供应链/销售管理/销售发货/发货单。

根据实验要求,登录日期改为2016年9月10日,发货单可参照2笔业务订单生成一张发货单,如图11-26、图11-27所示。

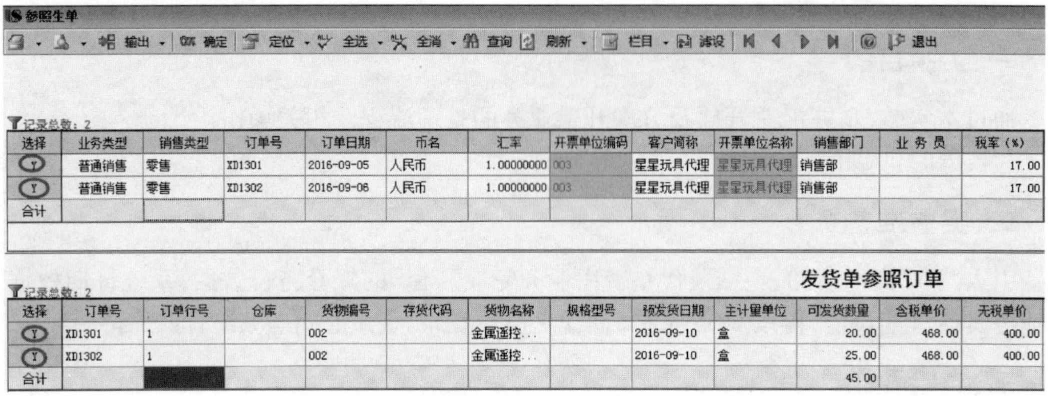

选择	业务类型	销售类型	订单号	订单日期	币名	汇率	开票单位编码	客户简称	开票单位名称	销售部门	业务员	税率(%)
Y	普通销售	零售	XD1301	2016-09-05	人民币	1.00000000	003	星星玩具代理	星星玩具代理	销售部		17.00
Y	普通销售	零售	XD1302	2016-09-06	人民币	1.00000000	003	星星玩具代理	星星玩具代理	销售部		17.00
合计												

选择	订单号	订单行号	仓库	货物编号	存货代码	货物名称	规格型号	预发货日期	主计量单位	可发货数量	含税单价	无税单价
Y	XD1301	1		002		金属遥控...		2016-09-10	盒	20.00	468.00	400.00
Y	XD1302	1		002		金属遥控...		2016-09-10	盒	25.00	468.00	400.00
合计										45.00		

图11-26 发货单参照订单(2张订单生成一张发货单)

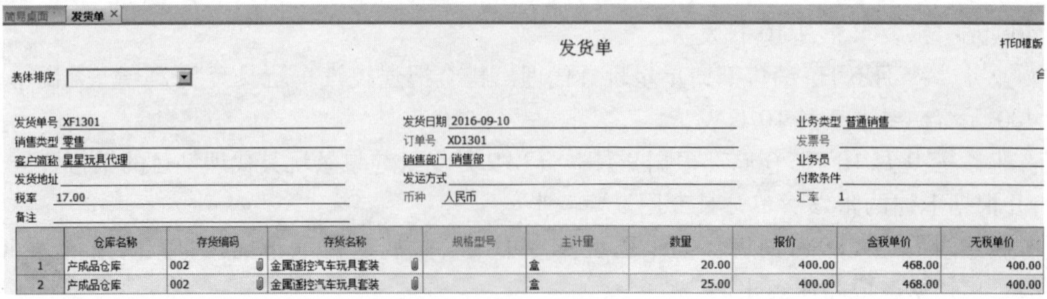

	仓库名称	存货编码	存货名称	规格型号	主计量	数量	报价	含税单价	无税单价
1	产成品仓库	002	金属遥控汽车玩具套装		盒	20.00	400.00	468.00	400.00
2	产成品仓库	002	金属遥控汽车玩具套装		盒	25.00	400.00	468.00	400.00

图11-27 发货单

(3)在销售管理系统中根据发货单生成销售专用发票。

生成销售专用发票步骤中需要要根据业务要求将业务一和业务二汇总开票,具体如图11-28、图11-29所示。

(4)在库存管理系统中审核销售出库单。

参考实验十一中的操作指导进行操作。

图 11-28　销售专用发票参照发货单(2 笔订单)

图 11-29　销售专用发票生成(2 笔订单)

(5)重复(1)和(2)步骤,进行实验要求中业务四、业务五。

参考实验十一中的操作指导进行操作。根据实验要求,登录日期改为 2016 年 9 月 11 日,分别生成销售报价单、销售订单、销售发货单和销售出库单。

根据实验要求,登录日期改为 2016 年 9 月 12 日,生成 2 笔销售专用发票,具体如图 11-30~图 11-32 所示。

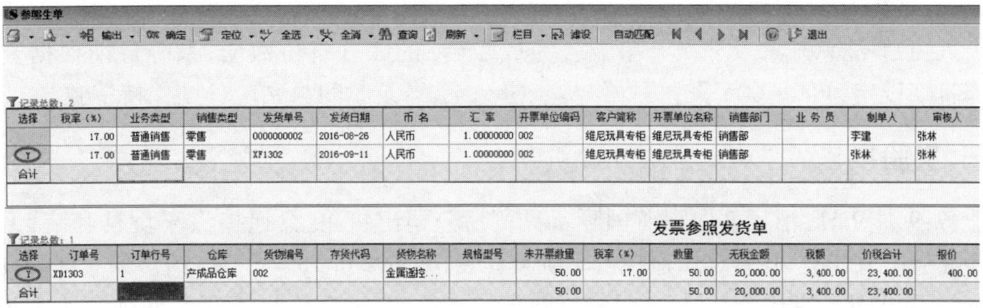

图 11-30　销售专用发票参照发货单

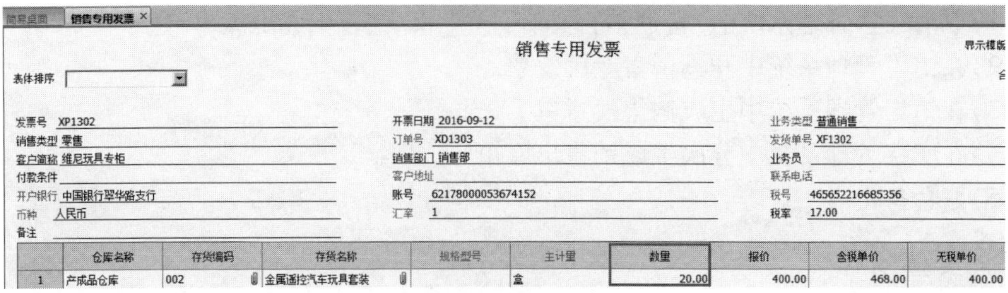

图 11-31　生成销售专用发票(第 1 张发票)

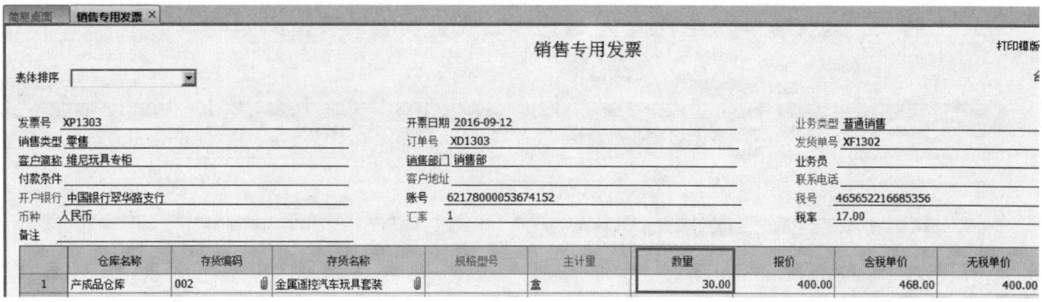

图 11-32 生成销售专用发票(第 2 张发票)

(6) 账套备份。

将账套进行备份,并将账套号和名称修改为"111 汇总开票及分次开票业务完成账套"。具体操作步骤参考"实验三"实验指导中的第 7 步操作。

第六节 实验十四:普通销售业务
——开票直接发货及一次销售分次出库模式

一、实验目的

通过本实验,掌握普通销售业务——开票直接发货及一次销售分次出库模式业务的处理流程及相关操作。

建议课时:1 课时。

二、实验准备

引入"111 汇总开票及分次开票业务完成账套"的账套备份数据,系统日期根据资料业务具体日期设定,再以"005 张林"操作员身份登录,登录时间与系统日期保持一致。

三、实验要求

业务:9 月 9 日,销售部向深蓝国际玩具贸易公司出售 40 盒遥控汽车玩具套装,无税单价 310 元/盒,并出售 40 盒金属遥控汽车玩具套装,无税单价 385 元/盒,销售部立即开具销售专用发票,要求发货期限为 9 月 10 日发货两种产品各 10 盒,9 月 11 日发货两种产品各 30 盒。

根据以上业务,完成如下操作:

(1) 取消销售管理系统的"普通销售必有订单"和"销售生成出库单"选项。
(2) 在销售管理系统中开具销售专用发票。
(3) 在销售管理系统中生成销售发货单。
(4) 在库存管理系统中分次生成销售出库单。
(5) 账套备份。

四、实验指导

(1) 取消销售管理系统的"普通销售必有订单"和"销售生成出库单"选项。

菜单路径：业务工作/供应链/销售管理/设置/销售选项。

根据实验要求，登录日期设置为2016年9月9日。取消"普通销售必有订单"和"销售生成出库单"选项，并点击"确定"。

（2）在销售管理系统中开具销售专用发票。

菜单路径：业务工作/供应链/销售管理/销售开票/销售专用发票。

点击"增加"，关闭"参照生单"对话框。按照资料内容手工输入发票的表头和表体信息。输入完成后，点击"保存"，点击"复核"，如图11-33所示。

图11-33　开具销售专用发票

（3）在销售管理系统中生成销售发货单。

菜单路径：业务工作/供应链/销售管理/销售发货/发货单。

系统根据复核后的销售专用发票，自动生成了一张已经审核的销售发货单。此步骤不需操作，查看一下便可。

（4）在库存管理系统中分次生成销售出库单。

菜单路径：业务工作/供应链/库存管理/出库业务/销售出库单。

①根据实验要求，登录日期改为2016年9月10日。点击"生单"下三角，选择"销售生单"，系统显示单据查询条件对话框，输入过滤条件后点击"查询"，进入销售发货单生单列表。双击"选择"栏，选中相应的发货单。点击"OK确定"，系统根据选择的发货单生成一张未保存的销售出库单，修改2种产品的发货数量都为10套。点击"保存"，点击"审核"，如图11-34所示。

图11-34　销售出库单生成并审核

②根据实验要求，登录日期改为9月11日，返回重复上述操作，将剩余的各30套2种产品生成销售出库单。

(5)账套备份。

将账套进行备份,并将账套号和名称修改为"112先开票后发货业务完成账套"。具体操作步骤参考"实验三"实验指导中的第7步操作。

第七节 实验十五:普通销售业务
——超发货单出库模式

一、实验目的

通过本实验,掌握普通销售业务——超发货单出库模式业务的处理流程及相关操作。
建议课时:1课时。

二、实验准备

引入"112先开票后发货业务完成账套"的账套备份数据,系统日期根据资料业务具体日期设定,再以"005张林"操作员身份登录,登录时间与系统日期保持一致。

三、实验要求

(1)在库存管理系统中设置"允许超发货单出库"。
(2)在销售管理系统中设置"允许超发货量开票"。
(3)修改存货档案并设置超额出库上限为20%。
① 9月11日,销售部向深蓝国际玩具贸易公司销售50盒金属遥控汽车玩具套装,无税单价410元/盒,本月12日发货并开票。
② 9月12日,在开票前,深蓝国际玩具贸易公司要求再多买20盒,根据客户要求开具了70盒金属遥控汽车玩具套装的专用发票一张。仓储部将产品从仓库发出。

根据以上业务,完成如下操作:
(1)在销售管理系统中填制并审核销售订单。
(2)在销售管理系统中生成销售发货单。
(3)在销售管理系统中填制并复核销售发票。
(4)在库存管理系统中根据发货单生成销售出库单。
(5)账套备份。

四、实验指导

(1)在库存管理系统中设置"允许超发货单出库"选项。
菜单路径:业务工作/供应链/库存管理/初始设置/选项/专用设置。
根据实验要求,登录日期设置为2016年9月11日。勾选"允许超发货单出库"选项,点击"确定",如图11-35所示。
(2)在销售管理系统设置"允许超发货量开票"选项。
菜单路径:业务工作/供应链/销售管理/设置/销售选项/业务控制。
勾选"允许超发货量开票"选项,点击"确定",如图11-36所示。

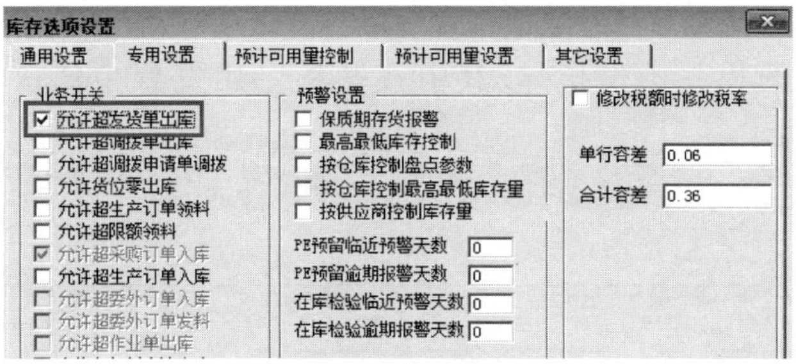

图 11-35　库存管理初始设置选项修改

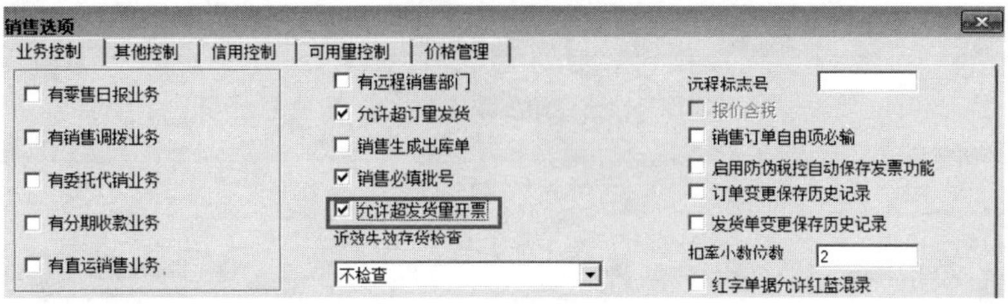

图 11-36　销售管理设置选项修改

（3）修改存货档案并设置超额出库上限为 20%。

菜单路径：基础设置/基础档案/存货/存货档案。

找到"金属遥控汽车玩具套装"的存货档案，点击"修改"，打开"控制"选项卡，在"出库超额上限栏"输入 0.4，点击"保存"，如图 11-37 所示。

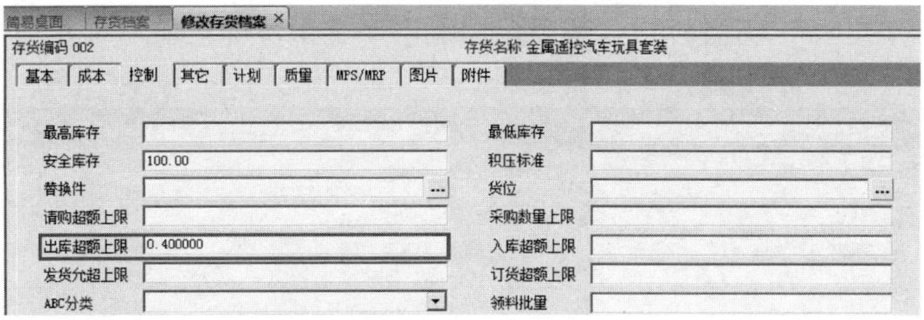

图 11-37　存货档案选项修改

（4）在销售管理系统中填制并审核销售订单。

参考实验十一中的相关操作指导。

（5）在销售管理系统中生成销售发货单。

参考实验十一中的相关操作指导（图 11-38）。

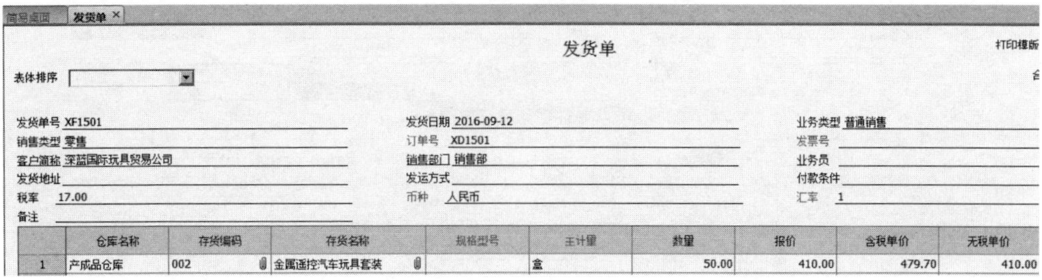

图 11-38　销售发货单生成

(6)在销售管理系统中填制并复核销售发票。

参考实验十一的相关操作指导,其中在销售专用发票中修改产品数量为 70,如图 11-39、图 11-40 所示。

图 11-39　销售专用发票参照生单(发货单)

图 11-40　销售专用发票生成(产品数量修改)

(7)在库存管理系统中根据发货单生成销售出库单。

参考实验十四的相关操作指导,其中在销售出库单中修改产品数量为 70,如图 11-41、图 11-42 所示。

图 11-41　销售出库单参照生单(销售发货单)

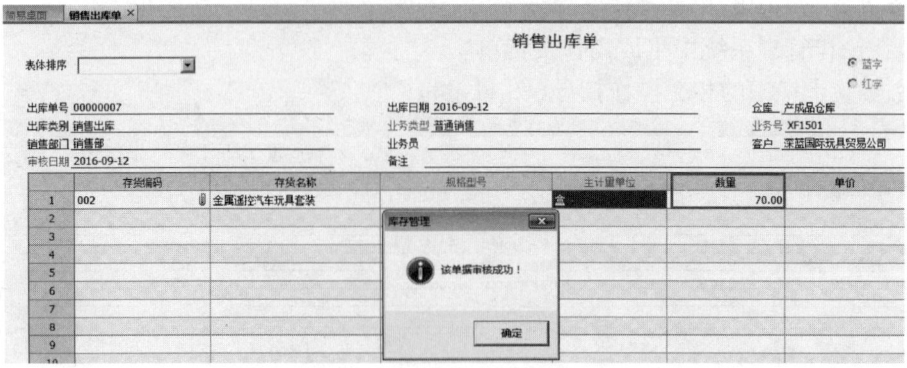

图 11-42　销售出库单生成并审核

(8)账套备份。

将账套进行备份,并将账套号和名称修改为"113 超发货单出库业务完成账套"。具体操作步骤参考"实验三"实验指导中的第 7 步操作。

第八节 实验十六:分期收款销售业务

一、实验目的

通过本实验,掌握分期收款销售业务的处理流程及相关操作。
建议课时:1 课时。

二、实验准备

引入"122 采购退货业务完成账套"的账套备份数据,系统日期根据资料业务具体日期设定,再以"005 张林"操作员身份登录,登录时间与系统日期保持一致。

三、实验要求

业务一:9 月 12 日,销售部向维尼玩具专柜出售金属遥控汽车玩具套装 200 盒。由成品仓库发货,报价为 380 元/盒。由于金额较大,客户要求以分期付款形式购买该商品。经协商,客户分 2 次付款,9 月 24 日,第一次维尼玩具专柜付总货款的 50%,即 44460 元。销售部开具 100 盒,无税单价 380 元的销售专用发票。当日,公司需对此笔业务要求结转收入及核算成本。

根据以上业务,完成如下操作:
(1)在销售管理系统中修改相关选项设置。
(2)在存货核算管理系统中设置分期收款业务相关科目。
(3)在销售管理系统中生成销售订单及发货单。
(4)在库存管理系统中审核自动生成的销售出库单。
(5)在存货核算系统中执行发出商品记账并生成出库凭证。
(6)在销售管理系统中根据发货单填制并复核销售发票。
(7)在存货核算系统中对销售发票记账并生成结转销售成本凭证。
(8)账套备份。

四、实验指导

(1)在销售管理系统中修改相关选项设置。
菜单路径:业务工作/供应链/销售管理/设置/销售选项/业务控制。
根据实验要求,登录日期设置为 2016 年 9 月 12 日。勾选"有分期收款业务""销售生成出库单"选项,点击"确定"。
(2)在存货核算管理系统中设置分期收款业务相关科目。
菜单路径:业务工作/供应链/存货核算/初始设置/科目设置/存货科目。

设置"原材料仓库""产成品仓库""半成品仓库""外购品仓库"的"分期收款发出商品科目"为1406,点击"保存",如图11-43所示。

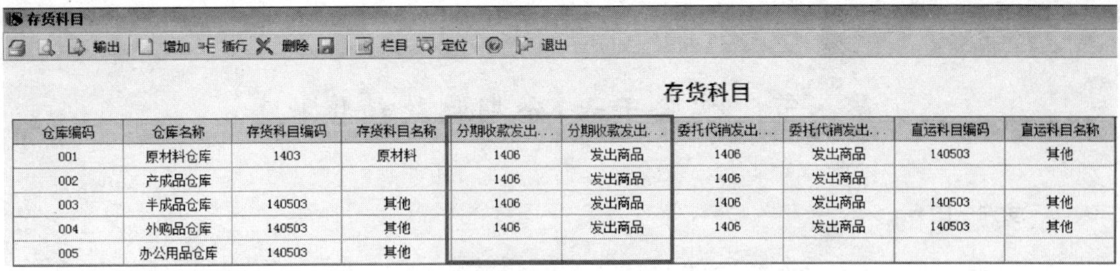

图11-43 设置分期收款业务相关科目

(3)在销售管理系统中生成销售订单及发货单。

参考实验十一中相关的操作指导,其中业务类型选为"分期收款",如图11-44、图11-45所示。

图11-44 销售订单生成

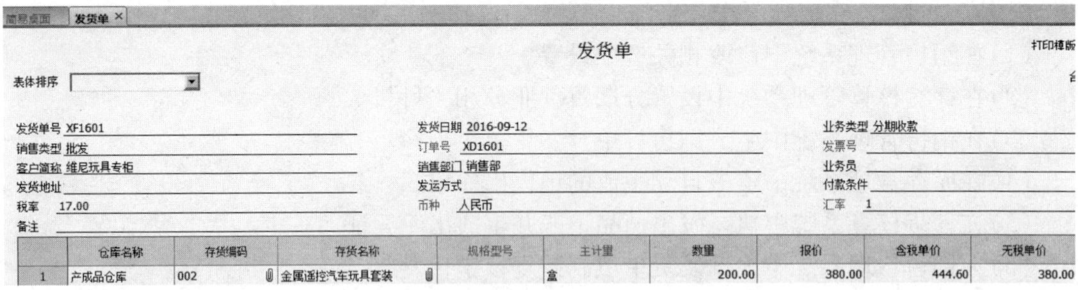

图11-45 销售发货单生成

(4)在库存管理系统中审核自动生成的销售出库单。

参考实验十一的相关操作指导进行操作。

(5)在存货核算系统中执行发出商品记账并生成出库凭证。

①执行发出商品记账。

菜单路径:业务工作/供应链/存货核算/业务核算/发出商品记账。

根据实验要求,登录日期改为2016年9月24日。系统会自动出现查询条件选择对话框,填写相应的查询条件,如仓库为成品库、单据类型为发货单、业务类型为分期收款,点击"查询",进入"未记账单据一览表"窗口,选择要记账单据,点击"记账",显示"记账成功",点击"确定",如图11-46所示。

图 11-46 发出商品记账窗口

②生成出库凭证。

菜单路径：业务工作/供应链/存货核算/财务核算/生成凭证。

点击"选择"，弹出"查询条件"窗口，选择"分期收款发出商品发货单"选项，点击"确定"。进入"未记账单据一览表"窗口，选择要"XP1601号"单据，点击"确定"。在"生成凭证"窗口，凭证类别选为转账凭证，发出商品科目为1406，存货科目为140502，点击"生成"，系统自动生成一张结转销售成本的凭证。最后，修改凭证类别为转账凭证，点击"保存"，系统显示"已生成"标志。如图11-47、图11-48所示。

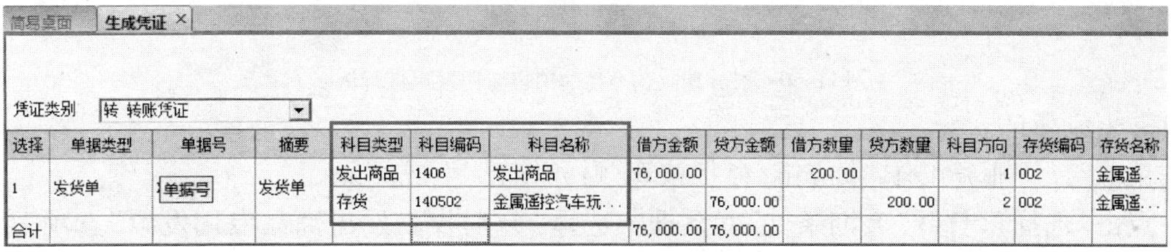

图 11-47 生成凭证窗口

图 11-48 填制凭证窗口

（6）在销售管理系统中根据发货单填制并复核销售发票。

参考之前的实验相关操作指导进行操作，修改销售发票中的"金属遥控汽车套装"的数量修改为100。如图11-49所示。

（7）在存货核算系统中对销售发票记账并生成结转销售成本凭证。

①对销售发票进行记账。

菜单路径：业务工作/供应链/存货核算/业务核算/发出商品记账。

系统自动弹出"查询条件选择"对话框。根据资料设置相应查询条件。点击"查询"，系统显示符合条件的单据。选择需要记账的单据（在"发出商品记账"里），如图11-50所示。点击"记账"。

图 11-49　销售专用发票

图 11-50　对分期收款类型的销售专用发票进行记账

②生成凭证。

菜单路径：业务工作/供应链/存货核算/财务核算/生成凭证。

点击"选择"，打开"查询条件"对话框。选择"分期收款发出商品专用发票"选项，点击"确定"。在"未生成凭证单据一览表"窗口。选择需要"XP1601 号"单据。在"生成凭证"窗口，修改凭证类型为转账凭证，对方科目为 640102，发出商品科目为 1406，点击"生成"，系统自动生成一张结转销售成本的凭证。最后，修改凭证类别为转账凭证，点击"保存"，系统显示"已生成"标志。如图 11-51、图 11-52 所示。

图 11-51　生成凭证窗口

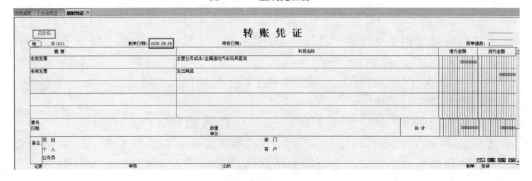

图 11-52　填制凭证窗口

(8)账套备份。

将账套进行备份,并将账套号和名称修改为"114分期收款销售业务完成账套"。具体操作步骤参考"实验三"实验指导中的第7步操作。

第九节 实验十七:委托代销业务

一、实验目的

通过本实验,掌握委托代销业务的处理流程及相关操作。
建议课时:1课时。

二、实验准备

引入"114分期收款销售业务完成账套"的账套备份数据,系统日期根据资料业务具体日期设定,再以"005张林"操作员身份登录,登录时间与系统日期保持一致。

三、实验要求

业务一:9月10日,销售部委托深蓝国际玩具贸易公司代为销售遥控汽车玩具套装30盒,售价为290元/盒,货物从成品仓库发出。

业务二:9月15日,收到深蓝国际玩具贸易公司的委托代销清单一张,结算遥控汽车玩具套装30个,售价为290元/个,客户要求当天开具销售专用发票;9月24日,公司对此笔业务进行结转收入及成本。

业务三:9月24日,接到深蓝国际玩具贸易公司销售的遥控汽车玩具套装退回2盒,入成品仓库。

根据以上业务,完成如下操作:
(1)在销售管理里设置"有委托代销业务",并且将委托代销成本核算方式选为"按发出商品核算"。
(2)在存货核算管理系统中设置所有仓库的委托代销发出商品科目为"1406发出商品"。
(3)委托代销发货处理。
(4)销售成本结转及核算(结转收入及成本处理)。
(5)委托代销结算处理。
(6)委托代销退货业务(结算后退货)处理。
(7)账套备份。

四、实验指导

(1)在销售管理里设置"有委托代销业务",并且将委托代销成本核算方式选为"按发出商品核算"。
①勾选"有委托代销业务"选项。
菜单路径:业务工作/供应链/销售管理/设置/销售选项/业务控制。

根据实验要求,登录日期设置为 2016 年 9 月 10 日。勾选"有委托代销业务"选项,点击"确定"。

②委托代销成本核算方式设置。

菜单路径:业务工作/供应链/存货核算/初始设置/选项/选项录入。

将委托代销成本核算方式选为"按发出商品核算",点击"确定"。

(2)在存货核算管理系统中设置所有仓库的"委托代销发出商品科目"为"1406 发出商品"。

菜单路径:业务工作/供应链/存货核算/初始设置/科目设置/存货科目。

设置"原材料仓库""产成品仓库""半成品仓库""外购品仓库"的"委托代销发出商品科目"为"发出商品"(科目编码为1406),点击"保存",如图 11-53 所示。

图 11-53 设置委托代销业务相关科目

(3)委托代销发货处理。

①生成委托代销发货单。

菜单路径:业务工作/供应链/销售管理/委托代销/委托代销发货单。

系统自动弹出"查询条件选择"对话框,点击"取消",录入资料内容(业务类型为委托代销),点击"保存",点击"审核",如图 11-54 所示。

图 11-54 填制委托代销发货单

②生成销售出库单。

菜单路径:业务工作/供应链/库存管理/出库业务/销售出库单。

系统根据委托代销发货单自动生成销售出库单,在销售出库单窗口找到相应的销售出库单,点击"审核"。

(4)销售成本结转及核算(结转收入及成本处理)。

①发出商品记账。

菜单路径:业务工作/供应链/存货核算/业务核算/发出商品记账。

根据实验要求,登录日期改为 2016 年 9 月 24 日。参照实验十六中的相关操作指导进行操作。如图11-55所示。

图11-55 发出商品记账

②生成凭证。

菜单路径：业务工作/供应链/存货核算/财务核算/生成凭证。

参照实验十六中的相关操作指导进行操作，其中"查询条件"中选择"委托代销发出商品发货单"，选择"XP1701号"单据，在"生成凭证"窗口中凭证类别选择为转账凭证，凭证的借方科目为1406，贷方科目为140501，点击"生成"，系统自动生成一张结转销售成本的凭证。最后，修改凭证类别为转账凭证，点击"保存"，系统显示"已生成"标志。如图11-56、图11-57所示。

图11-56 生成凭证窗口

图11-57 转账凭证生成

(5) 委托代销结算处理。

①开具委托代销结算单。

菜单路径：业务工作/供应链/销售管理/委托代销/委托代销结算单。

点击"增加"，弹出"查询条件选择"对话框，选择相应的查询条件，点击"查询"，进入"参照生单"窗口，选择生单单据，点击"OK确定"。在"委托代销结算单"窗口中，检查无误后，点击"保存"，点击"审核"，弹出"选择发票类型"对话框，选择"专用发票"选项，点击"确定"，如图11-58所示。

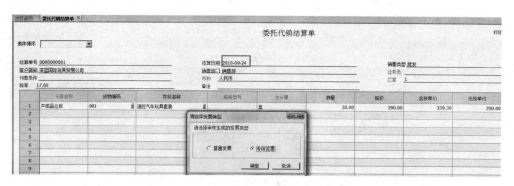

图 11-58　委托代销结算单生成及选择专用发票

②开具销售发票。

菜单路径：业务工作/供应链/销售管理/销售开票/销售发票列表。

选择刚才生成的专用发票，点击"复核"，如图 11-59、图 11-60 所示。

图 11-59　销售发票列表

图 11-60　复核销售专用发票

③结转收入及成本处理。

a. 发出商品记账。

菜单路径：业务工作/供应链/存货核算/业务核算/发出商品记账。

参照实验十六中的相关操作指导进行操作。如图 11-61 所示。

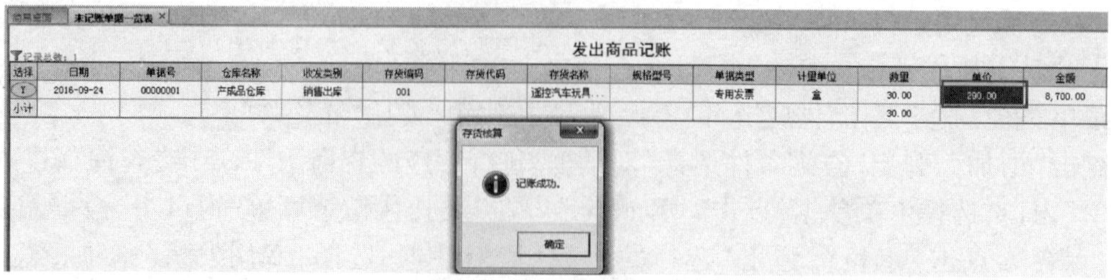

图 11-61　发出商品记账窗口

b. 生成凭证。

菜单路径：业务工作/供应链/存货核算/财务核算/生成凭证。

参照实验十六中的相关操作指导进行操作，其中"查询条件"中选择"委托代销发出商品专用发票"，选择"00000001号"单据，在"生成凭证"窗口中凭证类别为转账凭证，对方科目为640101，发出商品科目为1406，然后点击"生成"，系统自动生成一张凭证。最后，修改凭证类别为转账凭证，点击"保存"，系统显示"已生成"标志。如图11-62、图11-63所示。

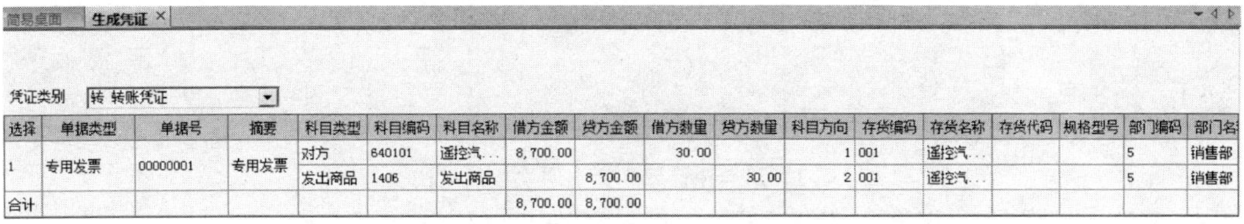

图11-62　生成凭证窗口

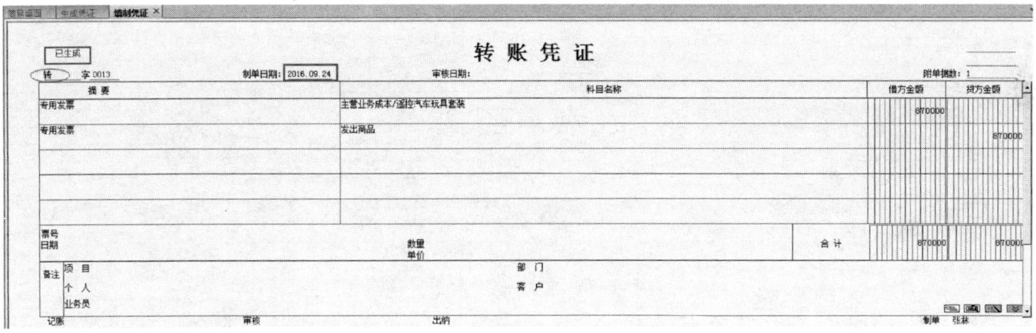

图11-63　转账凭证生成

（6）委托代销退货业务（结算后退货）处理。

①委托代销结算退回生成及审核。

菜单路径：业务工作/供应链/销售管理/委托代销/委托代销结算退回。

点击"增加"，系统自动弹出"查询条件选择"对话框，填入相应查询条件，点击"查询"，进入"参照生单"窗口，选择生单单据，点击"OK确定"，返回"委托代销结算退回"窗口，修改日期及结算数量，点击"保存"，点击"审核"，弹出"选择发票类型"对话框，选择"专用发票"选项，点击"确定"，如图11-64、图11-65所示。

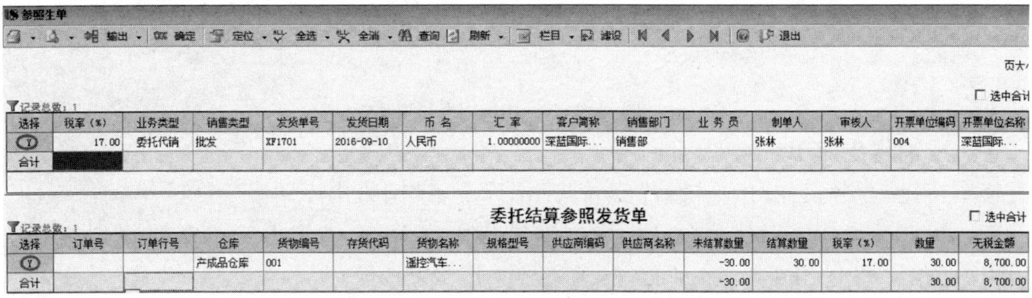

图11-64　委托代销结算退回参照生单（发货单）

②红字专用发票复核。

菜单路径：业务工作/供应链/销售管理/销售开票/红字专用发票。

图 11-65　托代销结算退回生成及审核

选择刚才生成的红字专用发票,点击"复核",如图 11-66 所示。

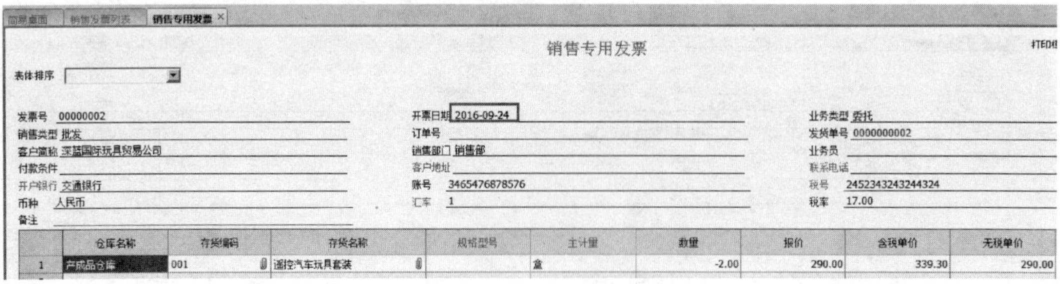

图 11-66　红字专用发票复核

③委托代销退货单生成及审核。

菜单路径:业务工作/供应链/销售管理/委托代销/委托代销退货单。

点击"增加",系统自动弹出"查询条件选择"对话框,填入相应查询条件,点击"查询",进入"参照生单"窗口,选择生单单据,点击"OK 确定",返回"委托代销退货单"窗口,修改结算数量,点击"保存",点击"审核",如图 11-67 所示。

图 11-67　委托代销退货单

④生成销售出库单。

菜单路径:业务工作/供应链/库存管理/出库业务/销售出库单。

系统根据委托代销退货单自动生成红字销售出库单,在销售出库单窗口找到相应的红字销售出库单,点击"审核",如图 11-68 所示。

(7)账套备份。

将账套进行备份,并将账套号和名称修改为"115 委托代销业务完成账套"。具体操作步骤参考"实验三"实验指导中的第 7 步操作。

图 11-68　红字销售出库单

第十节　实验十八：直运销售业务

一、实验目的

通过本实验,掌握直运销售业务的处理流程及相关操作。
建议课时:1 课时。

二、实验准备

引入"115 委托代销业务完成账套"的账套备份数据,系统日期根据资料业务具体日期设定,再以"005 张林"操作员身份登录,登录时间与系统日期保持一致。

三、实验要求

业务一:9 月 18 日,销售部接到业务信息,深蓝国际玩具贸易公司欲购买充电电池 100 组。经协商以无税单价 30 元/组成交,增值税率为 17%,要求当天发货。随后,销售部经联系阳天电子元器件公司,以无税单价 25 元/组的价格向阳天电子元器件公司发出采购订单,并要求对方直接将货物送到深蓝国际玩具贸易公司。当天,货物送至深蓝国际玩具贸易公司,阳天电子元器件公司凭送货签收单根据订单开具了一张专用发票给销售部。另外,销售部根据销售订单开具专用发票一张给深蓝国际玩具贸易公司。9 月 24 日,公司对此笔业务结转收入及成本。

根据以上业务,完成如下操作:
(1)在销售管理系统中设置直运业务相关选项。
(2)在存货核算系统中设置直运业务存货科目。
(3)在销售管理系统中填制并审核直运销售订单。
(4)在采购管理系统中填制并审核直运采购订单。
(5)在销售管理系统中填制并复核直运销售发票。

(6)在采购管理系统中参照采购订单生成直运采购发票。
(7)在应付款管理系统中审核直运采购发票。
(8)在存货核算管理系统中执行直运销售记账。
(9)结转直运业务的收入及成本。
(10)在应收款管理系统中审核直运销售发票并制单。
(11)账套备份。

四、实验指导

(1)在销售管理系统中设置直运业务相关选项。

菜单路径:业务工作/供应链/销售管理/设置/销售选项/业务控制。

根据实验要求,登录日期设置为 2016 年 9 月 18 日。勾选“有直运销售业务”选项,点击“确定”。

(2)在存货核算系统中设置直运业务存货科目。

①存货科目设置。

菜单路径:业务工作/供应链/存货核算/初始设置/科目设置/存货科目。

打开“存货科目窗口”,在“原材料仓库”“半成品仓库”“外购品仓库”的直运科目编码中都选择库存商品/其他(140503),点击“保存”。如图 11-69 所示。

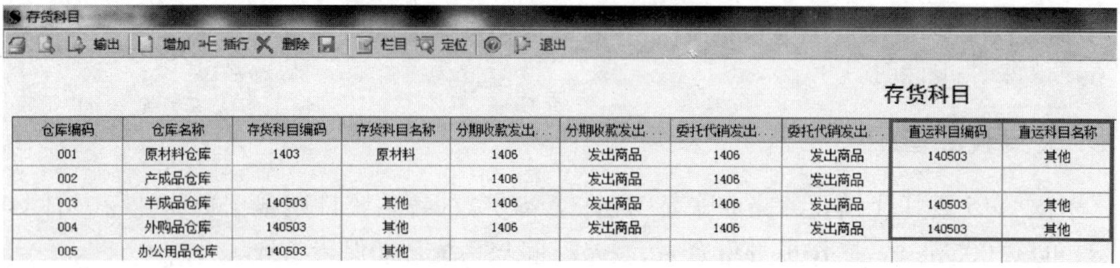

仓库编码	仓库名称	存货科目编码	存货科目名称	分期收款发出...	分期收款发出...	委托代销发出...	委托代销发出...	直运科目编码	直运科目名称
001	原材料仓库	1403	原材料	1406	发出商品	1406	发出商品	140503	其他
002	产成品仓库			1406	发出商品	1406	发出商品		
003	半成品仓库	140503	其他	1406	发出商品	1406	发出商品	140503	其他
004	外购品仓库	140503	其他	1406	发出商品	1406	发出商品	140503	其他
005	办公用品仓库	140503	其他						

图 11-69 直运业务存货科目设置

②对方科目设置。

菜单路径:业务工作/供应链/存货核算/初始设置/科目设置/对方科目。

打开“对方科目窗口”,在“销售出库”的对方科目编码中都选择主营业务成本/其他(640103),点击“保存”。如图 11-70 所示。

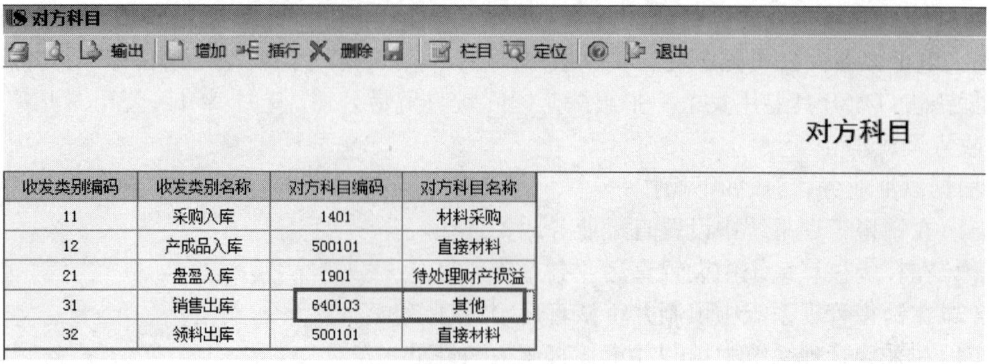

收发类别编码	收发类别名称	对方科目编码	对方科目名称
11	采购入库	1401	材料采购
12	产成品入库	500101	直接材料
21	盘盈入库	1901	待处理财产损溢
31	销售出库	640103	其他
32	领料出库	500101	直接材料

图 11-70 对方科目设置

(3)在销售管理系统中填制并审核直运销售订单。

菜单路径:业务工作/供应链/销售管理/销售订货/销售订单。

点击"增加",录入资料内容(业务类型:直运销售),点击"保存",点击"审核",如图11-71所示。

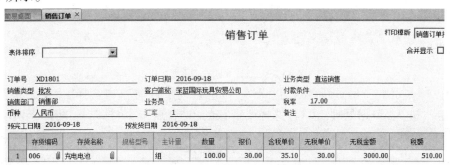

图11-71 销售订单生成并审核

(4)在采购管理系统中填制并审核直运采购订单。

菜单路径:业务工作/供应链/采购管理/采购订货/采购订单。

点击"增加",业务类型选为直运采购,点击"生单",选择"销售订单"选项点击"查询",进入"拷贝并执行"窗口,选择"XD1801号"单据,点击"OK确定",返回"采购订单"窗口,根据资料修改相应内容,点击"保存",点击"审核",如图11-72所示。

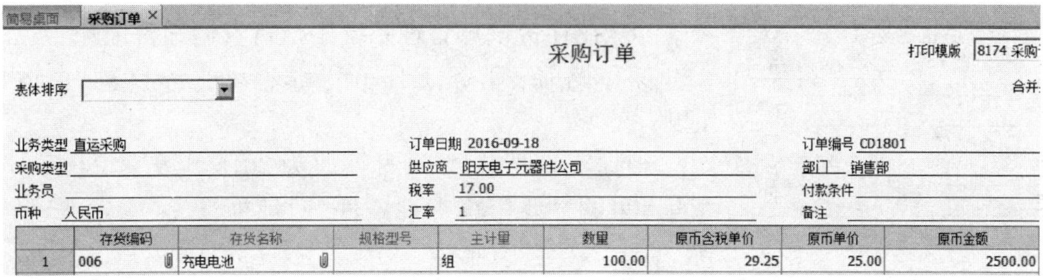

图11-72 直运采购订单生成并审核

(5)在销售管理系统中填制并复核直运销售发票。

菜单路径:业务工作/供应链/销售管理/销售开票/销售专用发票。

点击"增加",业务类型选为直运采购,点击"生单",选择"参照订单"选项,点击"查询",进入"参照生单"窗口,选择"CD1801号"单据,点击"OK确定",返回"销售专用发票"窗口,根据资料修改相应内容,点击"保存",点击"复核"。

(6)在采购管理系统中参照采购订单生成直运采购发票。

菜单路径:业务工作/供应链/采购管理/采购发票/专用采购发票。

点击"增加",打开"查询条件选择"对话框,业务类型选择"直运销售"选项,点击"生单",选择"采购订单"选项,进入"拷贝并执行"窗口,选择"CD1801号"单据,点击"OK确定",返回"采购专用发票"窗口,点击"保存",如图11-73所示。

(7)在应付款管理系统中审核直运采购发票。

操作员:001。

菜单路径:业务工作/财务会计/应付款管理/应付单据处理/应付单据审核。

图 11-73 直运采购专用发票生成

以 001 操作员的身份重新登录,进入"应付单查询条件"窗口,选择"未完全报销"选项,点击"确定",进入"单据处理"窗口,选择要审核的单据,点击"审核",如图 11-74 所示。

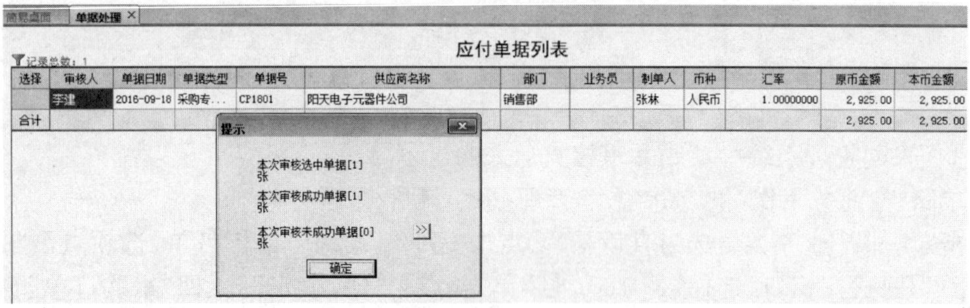

图 11-74 应付单据审核

(8)在存货核算管理系统中执行直运销售记账。

菜单路径:业务工作/存货核算/业务核算/直运销售记账。

根据实验要求,登录日期改为 2016 年 9 月 24 日。打开"直运采购发票核算查询条件"对话框,选采购发票、销售发票,点击"确定",进入"未记账单据一览表"窗口,选择要记账的单据(CP1801 和 XP1801),点击"记账",点击"确定",如图 11-75、图 11-76 所示。

(9)结转直运业务的收入及成本。

菜单路径:业务工作/存货核算/财务核算/生成凭证。

点击"选择",弹出"查询条件"对话框,选择"直运采购发票""直运销售发票",进入"选择单据"窗口,点击"全选",点击"确定",在"生成凭证"窗口,选择凭证类别为"转账凭证",存货科目编码为 140503,税金科目为 2220101,应付科目编码为 220201,点击"生成",系统自动生成一张凭证。最后修改凭证类别为转账凭证,逐个点击"保存"。如图 11-77 所示。

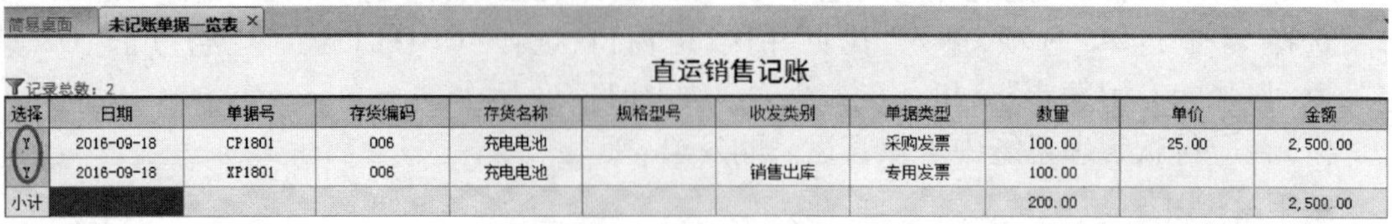

图 11-75 "直运采购发票核算查询条件"对话框

选择	日期	单据号	存货编码	存货名称	规格型号	收发类别	单据类型	数量	单价	金额
Y	2016-09-18	CP1801	006	充电电池			采购发票	100.00	25.00	2,500.00
Y	2016-09-18	XP1801	006	充电电池		销售出库	专用发票	100.00		
小计								200.00		2,500.00

图 11-76 直运销售记账

凭证类别 转 转账凭证

选择	单据类型	单据号	摘要	科目类型	科目编码	科目名称	借方金额	贷方金额	借方数量	贷方数量	科目方向	存货编码	存货名称	存货代码	规格型号	部门编码	部门名称
1	采购发票	CP1801	采购发票	存货	140503	其他	2,500.00		100.00		1	006	充电电池			5	销售部
				税金	22210101	进项税额	425.00		100.00		1	006	充电电池			5	销售部
				应付	220201	应付款		2,925.00		100.00	2	006	充电电池			5	销售部
	专用发票	XP1801	专用发票	对方	640103	其他	2,500.00		100.00		1	006	充电电池			5	销售部
				存货	140503	其他		2,500.00		100.00	2	006	充电电池			5	销售部
合计							5,425.00	5,425.00									

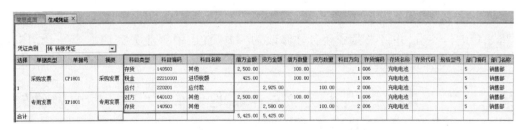

图 11-77 “生成凭证”窗口

(10)在应收款管理系统中审核直运销售发票并制单。

①审核直运销售发票。

菜单路径:业务工作/财务会计/应收款管理/应收单据处理/应收单据审核。

进入“应收单过滤条件”窗口,点击“确定”,进入“应收单据列表”窗口,选择要审核的单据,点击“审核”,如图 11-78 所示。

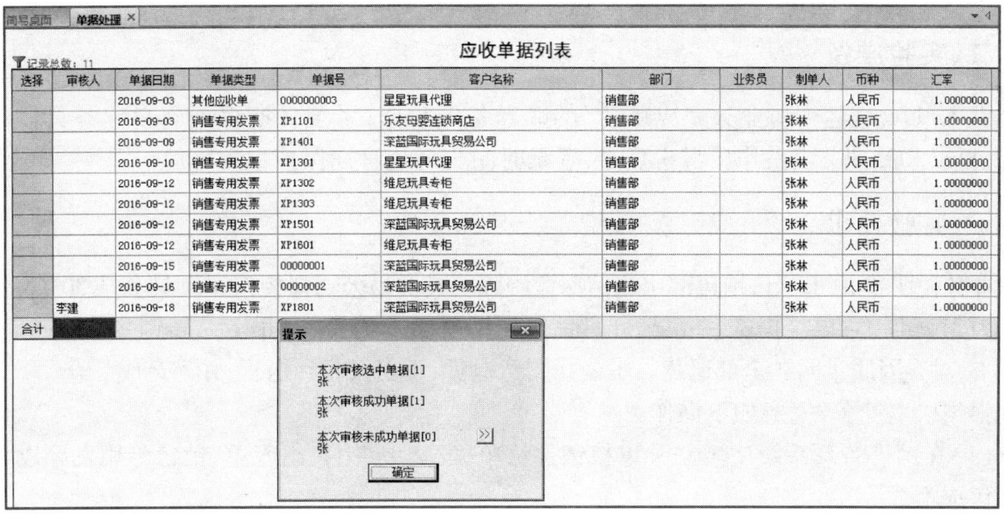

应收单据列表

记录总数:11

选择	审核人	单据日期	单据类型	单据号	客户名称	部门	业务员	制单人	币种	汇率
		2016-09-03	其他应收单	0000000003	星星玩具代理	销售部		张林	人民币	1.00000000
		2016-09-03	销售专用发票	XP1101	乐友母婴连锁商店	销售部		张林	人民币	1.00000000
		2016-09-09	销售专用发票	XP1401	深蓝国际玩具贸易公司	销售部		张林	人民币	1.00000000
		2016-09-10	销售专用发票	XP1301	星星玩具代理	销售部		张林	人民币	1.00000000
		2016-09-12	销售专用发票	XP1302	维尼玩具专柜	销售部		张林	人民币	1.00000000
		2016-09-12	销售专用发票	XP1303	维尼玩具专柜	销售部		张林	人民币	1.00000000
		2016-09-12	销售专用发票	XP1501	深蓝国际玩具贸易公司	销售部		张林	人民币	1.00000000
		2016-09-12	销售专用发票	XP1601	维尼玩具专柜	销售部		张林	人民币	1.00000000
		2016-09-15	销售专用发票	00000001	深蓝国际玩具贸易公司	销售部		张林	人民币	1.00000000
		2016-09-16	销售专用发票	00000002	深蓝国际玩具贸易公司	销售部		张林	人民币	1.00000000
	李建	2016-09-18	销售专用发票	XP1801	深蓝国际玩具贸易公司	销售部		张林	人民币	1.00000000
合计										

图 11-78 应收单审核

②直运销售发票制单。

菜单路径:业务工作/财务会计/应收款管理/制单处理。

进入“制单查询”对话框,选择“发票制单”,点击“确定”,在“应收制单”窗口,点击“全选”,点击“制单”,生成直运销售凭证,修改凭证类别为“转账凭证”,点击“保存”,如图 11-79 所示。

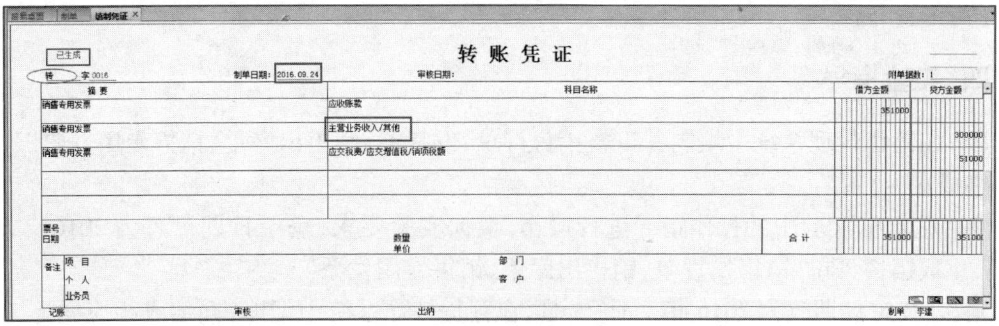

转 账 凭 证

已生成 转 字 0016 制单日期:2016.09.24 审核日期: 附单据数:1

摘要	科目名称	借方金额	贷方金额
销售专用发票	应收账款	351000	
销售专用发票	主营业务收入/其他		300000
销售专用发票	应交税费/应交增值税/销项税额		51000
票号 日期 数量 单价	合计	351000	351000

备注 项目 个人 业务员 部门 客户

记账 审核 出纳 制单 李建

图 11-79 直运销售发票制单

(11) 账套备份。

将账套进行备份,并将账套号和名称修改为"116 直运销售业务完成账套"。具体操作步骤参考"实验三"实验指导中的第 7 步操作。

第十一节　实验十九:先发货后开票退货业务(开具发票及结转销售成本后退货)

一、实验目的

通过本实验,掌握先发货后开票退货业务(开具发票及结转销售成本后退货)的处理流程及相关操作。

建议课时:1 课时。

二、实验准备

引入"116 直运销售业务完成账套"的账套备份数据,系统日期根据资料业务具体日期设定,再以"005 张林"操作员身份登录,登录时间与系统日期保持一致。

三、实验要求

业务说明:9 月 15 日,销售部出售给深蓝国际玩具贸易公司遥控汽车玩具套装 30 盒,无税单价为 310 元/盒,已经提货,并已经开具销售专用发票;9 月 24 日早上结转销售成本;9 月 24 日下午,对方因质量问题全部退货。本公司同意退货,于当天收到退货,并入产成品仓。

根据以上业务,完成如下操作:

(1)在销售管理系统中填制并审核销售订单、发货单、销售出库单、销售专用发票以及结转销售成本。

(2)在销售管理系统中生成并审核退货单。

(3)在库存管理系统中生成并审核红字销售出库单。

(4)在销售管理系统中生成并复核红字专用销售发票。

(5)在存货核算管理系统中执行红字销售出库单记账。

(6)进行销售退货业务成本处理。

(7)账套备份。

四、实验指导

(1)在销售管理系统中填制并审核销售订单、发货单、销售出库单、销售专用发票以及结转销售成本。

参考之前的实验中的操作指导进行操作,根据实验要求,登录日期设置为 2016 年 9 月 15 日,生成销售订单、销售发货单、销售出库单、销售专用发票。

其次,登录日期改为 2016 年 9 月 24 日,在存货核算系统中记账,并生成相应凭证,如图 11-80 所示。

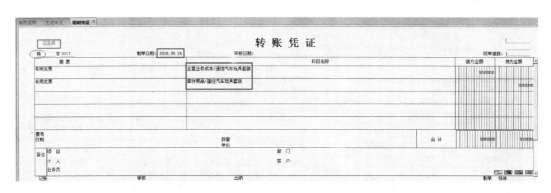

图11-80 结转销售成本凭证

（2）在销售管理系统中生成并审核退货单。

菜单路径：业务工作/供应链/销售管理/销售发货/退货单。

点击"增加"，系统自动显示退货单参照发货单窗口，点击"查询"，选择相应的发货单，点击"OK 确定"，系统自动生成退货单，修改退货日期，点击"保存"，再点击"审核"，如图11-81、图11-82 所示。

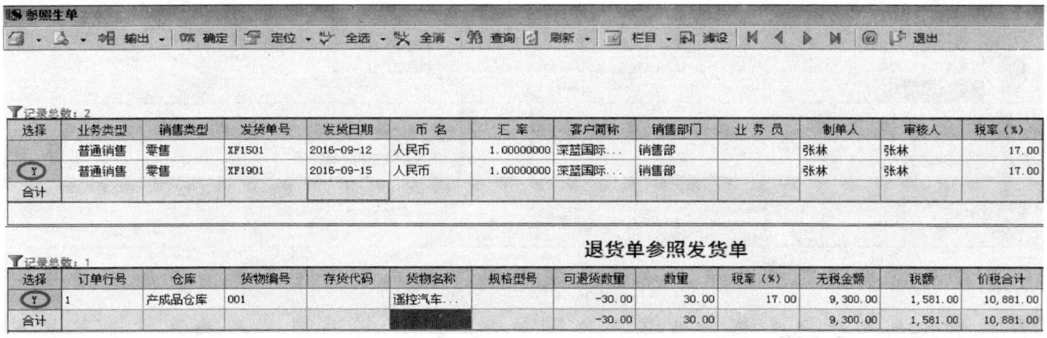

图11-81 退货单参照生单（发货单）

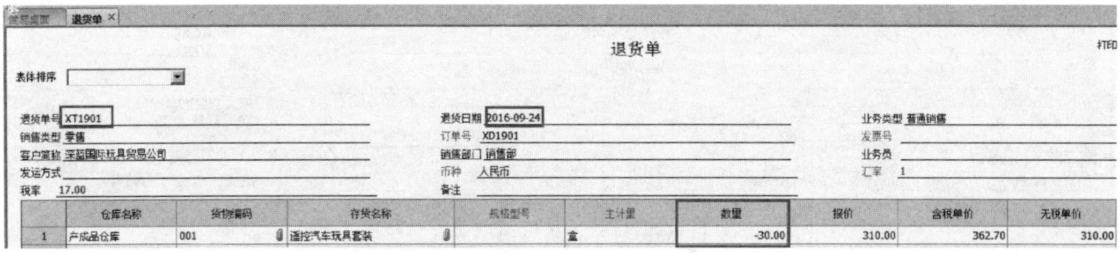

图11-82 退货单生成

（3）在库存管理系统中生成并审核红字销售出库单。

菜单路径：业务工作/供应链/库存管理/出库业务/销售出库单。

系统根据退货单自动生成红字销售出库单。点击"审核"，如图11-83 所示。

（4）在销售管理系统中生成并复核红字专用销售发票。

菜单路径：业务工作/供应链/销售管理/销售开票/红字专用销售发票。

点击"增加"，选择"销售生单"，系统自动显示"发票参照订单"窗口，点击"查询"，系统自动显示相应的订单，点击"OK 确定"生成红字专用销售发票，点击"保存"，再点击"复核"，如图11-84、图11-85 所示。

177

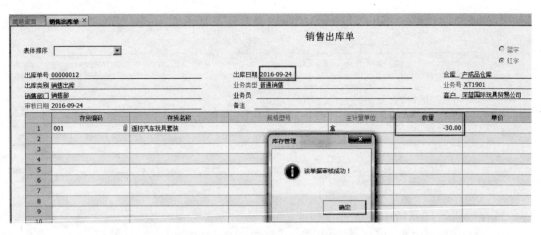

图11-83　红字销售出库单生成并审核

图11-84　红字销售专用发票参照生单(销售订单)

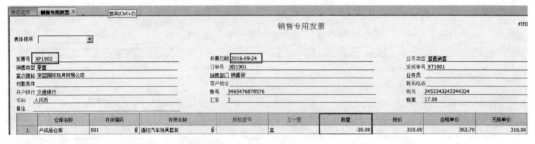

图11-85　红字销售发票生成并复核

(5)在存货核算管理系统中执行红字销售出库单记账。

菜单路径:业务工作/供应链/存货核算/业务核算/正常单据记账。

系统自动弹出"查询条件选择"对话框,点击"确定",进入正常单据记账列表,选择相应的红字销售专用发票,点击"记账",显示"记账成功"对话框,点击"确定",如图11-86所示。

(6)进行销售退货业务成本处理。

菜单路径:业务工作/供应链/存货核算/财务核算/生成凭证。

点击"选择",在生单单据选择窗口中选择"销售专用发票",点击"确定",在"未生成凭证单据一览表"窗口中,选择相应的单据,点击"确定",在"生成凭证"窗口,选择凭证类型为"转账凭证",点击"生成",系统自动生成一张红字凭证,冲销已结转的销售成本,如图11-87所示。

选择	日期	单据号	存货编码	存货名称	规格型号	存货代码	单据类型	仓库名称	收发类别	数量	单价	金额
	2016-09-03	XP1201	001	遥控汽车玩具...			专用发票	产成品仓库	销售出库	40.00		
	2016-09-09	XP1401	001	遥控汽车玩具...			专用发票	产成品仓库	销售出库	40.00		
	2016-09-09	XP1401	002	金属遥控汽车...			专用发票	产成品仓库	销售出库	40.00		
	2016-09-10	XP1301	002	金属遥控汽车...			专用发票	产成品仓库	销售出库	20.00		
	2016-09-10	XP1301	002	金属遥控汽车...			专用发票	产成品仓库	销售出库	25.00		
	2016-09-10	CR12005	022	打印纸			采购入库单	办公用品仓库	采购入库	502.00	150.00	75,300.00
	2016-09-11	CR12006	022	打印纸			采购入库单	办公用品仓库	采购入库	-2.00	150.00	-300.00
	2016-09-12	XP1302	002	金属遥控汽车...			专用发票	产成品仓库	销售出库	20.00		
	2016-09-12	XP1303	002	金属遥控汽车...			专用发票	产成品仓库	销售出库	30.00		
	2016-09-12	XP1501	002	金属遥控汽车...			专用发票	产成品仓库	销售出库	70.00		
	2016-09-24	CR12008	023	办公笔			采购入库单	办公用品仓库	采购入库	-3.00	30.00	-90.00
Y	2016-09-24	XP1902	001	遥控汽车玩具...			专用发票	产成品仓库	销售出库	-30.00	310.00	-9,300.00
	2016-09-27	0000000002	019	塑料颗粒			采购入库单	原材料仓库		3.00		
	2016-09-27	0000000002	020	添加剂			采购入库单	原材料仓库		0.20		
	2016-09-27	0000000001	019	塑料颗粒			材料出库单	原材料仓库		3.00		
	2016-09-27	0000000001	020	添加剂			材料出库单	原材料仓库		0.20		
	2016-09-29	0000000001	013	手柄壳			产成品入库单	半成品仓库		20.00		
	2016-09-29	0000000001	013	手柄壳			其他出库单	半成品仓库	其他出库	10.00		
	2016-09-29	0000000001	013	手柄壳			其他入库单	半成品仓库		10.00		
小计										798.40		74,910.00

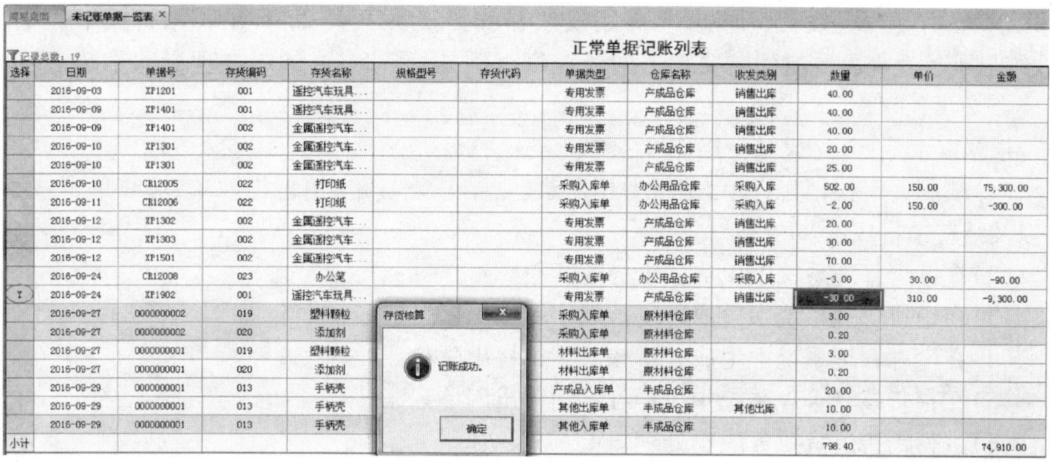

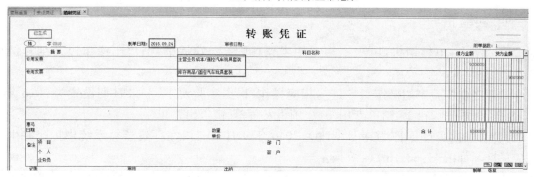

图 11-86 红字销售专用发票正常记账

图 11-87 红字结转成本凭证

(7)账套备份。

将账套进行备份，并将账套号和名称修改为“117 先发货后开票退货业务完成账套”。具体操作步骤参考“实验三”实验指导中的第 7 步操作。

第十二节 实验二十：先开票后发货退货业务

一、实验目的

通过本实验，掌握先开票后发货退货业务的处理流程及相关操作。

建议课时：1 课时。

二、实验准备

引入“117 先发货后开票退货业务完成账套”的账套备份数据，系统日期根据资料业务具体日期设定，再以“005 张林”操作员身份登录，登录时间与系统日期保持一致。

三、实验要求

业务说明：9 月 18 日，销售部出售给维尼玩具专柜遥控汽车玩具套装 50 盒，无税单价为

300元/盒,并于当日发货、开具销售专用发票并收到款项,9月24日结转销售成本;9月26日,维尼玩具专柜因质量问题要求退回遥控汽车玩具套装5盒,同时办理退款手续,开出一张现金支票XJ008。

根据以上业务,完成如下操作:

(1)填制并审核销售订单、销售专用发票(现结)、发货单、销售出库单、应收单审核及制单以及结转销售成本。

(2)在销售管理系统中生成并审核退货单。

(3)在销售管理系统中生成并复核红字专用销售发票(现结)。

(4)在库存管理系统中生成并审核红字销售出库单。

(5)在存货核算管理系统中执行红字销售出库单记账。

(6)进行销售退货业务成本处理。

(7)账套备份。

四、实验指导

(1)填制并审核销售订单、销售专用发票(现结)、发货单、销售出库单以及结转销售成本。

参考之前实验中的操作指导进行相应操作,根据实验要求,登录日期设置为2016年9月18日,生成销售订单、销售专用发票、销售发货单、销售出库单。

其次,根据实验要求,登录日期改为2016年9月24日,在存货核算系统中记账并生成相应凭证。如图11-88、图11-89所示。

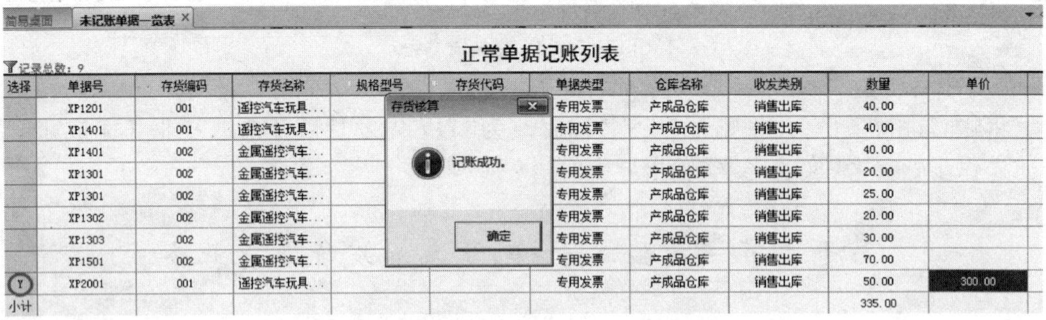

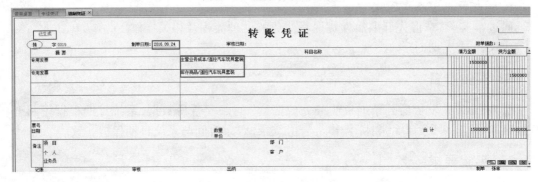

图11-88 销售专用发票记账

图11-89 结转销售成本凭证

(2)在销售管理系统中生成并审核退货单。

菜单路径:业务工作/供应链/销售管理/销售发货/退货单。

根据实验要求,登录日期改为 2016 年 9 月 26 日。根据实验要求手工填制一张退货单,点击"审核",如图 11-90 所示。

图 11-90　退货单填制及审核

(3)在销售管理系统中生成并复核红字专用销售发票(现结)。

菜单路径:业务工作/供应链/销售管理/销售开票/红字专用销售发票。

点击"增加",系统自动弹出"查询条件选择"窗口,发货单类型选择"红字记录",点击"确定",显示"发票参照订单"窗口,系统自动显示相应的退货单,选择相应的退货单,点击"OK 确定"生成红字专用销售发票,点击"保存",再点击"现结",输入现金支票信息,点击"确定",再点击"复核",如图 11-91～图 11-93 所示。

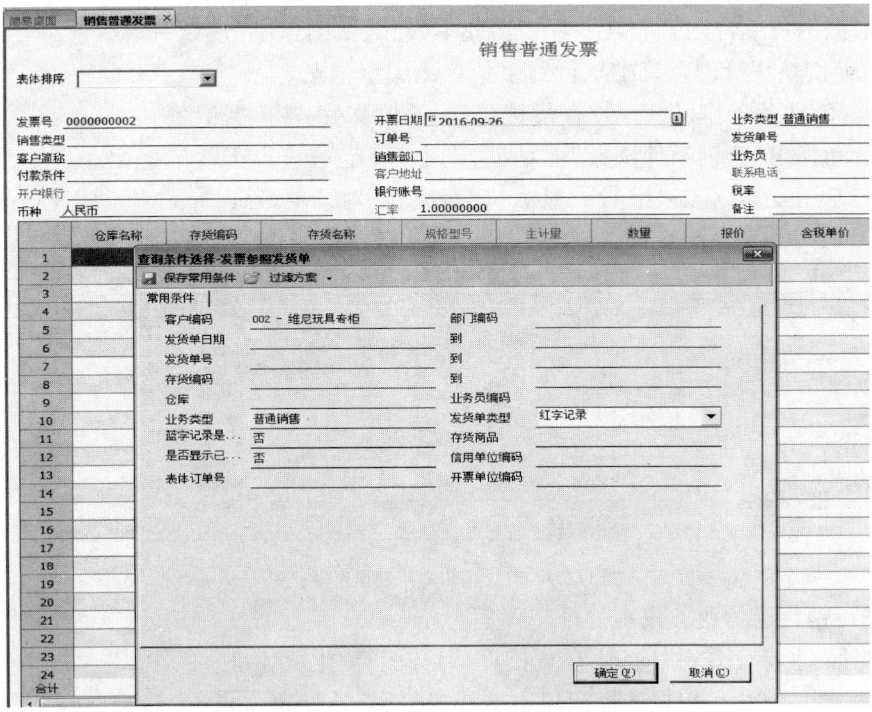

图 11-91　红字销售专用发票"查询条件选择"窗口

(4)在库存管理系统中生成并审核红字销售出库单。

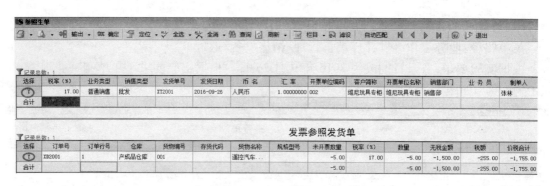

图 11-92　红字销售专用发票参照生单(退货单)

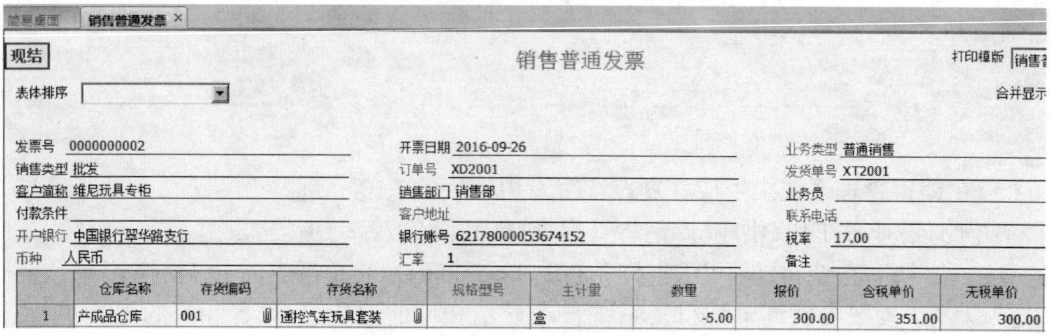

图 11-93　红字销售专用发票生成及复核

菜单路径:业务工作/供应链/库存管理/出库业务/销售出库单。

系统根据退货单自动生成红字销售出库单,对该单据点击"审核"。

(5)在存货核算管理系统中执行红字销售出库单记账。

菜单路径:业务工作/供应链/存货核算/业务核算/正常单据记账。

系统自动弹出"查询条件选择"对话框,点击"确定",进入正常单据记账列表,选择相应的红字销售专用发票,点击"记账",显示"记账成功"对话框,点击"确定",如图11-94所示。

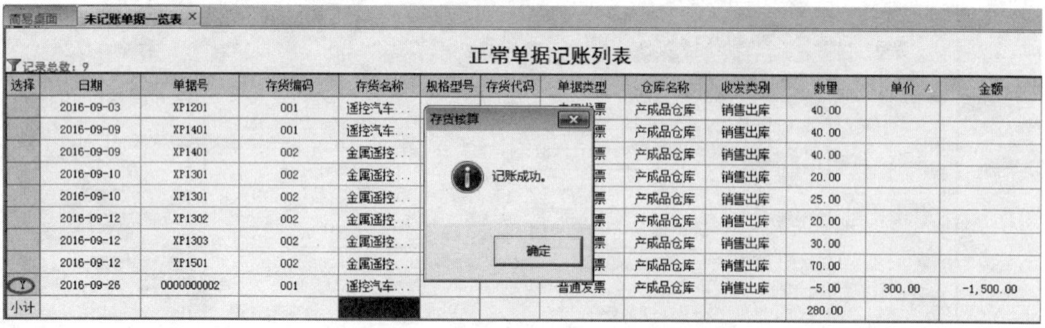

图 11-94　红字销售专用发票正常记账

(6)进行销售退货业务成本处理。

菜单路径:业务工作/供应链/存货核算/财务核算/生成凭证。

点击"选择",在生单单据选择窗口中选择"销售普通发票",点击"确定",在"未生成凭证单据一览表"窗口中,选择相应的单据,点击"确定",在"生成凭证"窗口,选择凭证类型为"转账凭证",点击"生成",系统自动生成一张红字凭证,冲销已结转的销售成本,如图11-95所示。

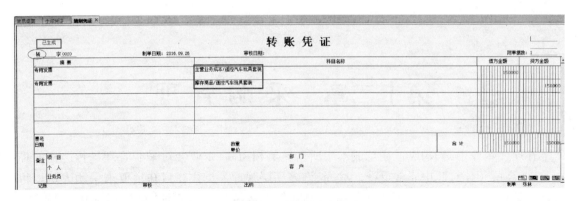

图 11-95 红字结转成本凭证

(7) 账套备份。

将账套进行备份,并将账套号和名称修改为"118 先发票后发货退货业务完成账套"。具体操作步骤参考"实验三"实验指导中的第 7 步操作。

第十二章 采购管理

在现代企业中,采购成本在总成本中所占比例相当高,企业会对采购管理进行严格的控制,企业高层领导对此也非常重视。然而,许多高层管理人员往往只知道要求采购人员取得最低的采购成本,而忽略了真正的目标是要降低总成本。这是一种"见树不见林"的做法。在生产过程中,采购管理既要保证生产的顺利进行,又要维持合理的库存量,降低采购成本。采购直接导致货币资金的支出或对外负债的增加,采购业务发生频率高,工作量大,运行环节多,容易产生管理漏洞。如何协调生产与采购,采购与库存之间的关系,已成为众多企业亟待解决的难题。

用友 ERP-U8 采购管理系统,就是通过各种可能的采购流程对采购业务进行有效的控制和管理,帮助企业降低采购成本来提升企业竞争力的控制系统。总之,采购管理是企业为完成生产及销售计划,选择适当的供应商,在确保适当的品质下,于适当的时期,以适当的价格,购入必需数量的物品所采取的一切管理活动。

第一节 采购管理概述

一、采购管理系统的主要功能

企业所属行业和生产类型不同,采购形式也多种多样。对生产企业来说,存货的采购是生产的准备阶段,目的是采购生产适用、价格公道、质量合格的原材料;对商业企业来说,要使企业获得尽可能多的销售收入,采购适销对路且价格公道的商品就成了很重要的因素。采购管理的主要任务是相同的,主要包括以下几项:

(1)有效管理供应商。对供应商进行分类管理,维护供应商档案信息和供应商存货对照表,建立长期稳定的采购渠道。

(2)对供应商在交付时间、质量和价格等方面进行评价,取消不合格供应商的供货资格,在供应商档案中增加审查合格的供应商。

(3)对采购价格进行严格管理,降低采购成本。

(4)根据采购计划、请购单、销售订单生成采购订单或手工输入采购订单,既要保证生产的顺利进行和客户的及时交付,又要保持较低的库存,降低成本。

(5)接收货物后及时填写采购到货单,并通知检验部门进行质量检验。

(6)接收供应商开具的采购发票,进行采购结算,并将结算单转给财务部门记账和及时支付货款。

(7)进行采购订单执行情况查询、分析。

二、采购业务应用模式

根据本书关于采购管理涉及的实验内容,采购管理分为以下几种业务模式:

1. 普通采购业务模式

普通采购业务适用于大多数企业的日常采购业务,与其他企业一起,提供对采购请购、采购订货、到货检验、采购入库、采购发票、采购成本核算、采购付款的全过程管理。

业务流程步骤如下:

(1)请购部门填制采购请购单。
(2)采购部门根据采购请购单生成采购订单。
(3)采购部门将采购订单发送给供应商,供应商进行送货。
(4)货物到达企业后,对收到的货物进行清点,参照采购订单填制采购到货单。
(5)经过仓库的质检和验收,参照采购订单或采购到货单填制采购入库单。
(6)取得供应商的发票后,采购部门填制采购发票。
(7)采购部门进行采购结算。
(8)将采购入库单报财务部门的成本会计进行存货核算,将采购发票等票据报应付账会计进行应付账款核算。

2. 特殊采购业务模式

特殊采购业务模式是在普通采购业务模式基础上衍生而来的,根据本书关于特殊采购业务的实验内容,特殊采购业务模式包括采购请购比价业务模式、采购现付业务模式等。

(1)采购请购比价业务模式

采购请购比价业务模式是指企业采购部门根据请购单的待购数量,并结合供应商存货价格表,进行比价采购的业务操作处理过程。

业务模式的步骤如下:

①请购部门填制采购请购单。
②采购部门根据采购请购单进行请购比价。
③采购部门填制采购订单。
④采购部门将采购订单发送给供应商,供应商进行送货。
⑤货物到达企业后,对收到的货物进行清点,参照采购订单填制采购到货单。
⑥经过仓库的质检和验收,参照采购订单或采购到货单填制采购入库单。
⑦取得供应商的发票后,采购部门填制采购发票。
⑧采购部门进行采购结算。
⑨将采购入库单报财务部门的成本会计进行存货核算,将采购发票等票据报应付账会计进行应付账款核算。

(2)采购现付业务模式

采购现付业务模式是指在采购业务发生时,立即付款开发票;在实际业务中当采购人员在采购取得货物的同时将货款先行垫付,这时需将款项直接支付给本单位的采购人员。在采购发票保存后就可以进行现付款处理,已审核的发票不能再做现付处理。

业务流程步骤如下:

①请购部门填制采购请购单。
②采购部门根据采购请购单生成采购订单。
③采购部门将采购订单发送给供应商,供应商进行送货。
④货物到达企业后,对收到的货物进行清点,参照采购订单填制采购到货单。
⑤经过仓库的质检和验收,参照采购订单或采购到货单填制采购入库单。
⑥取得供应商的发票后,采购部门填制采购发票并进行现结。
⑦采购部门进行采购结算。
⑧将采购入库单报财务部门的成本会计进行存货核算,将采购发票等票据报应付账会计进行应付账款核算。

(3)采购现付业务模式单据关系

采购现付业务模式单据关系同普通采购业务模式单据关系,因此不再重复介绍。

3. 暂估业务模式

暂估业务模式是指企业外购入库的货物当月发票还未到,在无法确定实际的采购成本时,财务人员暂时按照估计的价格入账,待发票到达后,并与采购入库单结算后,按照结算金额调整暂估采购入库金额的操作处理过程。

业务流程步骤如下:

(1)请购部门填制采购请购单。
(2)采购部门根据采购请购单生成采购订单。
(3)采购部门将采购订单发送给供应商,供应商进行送货。
(4)货物到达企业后,对收到的货物进行清点,参照采购订单填制采购到货单。
(5)经过仓库的质检和验收,参照采购订单或采购到货单填制采购入库单。
(6)本月末未收到供应商的发票,因此先执行单据记账并生成暂估入库凭证。
(7)本月末进行期末处理及月末结账。
(8)下月在取得供应商的发票后,采购部门填制采购发票。
(9)采购部门进行采购结算。
(10)执行结算成本处理,系统自动生成相应的红字回冲单和蓝字回冲单。
(11)根据系统生成的红字回冲单和蓝字回冲单,制单生成红字回冲凭证和蓝字回冲凭证。

4. 采购退货业务模式

采购退货是指因采购货物的质量、品种、数量等不符合要求而将已购货物退回。按照退货发生的不同时点,处理方式也有所区别。根据本书关于采购退货业务的实验内容,采购退货业务模式包括结算前退货业务模式、结算后退货业务模式等。

(1)结算前退货模式业务流程步骤如下:

①请购部门填制采购请购单。
②采购部门根据采购请购单生成采购订单。
③采购部门将采购订单发送给供应商,供应商进行送货。
④货物到达企业后,对收到的货物进行清点,参照采购订单填制采购到货单。
⑤参照采购订单或采购到货单填制采购入库单。

⑥质检部发现货物有质量问题,提交采购部要求退货,并填制退货单。
⑦仓储部根据填制的退货单参照生成红字采购入库单。
⑧采购部根据生成的红字采购入库和蓝字入库单参照生成采购专用发票。
⑨采购部根据生成的采购专用发票和之前生成的红字采购入库单、蓝字采购入库单进行采购结算处理,生成采购结算单。

(2)结算后采购退货业务流程步骤如下:
①请购部门填制采购请购单。
②采购部门根据采购请购单生成采购订单。
③采购部门将采购订单发送给供应商,供应商进行送货。
④货物到达企业后,对收到的货物进行清点,参照采购订单填制采购到货单。
⑤参照采购订单或采购到货单填制采购入库单。
⑥采购部根据供应商提供的采购发票填制采购专用发票。
⑦采购部根据生成的采购专用发票和之前生成的采购入库单进行采购结算处理,生成采购结算单。
⑧质检部发现货物有质量问题,提交采购部要求退货,并填制退货单。
⑨仓储部根据填制的退货单参照生成红字采购入库单。
⑩采购部根据红字采购入库单生成红字采购专用发票。
⑪采购部根据红字采购专用发票、红字采购入库单进行采购结算。

5.委外业务模式

委外业务是指一种代工不代料的外包委外商进行产品外协加工的加工方式。是指由于本企业生成能力不足,或有特殊工艺要求,或自制成本高于委外成本,或因其他原因,需要由企业提供加工委外件的材料,由委外供应商领料后负责完成委外件的生成,之后结算相应加工费用的一种加工运作模式。

业务模式的流程步骤如下:
(1)企业委外部门根据排产计划填制委外订单。
(2)仓储部根据委外商确认后的委外订单进行发料。
(3)委外商进行委外加工。
(4)委外商将完工产品送到企业,委外部门填制到货通知,质检人员进行质量检验。
(5)库管人员对检验合格品进行清点入库。
(6)委外部门根据入库情况及订单情况填制委外发票,并进行材料费的核销和加工费的结算。

第二节 实验二十一:普通采购业务处理

一、实验目的

通过本实验,掌握普通采购业务的处理流程及相关操作。
建议课时:1课时。

二、实验准备

引入"113 超发货单出库业务完成账套"的账套备份数据,系统日期根据资料业务具体日期设定,再以"007 姚军"操作员身份登录,登录时间与系统日期保持一致。

三、实验要求

业务一:9月1日,业务员姚军向晶开小商品批发公司询问打印纸的价格,其报价为:160/盒(无税),评估后确认价格合理,随即向公司上级主管提出请购要求,请购数量为100盒。业务员据此填制请购单。

业务二:9月2日,上级主管同意向晶开小商品批发公司订购打印纸100盒,要求到货日期为9月3日。(普通采购业务)

业务三:9月3日,收到所订购的货物。填制到货单。

业务四:9月3日,将所收到的货物验收入原料库。填制采购入库单。

业务五:9月3日,收到该笔货物的专用发票一张,发票号 CP12001。

业务六:9月3日,业务部门将采购发票交给财务部门,财务部门确定此业务所涉及的应付账款及采购成本,材料会计记材料明细账。

根据以上业务,完成如下操作:

(1)设置"采购专用发票""采购运费发票""采购到货单""采购报价单""采购订单""采购入库单""委外订单"的单据编号为"完全手工编号"。

(2)在采购管理系统中填制并审核请购单、采购订单、采购到货单。

(3)在库存管理系统中填制采购入库单。

(4)在采购管理系统中生成采购专用发票。

(5)采购结算。

(6)在存货核算系统中核算采购成本。

(7)账套备份。

四、实验指导

(1)设置"采购专用发票""采购运费发票""采购到货单""采购报价单""采购订单""采购入库单""委外订单"的单据编号为"完全手工编号"。

菜单路径:基础设置/单据设置/单据编号设置。

根据实验要求,登录日期设置为 2016 年 9 月 1 日。在"单据编号设置"窗口中左侧树状条目中找"采购专用发票"的单据,点击"修改",在详细信息中勾选"完全手工编号",然后点击"保存"。依照上述操作步骤,对"采购运费发票""采购到货单""采购报价单""采购订单""采购入库单""委外订单"单据进行类似的设置。

(2)在采购管理系统中填制并审核请购单、采购订单、采购到货单。

①填制并审核请购单。

菜单路径:业务工作/供应链/采购管理/请购/请购单。

根据实验要求,登录日期设置为 2016 年 9 月 1 日。点击"增加",输入实验要求内容,点击"保存",点击"审核",如图 12-1 所示。

图 12-1 采购请购单

②采购订单生成并审核。

菜单路径:业务工作/供应链/采购管理/采购订货/采购订单。

根据实验要求,登录日期改为 2016 年 9 月 2 日。点击"增加",点击"生单",选择"采购请购单"选项,弹出"查询条件选择－请购单列表过滤"窗口,点击"确定",弹出"拷贝并执行"窗口,选择"CQ12001 号"请购单,点击"OK 确定",系统自动带出相应的采购订单,点击"保存",点击"审核",如图 12-2 所示。

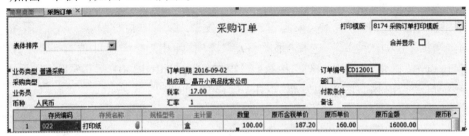

图 12-2 采购订单生成并审核

③采购到货单生成并审核。

菜单路径:业务工作/供应链/采购管理/采购到货/到货单。

根据实验要求,登录日期改为 2016 年 9 月 3 日。点击"增加",点击"生单",选择"采购订单"选项,弹出"查询条件选择－采购订单列表过滤"窗口,点击"确定",弹出"拷贝并执行"窗口,选择"CD12001 号"采购订单,点击"OK 确定",系统自动带出相应的采购到货单,点击"保存",点击"审核",如图 12-3 所示。

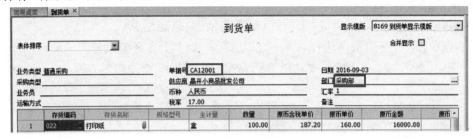

图 12-3 采购到货单生成并审核

(3)在库存管理系统中填制采购入库单。

菜单路径:业务工作/供应链/库存管理/入库业务/采购入库单。

点击"生单",选择"采购到货单(蓝字)"选项,弹出"到货单生单列表"窗口,选择"CA12001 号"到货单,点击"OK 确定",系统自动带出相应的采购入库单,点击"保存",点击"审核",如图 12-4 所示。

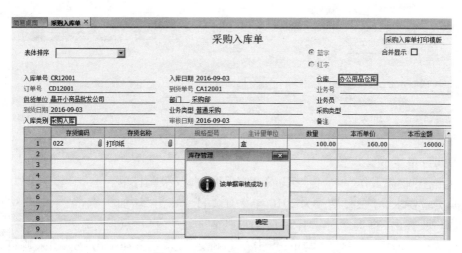

图 12-4　采购入库单生成并审核

（4）在采购管理系统中生成采购专用发票。

菜单路径：业务工作/供应链/采购管理/采购发票/专用采购发票。

点击"增加"，点击"生单"，选择"采购订单"选项，弹出"查询条件选择－采购订单列表过滤"窗口，点击"确定"，弹出"拷贝并执行"窗口，选择"CD12001 号"采购订单，点击"OK 确定"，系统自动带出相应的采购发票，点击"保存"。如图 12-5 所示。

图 12-5　采购发票生成

（5）采购结算。

菜单路径：业务工作/供应链/采购管理/采购结算/自动结算。

系统自动弹出"查询条件选择－采购自动结算"窗口，结算模式选择"采购入库单与采购发票"选项，点击"确定"，显示成功结算信息窗口，如图 12-6、图 12-7 所示。

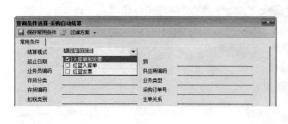

图 12-6　"查询条件选择－采购自动结算"窗口　　　　图 12-7　结算成功信息

(6)在存货核算系统中核算采购成本。

①正常单据记账。

菜单路径:业务工作/供应链/存货核算/业务核算/正常单据记账。

系统自动弹出“查询条件选择”窗口,点击“确定”,进入“未记账单据一览表”窗口,选择相应的单据,点击“记账”,显示“记账成功”对话框,点击“确定”,如图 12-8 所示。

选择	单据号	存货编码	存货名称	规格型号	存货代码	单据类型	仓库名称	收发类别	数量	单价	金额
Y	CR12001	022	打印纸			采购入库单	办公用品仓库	采购入库	100.00	160.00	16,000.00
小计									100.00		16,000.00

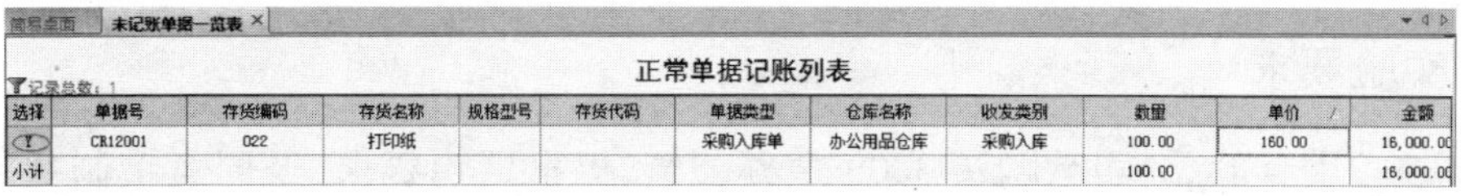

图 12-8　正常单据记账

②采购成本核算并制单。

菜单路径:业务工作/供应链/存货核算/财务核算/生成凭证。

点击“选择”,系统自动弹出“查询条件”窗口,选择“采购入库单(报销记账)”选项,点击“确定”,系统弹出“未生成凭证一览表”窗口,选择“CR12001 号”单据,点击“确定”,进入“生成凭证”窗口,“存货科目”填入“140503—其他”,并修改凭证类别为“转账凭证”,点击“生成”,进入“填制凭证”窗口。最后修改凭证类别为转账凭证,点击“保存”。如图 12-9、图 12-10 所示。

选择	单据类型	单据号	摘要	科目类型	科目编码	科目名称	借方金额	贷方金额	借方数量	贷方数量	科目方向	存货编码	存货名称	存...	规...	部门编码	部门名称
1	采购入库单	CR12001	采购入库单	存货	140503	其他	16,000.00		100.00		1	022	打印纸			4	采购部
				对方	1401	材料采购		16,000.00		100.00	2	022	打印纸			4	采购部
合计							16,000.00	16,000.00									

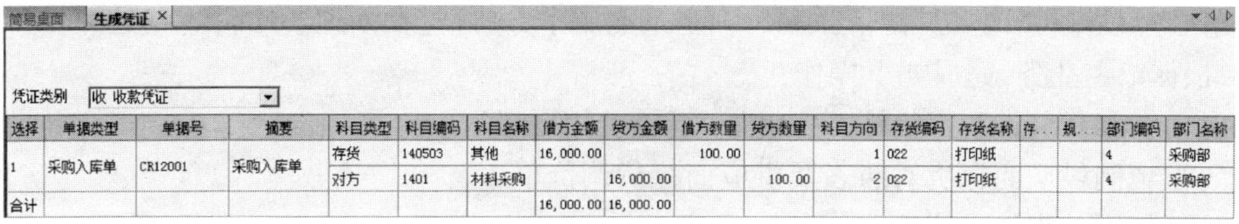

图 12-9　生成凭证

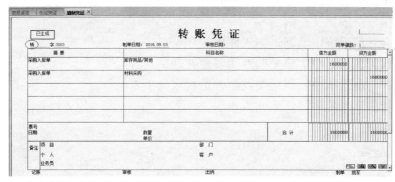

图 12-10　凭证生成

(7)账套备份。

将账套进行备份,并将账套号和名称修改为“119 普通采购业务完成账套”。具体操作步骤参考“实验三”实验指导中的第 7 步操作。

第三节　实验二十二:特殊采购业务处理

一、实验目的

通过本实验,掌握特殊采购业务的处理流程及相关操作。

建议课时:1课时。

二、实验准备

引入"119普通采购业务完成账套"的账套备份数据,系统日期根据资料业务具体日期设定,再以"007姚军"操作员身份登录,登录时间与系统日期保持一致。

三、实验要求

业务一:9月4日,公司欲购买3000盒办公笔,提出请购要求,经同意填制并审核请购单。根据以往的资料得知提供办公笔的供应商有两家,分别为恒天办公用品公司和晶开小商品批发公司,他们的报价分别为22元/盒、30元/盒。通过比价,决定向恒天办公用品公司订购,要求到货日期为9月5日。

业务二:9月5日,未收到上述所订货物,向供应商发出催货函。

业务三:9月5日,恒天办公用品公司生产的3000盒办公笔到货,验收入办公用品仓库。公司同时收到专用发票一张,票号为CP12002,立即以转账支票(支票号Z011)形式支付货款。另外,在采购的过程中,发生了一笔运输费200元,税率为7%,收到相应的运费发票一张,票号为CY12001。记材料明细账,确定采购成本,进行付款处理及应付账款处理。

根据以上业务,完成如下操作:

(1)在存货分类和存货档案中增加"运输费用"一项。
(2)填制供应商存货对照表及供应商存货调价单。
(3)填制并审核采购请购单。
(4)请购比价生成采购订单。
(5)进行供应商催货及查询。
(6)在库存管理系统中填制采购入库单。
(7)在采购管理系统中生成采购专用发票并现结。
(8)在采购管理系统中填制运费发票并进行采购手工结算。
(9)在存货核算系统中核算采购成本。
(10)账套备份。

四、实验指导

(1)在存货分类和存货档案中增加"运输费用"一项。

菜单路径:基础设置/基础档案/存货/存货分类。

菜单路径:基础设置/基础档案/存货/存货档案。

根据实验要求,登录日期设置为2016年9月4日。在"存货分类"窗口中点击"增加",输入分类编码和分类名称——"运输费用",点击"保存";在"存货档案"窗口中点击"增加",输入存货信息——"运输费用",点击"保存"。

(2)填制供应商存货对照表及供应商存货调价单。

①填制供应商存货对照表。

菜单路径:业务工作/供应链/采购管理/供应商管理/供应商供货信息/供应商存货对照表。

点击"增加",输入实验要求内容,点击"保存",再次点击"增加",以添加供应商信息,如图 12-11 所示。

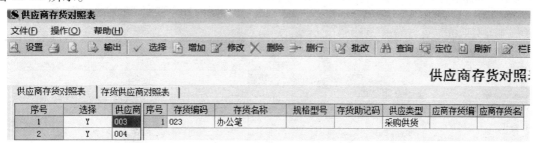

图 12-11　商存货对照表

②填制供应商存货调价单。

菜单路径:业务工作/供应链/采购管理/供应商管理/供应商供货信息/供应商存货调价单。

点击"增加",输入实验要求内容,点击"保存",点击"审核",如图 12-12 所示。

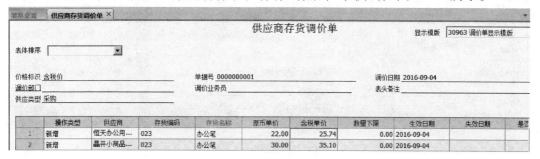

图 12-12　商存货调价单

(3)填制并审核采购请购单。

菜单路径:业务工作/供应链/采购管理/请购/请购单。

点击"增加",输入实验要求内容,但不输入单价和供应商信息,点击"保存",点击"审核",如图 12-13 所示。

图 12-13　采购请购单

(4)请购比价生成采购订单。

①请购比价生单。

菜单路径:业务工作/供应链/采购管理/采购订货/请购比价生单。

系统自动弹出"查询条件选择"对话框,点击"确定",进入"请购比价生单列表"窗口,选择要比价的请购单,点击"比价",自动填入供应商名称,点击"生单",系统弹出"成功生成采购订单"对话框,点击"确定",如图12-14所示。

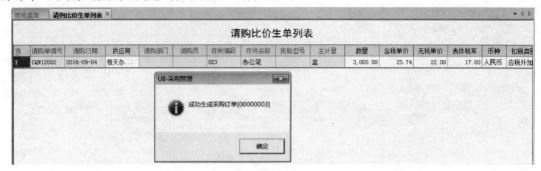

图12-14 请购比价生单列表

②采购订单生成。

菜单路径:业务工作/供应链/采购管理/采购订货/采购订单。

找到上一步生成的采购订单,点击"审核",如图12-15所示。

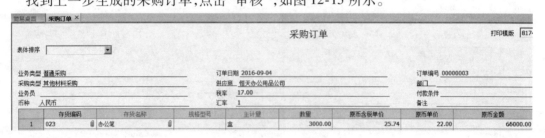

图12-15 采购订单审核

(5)进行供应商催货及查询。

菜单路径:业务工作/供应链/采购管理/供应商管理/供应商催货函。

系统弹出"查询条件"窗口,输入到货日期,进入"供应商催货函"窗口,点击"保存",如图12-16所示。

图12-16 供应商催货函

(6)在库存管理系统中填制采购入库单。

菜单路径:业务工作/供应链/库存管理/入库业务/采购入库单。

根据实验要求,登录日期改为2016年9月5日。点击"生单",选择"采购订单(蓝字)"选项,系统弹出"查询条件选择-采购订单列表"窗口,输入查询条件,点击"确定"进入"订单生单列表"窗口,选择相应的采购订单,点击"确定",系统生成相应的采购入库单,填入入库仓库,点击"保存",点击"审核",如图12-17所示。

(7)在采购管理系统中生成采购专用发票并现结。

菜单路径:业务工作/供应链/采购管理/采购发票/专用采购发票。

第十二章 采购管理

图 12-17 采购入库单生成并审核

点击"增加",点击"生单",选择"入库单"选项,系统弹出"查询条件选择–采购入库单列表过滤"窗口,进入"采购发票拷贝入库单生单执行"窗口,选择"CR12002 号"采购入库单,点击"确定",系统生成相应的采购专用发票,点击"保存",点击"现付",弹出"采购现付"窗口,填入结算金额及原币金额等信息,点击"确定",如图 12-18、图 12-19 所示。

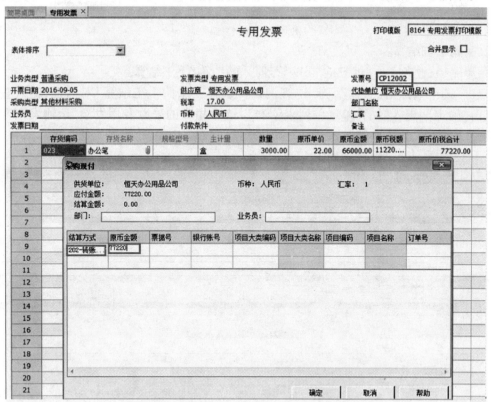

图 12-18 采购专用发票生成及现付窗口

(8)在采购管理系统中填制运费发票并进行采购手工结算。

①填制运费发票。

菜单路径:业务工作/供应链/采购管理/采购发票/运费发票。

点击"增加",输入资料内容,点击"保存",如图 12-20 所示。

195

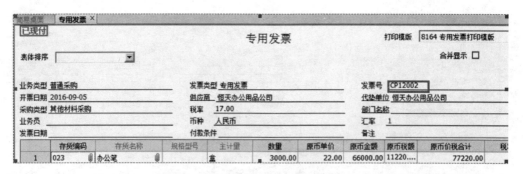

图 12-19　采购专用发票(已现付)

图 12-20　运费发票生成

② 采购手工结算。

菜单路径：业务工作/供应链/采购管理/采购结算/手工结算。

点击"选单"，点击"查询"，弹出"查询条件选择－采购手工结算"对话框，输入查询条件，点击"确定"，进入"结算单选单列表"窗口，选择相应的采购专用发票、运输发票和对应的采购入库单，点击"OK 确定"，进入"手工结算"窗口，点击"分摊"，点击"结算"，弹出"完成结算"对话框，点击"确定"，如图 12-21 所示。

图 12-21　结算单选单列表

【补充说明】

费用包括专用发票、普通发票上的应税劳务存货记录、折扣存货记录，以及运费发票上的应税劳务存货记录。费用可以在手工结算时进行费用分摊，运费发票记录也可以单独进行费用结算。固定资产运费发票不可以单独进行费用结算，但可以在手工结算时进行费用分摊。

(9) 在存货核算系统中核算采购成本。

① 正常单据记账。

菜单路径:业务工作/供应链/存货核算/业务核算/正常单据记账。

弹出“查询条件选择”窗口,点击“确定”,进入“未记账单据一览表”窗口,选择相应的采购入库单单据,点击“记账”,出现“记账成功”信息对话框,点击“确定”,如图 12-22 所示。

选择	日期	单据号	存货编码	存货名称	规格型号	存货代码	单据类型	仓库名称	收发类别	数量
	2016-09-03	XP1201	001	遥控汽车玩具…			专用发票	产成品仓库	销售出库	40.00
Y	2016-09-05	CR12002	023	办公笔			采购入库单	办公用品仓库	采购入库	3,000.00
	2016-09-09	XP1401	001	遥控汽车玩具…			专用发票	产成品仓库	销售出库	40.00
	2016-09-09	XP1401	002	金属遥控汽车…			专用发票	产成品仓库	销售出库	40.00
	2016-09-10	XP1301	002	金属遥控汽车…			专用发票	产成品仓库	销售出库	20.00
	2016-09-10	XP1301	002	金属遥控汽车…			专用发票	产成品仓库	销售出库	25.00
	2016-09-12	XP1302	002	金属遥控汽车…			专用发票	产成品仓库	销售出库	20.00
	2016-09-12	XP1303	002	金属遥控汽车…			专用发票	产成品仓库	销售出库	30.00
	2016-09-12	XP1501	002	金属遥控汽车…			专用发票	产成品仓库	销售出库	70.00
	2016-09-27	0000000002	019	塑料颗粒			采购入库单	原材料仓库		3.00
	2016-09-27	0000000002	020	添加剂			采购入库单	原材料仓库		0.20
	2016-09-27	0000000001	019	塑料颗粒			材料出库单	原材料仓库		3.00
	2016-09-27	0000000001	020	添加剂			材料出库单	原材料仓库		0.20
	2016-09-29	0000000001	013	手柄壳			产成品入库单	半成品仓库		20.00
	2016-09-29	0000000001	013	手柄壳			其他出库单	半成品仓库	其他出库	10.00
	2016-09-29	0000000001	013	手柄壳			其他入库单	半成品仓库		10.00
小计										3,331.40

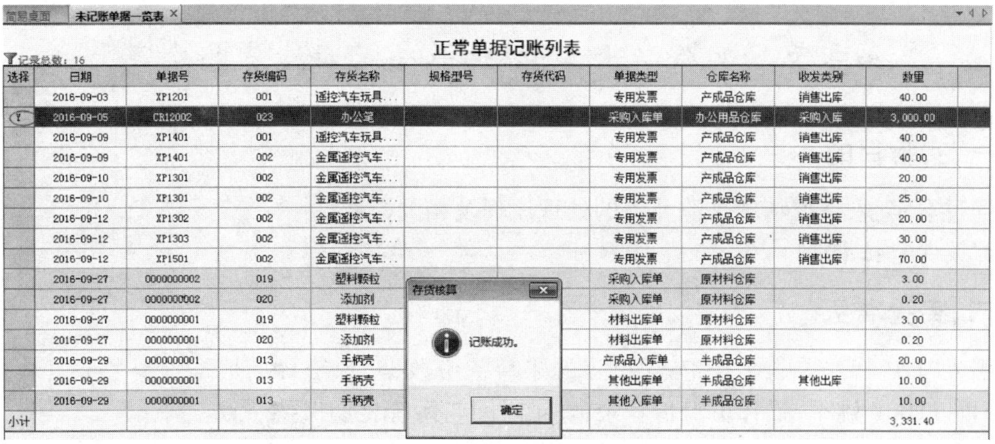

图 12-22　未记账单据一览表

②采购成本核算并制单。

菜单路径:业务工作/供应链/存货核算/财务核算/生成凭证。

点击“选择”,弹出“查询条件”窗口,选择“采购入库单(报销记账)”选项,点击“确定”,进入“未生成凭证一览表”窗口,选择“CR12002 号”采购入库单,点击“确定”,进入“生成凭证”窗口,对方科目编码填入“140103”,点击“生成”,进入“填制凭证”窗口,将凭证类别改为“转账凭证”,点击“保存”。如图 12-23、图 12-24 所示。

选择	单据类型	单据号	摘要	科目类型	科目编码	科目名称	借方金额	贷方金额	借方数量	贷方数量	科目方向	存货编码	存货名称	存…	规…	部门编码	部门名称
1	采购入库单	CR12002	采购入库单	存货	140503	其他	66,166.00		3,000.00		1	023	办公笔				
				对方	1401	材料采购		66,166.00		3,000.00	2	023	办公笔				
合计							66,166.00	66,166.00									

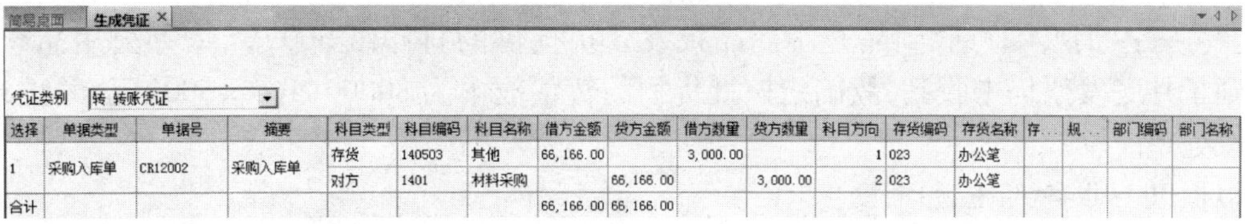

图 12-23　“生成凭证”窗口

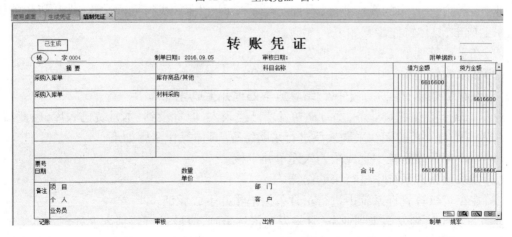

图 12-24　“填制凭证”窗口

(10) 账套备份。

将账套进行备份,并将账套号和名称修改为"120 特殊采购业务完成账套"。具体操作步骤参考"实验三"实验指导中的第 7 步操作。

第四节 实验二十三:暂估业务及在途货物处理

一、实验目的

通过本实验,掌握特殊采购业务的处理流程及相关操作。
建议课时:1 课时。

二、实验准备

引入"120 特殊采购业务完成账套"的账套备份数据,系统日期根据资料业务具体日期设定,再以"007 姚军"操作员身份登录,登录时间与系统日期保持一致。

三、实验要求

业务一:9 月 8 日,收到恒天办公用品公司提供的上月已验收入库的打印纸的专用发票一张,票号为 CP12003,发票上载明打印纸 310 盒,单价为 160 元,短缺的 10 盒打印纸为非合理损耗,已查明属于运输部门责任,运输部门同意赔偿 1872 元(尚未收到)。进行暂估报销处理,确定采购成本及应付账款。

业务二:9 月 10 日,收到恒天办公用品公司上月提供的办公笔 200 盒,入办公用品库。与上月录入的发票进行结算。

业务三:9 月 24 日,收到晶开小商品批发公司提供的打印纸 500 盒,入办公用品仓库。由于到了月底发票仍未收到,故确定该批货物的暂估成本为 80000(160×500)元,并进行暂估记账处理。

根据以上业务,完成如下操作:

增加"非合理损耗类型":编码为 01、名称为运输部门责任。

业务一属于上月末的暂估业务,本月需要输入采购发票,执行采购结算,进行暂估处理,确认采购成本,具体操作步骤如下:

(1)在采购管理系统中填制采购发票。

(2)在采购管理系统中手工结算。

(3)在存货核算管理系统中执行结算成本处理并生成凭证。

业务二属于在途物资业务,上月期初发票已经录入,但货没到,本月货已入库,因此需要将采购入库单与上月的期初采购发票进行采购结算,具体操作步骤如下:

(1)在库存管理系统中生成采购入库单并审核。

(2)在采购管理系统中进行采购结算。

(3)在存货核算管理系统中进行正常单据记账并生成凭证。

业务三属于货到发票未到业务,月末发票依然未到,应该进行暂估入库处理。本笔业务在本月末只需要输入采购订单、到货单、采购入库单,下月收到发票并输入后,系统自动执行

"单到回冲",执行采购结算,并在存货核算系统中执行暂估处理,系统自动改写账簿记录,具体操作步骤如下:

(1)填制并审核采购订单、采购到货单。
(2)填制并审核采购入库单。
(3)对入库单进行正常单据记账。
(4)生成暂估凭证。
(5)账套备份。

四、实验指导

增加"非合理损耗类型":编码为01、名称为运输部门责任。

菜单路径:基础设置/基础档案/业务/非合理损耗类型。

根据实验要求,登录日期设置为2016年9月8日。点击"增加",输入非合理损耗类型编码(01)和类型名称(运输部门责任),点击"保存"。

业务一:

(1)在采购管理系统中填制采购发票。

菜单路径:业务工作/供应链/采购管理/采购发票/专用采购发票。

点击"增加",按照资料内容输入相关信息,点击"保存",如图12-25所示。

图12-25 采购专用发票

【补充说明】
在此,不能用"生单",选择"入库单"选项来拷贝生成采购专用发票,否则保存时会弹出提示信息"本次开票数量大于入库单可开票数量,不能保存"。

(2)在采购管理系统中手工结算。

菜单路径:业务工作/供应链/采购管理/采购结算/手工结算。

点击"选单",再点击"查询",点击"确定",进入"结算选单"窗口,选择相应的采购专用发票和入库单,点击"OK确定",进入"手工结算"窗口,在发票的"非合理损耗数量"栏中输入10,"非合理损耗类型"选择"01运输部门责任",在"进项税转出金额"栏中输入272(10×160×0.17),点击"结算",系统弹出"完成结算"信息提示框,如图12-26所示。

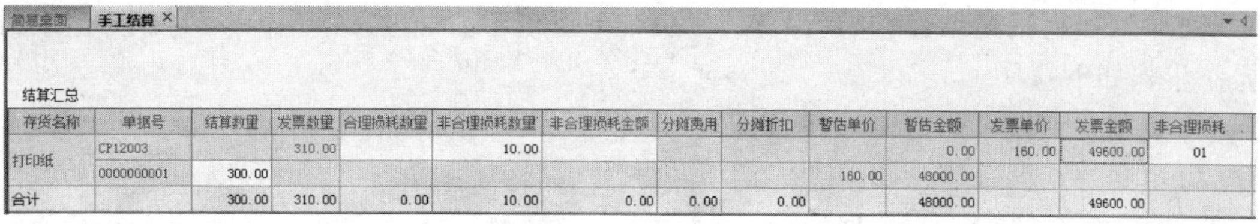

图 12-26 "手工结算"窗口

图 12-27 暂估处理查询

(3)在存货核算管理系统中执行结算成本处理并生成凭证。

①结算成本处理。

菜单路径:业务工作/存货核算/业务核算/结算成本处理。

系统弹出"暂估处理查询"窗口,点击"全选",点击"确定",进入"结算成本处理"窗口,选择相应的入库单,点击"暂估",如图 12-27、图 12-28 所示。

②生成冲销暂估入库业务的凭证。

菜单路径:业务工作/存货核算/财务核算/生成凭证。

图 12-28 结算成本处理

点击"选择",系统弹出"查询条件"窗口,选择"(24)红字回冲单"复选框,并点击"确定",选中要生成凭证的单据,修改凭证类别为"转账凭证",存货科目编码为 140503,对方科目编码为 220202,点击"生成",系统会弹出"凭证赤字提示"对话框,点击"继续",生成一张红字凭证。如图 12-29、图 12-30 所示。

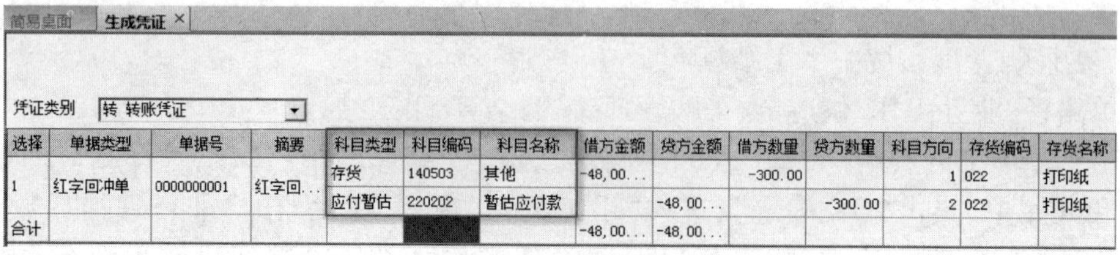

图 12-29 "生成凭证"窗口

③生成"蓝字回冲单(报销)"的凭证。

其中在"生成凭证"窗口中的"查询条件"对话框中选择"(30)蓝字回冲单(报销)"复选

框,其他步骤参照上一步的操作步骤,如图12-31、图12-32所示。

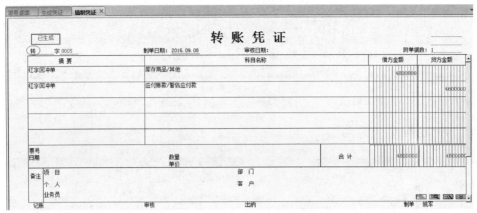

图12-30 生成"红字回冲单"凭证

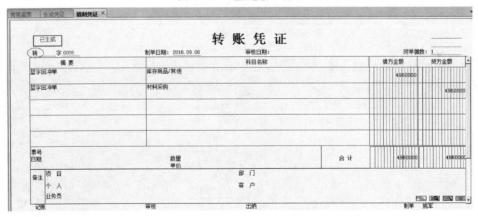

图12-31 "生成凭证"窗口

图12-32 "蓝字回冲单"凭证生成

业务二:

(1)在库存管理系统中生成采购入库单并审核。

菜单路径:业务工作/供应链/库存管理/入库业务/采购入库单。

根据实验要求,登录日期改为2016年9月10日。点击"增加",按照实验资料录入相关信息,点击"保存",再点击"审核"。

(2)在采购管理系统中进行采购结算。

菜单路径:业务工作/供应链/采购管理/采购结算/手工结算。

点击"选单",进入"结算选单"窗口,再点击"查询",系统弹出"查询条件选择"窗口,录入查询条件,点击"确定",在查询出的单据中,选择相应的采购发票和采购入库单,在"选择”栏中出现“Y”字样，点击“OK 确定”，进入“手工结算”窗口，检查其中的各种数据，如无误，则点击“结算”，系统自动弹出“完成结算”对话框。

(3)在存货核算管理系统中进行正常单据记账并生成凭证。

参考之前的业务操作步骤，如图 12-33 ~ 图 12-35 所示。

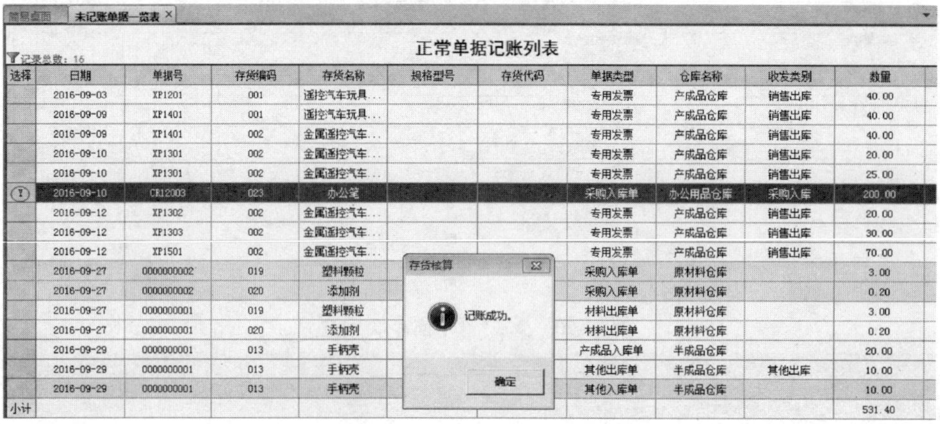

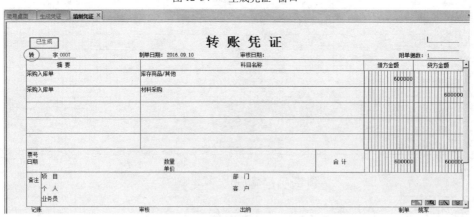

正常单据记账列表

记录总数：16

选择	日期	单据号	存货编码	存货名称	规格型号	存货代码	单据类型	仓库名称	收发类别	数量
	2016-09-03	XP1201	001	遥控汽车玩具...			专用发票	产成品仓库	销售出库	40.00
	2016-09-09	XP1401	001	遥控汽车玩具...			专用发票	产成品仓库	销售出库	40.00
	2016-09-09	XP1401	002	金属遥控汽车...			专用发票	产成品仓库	销售出库	40.00
	2016-09-10	XP1301	002	金属遥控汽车...			专用发票	产成品仓库	销售出库	20.00
	2016-09-10	XP1301	002	金属遥控汽车...			专用发票	产成品仓库	销售出库	25.00
Y	2016-09-10	CR12003	023	办公笔			采购入库单	办公用品仓库	采购入库	200.00
	2016-09-12	XP1302	002	金属遥控汽车...			专用发票	产成品仓库	销售出库	20.00
	2016-09-12	XP1303	002	金属遥控汽车...			专用发票	产成品仓库	销售出库	30.00
	2016-09-12	XP1501	002	金属遥控汽车...			专用发票	产成品仓库	销售出库	70.00
	2016-09-27	0000000002	019	塑料颗粒			采购入库单	原材料仓库		3.00
	2016-09-27	0000000002	020	添加剂			采购入库单	原材料仓库		0.20
	2016-09-27	0000000001	019	塑料颗粒			材料出库单	原材料仓库		3.00
	2016-09-27	0000000001	020	添加剂			材料出库单	原材料仓库		0.20
	2016-09-29	0000000001	013	手柄壳			产成品入库单	半成品仓库		20.00
	2016-09-29	0000000001	013	手柄壳			其他出库单	半成品仓库	其他出库	10.00
	2016-09-29	0000000001	013	手柄壳			其他入库单	半成品仓库		10.00
小计										531.40

图 12-33 “正常单据记账”窗口

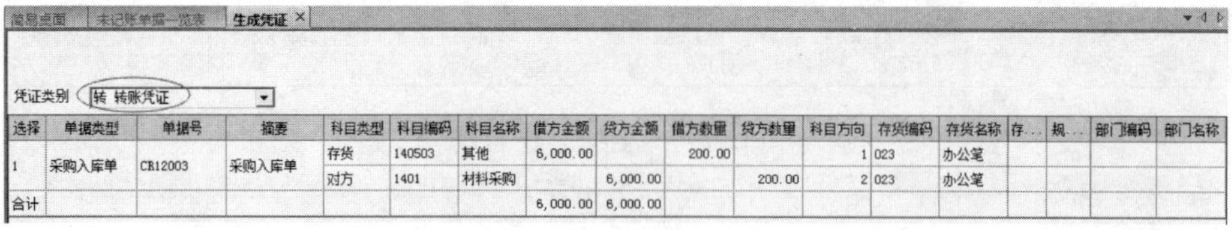

凭证类别 转 转账凭证

选择	单据类型	单据号	摘要	科目类型	科目编码	科目名称	借方金额	贷方金额	借方数量	贷方数量	科目方向	存货编码	存货名称	存..	规..	部门编码	部门名称
1	采购入库单	CR12003	采购入库单	存货	140503	其他	6,000.00		200.00		1	023	办公笔				
				对方	1401	材料采购		6,000.00		200.00	2	023	办公笔				
合计							6,000.00	6,000.00									

图 12-34 “生成凭证”窗口

图 12-35 “转账凭证”窗口

业务三：

(1)填制并审核采购订单、采购到货单。

根据实验要求，登录日期改为 2016 年 9 月 24 日。参考之前的业务操作步骤进行操作。如图 12-36、图 12-37 所示。

(2)填制并审核采购入库单。

参考之前的业务操作步骤进行操作。如图 12-38 所示。

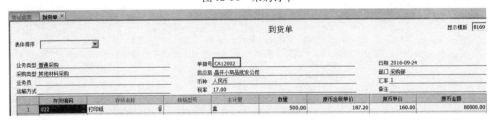

图 12-36 采购订单

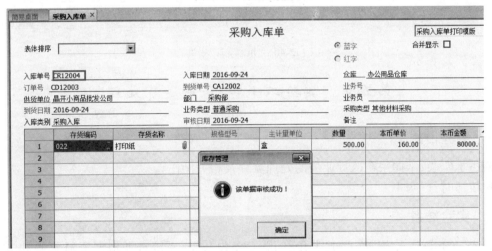

图 12-37 采购到货单

图 12-38 采购入库单

(3)对入库单进行正常单据记账。

菜单路径:业务工作/供应链/存货核算/业务核算/正常单据记账。

系统自动弹出"查询条件选择"窗口,点击"确定",进入"未记账单据一览表"窗口,选择相应的单据,点击"记账",显示"记账成功"对话框,点击"确定"。

(4)生成暂估凭证。

菜单路径:业务工作/供应链/存货核算/财务核算/生成凭证。

点击"选择",系统自动弹出"查询条件"窗口,选择"采购入库单(暂估记账)"选项,点击"确定",系统弹出"未生成凭证一览表"窗口,选择"CR12004 号"单据,点击"确定",进入"生成凭证"窗口,"存货科目"填入"140503——其他","对方科目"填入"220202",并修改凭证类别为"转账凭证",点击"生成",进入"填制凭证"窗口,检查无误后,点击"保存",如图 12-39、图 12-40 所示。

图 12-39 "生成凭证"窗口

（5）账套备份。

将账套进行备份，并将账套名称修改为"121 暂估入库业务完成账套"。具体操作步骤参考"实验三"实验指导中的第 7 步操作。

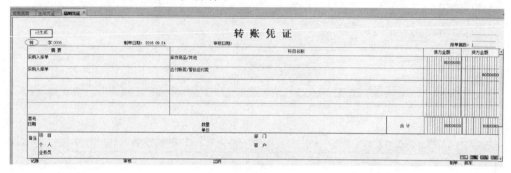

图 12-40 "填制凭证"窗口

第五节　实验二十四：采购退货处理

一、实验目的

通过本实验，掌握采购退货业务的处理流程及相关操作。
建议课时：1 课时。

二、实验准备

引入"121 暂估入库业务完成账套"的账套备份数据，系统日期根据资料业务具体日期设定，再以"007 姚军"操作员身份登录，登录时间与系统日期保持一致。

三、实验要求

业务一：9 月 10 日，收到恒天办公用品公司提供的打印纸，数量 502 盒，单价为 150 元。本公司验收入办公用品仓库。

业务二：9 月 11 日，仓库反映有 2 盒打印纸有质量问题，要求退回给公司。并收到恒天办公用品公司开具的专用发票一张，其发票号为 CP12004。公司进行采购结算。9 月 24 日，公司对上述业务进行成本结转处理。

业务三：9 月 24 日，从晶开小商品批发公司购入的办公笔质量有问题，退回 3 盒，单价为 30 元，同时收到票号为 CP12006 的红字专用发票一张。公司对采购入库单和红字专用采购发票进行结算处理。

根据以上业务，完成如下操作：

(1)在库存管理系统中填制并审核采购入库单。
(2)在采购管理系统中填制退货单。
(3)在库存管理系统中填制红字采购入库单。
(4)在采购管理系统中根据采购入库单生成采购专用发票。
(5)在采购管理系统中处理采购手工结算。
(6)采购订单、采购发票、采购入库单、采购结算单生成。
(7)在存货核算系统中对采购成本进行核算。
(8)在采购管理系统中填制退货单并审核。
(9)在库存管理系统中填制红字采购入库单并审核。
(10)在采购管理系统中填制红字采购专用发票并执行采购结算。
(11)账套备份。

四、实验指导

(1)在库存管理系统中填制并审核采购入库单。

根据实验要求,登录日期设置为 2016 年 9 月 10 日。参考之前的操作步骤进行操作,如图 12-41 所示。

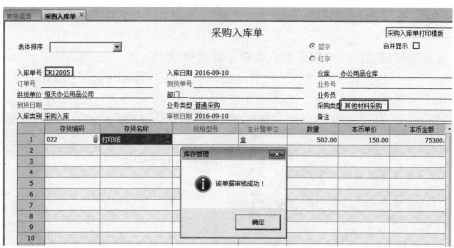

图 12-41　采购入库单

(2)在采购管理系统中填制退货单。

菜单路径:业务工作/供应链/采购管理/采购到货/采购退货单。

根据实验要求,登录日期改为 2016 年 9 月 11 日。点击"增加",按照实验要求输入退货信息,产品数量为"-2",点击"保存",点击"审核",如图 12-42 所示。

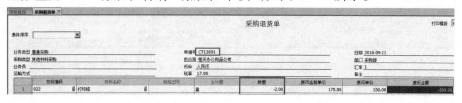

图 12-42　采购退货单生成并审核

（3）在库存管理系统中填制红字采购入库单。

菜单路径：业务工作/供应链/库存管理/入库业务/采购入库单。

点击"增加"，点击"生单"，选择"采购到货单（红字）"选项，系统进入"到货单生单列表"窗口，选择相应的到货单，点击"OK 确定"，系统自动将退货单信息带入到红字采购入库单，点击"保存"，点击"审核"，如图 12-43 所示。

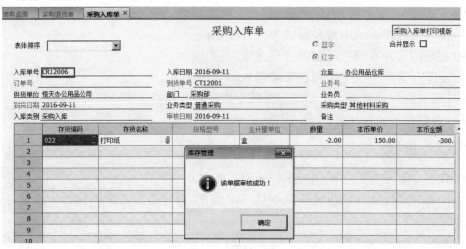

图 12-43　红字采购入库单

（4）在采购管理系统中根据采购入库单生成采购专用发票。

参考前面相关的操作步骤进行操作，在"拷贝并执行"窗口中选择"CR12005 和 CR12006 号"蓝字和红字采购入库单，如图 12-44、图 12-45 所示。

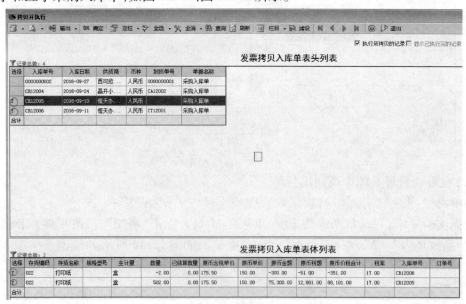

图 12-44　采购专用发票拷贝并执行

（5）在采购管理系统中处理采购手工结算。

菜单路径：业务工作/供应链/采购管理/采购结算/手工结算。

图 12-45 采购专用发票

点击"选单",进入"结算选单"窗口,点击"查询",弹出"查询条件"对话框,系统自动筛选出相应的单据,选择相应的发票和红蓝入库单,点击"OK确定",进入"手工结算"窗口,点击"结算",系统弹出"完成结算"信息提示框,如图12-46~图12-48所示。

图 12-46 结算选单

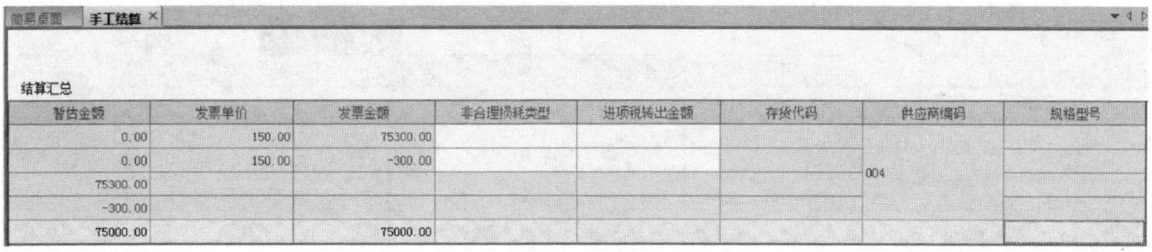

图 12-47 手工结算窗口

图 12-48 结算成功

(6) 采购订单、采购发票、采购入库单、采购结算单生成。

参照之前的操作指导进行操作，具体如图12-49～图12-52所示。

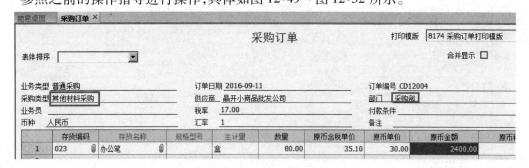

图12-49　采购订单生成并审核

图12-50　采购专用发票生成

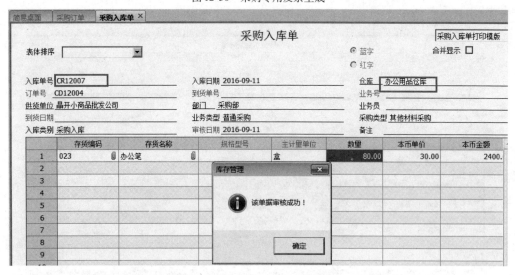

图12-51　采购入库单生成并审核

图12-52　手工结算

（7）在存货核算系统中对采购成本进行核算。

根据实验要求，登录日期改为 2016 年 9 月 24 日。参照之前实验的操作步骤进行操作，具体如图 12-53 ~ 图 12-56 所示。

图 12-53　正常单据记账

图 12-54　查询条件

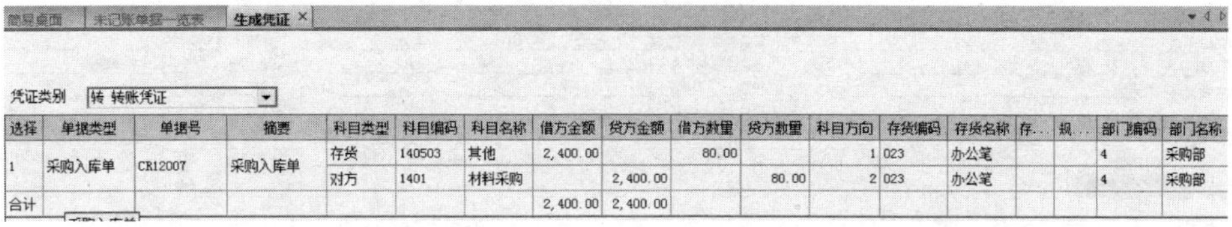

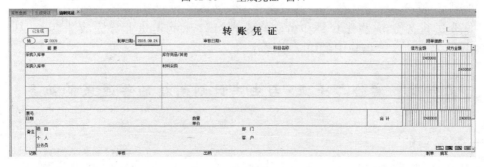

图 12-55　"生成凭证"窗口

图 12-56　"转账凭证"生成窗口

(8) 在采购管理系统中填制退货单并审核。

参照之前的实验操作指导进行操作,具体如图 12-57 所示。

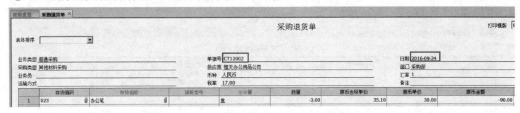

图 12-57　采购退货单

(9) 在库存管理系统中填制红字采购入库单并审核。

参照之前的实验操作指导进行操作,具体如图 12-58 所示。

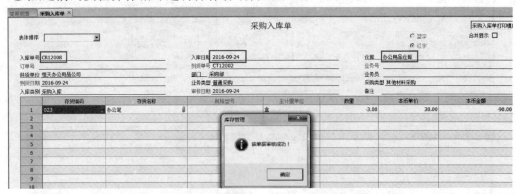

图 12-58　红字采购入库单生成并审核(参照采购退货单)

(10) 在采购管理系统中填制红字采购专用发票并执行采购结算。

参照之前的实验操作指导进行操作,具体如图 12-59 所示。

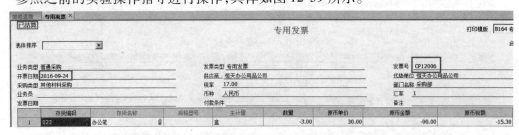

图 12-59　红字采购专用发票生成并结算(保存并结算)

(11) 账套备份。

将账套进行备份,并将账套号和名称修改为"122 采购退货业务完成账套"。具体操作步骤参考"实验三"实验指导中的第 7 步操作。

第六节　实验二十五:与生产计划衔接的普通采购业务

一、实验目的

通过本实验,掌握与生产计划衔接的普通采购业务的处理流程及相关操作。

建议课时:0.5课时。

二、实验准备

引入"118 先发票后发货退货业务完成账套"的账套备份数据,系统日期根据资料业务具体日期设定,再以"007 姚军"操作员身份登录,登录时间与系统日期保持一致。

三、实验要求

业务一:9 月 28 日生成采购订单,9 月 30 日采购到货,根据 MRP 的规划建议完成普通采购业务:

(1)在采购管理系统中参照 MRP 生产计划填制并审核采购订单。
(2)在采购管理系统中填制到货单。
(3)对采购物料进行入库并查询现存量。
(4)开具采购专用发票。
(5)采购结算。
(6)采购入库成本核算并结转。
(7)账套备份。

四、实验指导

(1)在采购管理系统中参照 MRP 生产计划填制并审核采购订单。

菜单路径:业务工作/供应链/采购管理/采购订货/采购订单。

根据实验要求,登录日期设置为 2016 年 9 月 28 日。在"采购订单"窗口中,点击"增加",生成新的采购订单单据号,点击"生单",选择"MPS/MRP 计划",系统弹出"查询条件选择—采购订单 MRP 计划列表过滤"窗口,输入"金属材料(021)"作为查询条件,点击"确定",系统进入"订单拷贝 MRP 计划并执行"窗口,选择订货日期为 9 月 28 日的 MRP 计划(因这笔计划是委外订单中所需要出库的材料),系统根据 MRP 计划生成一张采购订单,输入相应单价信息,点击"保存",再点击"审核";同理操作,可由其他物料 MRP 计划生成采购订单并审核,并可通过"采购订单列表"功能查询到所有生成的采购订单,如图 12-60~图 12-62 所示。

图 12-60 "查询条件选择—采购订单 MRP 计划列表过滤"窗口

(2)在采购管理系统中填制到货单。

菜单路径:业务工作/供应链/采购管理/采购到货/到货单。

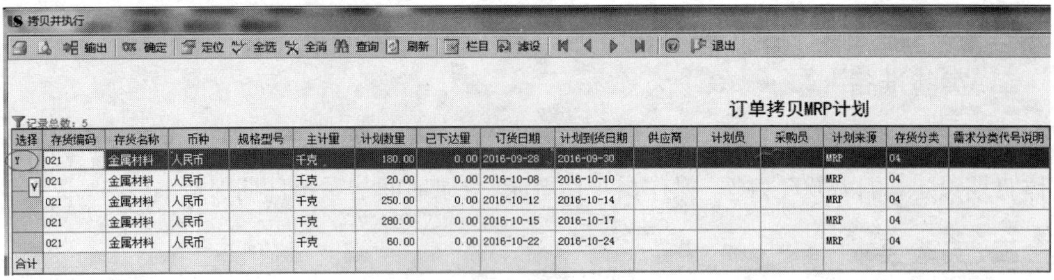

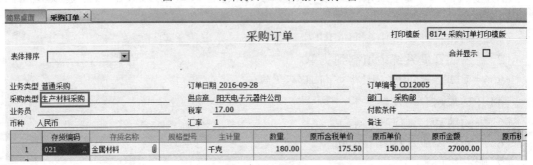

图 12-61　"订单拷贝 MRP 计划并执行"窗口

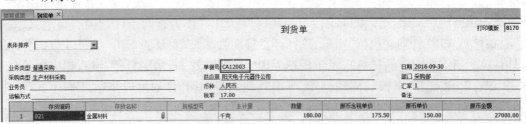

图 12-62　采购订单生成并审核

根据实验要求,登录日期改为 2016 年 9 月 30 日。在"到货单"窗口中,点击"增加",生成新的到货单单据号,点击"生单",选择"采购订单",点击"拷贝采购订单"命令,系统弹出"查询条件"窗口,输入相应的查询条件,点击"确定",系统进入"到货单拷贝订单选单列表"窗口,选择"CD12005 号"单据,点击"OK 确定",所选采购订单的信息被带入到货单中,如图 12-63 所示。

图 12-63　到货单生成并审核

(3)对采购物料进行入库并查询现存量。

菜单路径:业务工作/供应链/库存管理/入库业务/采购入库单。

①在"采购入库单"窗口中,点击"增加",生成新的到货单单据号,点击表头栏的"到货单号"栏位的选择,系统弹出"生单来源"窗口,选择"采购到货单",点击"确认",如图 12-64 所示。

②在"查询条件"窗口中,输入查询条件,点击"确定",进入"到货单生单列表"窗口,选择要入库的到货单,点击"OK 确定",所选到货单的信息即被带进入库单中。

③选择"原材料仓库"作为入库仓库后,点击"保存",再点击"审核",如图 12-65 所示。

④可以通过"业务工作/供应链/库存管理/报表/库存账/现存量查询"功能,查询采购物料的库存现存量资料,如图 12-66 所示。

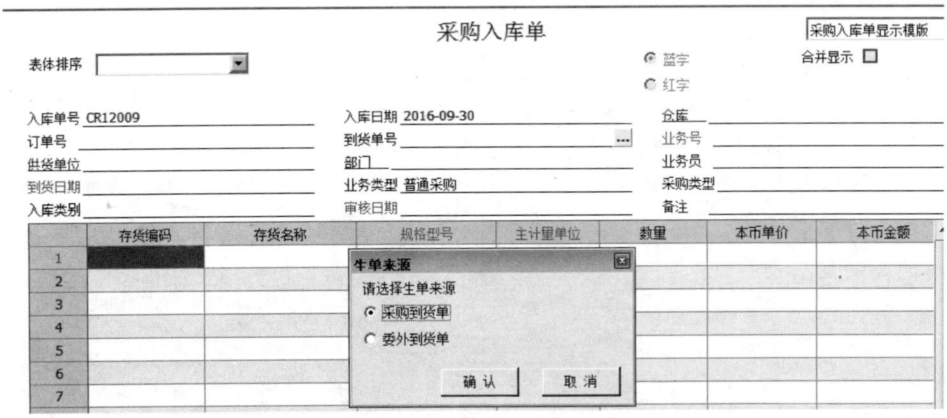

图 12-64 "生单来源"窗口

图 12-65 采购入库单生成并审核

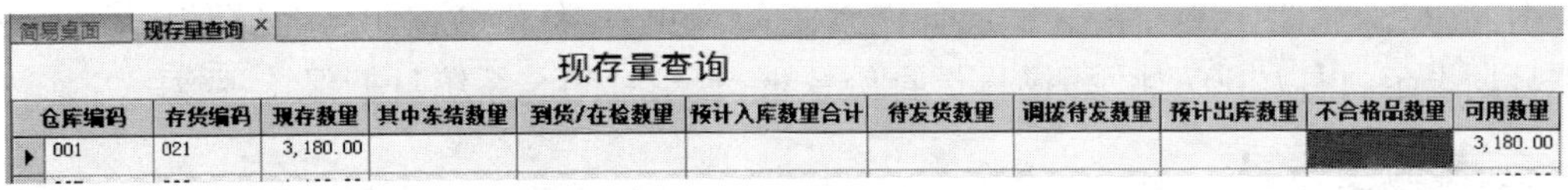

图 12-66 现存量查询

（4）开具采购专用发票。

参考之前实验操作指导进行操作，具体如图 12-67 所示。

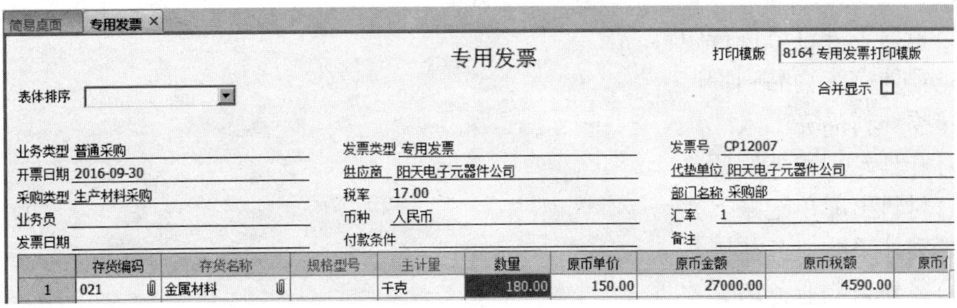

图 12-67 采购专用发票生成

213

(5)采购结算。

参考之前实验操作指导进行操作。

(6)采购入库成本核算并结转。

参考之前实验操作指导进行操作,具体如图12-68所示。

图 12-68　采购入库成本结转凭证生成

(7)账套备份。

将账套进行备份,并将账套号和名称修改为"123与MRP衔接的采购业务完成账套"。具体操作步骤参考"实验三"实验指导中的第7步操作。

第七节　实验二十六:与生产计划衔接的委外采购业务

一、实验目的

通过本实验,掌握与生产计划衔接的委外采购业务的处理流程及相关操作。

建议课时:0.5课时。

二、实验准备

引入"123与MRP衔接的采购业务完成账套"的账套备份数据,系统日期根据资料业务具体日期设定,再以"007姚军"操作员身份登录,登录时间与系统日期保持一致。

三、实验要求

业务一:9月25日生成委外订单、领料;9月30日委外完工到货,根据MRP的规划建议完成委外采购业务:

(1)参照MRP生产计划生成并审核委外订单。

(2)根据委外订单进行领料。

(3)委外完工物品到货。

(4)委外料品完工入库。

(5)开具专用委外发票。

(6)材料出库单记账。

(7)委外采购业务核销。

(8)委外采购业务结算。

(9)委外采购业务成本结转。

(10)账套备份。

四、实验指导

(1)参照 MRP 生产计划生成并审核委外订单。

菜单路径:业务工作/供应链/委外管理/委外订货/委外订单。

根据实验要求,登录日期设置为 2016 年 9 月 25 日。在"委外订单"窗口中,点击"增加",生成一个新的委外订单号;点击"生单",选择"委外计划单"选项,出现"查询条件"窗口,输入相应的查询条件,点击"确定",进入"拷贝并执行"窗口,在列出的记录行中,双击"选择"栏,出现"Y"字样,表示已经选中需要生成委外订单的计划单,点击"OK 确定",所选记录行的信息即被带入委外订单中,补充输入委外商及单价信息后,点击"保存"完成委外订单的录入工作,再点击"审核",如图 12-69、图 12-70 所示。

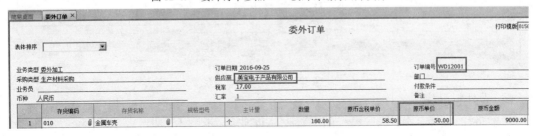

图 12-69　委外订单参照 MRP 委外计划拷贝并执行

图 12-70　委外订单生成并审核

(2)根据委外订单进行领料。

菜单路径:业务工作/供应链/库存管理/出库业务/材料出库单。

①在"材料出库单"窗口中,点击"增加",生成一个新的材料出库单号;点击表头"仓库"栏中的选择,选择"原材料仓库";点击表头"订单号"栏中的选择,系统弹出一个"生单来源"窗口,选择"委外订单"选项,点击"确认"。

②在"查询条件选择—委外发料父项过滤条件"窗口中,点击"确定",进入"订单生单列表"窗口,选择父项物料后,则下方显示其子项内容,点击"OK 确认",所选物料的信息将被带入材料出库单中,点击"保存",完成委外加工物品的领料,再点击"审核",完成审核工作,如图 12-71 所示。

(3)委外完工物品到货。

菜单路径:业务工作/供应链/委外管理/委外到货/到货单。

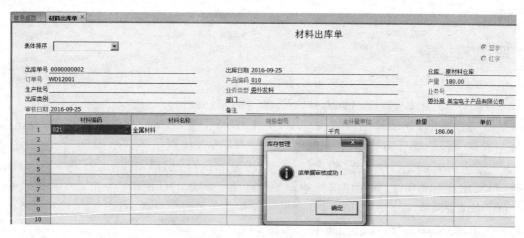

图 12-71 材料出库单生成并审核

①根据实验要求,登录日期改为 2016 年 9 月 30 日。在"到货单"窗口中,点击"增加",生成一个新的材料出库单号;点击"生单",选择"委外订单";在"查询条件"窗口中,点击"确认",进入"生成选单列表"窗口,选择"WD12001 号"单据,点击"OK 确认",所选委外订单的信息将被带入到货单中。

②在"到货单"窗口中,点击"保存",完成到货单生成工作,再点击"审核",完成到货单审核工作,如图 12-72 所示。

图 12-72 到货单生成并审核

(4)委外料品完工入库。

菜单路径:业务工作/供应链/库存管理/入库业务/采购入库单。

参考之前的操作指导进行操作,具体如图 12-73、图 12-74 所示。

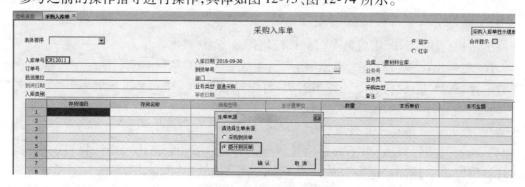

图 12-73 "采购入库单来单生源"窗口

(5)开具专用委外发票。

菜单路径:业务工作/供应链/委外管理/委外发票/专用委外发票。

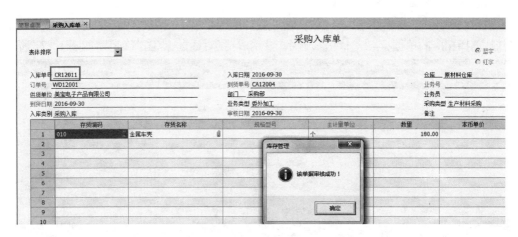

图 12-74 采购入库单生成并审核

①在"专用委外发票"窗口中,点击"增加",生成一个新的材料出库单号;点击"生单",选择"委外入库单";在"查询条件"窗口中,点击"确认",进入"生成选单列表"窗口选择"CR12011 号"单据,点击"OK 确认",所选委外入库单的信息将被带入专用委外发票中。

②在"专用委外发票"窗口中,点击"保存",完成专用委外发票到生成工作,如图 12-75 所示。

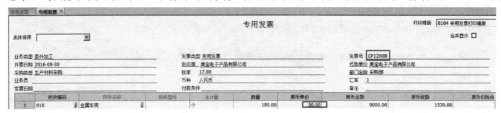

图 12-75 专用委外发票生成

(6)材料出库单记账。

菜单路径:业务工作/供应链/存货核算/业务核算/正常单据记账。

系统自动弹出"查询条件选择"窗口,点击"确定",进入"未记账单据一览表"窗口,选择相应的单据,点击"记账",显示"记账成功"对话框,点击"确定",如图 12-76 所示。

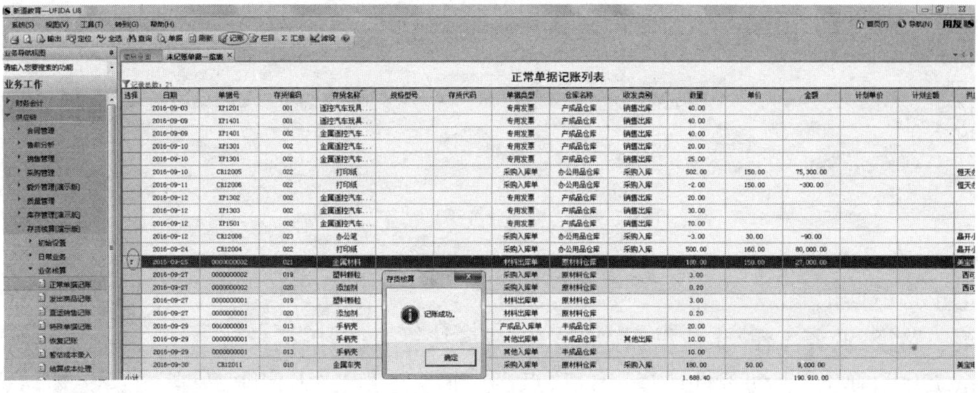

图 12-76 材料出库单记账

(7)委外采购业务核销。

菜单路径:业务工作/供应链/委外管理/委外核销/手工核销。

系统自动弹出"查询条件选择——委外入库单过滤条件"窗口,点击"确定",进入"委外核销处理"窗口,选择相应的单据,点击"核销",显示"核销成功"对话框,点击"确定",如图12-77所示。

图12-77 委外业务核销处理成功

(8)委外采购业务结算。

菜单路径:业务工作/供应链/委外管理/委外结算/手工结算。

点击"选单",进入"结算选单"窗口,选择相应的单据,点击"OK 确定",生成结算单,最后退出该窗口,如图12-78、图12-79所示。

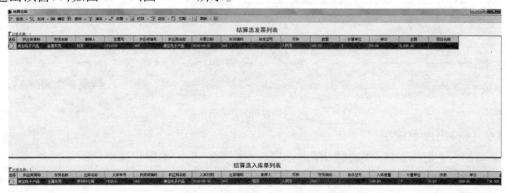

图12-78 "委外业务结算选单列表"窗口

结算汇总												
单据类型	存货编号	存货名称	单据号	结算数量	发票数量	分...	...	暂估	暂估金额	发票单价	发票金额	存货代码	结算材料费	发票类型
委外发票		金属车壳	CP12008	180.00	180.00				0.00	50.00	9000.00		0.00	专用发票
委外入库单	010		CR12011	180.00				200.00	36000.00				27000.00	
			合计	180.00	180.00	0.00	0.00		36000.00		9000.00		27000.00	

图12-79 "委外业务手工结算"窗口

(9)委外采购业务成本结转。

①正常单据记账。

菜单路径:业务工作/供应链/存货核算/业务核算/正常单据记账。

系统自动弹出"查询条件选择"窗口,点击"确定",进入"未记账单据一览表"窗口,选择相应的采购入库单,点击"记账",显示"记账成功"对话框,点击"确定",如图12-80所示。

②采购成本核算并制单。

菜单路径:业务工作/供应链/存货核算/财务核算/生成凭证。

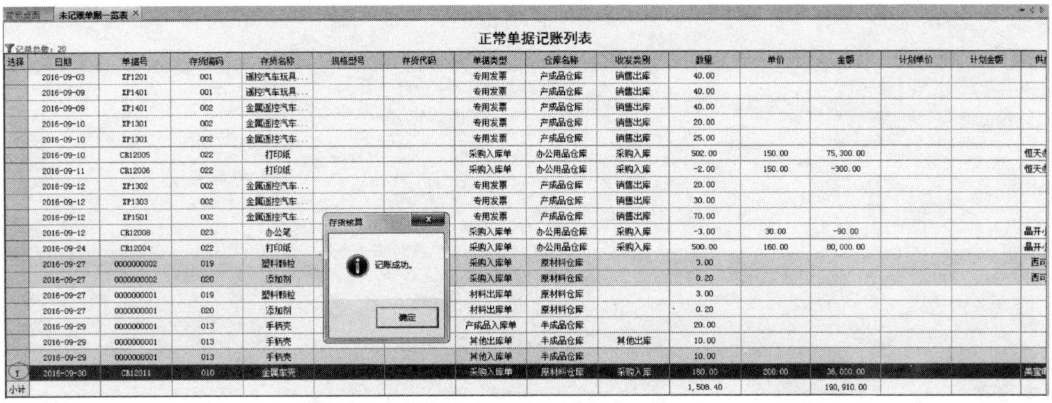
未记账单据一览表

正常单据记账列表

记录总数：20

选择	日期	单据号	存货编码	存货名称	规格型号	存货代码	单据类型	仓库名称	收发类别	数量	单价	金额	计划单价	计划金额	供
	2016-09-03	XP1201	001	遥控汽车玩具...			专用发票	产成品仓库	销售出库	40.00					
	2016-09-09	XP1401	001	遥控汽车玩具...			专用发票	产成品仓库	销售出库	40.00					
	2016-09-09	XP1401	002	金属遥控汽车...			专用发票	产成品仓库	销售出库	40.00					
	2016-09-10	XP1301	002	金属遥控汽车...			专用发票	产成品仓库	销售出库	20.00					
	2016-09-10	XP1301	002	金属遥控汽车...			专用发票	产成品仓库	销售出库	25.00					
	2016-09-10	CR12005	022	打印纸			采购入库单	办公用品仓库	采购入库	502.00	150.00	75,300.00			恒天
	2016-09-11	CR12006	022	打印纸			采购入库单	办公用品仓库	采购入库	-2.00	150.00	-300.00			恒天
	2016-09-12	XP1302	002	金属遥控汽车...			专用发票	产成品仓库	销售出库	20.00					
	2016-09-12	XP1303	002	金属遥控汽车...			专用发票	产成品仓库	销售出库	30.00					
	2016-09-12	XP1501	002	金属遥控汽车...			专用发票	产成品仓库	销售出库	70.00					
	2016-09-12	CR12008	023	办公笔			采购入库单	办公用品仓库	采购入库	-3.00	30.00	-90.00			晶开
	2016-09-24	CR12004	022	打印纸			采购入库单	办公用品仓库	采购入库	500.00	160.00	80,000.00			晶开
	2016-09-27	0000000002	019	塑料颗粒			采购入库单	原材料仓库		3.00					西
	2016-09-27	0000000002	020	添加剂			采购入库单	原材料仓库		0.20					西
	2016-09-27	0000000001	019	塑料颗粒			材料出库单	原材料仓库		3.00					
	2016-09-27	0000000001	020	添加剂			材料出库单	原材料仓库		0.20					
	2016-09-29	0000000001	013	手柄壳			产成品入库单	半成品仓库		20.00					
	2016-09-29	0000000001	013	手柄壳			其他出库单	半成品仓库	其他出库	10.00					
	2016-09-29	0000000001	013	手柄壳			其他入库单	半成品仓库		10.00					
Y	2016-09-30	CR12011	010	金属车壳			采购入库单	原材料仓库	采购入库	180.00	200.00	36,000.00			美宝
小计										1,508.40		190,910.00			

图 12-80　委外材料出库单正常记账

点击“选择”，系统自动弹出“查询条件”窗口，选择“采购入库单（报销记账）”和“材料出库单”选项，点击“确定”，系统弹出“未生成凭证一览表”窗口，点击“全选”后点击“确定”，进入“生成凭证”窗口，对方科目编码填入“1408（委托加工物资）”，委外材料费科目编码为“1408（委托加工物资）”，委外加工费编码为“220201（应付账款/应付款）”，修改凭证类别为“转账凭证”，点击“生成”，进入“填制凭证”窗口，检查无误后，点击“保存”，如图 12-81 所示。

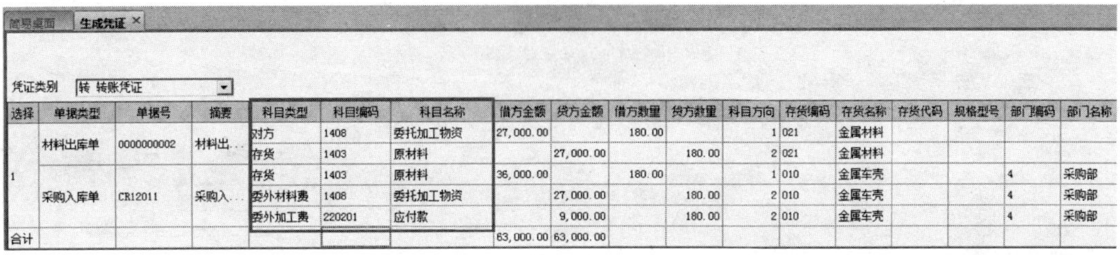

选择	单据类型	单据号	摘要	科目类型	科目编码	科目名称	借方金额	贷方金额	借方数量	贷方数量	科目方向	存货编码	存货名称	存货代码	规格型号	部门编码	部门名称
1	材料出库单	0000000002	材料出...	对方	1408	委托加工物资	27,000.00		180.00		1	021	金属材料				
				存货	1403	原材料		27,000.00		180.00	2	021	金属材料				
	采购入库单	CR12011	采购入...	存货	1403	原材料	36,000.00		180.00		1	010	金属车壳			4	采购部
				委外材料费	1408	委托加工物资		27,000.00		180.00	2	010	金属车壳			4	采购部
				委外加工费	220201	应付款		9,000.00		180.00	2	010	金属车壳			4	采购部
合计							63,000.00	63,000.00									

图 12-81　委外材料出库单生成凭证窗口

（10）账套备份。

将账套进行备份，并将账套号和名称修改为“124 与 MRP 衔接的委外业务完成账套”。具体操作步骤参考“实验三”实验指导中的第 7 步操作。

第四篇　财务管理篇

第十三章　会计信息系统概论
第十四章　总账系统
第十五章　应收应付账款管理
第十六章　薪资管理
第十七章　UFO 报表

第十三章 会计信息系统概述

第一节 会计信息系统概述

信息时代的来临使会计面临的环境发生了巨大变化,会计必须适应网络信息时代的要求,不断利用新的工具和方法进行创新,才能真正适应社会的需求。

一、会计信息系统的定义及构成

会计信息系统是在技术进步、管理变革和会计理论不断发展和完善的基础上逐步发展的,因此,在不同时期,对会计信息系统的理解和定义也不同。

我国会计学界普遍认同的定义是:会计信息系统是一个面向价值信息的信息系统,是从其对组织中的价值运动进行反映和监督的角度提出信息需求的信息系统,简言之,会计信息系统是利用信息技术对会计信息进行采集、存储和处理,完成会计核算任务,并能提供为进行会计管理、分析、决策使用的辅助信息的系统。

基于计算机的会计信息系统是一个人机结合的系统,其基本构成包括硬件资源、软件资源、信息资源和会计人员等基本要素。

二、会计信息系统的功能结构

会计信息系统的功能结构主要描述会计信息系统的核心——会计管理软件的各个子系统,以及每个子系统的基本功能。

由于行业特点、企业性质以及会计核算和管理需求的不同,会计信息系统所包含的内容则不尽相同,其子系统的划分也不尽相同。一般来说,会计信息系统由三大系统组成,即财务系统、购销存系统以及管理与决策系统,每个系统又进一步分解为若干子系统。

1. 财务系统

财务系统主要包括总账子系统、工资子系统、固定资产子系统、应收子系统、应付子系统、成本子系统、报表子系统、资金管理子系统等。

2. 购销存系统

对工业企业而言,购销存系统包括采购子系统、存货子系统、销售子系统;对商业企业而言,还应包括符合商业特点的商业进销存系统。

3. 管理决策与报告

随着会计管理理论的不断发展及其在企业会计实务中的不断应用,人们对会计信息系统提出了更高的要求,即在经济活动的全过程中进行事前预测、事中控制、事后分析,为企业管理和决策提供支持。管理决策与报告子系统可以归纳为三个层级的功能:经营监控层、报告与分析层、业绩评价层。

此外,会计决策支持子系统也将纳入会计信息系统。决策支持子系统是利用现代计算机技术、通信技术和决策分析方法,通过建立数据库和决策模型,向企业的决策者提供及时、可靠的财务、业务等信息,帮助决策者对未来经营方向和目标进行量化分析和论证,从而对企业生产经营活动做出科学的决策。

第二节 账务处理概述

一、账务处理的基本概念

账务处理的概念,从价值管理的视角出发,主要是指运用货币形式的信息计量,借助专门的会计核算方法,对各单位(会计主体)的经济业务以及生产等一系列财务信息和其他经济信息进行核算、控制,从而为企业内外部信息者提供服务以创造价值。

从信息系统角度看,账务处理工作是由会计信息系统的子系统——总账子系统完成的。总账子系统的基本功能是通过采集数据、加工和存储数据、报告财务信息,实现对企业经管活动的核算和控制,保证会计信息的真实、准确和有效,如图13-1所示。

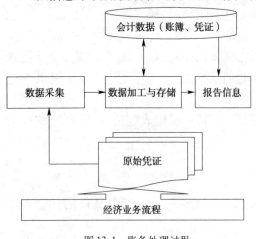

图13-1 账务处理过程

1. 数据采集

数据采集主要是从经济业务流程中采集数据,为数据加工服务。这些数据包括以下内容:

(1)获取/支付流程的数据,例如采购中的数量、单价、金额、税金等,现有存货的数量、单价、金额,向供应商实际支付的款项或应支付的款项。

(2)转换流程的数据,例如企业将材料转换为产品生产过程的材料费用、工资、制造费用、为生产服务的期间费用等。

(3)销售/收款流程的数据,例如销售的数量、单价、金额、广告等,销售费用、销售成本、销售现金流入或应收款项等。

总账子系统从业务流程采集数据,其数据的载体主要为原始凭证(销售发票、付款凭证、入库单等),这些原始凭证作为账务处理的输入信息或数据。

2. 数据加工与存储

数据加工与存储是将反映经济活动的原始凭证按照会计科目和"有借必有贷、借贷必相等"的原则编制记账凭证,审核记账凭证,然后对其进行分类、计算、求和,并将结果保存在各类账簿中。

3. 报告信息

报告信息是以账簿、记账凭证为依据,编制内部报表和外部报表,并提交给投资者、债权人、管理者、政府部门等。

二、账务处理的基本特征

与企业其他经济业务相比,账务处理具有以下基本特征:

1. 规范性强

账务处理采用世界通用的会计记账方法——复式记账,并满足以下基本处理原则:

(1) 有借必有贷,借贷必相等。
(2) 资产 = 负债 + 所有者权益。
(3) 总账余额及发生额必须等于其下属明细账余额及发生额之和。

尽管不同的单位由于业务量不同,而选择不同的会计核算组织程序(登记总账的方法),但最终的账簿格式基本相同。

2. 综合性强

会计信息系统中的其他子系统,是局部反映供产销过程中某个经营环节或某类经济业务的。例如,材料核算子系统主要反映采购、库存、应付账款核算这一经营环节;销售子系统主要反映销售、应收账款核算这一经营环节等。这些子系统不仅采用货币作为计量单位,而且广泛使用实物数量指标。而总账子系统是以货币作为主要计量单位,从价值的视角综合、全面、系统地反映企业供产销信息。因此,账务处理产生的信息具有很强的综合性和概括性。

3. 集成性高

账务处理的基础是原始凭证,而原始凭证又是来自采购、销售等经营活动,这就要求总账子系统与会计信息系统的其他子系统保持高度的集成性,不仅能够从其他子系统中获取信息,而且能够向其他子系统传递信息,起到数据交互的桥梁作用。总账子系统只有与其他子系统有机地结合在一起,才能形成完整的会计信息系统。所以,总账子系统是整个会计信息系统的核心,具有高集成性。

4. 正确性高

由于总账子系统所产生的账表要提供给投资者、债权人、管理者、财政部门、税务部门等,因此,必须保持账务处理数据的正确性,保证结果的真实性。正确的报表来自正确的账簿,正确的账簿来自正确的凭证。因此,只有从凭证开始,对账务处理的各个环节加以控制,才能防止有意无意的差错发生。

三、IT 环境和手工环境下账务处理流程的异同

IT 环境和手工环境下账务处理流程的最终结果都是账簿和报表,其处理过程都是实现从凭证到账簿、从账簿到报表的过程。但是,IT 环境和手工环境下账务处理流程在很多环节上有很多不同,主要表现在以下几点:

1. 数据处理的起点与终点不同

在手工环境下,会计业务的处理起点为原始会计凭证;而在 IT 环境下,会计业务的处理起点可以是记账凭证、原始凭证或机制凭证。

在手工环境下,以财会人员编制并上报会计报表为工作终点;而在 IT 环境下则以计算

机自动输出账簿和固定报表为终点。而且由单独的报表子系统,来完成各种格式的内部及外部报表的编制与输出工作。

2. 数据处理方式不同

在手工环境下,记账凭证由不同的财会人员按照选定的会计核算组织程序,分别登记到不同的账簿中,完成数据处理。在 IT 环境下,会计核算组织程序失去了意义,企业无须选择会计核算组织程序,不需要每个会计人员一遍遍地登记账簿;数据间的运算与归集由计算机自动完成,记账变成了计算机自动处理数据的过程,这样大大减少了财会人员的记账工作量。在手工环境下,300 张凭证由一个人记账大约花费一天的时间,其正确性还不能完全保证;然而,在 IT 环境下,计算机记账一般只需几秒钟或几分钟(记账时间的长短与软件运行的效率有关),而且能够保证会计信息的正确性。此时,财会人员才能从繁杂的劳动中解脱,将时间和精力转向管理与控制。

3. 数据存储方式不同

在手工环境下,会计数据存储在凭证、日记账、总账、明细账等纸张中;而在 IT 环境下,会计数据存储在凭证文件、汇总文件等数据文件中,可以随时查询或打印机输出。

4. 对账方式不同

在手工环境下,按照复式记账的原则,总分类账、日记账、明细账必须采用平行登记的方法,根据每张记账凭证登记明细账,根据汇总数据登记总分类账,然后财会人员定期将总分类账、日记账与明细账中的数据进行核对。当明细账和总账的数据不相符时,说明必然有一方或双方有记账错误。这是手工环境下一种行之有效的查错方法。

在 IT 环境下,由于总账子系统采用预先编制好的记账程序自动、准确、高效地完成记账过程,明细与汇总数据同时产生。只要预先编制好的程序正确,完全可以避免计算错误,这样就没有必要进行总分类账、日记账、明细账的核对。

5. 会计资料的查询统计方式不同

在手工环境下,财会人员为编制一张急需的数据统计表,或查找急需的会计数据,要付出很多劳动;而在 IT 环境下,由于计算机具有高速数据处理能力,财会人员只需通过选择各种查询功能,就可以最快地完成数据的查询统计工作。

在 IT 环境下,可以通过各种查询统计工具进行财务数据分析,财务处理从高效性、正确性、准确性等方面来看,与手工处理产生了根本性的不同,对会计理论和会计实务产生了巨大的影响。总而言之,计算机处理替代了手工账务处理,使得广大的财会人员从繁杂的劳动中解脱,将充足的时间和精力转向事前预测、事中控制、事后分析等会计管理活动。

第三节　会计信息系统与 ERP 的关系

一、会计信息系统的功能集成到 ERP 系统

从传统的会计观来看会计信息系统,会计信息系统是处理会计业务的系统,该系统仅关注交易活动中会计数据,其他有用的非财务信息需要企业额外开发其他信息系统来收集、处理、存储和报告。但是这样做效率低下,经常会有重复数据被收集和存储到两个或两个以上

的信息系统中,不仅造成系统冗余,而且会因为没有同步修改系统数据而造成数据差异。

从 ERP 系统观来看会计信息系统:ERP 强调企业资源管理,因此,会计信息系统必须与企业其他系统有机集成,即将会计信息系统功能集成到 ERP 系统中,会计信息系统是企业资源管理系统的子系统。一个强大的 ERP 系统一般包括采购管理、生产制造管理、销售管理、财务管理(账务处理、应收应付、存货管理、资产管理、成本管理、预算管理、资金管理、绩效评价等)、人力资源管理等子系统。ERP 系统能够把财务的管理控制真正与业务紧密联系在一起,从而使计划、预算、监控、分析的触角延伸到企业各个职能部的最末端,为企业的运作提供决策支持。

二、会计信息系统的信息融入 ERP 集成环境

从传统会计观看会计信息系统,会计信息系统是处理会计业务的系统。因此,该系统仅关注保存会计数据和信息,会计信息系统的数据和信息自成体系,并形成信息孤岛。

从 ERP 系统观来看会计信息系统:因为 ERP 强调企业资源管理,因此,ERP 系统构建整个企业的中央数据库,企业经济活动的数据和信息均存放在中央数据库中。企业各个部门能够共享信息,并协调业务活动。

三、集成会计信息系统后 ERP 系统中财务分析和决策的功能大大增强

从传统会计观看会计信息系统,会计信息系统保存的是会计数据和信息,因此,财务分析局限于会计数据,其分析的深度和广度受限。

从 ERP 系统观来看会计信息系统:中央数据库存放企业经济活动的数据和信息,财务分析和决策人员不仅能够获取会计信息,而且能够获取业务信息,如供应商、采购人员、废品率、采购数量等,这样财务分析报告内容更加丰富,并可以从管理视角提供分析报告,支持决策。

第十四章 总账系统

第一节 总账系统简介

总账管理系统是财务业务一体化管理软件的核心系统,适合于各行各业进行账务核算及管理工作。总账管理系统既可以独立运行,也可同其他系统协同运转。

一、总账系统的目标

一般来说,总账系统的目标应该包括:
(1)及时、准确地采集和输入各种凭证,保证进入计算机的会计数据及时、准确和全面。
(2)高效、正确地完成记账等数据处理过程。
(3)随时输出某个时期内任意会计科目发生的所有业务,随时输出各个会计期间的各种账表,为企业管理提供信息。
(4)建立总账子系统与其他子系统的数据接口,实现会计数据的及时传递和数据共享。

此外,为了充分发挥计算机数据处理的优势,增强总账子系统的核算和辅助管理功能,有些总账子系统的设计目标还增加了部门核算和管理、项目核算和管理、往来核算和管理等辅助功能,以及自动转账、企业集团分子公司会计处理等功能。这些功能都是对账务处理功能的进一步补充,但没有它们,一样可以称作总账子系统。

二、总账系统基本功能概述

总账系统主要功能包括以下内容:
(1)系统初始化:是为总账系统日常业务处理工作所做的准备,主要包括设置系统参数、设置会计科目体系、录入期初余额、设置凭证类别、设置结算方式等。
(2)日常业务处理:主要包括填制凭证、审核凭证、出纳签字、记账以及查询和汇总记账凭证。
(3)出纳管理:提供支票登记簿功能,用来登记支票的领用情况,并可查询银行日记账、现金日记账及资金日报表,定期将企业银行日记账与银行对账单进行核对,并编制银行存款余额调节表。
(4)账簿管理:提供按多种条件查询总账、日记账及明细账等,具有总账、明细账和凭证联查功能,另外还提供了辅助账查询功能。
(5)期末处理:完成月末自动转账处理,进行试算平衡、对账、结账及生成月末工作报告。

第二节 实验二十七:总账系统日常业务处理

由于总账系统初始化实验在"实验二"已预置,故本章共设三个实验,包括日常业务处理实验、出纳管理实验以及期末业务处理实验。

建议课时:2课时。

一、实验目的

(1)掌握用友 ERP-U8 管理软件中总账管理系统日常业务的相关内容。
(2)理解总账系统日常业务的各种操作。
(3)掌握以会计人员的身份进行填制凭证、查询凭证、登记账簿、账簿管理的操作方法。
(4)掌握以出纳人员的身份进行出纳签字的操作方法。
(5)掌握以审核人员的身份进行审核签字的操作方法。

二、实验准备

引入"124 与 MRP 衔接的委外业务完成账套"的账套备份数据,将系统日期修改为"2016年9月30日",再以"002 杨易(会计)"操作员身份登录,登录时间与系统日期保持一致。

三、实验要求

(1)根据具体业务填制凭证。

公司9月发生了如下业务,本书所涉及的具体实验是根据2016年9月所发生的业务,分模块分系统进行讲解,以下业务由会计人员在总账系统内完成。

① 9 月 3 日,财务部出纳从工行提取现金 2000 元,作为备用金,现金支票号 XJ001。

借:库存现金(1001)　　　2000
　贷:银行存款/工行存款(100201)　　　2000

② 9 月 4 日,采购部主管购买了 500 元的办公用品,以现金支付,附单据一张。

借:销售费用(6601)　　　500
　贷:库存现金(1001)　　　500

③ 9 月 5 日,收到兴华集团投资资金 10000 美元,汇率 1:6.275,转账支票号 CHD001。

借:银行存款/中行存款(100202)　　　62750
　贷:实收资本(4001)　　　62750

④ 9 月 9 日公司销售预测。

⑤ 9 月 10 日公司制作生产计划,以 5 天、10 天、15 天为计划周期。

⑥ 9 月 10 日公司计算产能。

⑦ 9 月 10 日公司下发生产订单。

⑧ 9 月 12 日,销售部主管收到乐友母婴连锁商店转来一张转账支票,金额 112000 元,用以偿还前欠货款,转账支票号 CHD002。

借:银行存款/工行存款(100201)　　　112000
　贷:应收账款(1122)　　　112000

⑨ 9 月 15 日,财务部发放 8 月份工资 67500 通过银行转账,转账支票号 CHD003。

借:应付职工薪酬/应付工资(221101)67500
　贷:银行存款/工行存款(100201)　　　67500

⑩ 9月16日,总经理办公室支付业务招待费1000元,转账支票号CHD004。
借:管理费用/其他(660205)   1000
　　贷:银行存款/工行存款(100201) 1000
⑪ 9月18日,总经理办公室高乐出差归来,报销差旅费2100元,交回现金100元。
借:管理费用/差旅费(660203)   2000
　　库存现金(1001)   100
　　贷:其他应收款/应收个人款(122101)   2100
⑫ 9月30日,计提当月工资,其中,管理人员合计60400元,车体加工工人合计7100元。
借:管理费用/薪资(660201)   60400
　　制造费用(500103)   7100
　　贷:应付职工薪酬/应付工资(221101)   67500
⑬ 9月30日会计进行填制凭证、记账、账簿管理。

(2)审核凭证。

(3)修改、删除凭证。

①修改001号凭证的金额为1000元,即对9月3日财务部出纳从工行提取现金2000元的业务进行修改。

②删除001号凭证。

(4)登记账簿。

(5)查询、打印、冲销凭证。

(6)账簿管理。

①查询总账;

②查询发生额及余额;

③查询明细账;

④定义查询多栏账;

⑤部门核算辅助账管理;

⑥客户往来辅助账管理;

⑦个人往来辅助账管理。

(7)账套备份。

四、实验指导

1. 根据具体业务填制凭证

菜单路径:业务工作/财务会计/总账/凭证/填制凭证。

根据第1笔经济业务填制付款凭证。

(1)进入"填制凭证"窗口后,单击"增加"按钮,或者按F5键,准备填制凭证。

(2)单击凭证类别的参照按钮,选择"付款凭证"。

(3)在摘要栏录入"工行提现"。

(4)按回车键,或用鼠标单击"科目名称"栏,单击科目名称栏的参照按钮(或者按F2键),选择"资产"类科目"1001库存现金",或者直接输入"1001"。

(5)按回车键,或用鼠标单击"借方金额"栏,录入借方金额"2000"。

(6)按回车键即可复制上一行摘要,再按回车键,或用鼠标单击"科目名称"栏,单击科目名称栏的参照按钮(或者按 F2 键),选择"资产"类科目"100201 工行存款",或者直接输入"100201"。

(7)按回车键,或用鼠标单击"贷方金额"栏,录入贷方金额"2000",或直接按"="键,此时,系统弹出"辅助项"窗口,填写结算方式"201 现金支票",票号"XJ001",选择相应发生日期,如图 14-1 所示。

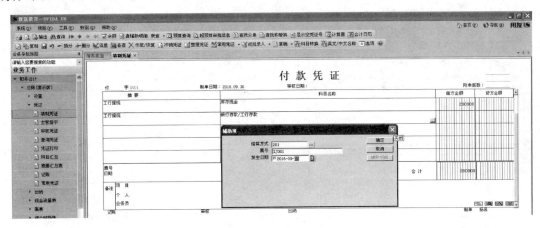

图 14-1　根据第 1 笔业务填制凭证

(8)单击"保存"按钮,系统弹出"是否登记票号"窗口,点击"是",登记票号等信息,然后再保存凭证,系统弹出"凭证已成功保存!"信息提示框,单击"确定"按钮返回。

2.审核凭证

审核凭证分为"出纳签字"和"凭证审核"。

1)出纳签字

操作员:003。

菜单路径:业务工作/财务会计/总账/凭证/出纳签字。

(1)打开"出纳签字"对话框,如图 14-2 所示。

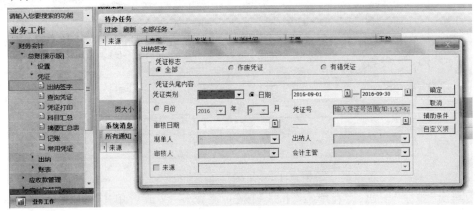

图 14-2　出纳签字

（2）单击"确定"按钮，进入"出纳签字列表"窗口。

（3）双击打开待签字的第001号"付款凭证"。

（4）单击"签字"按钮，接着单击"下张"按钮，逐张签字，或者单击"批处理/成批出纳签字"，成批签字。

【补充说明】

（1）出纳签字的操作一般都在"凭证审核"之前操作。

（2）如果这里点击出纳签字没有这个查询窗口，要检查是否开始启用账套时，启用了"出纳管理"，关闭这个模块，即可正常签字，如图14-3所示。

图14-3　关闭出纳管理模块

（3）进行出纳签字的前提有如下4条：

①在"系统管理"模块，对出纳人员进行了初步的授权；

②在总账系统"选项"中，已经设置了"出纳凭证必须经由出纳签字"；

③在会计科目中进行了"指定会计科目"的操作；

④凭证中所使用的会计科目已经在总账系统中设置为"日记账"辅助核算内容的会计科目，即"库存现金"和"银行存款"。

（4）如果发现已经进行了出纳签字的凭证有错误，则应在取消出纳签字后再在填制凭证功能中修改凭证，然后重新签字。

2）审核签字

操作员：004。

菜单路径：业务工作/财务会计/总账/凭证/审核凭证。

（1）打开"凭证审核"对话框，单击"确定"按钮，进入"凭证审核列表"窗口后，双击打开待签字的第001号"收款凭证"。如图14-4、图14-5所示。

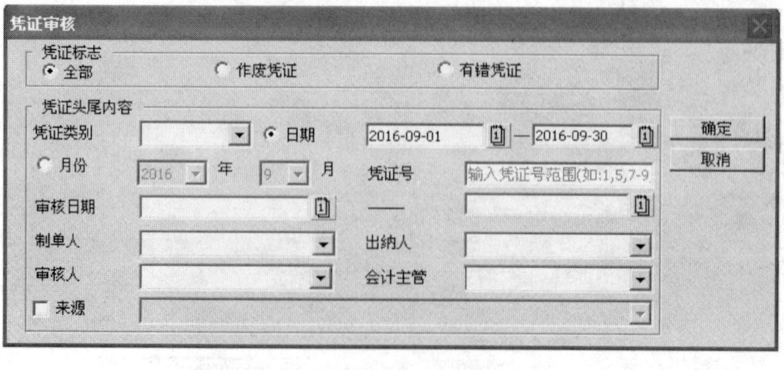

图14-4　凭证审核查询条件图

（2）单击"签字"按钮，接着单击"下张"按钮，逐张签字，或者单击"批处理/成批审核签字"，成批签字。

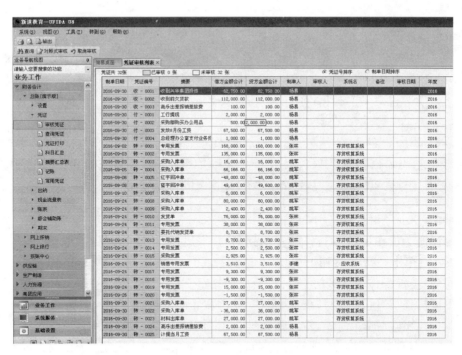

图 14-5 凭证审核列表

【补充说明】

(1)出纳签字人员和审核人员可以是同一人,但是一定不能与会计为同一人。应遵守"岗位分离"原则。

(2)进行审核人员签字的前提有如下 3 条:

①在"系统管理"模块,对审核人员进行了初步的授权;

②在总账系统"选项"中,已经设置了"凭证审核控制到操作员";

③在"数据权限"中设置了审核人员有权审核会计人员所填制凭证的权限。

(3)如果发现已经进行了审核签字的凭证有错误,则应在取消审核签字后再在填制凭证功能中修改凭证,然后重新审核签字。

3. 修改、删除凭证

1)修改第 001 号付款凭证

(1)由操作员"004"肖华执行"凭证"/"审核凭证"命令,打开"凭证审核"对话框。选择 9 月,进入"凭证审核列表"窗口。

(2)查找到第 001 号付款凭证后,单击"取消"签字,取消审核人员签字,再单击"退出"按钮退出。

(3)同理,更换操作员"003"张军,取消出纳签字。

(4)更换操作员"002"杨易,执行"凭证"/"填制凭证"命令,查找第 001 号付款凭证;直接点击第 001 号付款凭证要修改的金额等其他信息。

(5)更换操作员"003"张军,进行出纳签字。

(6)更换操作员"004"肖华,进行审核签字。

【补充说明】

（1）审核过的凭证必须先取消签字，再由会计人员修改。未审核的凭证可以直接修改，但是不能修改凭证类别。被修改后的凭证应在保存后退出。

（2）凭证的辅助项内容也由会计人员可以修改，将光标移至错误的辅助项所在的位置，当出现"笔头状光标"时，双击错误处直接修改并保存。

（3）如果在总账系统的选项中选择"允许修改、作废他人填制的凭证"，则在填制凭证功能中可以有非原制单人修改或作废他人填制的凭证，并保存制单人为修改人名。但是一般不选择该项，而是由原制单人执行修改或作废功能。

2）删除第001号付款凭证

（1）重注册为操作员"004"肖华，查找到第001号付款凭证后，单击"取消"签字，取消审核人员签字，再单击"退出"按钮退出。

（2）同理，更换操作员"003"张军，取消出纳签字。

（3）更换操作员"002"杨易，查找第001号付款凭证。

（4）执行"作废/恢复"命令，将该张凭证打上"作废"标志，如图14-6所示。

（5）执行"整理凭证"命令，选择凭证期间"2016.09"，单击"确定"按钮，打开"作废凭证表"对话框。

（6）双击"作废凭证表"对话框中的"删除"栏，单击"确定"按钮。

（7）选择系统弹出"是否还需整理凭证断号"信息提示框，并提供3种断号整理方式"按凭证号重排""按凭证日期重排"和"按审核日期重排"，选择"按凭证号重排"，单击"是"按钮，系统完成对凭证号的重新整理。

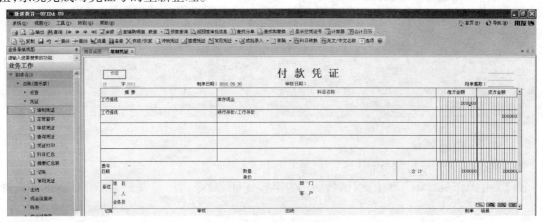

图14-6 凭证作废

【补充说明】

（1）审核过的凭证必须先取消签字，再由会计人员删除。未审核的凭证可以直接删除。

（2）只能对未记账凭证进行删除和进一步整理。若已经记账，则取消记账后再删除凭证。

4. 登记账簿

1）记账

操作员：002。

菜单路径：业务工作/财务会计/总账/凭证/记账。

（1）打开"记账"对话框后，选择"2016.09月份凭证"，"记账范围"为"全选"，如图14-7所示。

（2）单击"记账"按钮，打开"期初试算平衡"窗口，如图14-8所示。

图14-7　记账范围选择条件图　　　　　　　图14-8　记账期初试算平衡表

（3）单击"确定"按钮，系统自动进行记账，记账完成后，系统弹出"记账完毕！"信息提示框。

【补充说明】

（1）记账凭证范围用开始－结束凭证号表示，证号之间可用"，"或"－"隔开。如果不输入记账范围，系统默认为所有凭证。

（2）记账范围应小于等于审核范围；如果上月凭证未记账，或凭证未审核，本月均不能记账。

（3）如果期初余额试算不平衡不允许记账。

（4）记账后不能整理断号。

（5）已记账的凭证不能在"填制凭证"功能中查询，应在"查询凭证"中查询。

2）反记账

操作员：001。

菜单路径：业务工作/财务会计/总账/期末/对账。

（1）由账套主管打开"对账"窗口，双击"2016.09"的"是否对账"栏，再点击"对账"，对账结果显示正确。同时按"Ctrl"＋"H"键，弹出提示框"恢复记账前状态功能已被激活"，单击"确定"/"退出"，如图14-9所示。

（2）单击"凭证"/"恢复记账前状态"，选择"最近一次记账前状态"或"月初"，密码为空，单击"确定"，系统弹出"恢复记账

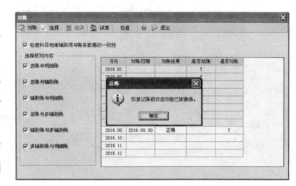

图14-9　激活"恢复记账前状态"功能

完毕!"信息提示框,即可恢复到记账前状态,如图14-10所示。

【补充说明】
(1)已结账月份数据不能取消记账,应先反结账(见"实验三十五"的"10.总账结账")。
(2)"Ctrl+H"键属双态功能操作,首次按键时可激活"凭证"菜单的"恢复记账前状态"菜单项,再按该键将隐藏此菜单项。

5.查询、打印、冲销凭证
1)查询凭证
操作员:002。
菜单路径:业务工作/财务会计/总账/凭证/查询凭证。
(1)打开"凭证查询"对话框,选择已记账凭证,凭证类别为"转账凭证",在凭证号栏录入"1",如图14-11所示。

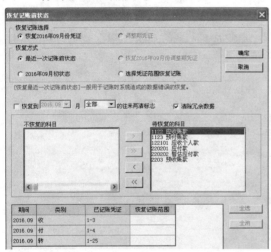

图14-10 记账操作

图14-11 查询凭证

(2)单击"确定"按钮,进入"查询凭证列表"窗口。
(3)双击打开第1张转账凭证进行查看。

【补充说明】
(1)在"查询凭证"功能中既可以查询已记账凭证,也可以查询未记账凭证,而在填制凭证功能中只能查询到未记账凭证。
(2)记账后不能整理断号。
(3)已记账的凭证不能在"填制凭证"功能中查询,应在"查询凭证"中查询。

2)打印凭证
操作员:002。
菜单路径:业务工作/财务会计/总账/凭证/凭证打印。

打开"凭证查询"对话框后,确定凭证打印条件,也可以按默认设置打印,单击"打印",连接打印机即可打印;或者单击"输出",保存为 PDF 格式。

3)冲销凭证

操作员:002。

菜单路径:业务工作/财务会计/总账/凭证/填制凭证/冲销凭证。

(1)进入"填制凭证"窗口后,执行"冲销凭证"命令,打开"冲销凭证"对话框,选择 001 号付款凭证,如图 14-12 所示。

图 14-12　冲销凭证过滤条件图

(2)单击"确定"按钮,生成红字凭证,如图 14-13 所示。

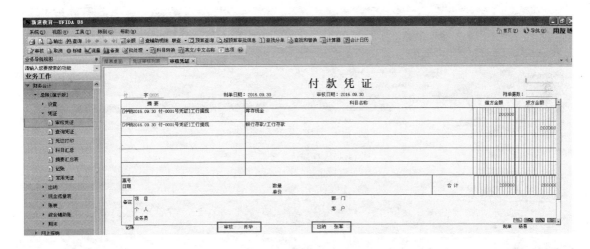

图 14-13　冲销凭证生成

【补充说明】

(1)"冲销凭证"实质是自动生成并保存一张相应的红字金额凭证;待其记账后才能实现"冲销",即"有痕迹"地修改账簿记录。

(2)被"冲销"的凭证必须是已经登记入账的凭证。

(3)已冲销凭证仍需审核、出纳签字后记账。

6.账簿管理

1)查询总账

操作员:002。

菜单路径:业务工作/财务会计/总账/账表/科目账/总账。

(1)进入"总账查询条件"窗口后,直接录入或选择科目编码"1001",单击"确定"按钮,进入"库存现金总账"窗口,如图 14-14 所示,可以看到典型的三栏式总账。

(2)点击"科目"栏的下三角,选择"1405 库存商品",并在右上角账页格式处选择"数量金额式",如图 14-15 所示,可以看到"数量金额式总账"。

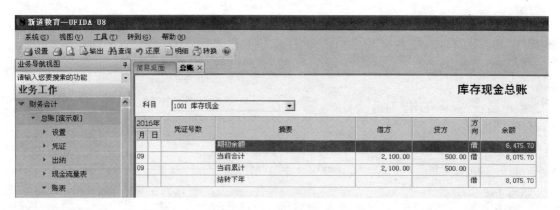

图 14-14　查询现金总账

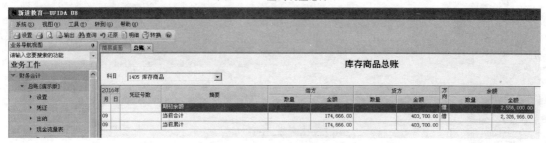

图 14-15　查询数量金额式总账

【补充说明】
（1）查询数量金额式总账，针对在总账系统初始化时，已将会计科目的账页格式设置为"数量金额式"科目的总账资料的查询。
（2）如果这里没有查询权限，则需要由账套主管登录后，进入"系统服务/权限/数据权限分配"，给会计授权所有科目。

2）查询发生额及余额

菜单路径：业务工作/财务会计/总账/账表/科目账/余额表。

（1）进入"发生额及余额查询条件"窗口后，输入条件（月份、科目等），打开"发生额及余额表"，即可查询，如图14-16所示。

（2）单击"累计"按钮，系统自动显示借贷方累计发生额。

（3）将光标移动到具有辅助核算的科目所在行"2202 应付账款"，单击"专项"按钮，可查到相应科目的辅助总账或余额表。

3）查询明细账

菜单路径：业务工作/财务会计/总账/账表/科目账/明细账。

（1）进入"明细账查询条件"窗口后，输入查询条件，或按默认条件单击"确定"，进入明细账窗口。

（2）在"科目"栏的下三角，选择"1122 应收账款"，如图14-17所示。

（3）在"科目"栏的下三角，选择"1405 库存商品"，并在右上角账页格式处选择"数量金额式"，也可以看到"数量金额式明细账"。

发生额及余额表

科目编码	科目名称	期初余额 借方	期初余额 贷方	本期发生 借方	本期发生 贷方	期末余额 借方	期末余额 贷方
1001	库存现金	6,475.70		2,100.00	500.00	8,075.70	
1002	银行存款	511,057.16		174,750.00	70,500.00	615,307.16	
1122	应收账款	158,000.00		3,510.00	112,000.00	49,510.00	
1123	预付账款	4,000.00				4,000.00	
1221	其他应收款	4,000.00			2,100.00	1,900.00	
1231	坏账准备		14,000.00				14,000.00
1401	材料采购		80,000.00		167,166.00		247,166.00
1403	原材料	1,003,800.00		63,000.00	27,000.00	1,039,800.00	
1404	材料成本差异	1,642.00				1,642.00	
1405	库存商品	2,556,000.00		174,666.00	403,700.00	2,326,966.00	
1406	发出商品			84,700.00	46,700.00	38,000.00	
1408	委托加工物资			27,000.00	27,000.00		
1601	固定资产	258,860.00				258,860.00	
1602	累计折旧		47,120.91				47,120.91
1701	无形资产	58,500.00				58,500.00	
资产小计		4,562,334.86	141,120.91	529,726.00	856,666.00	4,402,560.86	308,286.91
2001	短期借款		200,000.00				200,000.00
2202	应付账款		276,500.00		43,925.00		320,425.00
2211	应付职工薪酬		8,550.00	67,500.00	67,500.00		8,550.00
2221	应交税费	16,800.00		425.00	510.00	16,715.00	
2241	其他应付款		600.00				600.00
负债小计		16,800.00	485,650.00	67,925.00	111,935.00	16,715.00	529,575.00
4001	实收资本		2,609,052.00		62,750.00		2,671,802.00
4103	本年利润		1,478,000.00				1,478,000.00
4104	利润分配	119,022.31				119,022.31	
权益小计		119,022.31	4,087,052.00		62,750.00	119,022.31	4,149,802.00
5001	生产成本	14,600.74		7,100.00		21,700.74	
成本小计		14,600.74		7,100.00		21,700.74	
6001	主营业务收入				3,000.00		3,000.00
6401	主营业务成本			365,700.00		365,700.00	
6601	销售费用			500.00		500.00	

图 14-16 发生及余额表

图 14-17 应收账款明细账

4)定义查询多栏账

菜单路径:业务工作/财务会计/总账/账表/科目账/多栏账。

(1)进入"多栏账"窗口后,单击"增加",进入"多栏账定义"窗口。

(2)在"核算科目"栏的下三角,选择"2221 应交税费",多栏账名称栏输入"应交增值税多栏账",备注栏输入"核算科目 222101;222101??",单击"选项"进入"多栏账定义"窗口,单击"自动编辑"以及"分析栏目前置"和上下箭头调整栏目名称和借贷方向,其中,"进项税额"和"转出未交增值税"为借方金额,如图 14-18 所示。

(3)单击"确定"按钮,然后双击刚才设置的

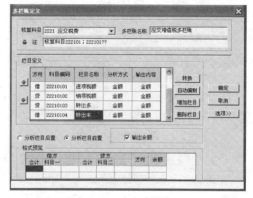

图 14-18 定义多栏账

"应交增值税多栏账",打开"多栏账查询"窗口,按照默认条件,单击"确定"按钮。

(4)单击"确定"按钮,打开"多栏账"窗口查看。

5)部门核算辅助账管理

菜单路径:业务工作/财务会计/总账/账表/部门辅助账/部门总账/部门科目总账。

(1)进入"部门科目总账条件"窗口后,单击"确定"按钮,打开部门总账,如图14-19所示。

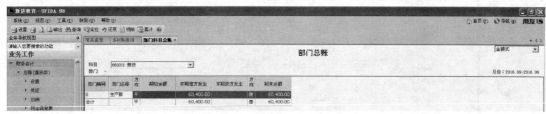

图14-19 部门核算辅助账—薪资查询

(2)另外可以执行"部门辅助账"下的"部门收支分析"功能,如果在定义会计科目时把某科目指定为部门辅助核算,系统则对这些科目除了进行部门核算外,还进行横向和纵向的查询功能。即从部门角度检查费用或收入的发生及余额的情况。

(3)在"部门收支分析条件"窗口中,选择相关费用、部门和月份,可按科目分部门,或按部门分科目查询部门辅助账。再关闭窗口退出。

6)客户往来辅助账管理

菜单路径:业务工作/财务会计/总账/账表/客户往来辅助账/客户往来明细账/客户科目明细账。

菜单路径:业务工作/财务会计/总账/账表/客户往来辅助账/客户往来账龄分析。

(1)进入"客户科目明细账"窗口后,单击"确定"按钮,打开"客户科目明细账",如图14-20所示。

图14-20 客户科目明细账

(2)进入"客户往来账龄"窗口后,单击"确定"按钮,打开"客户往来账龄",如图14-21所示。

(3)关闭所有窗口后退出。

7)个人往来辅助账管理

菜单路径:业务工作/财务会计/总账/账表/个人往来账/个人往来清理。

进入"个人往来两清条件"窗口,项目选择"生产成本",单击"确定"按钮,打开"个人往来两清",如图14-22所示。双击"两清"栏,进行个人往来两清。

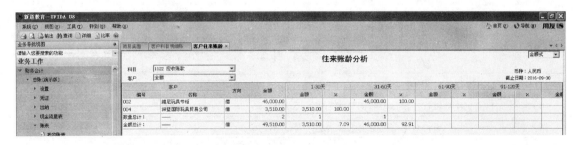

图 14-21 客户往来账龄分析

图 14-22 个人往来两清

7. 账套备份

将账套进行备份,并将账套号和名称修改为"125 总账系统日常业务完成账套"。具体操作步骤参考"实验三"实验指导中的第 7 步操作。

第三节 实验二十八:出纳管理

一、实验目的

(1)掌握用友 ERP–U8V10.1 管理软件中总账管理系统中出纳日常业务的相关内容。
(2)理解总账系统出纳日常业务的各种操作。
(3)掌握以出纳的身份进行现金、银行存款日记账和资金日报表的查询、支票登记簿、银行对账的具体内容和操作方法。
建议课时:1 课时。

二、实验准备

引入"125 总账系统日常业务完成账套"的账套备份数据,将系统日期修改为"2016 年 9 月 30 日",再以"003 张军"操作员身份登录,登录时间与系统日期保持一致。

三、实验要求

(1)查询日记账:包括查询现金日记账和银行日记账。
(2)查询资金日报表。
(3)支票登记簿。
(4)银行对账。

银行对账资料见表14-1。

银 行 对 账 资 料　　　　　表14-1

1. 期初数据

公司银行账启用日期2016/09/01

(1)企业:工行人民币户银行存款日记账调整前余额为:511057.16

(2)银行:工行人民币户银行对账单调整前余额为:　　511057.16

2. 对账单具体记录数据

日期	结算方式	票号	借方金额	贷方金额
2016.09.03	201	XJ001		2000
2016.09.12	202	CHD002	112000	
2016.09.15	202	CHD003		67500
2016.09.16	202	CHD004		1000

(5)账套备份。

四、实验指导

1. 查询日记账

操作员:003。

菜单路径:业务工作/财务会计/总账/出纳/现金日记账。

(1)打开"现金日记账查询条件"对话框,单击"确定"按钮,进入"现金日记账"窗口,如图14-23所示。

图14-23　现金日记账查询结果

(2)同理,可以查询银行存款日记账。

【补充说明】
　　只有在"会计科目"功能中使用"指定科目"功能指定"现金总账科目"及"银行总账科目",才能查询"现金日记账"及"银行存款日记账"。

2. 查询资金日报表

菜单路径:业务工作/财务会计/总账/出纳/资金日报。

打开"资金日报查询条件"对话框后,选择日期"2016.09.30",3级科目,勾选"包含未记账凭证",单击"确定"按钮,进入"资金日报表"窗口,如图14-24所示。

图 14-24　资金日报表查询结果

【补充说明】
（1）只有在"会计科目"功能中使用"指定科目"功能指定"现金总账科目"及"银行总账科目"，才能查询"现金日记账"及"银行存款日记账"。
（2）可以按日查询，也可以按月查询现金及银行存款日记账。

3. 支票登记簿

菜单路径：业务工作/财务会计/总账/出纳/支票登记簿。

（1）打开"银行科目选择"对话框后，单击"确定"按钮，打开"银行科目选择"对话框。

（2）单击"增加"按钮，录入或选择领用日期，也可以在编制凭证时录入相应信息。

（3）单击"保存"按钮并退出。

【补充说明】
（1）只有在总账系统的初始设置选项中已选择"支票控制"，并在结算方式设置中已设置"票据结算"标志，在"会计科目"中已指定银行账的科目，才能使用支票登记簿。
（2）当支票支出后，在填制凭证时输入该支票的结算方式和结算号，则系统会自动在支票登记簿中将该号支票写上报销日期，该支票为已报销；否则，报销日期为空，表示该支票未报销。

4. 银行对账

1）录入期初数据（首次使用时）

菜单路径：业务工作/财务会计/总账/出纳/银行对账/银行对账期初录入。

银行对账是货币资金管理的主要内容，是企业出纳员最基本的工作之一。为了能够掌握银行存款的实际金额，了解实际可以动用的货币资金数额，防止记账发生差错，企业必须定期将银行存款日记账与银行出具的对账单进行核对，并编制银行存款余额调节表。通过以下几个步骤完成：

（1）进入"银行科目选择"对话框后，选择

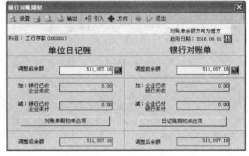

图 14-25　录入期初数据

"100201 工行存款",单击"确定"按钮,进入"银行对账期初"对话框。

(2)在单位日记账和银行对账单的"调整前余额"栏均输入"511057.16",如图14-25所示。

> 【补充说明】
> 在第一次使用银行对账功能时,应录入单位日记账和银行对账单的期初数据,包括期初余额及期初未达账项,系统自动计算银行对账单与单位日记账的调整后余额。

2)录入银行对账单

菜单路径:业务工作/财务会计/总账/出纳/银行对账/银行对账单。

(1)进入"银行科目选择"对话框后,单击"确定"按钮,进入"银行对账单"窗口。

(2)单击"增加"按钮。按照表14-1录入相应对账单数据,如图14-26所示。

(3)单击"保存"按钮,再单击"退出"按钮。

图14-26 录入银行对账单

3)自动及手工对账

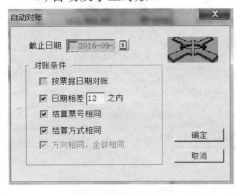

图14-27 选择自动对账条件

菜单路径:业务工作/财务会计/总账/出纳/银行对账/银行对账。

(1)进入"银行科目选择"对话框,单击"确定"按钮,进入"银行对账"窗口。

(2)单击"对账"按钮,打开"自动对账"窗口,如图14-27所示。可以按照默认条件进行对账,也可以选择其中的某一个条件进行对账。

(3)单击"确定"按钮。出现对账结果,如图14-28所示。如需手工辅助勾对,可双击"两清"栏,出现"Y"的标志。

(4)最后单击"检查",系统自动盖上绿色"平衡"章后,单击"确定"退出。

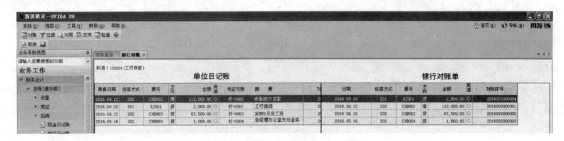

图14-28 自动对账结果

【补充说明】

(1)如果在对账单中有两笔以上的记录同日记账对应,则所有对应的对账单都应标上两清标记。这种情况一般需手工标记,因为系统只能识别对账单和日记账各一笔对应的记录。

(2)如果想取消对账可以采用单击"取消",自动取消;或双击两清栏,手工取消。

4)查询对账勾对情况

菜单路径:业务工作/财务会计/总账/出纳/银行对账/查询对账勾对情况。

(1)进入"银行科目选择"对话框后,单击"确定"按钮,进入"银行对账单"窗口。

(2)单击"银行对账单"标签,或"单位日记账"标签,分别查看银行对账单和单位日记账,如图14-29、图14-30所示。

银行对账单

科目　工行存款(100201)

日期	结算方式	票号	借方金额	贷方金额	两清标志	对账序号
2016.09.03	201	XJ001		2,000.00	○	2016093000004
2016.09.12	202	CHD002	112,000.00		○	2016093000001
2016.09.15	202	CHD003		67,500.00	○	2016093000002
2016.09.16	202	CHD004		1,000.00	○	2016093000003
合计			112,000.00	70,500.00		

图14-29　银行对账单对账勾对情况

单位日记账

科目　工行存款(100201)

凭证日期	票据日期	结算方式	票号	借方金额	贷方金额	两清	凭证号数	摘要	对账序号
2016.09.30	2016.09.12	202	CHD002	112,000.00		○	收-2	收到前欠货款	2016093000001
2016.09.30	2016.09.03	201	XJ001		2,000.00	○	付-1	工行提现	2016093000004
2016.09.30	2016.09.15	202	CHD003		67,500.00	○	付-3	发放8月份工资	2016093000002
2016.09.30	2016.09.16	202	CHD004		1,000.00	○	付-4	总经理办公室支付业务招待费	2016093000003
合计				112,000.00	70,500.00				

图14-30　单位日记账对账勾对情况

5)输出余额调节表

菜单路径:业务工作/财务会计/总账/出纳/银行对账/余额调节表查询。

进入"银行存款余额调节表"对话框后,单击"查看"按钮,进入"银行存款余额调节表"窗口,如图14-31所示。

6)核销银行账

菜单路径:业务工作/财务会计/总账/出

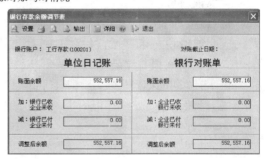

图14-31　工行存款余额调节表

纳/银行对账/核销银行账。

(1)进入"核销银行账"对话框后,单击"确定"按钮,系统提示"您是否确实要核销银行账?",单击"是"按钮,核销银行账。

(2)执行出纳/银行对账/查询对账勾对情况命令,进入"银行科目选择"对话框。

(3)单击"确定"按钮,进入"银行对账单"窗口,查看勾对后的情况。

"核销银行账"并不影响银行,存款日记账内容核销的只是核对上的记录,银行日记账记录仍在。

5.账套备份

将账套进行备份,并将账套号和名称修改为"126出纳管理日常业务完成账套"。具体操作步骤参考"实验三"实验指导中的第7步操作。

第四节 实验二十九:总账期末业务处理

一、实验目的

(1)掌握用友ERP-U8V10.1管理软件中总账管理系统中期末业务的相关内容。
(2)理解总账系统期末业务的各种操作。
(3)掌握以会计人员的身份进行定义转账分类、转账生成、对账以及结账的操作方法。
建议课时:1课时。

二、实验准备

引入"126出纳管理日常业务完成账套"的账套备份数据,将系统日期修改为"2016年9月30日",再以"002 杨易(会计)"操作员身份登录,登录时间与系统日期保持一致。

三、实验要求

(1)定义转账分录。
①设置自定义转账。
按短期借款期末余额的0.165%计提短期借款利息。
②设置对应结转。
将"应交税费—应交增值税—销项税额"的贷方发生额按照1比1的比例转入"应交税费—应交增值税—未交增值税"里。
③设置期间损益结转
将本月"期间损益"转入"本年利润"。
(2)转账生成。
(3)对账。
(4)结账。
(5)账套备份。

四、实验指导

1. 定义转账分录

1）设置自定义结转凭证

菜单路径：业务工作/财务会计/总账/期末/转账定义/自定义转账。

（1）打开"自定义转账设置"窗口后，单击"增加"按钮，打开"转账目录"对话框，输入转账序号"0001"，转账说明"计提短期借款利息"，选择"转账凭证"。单击"确定"按钮，如图14-32所示。

（2）进入"自定义转账设置"窗口，单击"增行"按钮，选择科目编码"660301 财务费用—利息支出"、方向"借"，输入金额公式"JG（ ）"。

（3）单击"增行"按钮，确定分录的贷方信息。选择科目编码"223101 应付利息—短期借款利息"、方向"贷"，双击"金额公式"栏，输入"QM（2001，月）*0.00165"，回车确认，如图14-33所示。单击"保存"按钮后退出。

图14-32 设置自定义转账目录

图14-33 自定义转账贷方金额公式设置

【补充说明】

(1) 主要的金额取数公式

①财务取数函数。

a. 格式：函数名（科目编码，会计期间，方向，辅助项1，辅助项2）。

b. 其中函数名 QM：期末余额；QC：期初余额。

c. 如：QM（2001，月，贷）。

②其他取数函数。

a. JG（ ）：取对方科目的计算结果。

b. TY（ ）：取 Access 数据库中数据。

c. 常数：取指定的常数值。

③借助公式引入向导，可使输入金额取数公式的操作更加简单。

(2) 自动转账的类型

①自定义转账。

a. 由用户自己定义转账凭证借、贷分录等，灵活结转。

b. 如，计提短期借款利息。

> ②对应结转。
> a. 对两个科目(转出、转入)进行一一对应(或者一对多)结转。
> b. 如,将"进项税额"结转到"转出多交增值税"。
> ③销售成本结转。
> 按月末商品销售数量乘以库存商品平均单价计算各类商品的销售成本,并进行结转。
> ④汇兑损益结转。
> 自动计算外币账户的汇兑损益,并进行结转。
> ⑤期间损益结转。
> 期间终了,将损益类科目余额结转到本年利润科目。

2)设置对应结转

菜单路径:业务工作/财务会计/总账/期末/转账定义/对应结转。

(1)打开"对应结转设置"窗口,录入编号"0001",单击"凭证类别"栏的下三角按钮,选择"转账凭证"。输入摘要"结转销项税额"按钮,在"转出科目"编码栏输入"22210102",或通过参照按钮选择"22210102 应交税费—应交增值税—销项税"。

(2)单击"增行"按钮,在"转入科目"编码栏输入"222102",或通过参照按钮选择"222102 应交税费—未交增值税",结转系数为1,如图14-34所示。单击"保存"按钮后退出。

图14-34 设置对应结转

3)设置期间损益结转

菜单路径:业务工作/财务会计/总账/期末/转账定义/期间损益。

打开"期间损益结转设置"窗口,单击"凭证类别"栏的下三角按钮,选择"转账凭证"。在"本年利润"栏录入"4103",或通过参照按钮选择"4103 本年利润",单击"确定"按钮,如图14-35所示。

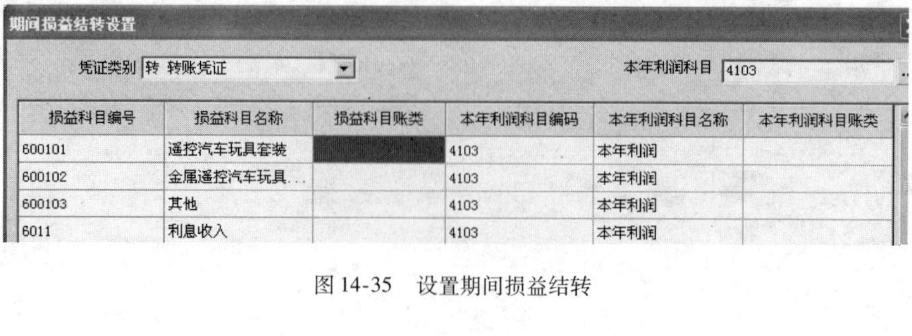

图14-35 设置期间损益结转

2. 转账生成(会计)

(1)生成计提短期借款利息的转账凭证和对应结转的转账凭证。

菜单路径:业务工作/财务会计/总账/期末/转账生成。

①打开"转账生成"窗口,选择"自定义转账"单选按钮,单击"全选"按钮,再单击"确定",生成计提短期借款利息的转账凭证,单击"保存"按钮,凭证上出现"已生成"标志,如图14-36所示。

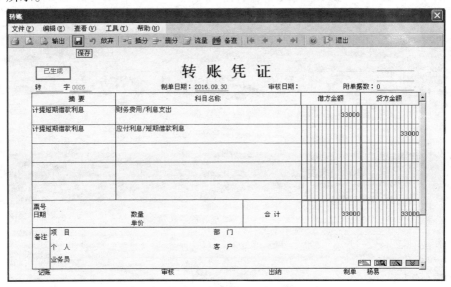

图14-36 生成计提短期借款利息的转账凭证

②在"转账生成"窗口,选择"对应结转"单选按钮,单击"全选"之后,再点击"确定",系统弹出"2016.09月或之前月有未记账凭证,是否继续结转"信息提示框,单击"是",生成对应的结转凭证,单击"保存"按钮,凭证上出现"已生成"标志,如图14-37所示。

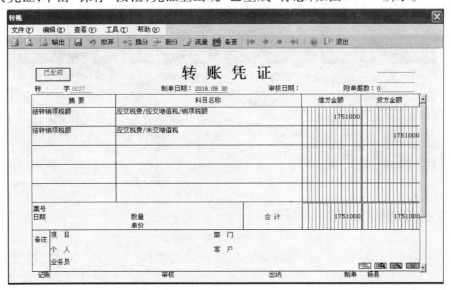

图14-37 生成对应结转的转账凭证

【补充说明】

此处特别提醒,在下面进行期间损益结转之前,需要将本月所有未记账凭证进行记账,以保证损益类科目的完整性。因此,必须由审核人员审核凭证,然后会计人员记账。再进行期间损益结转,如图14-38～图14-40所示。

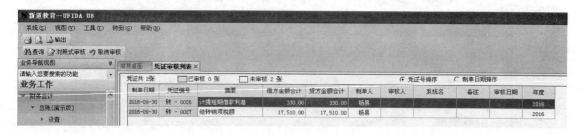

图14-38 审核凭证列表

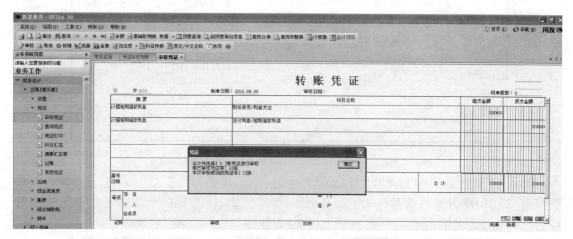

图14-39 审核签字

图14-40 会计记账

(2)生成期间损益结转的转账凭证。

菜单路径:业务工作/财务会计/总账/期末/转账生成。

打开"转账生成"窗口。选择"期间损益结转"单选按钮,单击"全选"按钮,再单击"确定"按钮,生成"期间损益结转"凭证,单击"保存"按钮,凭证上出现"已生成"标志,如图14-41所示。单击"退出"按钮退出。

(3)由审核人员审核凭证,然后会计人员记账。

【补充说明】
(1)转账凭证生成在月末进行,是针对已记账的业务进行,所以在进行月末转账工作之前,应将所有未记账的凭证记账。
(2)通过转账生成功能生成的转账凭证必须保存,否则将视同放弃。

3. 对账(会计)

菜单路径:业务工作/财务会计/总账/期末/对账。

(1)打开"对账"窗口,单击"试算"按钮,出现"2016.09 试算平衡表"。

(2)单击"确定"按钮,双击 2016.09 是否对账栏,出现"Y"标志,再单击"对账"按钮,系统开始对账,并显示对账结果,如图 14-42 所示。

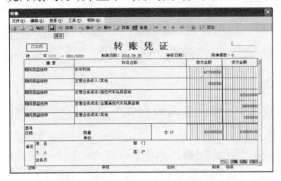

图 14-41 生成转账凭证——结转期间损益

图 14-42 对账的操作

4. 结账

【补充说明】
若操作过程中涉及了其他系统,则须先对其他系统逐一结账,再对总账结账。结账顺序如下:第一层对销售系统、采购系统、库存管理系统、存货核算系统和薪资管理系统等进行结账,此处要求销售和采购系统先结账,然后再对库存管理系统和存货核算系统等系统结账;第二层对应收管理和应付管理系统结账,此处要求必须先对销售、采购系统结账,然后才能对应收、应付系统结账。最后,即第三层在总账系统结账。具体结账操作见实验三十五。

5. 账套备份

将账套进行备份,并将账套号和名称修改为"127 总账期末业务完成账套"。具体操作步骤参考"实验三"实验指导中的第 7 步操作。

第十五章　应收应付账款管理

第一节　应收应付系统简介

在用友 ERP-U8V10.1 管理软件中，应收账款系统，通过发票、其他应收单、收款单等单据的录入，对企业的往来账款进行综合管理，及时、准确地提供客户的往来账款余额资料，提供各种分析报表，如账龄分析表、周转分析、欠款分析、坏账分析、回款分析情况分析等，通过各种分析报表，帮助用户合理地进行资金的调配，提高资金的利用效率。

应收、应付账款管理系统在设置、系统功能、系统应用方案、业务流程上都极为相似。因此，本章主要介绍应收账款管理系统。

一、系统介绍

系统根据对客户往来款项核算和管理的程度不同，提供了两种应收账款核算模型："详细核算"和"简单核算"客户往来款项两种应用方案，可供企业选择。

(1) 在应收账款管理系统中核算客户往来款项，即"详细核算"方案。

如果企业的销售业务以及应收款核算与管理业务比较复杂；或者企业需要追踪每一笔业务的应收、收款等情况；或者企业需要将应收款核算到产品一级；那么企业可以选择"详细核算"方案。

该方案下，所有的客户往来凭证全部由应收账款管理系统生成，企业可以清楚了解每笔业务详细的应收情况、收款情况及余额情况，并进行账龄分析，加强客户及往来款项的管理。

(2) 在总账管理系统中核算客户往来款项，即"简单核算"方案。

如果企业的销售业务以及应收账款业务比较简单，或者现销业务很多，则可以选择"简单核算"方案。该方案着重于对客户的往来款项进行查询和分析。

具体选择哪一种方案，可在应收款管理系统中通过设置系统选项"应收账款核算模型"进行设置。

二、系统功能

应收款管理系统主要提供了设置、日常处理、单据查询、账表管理、其他处理等功能。

1. 设置

(1) 提供系统参数的定义，用户结合企业管理要求进行的参数设置，是整个系统运行的基础。

(2) 提供单据类型设置、账龄区间的设置和坏账初始设置，为各种应收款业务的日常处理及统计分析做准备。

(3)提供期初余额的录入,保证数据的完整性与连续性。

2.日常处理

(1)提供应收单据、收款单据的录入、处理、核销、转账、汇兑损益、制单等处理。

(2)单据查询:提供各类单据、详细核销信息、报警信息、凭证等内容的单据查询功能。

3.账表管理

(1)提供总账表、余额表、明细账等多种账表查询功能。

(2)提供应收账款分析、收款账龄分析、欠款分析等丰富的统计分析功能。

4.其他处理

(1)其他处理提供用户进行远程数据传递的功能。

(2)提供用户对核销、转账等处理进行恢复的功能,以便用户进行修改。

(3)提供进行月末结账等处理。

三、系统特点

(1)系统提供两种核算模型,即"详细核算"和"简单核算",满足用户不同管理需要。

(2)系统提供了各种预警,帮助用户及时进行到期账款的催收,以防止坏账的发生,且信用额度的控制有助于随时了解客户的信用情况。

(3)系统提供功能权限的控制、数据权限的控制来提高系统应用的准确性和安全性。

(4)提供票据的跟踪管理,随时对票据的计息、背书、贴现、转出等操作进行监控。

(5)提供收付款单的批量审核、自动核销功能,并能与网上银行进行数据的交互。

(6)系统提供总公司和分销处之间数据的导入、导出及其服务功能,为企业提供完整的远程数据通信方案。

(7)提供全面的账龄分析功能,支持多种分析模式,帮助企业强化应收款管理控制。

(8)该系统既可独立运行,又可与销售管理、总账其他系统结合运用,提供完整的业务处理和财务管理信息。

第二节 实验三十:应收系统日常处理

一、实验目的

(1)理解应收系统日常处理的相关内容。

(2)掌握应收系统日常处理的相关操作,包括录入、修改和审核应收单据、收款单据;删除应收单据;核销收款单据;对应收单据、收款单据进行掌握处理。

建议课时:1课时。

二、实验准备

引入"127 总账期末业务完成账套"的账套备份数据,将系统日期修改为"2016 年 9 月 30 日",再以"002 杨易(会计)"操作员身份登录,登录时间与系统日期保持一致。

三、实验要求

（1）对全部应收单据进行审核（应收单据对应的销售专用发票已经在供应链模块的相关实验中填制完成）。

（2）制单。

（3）现结制单。

（4）账套备份。

四、实验指导

1. 对全部应收单据进行审核

操作员：002。

菜单路径：业务工作/财务会计/应收款管理/应收单据处理/应收单据审核。

（1）打开"应收单据查询条件"对话框，单击"确定"按钮，进入"应收单据列表"窗口，单击"全选"按钮。此处审核的单据包括销售发票单据和应收单据，现结发票的审核在下面"现结制单"那里操作（也可以在此一起审核，但是应勾选"包含已现结发票"复选框）。

（2）单击"审核"按钮，系统提示本次审核成功单据，如图15-1所示。

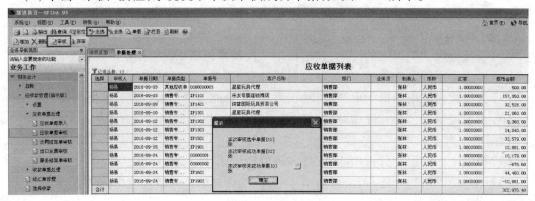

图15-1　应收单据列表

2. 制单

菜单路径：业务工作/财务会计/应收款管理/制单处理

（1）打开"制单查询"对话框，在"制单查询"对话框中，选择"发票制单"复选框，如图15-2所示。此处将发票制单和应收单制单分开做。

（2）单击"确定"按钮，进入"销售发票制单"窗口。

（3）单击"全选"按钮，单击"凭证类别"栏的下三角按钮，选择"转账凭证"，如图15-3所示。

（4）单击"制单"按钮，生成第1张转账凭证。

（5）单击"保存"按钮，如图15-4所示。单击"下一张"按钮，然后逐一生成各张凭证。

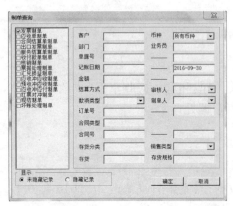

图15-2　"制单查询"对话框

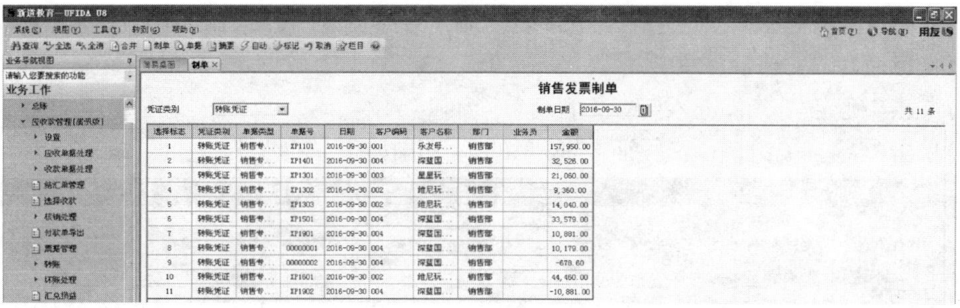

图15-3 销售发票制单

图15-4 生成凭证

【补充说明】

销售业务中有两笔退货业务(实验十七的业务三、实验二十的业务),在应收系统里生成凭证时需要手工填写贷方的"库存商品——遥控汽车玩具套装(140501)"。借贷方的科目预设在应收款管理中的基本科目初始设置中(菜单路径:业务工作/财务会计/应收款管理/设置/初始设置,具体见实验二的第21步实验),如将退货科目设置为1405后,此时生成的凭证不需要手动填写贷方科目。但在本实验中,由于1405有二级科目,初始设置中需要设置到最末级科目,此又与实际情况有可能不符,所以此处需要手工填写贷方科目,如图15-5所示。

图15-5 补全贷方科目

(6)接下来对"应收单"制单。再次打开"制单查询"对话框,在"制单查询"对话框中,选择"应收单制单"复选框。

(7)单击"确定"按钮,进入"应收单制单"窗口。

(8)单击"全选"按钮,单击"凭证类别"栏的下三角按钮,选择"付款凭证",如图15-6所示。

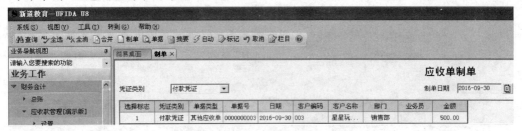

图15-6 应收单制单

(9)单击"制单"按钮,生成1张付款凭证。此时需要填写贷方科目"银行存款－工行存款",支票信息为"转账支票(202)"、票号"Z005"、发生日期"2016－09－03"。

(10)单击"保存"按钮,如图15-7所示。

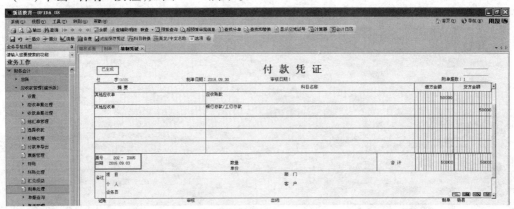

图15-7 "应收制单"生成凭证

【补充说明】
(1)凭证一经保存就传递到总账系统,再在总账系统中进行审核和记账。
(2)执行生成凭证的操作员,必须在总账管理系统中拥有制单的权限。
(3)制单日期应大于等于所选单据的最大日期,但小于当前业务日期。同时,制单日期应满足总账管理系统中制单序时要求。

3. 现结制单

菜单路径:业务工作/财务会计/应收款管理/应收单据处理/应收单审核。

(1)打开"应收单查询条件"对话框,不勾选"单据名称"类型,也不勾选日期,但是要勾选"包含已现结发票",点击"确定"。

(2)在应收单据列表中,单击"全选"按钮,单击"审核"按钮,系统提示本次审核成功单据。单击"确定"按钮退出。

(3)打开"制单查询"对话框,在"制单查询"对话框中,选"现结制单"复选框。

(4)单击"确定"按钮,进入"现结制单"窗口。单击"全选"按钮,单击"凭证类别"栏的下三角按钮,注意选择"收款凭证",如图 15-8 所示。

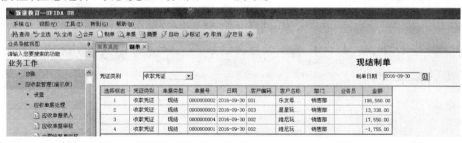

图 15-8　现结制单

(5)单击"制单"按钮,生成第 1 张转账凭证。
(6)单击"保存"按钮,如图 15-9 所示。单击"下一张"按钮,然后逐一生成各张凭证。

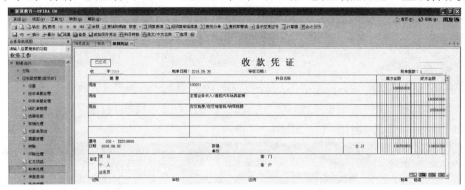

图 15-9　现结制单生成凭证

【补充说明】
①因为销售业务存在第(20)笔退货业务,所以此处需要手工填写贷方缺少的科目"主营业务收入/遥控汽车玩具套装(600101)"。
②然后,更换出纳人员对凭证签字,再更换审核人员对凭证签字,再更换会计记账。
③根据公司的具体情况,可以对现结业务选择每笔业务后及时生成凭证,也可以在月末批量审核并制单。

4.账套备份

将账套进行备份,并将账套号和名称修改为"128 应收系统日常处理完成账套"。具体操作步骤参考"实验三"实验指导中的第 7 步操作。

第三节　实验三十一:应收系统期末处理

一、实验目的

(1)理解应收系统期末处理的操作内容。
(2)掌握应收系统期末处理的相关操作。

建议课时:1课时。

二、实验准备

引入"128应收系统日常处理完成账套"的账套备份数据,将系统日期修改为"2016年9月30日",再以"002杨易(会计)"操作员身份登录,登录时间与系统日期保持一致。

三、实验要求

(1)查询统计。
①查询业务总账。
②查询科目余额表。
(2)结账。
(3)账套备份。

四、实验指导

1.查询统计
1)查询业务总账
菜单路径:业务工作/财务会计/应收款管理/账表管理/业务账表/业务总账。
打开"查询条件选择——应收总账表"对话框,单击"确定"按钮,打开"应收总账表"窗口,如图15-10所示。单击"退出"按钮退出。

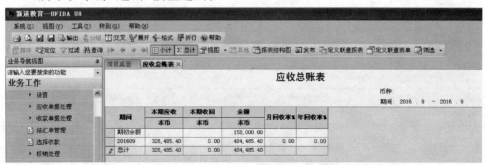

图15-10 应收总账表

2)查询科目余额表
菜单路径:业务工作/财务会计/应收款管理/账表管理/科目账查询/科目余额表。
打开"客户往来科目余额表"对话框,单击"确定"按钮,打开"科目余额表"窗口,如图15-11所示。单击"退出"按钮退出。

图15-11 科目余额表

2. 结账

菜单路径:业务工作/财务会计/应收款管理/期末处理/月末结账。

（1）打开"月末处理"对话框,双击9月份"结账标志"栏。

（2）单击"下一步"按钮,出现"月末处理—处理情况"表,如图15-12所示。

（3）单击"完成"按钮,系统弹出"9月份结账成功"信息提示框,单击"确定"。

3. 账套备份

将账套进行备份,并将账套号和名称修改为

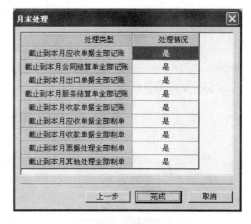

图15-12 月末处理

"129应收系统期末处理完成账套"。具体操作步骤参考"实验三"实验指导中的第7步操作。

【补充说明】

（1）如果当月业务已经全部处理完毕,应进行月末结账。只有当月结账后,才能开始下月的工作。

（2）进行月末处理时,一次只能选择一个月进行结账,前一个月未结账,则本月不能结账。

（3）在执行了月末结账后,该月将不能再进行任何处理。

第四节　实验三十二：应付系统处理

一、实验目的

（1）理解应付系统日常处理的相关内容。

（2）掌握应付系统日常处理的相关操作,学习应付系统日常业务处理的主要内容和操作方法,要求掌握应付系统与总账系统组合时应付系统的基本功能和操作方法,熟悉应付系统账簿查询的作用和基本方法。

建议课时:1课时。

二、实验准备

引入"129应收系统期末处理完成账套"的账套备份数据,将系统日期修改为"2016年9月30日",再以"002杨易（会计）"操作员身份登录,登录时间与系统日期保持一致。

三、实验要求

（1）对全部应付单据进行审核（对应采购业务的专用发票已经在供应链管理模块的实验二十一至实验二十六中填制完成）。

（2）制单。

（3）现结制单。

(4)查询统计。

(5)结账。

(6)账套备份。

四、实验指导

1. 对全部应付单据进行审核

操作员：002。

菜单路径：业务工作/财务会计/应付款管理/应付单据处理/应付单据审核。

(1)打开"应付单据查询"对话框后，单击"确定"按钮，进入"应付单据列表"窗口，单击"全选"按钮，如图15-13所示。

图15-13 审核应付单据

(2)单击"审核"按钮，系统提示本次审核成功单据。

【补充说明】

由于会计人员(杨易，操作员编号002)需要过滤出采购部主管所做的凭证，因此需要给002授权，菜单路径：系统服务/权限/数据权限分配，业务对象选择"用户"，点击"授权"，增加对采购部主管(张林，操作员编号005)、生成部主管(朱俊，操作员编号006)、销售部主管(姚军，操作员编号007)的查询、审核、撤销、关闭等功能。

2. 制单

菜单路径：业务工作/财务会计/应付款管理/制单处理。

(1)在应付账款管理系统中，执行"制单处理"命令，打开"制单查询"对话框。

(2)在"制单查询"对话框中，选择"发票制单"复选框。

(3)单击"确定"按钮，进入"采购发票制单"窗口后，单击"全选"按钮，再单击"凭证类别"栏的下三角按钮，选择"转账凭证"。

(4)单击"制单"按钮，生成第1张转账凭证。单击"保存"按钮。

(5)单击"下张"按钮，依次进行制单。

3. 现结制单

操作员：002。

菜单路径：业务工作/财务会计/应付账管理/应付单据处理/应付单据审核。

(1)打开“应付单查询条件”对话框,不勾选“单据名称”类型,也不勾选日期,但是应勾选“包含已现结发票”,单击“确定”。

(2)在应付单据列表中,单击“全选”按钮,再单击“审核”按钮,系统提示本次审核成功单据。

(3)打开“制单查询”对话框,在“制单查询”对话框中,选“现结制单”复选框,单击“确定”按钮,进入“现结制单”窗口。单击“全选”按钮,单击“凭证类别”栏的下三角按钮,注意选择“付款凭证”,再单击“制单”按钮,生成第 1 张转账凭证。单击“保存”按钮退出。

【补充说明】

(1)然后,更换出纳人员对凭证签字,再更换审核人员对凭证签字,最后更换会计人员记账。

(2)根据公司的具体情况,可以对现结业务选择每笔业务及时生成凭证,也可以在月末批量审核并制单。

4. 查询统计

1)查询业务总账

菜单路径:业务工作/财务会计/应付款管理/账表管理/业务账表/业务总账。

打开“查询条件选择—应付总账表”对话框后,单击“确定”按钮,打开“应付总账表”窗口。

2)查询科目余额表

菜单路径:业务工作/财务会计/应付款管理/账表管理/科目账查询/科目余额表。

打开“供应商往来科目余额表”对话框,单击“确定”按钮,打开“科目余额表”窗口,如图 15-14 所示。

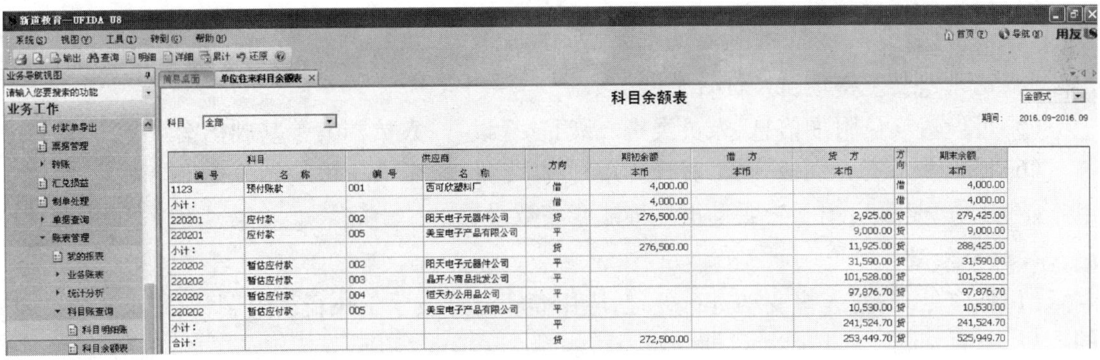

科目余额表

科目 编号	科目 名称	供应商 编号	供应商 名称	方向	期初余额 本币	借方 本币	贷方 本币	方向	期末余额 本币
1123	预付账款	001	西可欣塑料厂	借	4,000.00			借	4,000.00
小计:				借	4,000.00			借	4,000.00
220201	应付款	002	阳天电子元器件公司	贷	276,500.00		2,925.00	贷	279,425.00
220201	应付款	005	美宝电子产品有限公司	平			9,000.00	贷	9,000.00
小计:				贷	276,500.00		11,925.00	贷	288,425.00
220202	暂估应付款	002	阳天电子元器件公司	平			31,590.00	贷	31,590.00
220202	暂估应付款	003	晶开小商品批发公司	平			101,528.00	贷	101,528.00
220202	暂估应付款	004	恒天办公用品公司	平			97,876.70	贷	97,876.70
220202	暂估应付款	005	美宝电子产品有限公司	平			10,530.00	贷	10,530.00
小计:				平			241,524.70	贷	241,524.70
合计:				贷	272,500.00		253,449.70	贷	525,949.70

图 15-14 科目余额表

5. 结账

菜单路径:业务工作/财务会计/应付款管理/期末处理/月末结账。

(1)打开“月末处理”对话框,双击 9 月份“结账标志”栏。

(2)单击“下一步”按钮,出现“月末处理—处理情况”。

(3)单击“完成”按钮,系统弹出“9 月份结账成功”信息提示框。

6. 账套备份

将账套进行备份,并将账套号和名称修改为“130 应付系统处理完成账套”。具体操作步骤参考“实验三”实验指导中的第 7 步操作。

第十六章 薪资管理

第一节 薪资系统简介

一、薪资管理系统简介

薪资管理系统是用友 ERP-U8 的重要组成部门,是由工资管理系统更名而来。薪资管理系统,是人力资源管理系统的一个子系统。人力资源的核算和管理是企业管理的重要组成部分,对企业员工的业绩考评和薪酬的计算正确与否,更是关系到企业每一个职工的切身利益,对于调动职工的工作积极性、正确处理企业与职工之间的经济关系具有重要意义。薪资管理系统具有功能强大、设计周到、操作方便的特点,适用于各类企业、行政、事业与科研单位,并提供了同一企业存在多种工资核算类型的解决方案。

二、薪资管理系统功能概述

1. 初始设置

(1)设置薪资标准体系。

(2)设置调资业务。

(3)可设置代发工资的银行名称。

(4)可自定义工资项目及计算公式。

(5)可设置人员附加信息、人员类别、部门选择设置、人员档案等基础档案。

(6)提供多工资类别核算、工资核算币种、扣零处理、个人所得税扣税处理等。

(7)工资、是否启用工资变动审核等账套参数设置。

2. 业务处理

(1)调资处理:对人事变动进行处理,应用薪资标准或手工执行薪资调资;记录工资变动的项目、金额、批准时间、启新日期、截止日期。

(2)薪资档案:查看工资档案、工资变动档案。

(3)工资数据变动:进行工资数据的变动、汇总处理,支持多套工资数据的汇总。

(4)工资分钱清单:提供部门分钱清单、人员分钱清单、工资发放取款单。

(5)工资分摊:月末自动完成工资分摊、计提、转账业务,并将生成的凭证传递到总账系统。

(6)银行代发:灵活的银行代发功能,预支银行代发模板,适用于银行发放工资的企业可实现在同一工资账中的人员由不同的银行代发工资,以及多种文件格式的输出。

(7)扣缴所得税:提供个人所得税自动计算与申报功能。

3. 统计分析报表业务处理

(1)提供按月查询凭证的功能。

(2)提供工资表:工资发放签名表、工资发放条、工资卡、部门工资汇总表、人员类别汇总表、条件汇总表、条件明细表、条件统计表、多类别工资表等。

(3)提供工资分析表:工资项目分析表、工资增长分析、员工工资汇总表、按月分类统计表、部门分类统计表、按项目分类统计表、员工工资项目统计表、分部门各月工资构成分析表、部门工资项目构成分析表。

第二节 实验三十三:薪资系统初始化

一、实验目的

(1)掌握用友 ERP-U8 管理软件中薪资系统初始设置的相关内容。
(2)理解薪资系统初始设置的含义。
(3)掌握以账套主管的身份进行薪资系统初始设置的操作方法。
(4)要求掌握建立工资账套,设置各种分类、档案资料的方法;掌握设置工资项目分类和计算公式的方法。

建议课时:1 课时。

二、实验准备

引入"130 应付系统处理完成账套"的账套备份数据,将系统日期修改为"2016 年 9 月 1 日",再以"001 李建(账套主管)"身份登录,登录时间与系统日期保持一致。

三、实验要求

(1)建立工资账套。
(2)设置工资类别。
增加"在岗人员"和"退休人员"两个类别。
(3)设置人员附加信息。
本账套的人员附加信息和银行账号信息如表 16-1 所示。

人员银行账号信息　　　　　　表16-1

人员编码	人员姓名	银行账号	性　别	学　历
001	高乐	11010855001	男	硕士
002	李健	11010855002	男	硕士
003	杨易	11010855003	男	硕士
004	张军	11010855004	女	本科
005	肖华	11010855005	女	本科
006	张林	11010855006	男	硕士
007	朱俊	11010855007	男	硕士
008	姚军	11010855008	女	硕士
009	赵京	11010855009	男	硕士
010	孙红	11010855010	女	本科

(4)设置工资项目。

工资项目设置表如表 16-2 所示。

工资项目设置表 表16-2

工资项目名称	类　型	长　度	小　数	增　减　项
基本工资	数字	8	2	增项
奖金	数字	8	2	增项
岗位工资	数字	8	2	增项
交补	数字	8	2	增项
住房补助	数字	8	2	减项
缺勤天数	数字	8	2	其他
缺勤扣款	数字	8	2	减项

（5）设置银行名称。

银行编码为05；银行名称"交通银行凤城路支行"，选择"定长"，自动带出账号长度填写"8"。

（6）设置在岗人员档案。

（7）设置在岗人员工资类别的工资项目。

"在岗人员"工资计算公式为：

"应发合计"="基本工资"+"奖金"+"岗位工资"+"交补"

"实发合计"="应发合计"–"缺勤扣款"–"住房补助"–"代扣税"

（8）设置"缺勤扣款"计算公式。

奖金：iff（人员类别="管理人员",800,600）。

（9）账套备份。

四、实验指导

1. 建立工资账套

菜单路径：业务工作/人力资源/薪资管理。

（1）打开"建立工资套"对话框。在"参数设置"中，选择工资类别个数为"多个"按钮，单击"下一步"，如图16-1所示。（本书按照"在岗人员"和"退休人员"两个工资类别进行设置）

（2）选中"是否从工资中代扣个人所得税"的复选框，单击"下一步"。

（3）选择"扣零"，选择"扣零至角"，单击"下一步"。

（4）单击"完成"按钮，完成建立工资账套的过程，如图16-2所示。

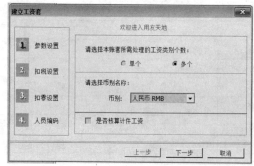

图16-1 建立工资账套–参数设置

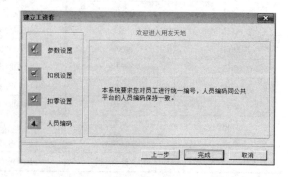

图16-2 建立工资账套–参数设置

【补充说明】

(1) 工资账套与企业核算账套是不同的概念,企业核算账套在系统管理中建立,是针对整个用友 ERP 系统而言,而工资账套只针对用友 ERP 系统中的薪资管理子系统。可以说工资账套是企业核算账套的一个组成部分。

(2) 扣零处理是指每次发放工资时将零头扣下,积累取整,在下次发放工资时补上,系统在计算工资时将依据扣零类型(扣零至元、扣零至角、扣零至分)进行扣零计算。一旦选择了"扣零处理",系统会自动在固定工资项目中增加"本月扣零"和"上月扣零"两个项目,扣零的计算公式将由系统自动定义,不用设置。

(3) 建账完成后,部分建账参数可以在"设置"/"选项"中进行修改。

2. 设置工资类别

菜单路径:业务工作/人力资源/薪资管理/工资类别/新建工资类别。

(1) 在"新建工资类别"窗口输入"在岗人员",单击"下一步"。

(2) 打开"新建工资类别—请选择部门"对话框,选择"综合部""开发部""市场部",或单击"选定全部部门"按钮,再单击"完成"。

(3) 系统提示"是否以 2016 年 9 月 1 日为当前工资类别的启用日期",单击"是",返回。

(4) 双击"关闭工资类别",单击"确定"退出。

(5) 之后以此方法再设置"退休人员"的工资类别,如图 16-3 所示。

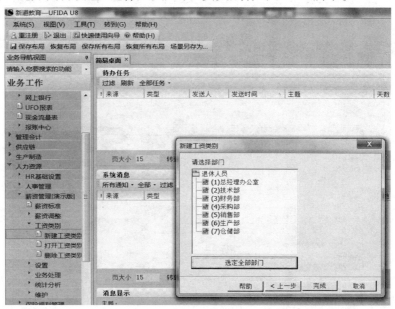

图 16-3 新建退休人员工资类别

3. 设置人员附加信息。

菜单路径:业务工作/人力资源/薪资管理/设置/人员附加信息设置。

进入"人员附加信息设置"窗口后,单击"增加",再单击栏目参照的下三角按钮,选中

"性别"后,再单击"增加",即可增加性别附加信息。以此方法继续增加"学历"项目,如图 16-4 所示。

图 16-4　人员附加信息设置

4. 设置工资项目

菜单路径:业务工作/人力资源/薪资管理/设置/工资项目设置。

(1)增加项目:基本工资、奖金、岗位工资、交补、住房补助、缺勤天数、缺勤扣款。

(2)打开"工资项目设置"对话框,单击"增加"按钮,从"名称参照"下拉列表中选择"基本工资",默认类型为"数字",小数位数为"2",增减项为"增项"。以此方法,根据表 16-2 继续增加其他的工资项目,如图 16-5 所示。

图 16-5　工资项目设置

(3)单击"确定"按钮,系统弹出"工资项目已经改变,请确认各工资类别的公式是否正确。否则计算结果可能不正确"信息提示框,点击"确定"。

5. 设置银行名称

菜单路径：基础设置/基础档案/收付结算/银行档案。

打开"银行档案"窗口，点击"增加"，进入"增加银行档案"窗口，按实验资料录入信息，如图16-6所示。单击"保存"按钮，然后退出。

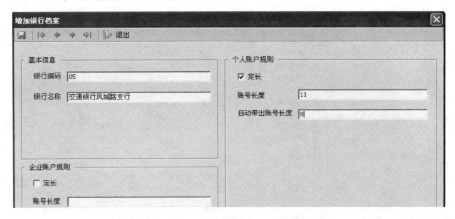

图16-6　设置银行名称信息

6. 设置在岗人员档案

菜单路径：业务工作/人力资源/薪资管理/工资类别/打开工资类别。

(1)打开"打开工资类别"对话框，选择"在岗人员"，单击"确认"，如图16-7所示。

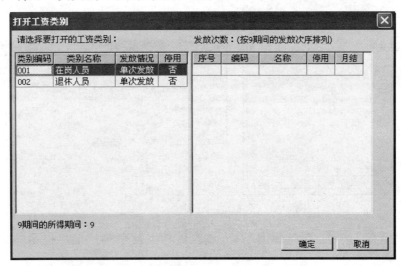

图16-7　"打开工资类别"对话框

(2)单击"设置"/"人员档案"，进入"人员档案"窗口。

(3)单击"批增"，打开"人员批量增加"对话框。

(4)在左窗口中分别单击选中在岗人员所在部门，单击"查询"按钮，出现人员列表。单击"确定"，返回"人员档案"窗口，如图16-8所示。

(5)双击每条人员档案记录行，打开"人员档案明细"对话框，在"基本信息"选项卡中，根据表16-1补充录入"银行名称"和"银行账号"信息，如图16-9所示。

267

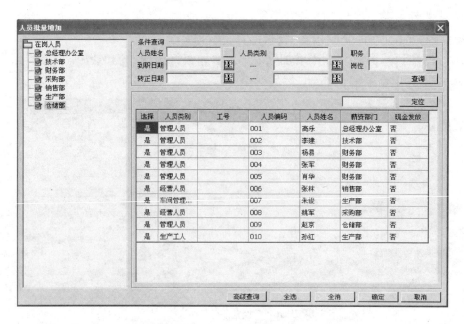

图16-8 批量增加人员

(6)单击附加信息页签,性别栏输入"男",学历栏输入"硕士",单击确认。根据表16-1的人员信息,以此方法完成其他人员档案的设置,如图16-10所示。

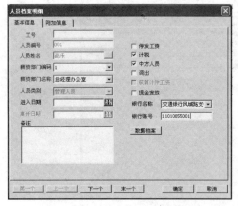

图16-9 录入银行账号信息

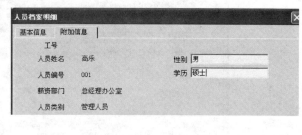

图16-10 录入附加信息

(7)单击"确定"按钮。系统弹出"写入该人员档案信息吗?"信息提示框,单击"确定"返回。

(8)继续录入其他的人员档案。

7. 设置在岗人员工资类别的工资项目以及计算公式

菜单路径:业务工作/人力资源/薪资管理/工资类别/打开工资类别。

(1)打开"在岗人员"类别对话框。

(2)执行"设置"/"工资项目设置"命令,打开"工资项目设置"对话框。

(3)单击"增加"按钮,再单击"名称参照"栏的下三角按钮,选择"基本工资",并以此方法再增加其他的工资项目。然后单击选中"基本工资",单击"上移"按钮,将基本工资项目移动到工资项目名称栏的第1行,再用上下箭头调整其他工资项目的排列顺序。

"在岗人员"工资间的数据顺序是"基本工资"—"奖金"—"岗位工资"—"交补"—"应发合计"—"缺勤扣款"—"住房补助"—"代扣税"—"扣款合计"—"实发合计"—"本月扣零"—"上月扣零"—"缺勤天数"。

(4)调整顺序之后如图16-11所示,单击"确定"退出。

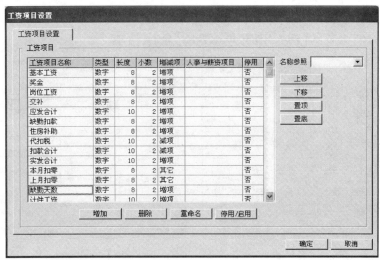

图16-11 在岗人员工资项目设置

【补充说明】

(1)在未打开任何工资账套前可以设置所有的工资项目;当打开某一工资账套后可以根据本工资账套的需要对已经设置的工资项目进行选择,并将工资项目移动到合适的位置。

(2)工资项目不能重复选择。

(3)工资项目一旦选择,即可进行公式定义。

(4)没有选择的工资项目不允许在计算公式中出现。

(5)不能删除已输入数据的工资项目和已设置计算公式的工资项目。

(6)如果所需要的工资项目不存在,则要关闭工资类别,然后在工资项目里重新增加,再回到该窗口调整工资项目顺序。

8.设置"缺勤扣款"计算公式

菜单路径:业务工作/人力资源/薪资管理/设置/工资项目设置。

(1)在"工资项目设置"对话框中,单击"公式设置"选项卡,打开"工资项目设置—公式设置"对话框。

(2)单击"增加"按钮,从下拉列表中选择"缺勤扣款"工资项目。

(3)单击"缺勤扣款公式定义"区域,在下方的"工资项目"列表中单击选择"基本工资",再单击选中"运算符"区域中的"/",在"缺勤扣款公式定义"区域中继续录入"22",单击选中"运算符"区域中的"*",再单击选中"工资项目"列表中的"缺勤天数",如图16-12

所示。缺勤扣款公式＝"基本工资/22＊缺勤天数"。

9. 设置奖金计算公式

菜单路径：业务工作/人力资源/薪资管理/设置/工资项目设置。

（1）在"工资项目设置—公式设置"界面中，单击"增加"按钮，从下拉列表中选择"奖金"，通过函数向导，设置公式。

（2）单击"函数公式向导输入"按钮，打开"函数向导—步骤之1"对话框。

（3）单击选择"函数名"列表中的"iff"，如图16-13所示。

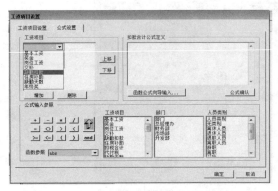

图16-12　缺勤扣款计算公式设置

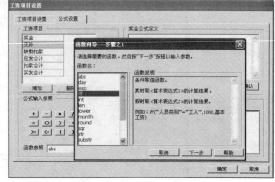

图16-13　函数向导—步骤之1

（4）单击"下一步"按钮，打开"函数向导—步骤之2"对话框。

（5）单击"逻辑表达式"栏的参照按钮，打开"参照"对话框。

（6）单击"参照列表"栏的下三角按钮，选择"人员类别"，再单击选中"管理人员"，如图16-14所示。

（7）单击"确定"按钮，返回"函数向导—步骤之2"对话框。

（8）继续单击参照按钮，选择人员类别为"管理人员"，在"算术表达式1"文本框中录入"800"，在"算术表达式2"文本框中录入"600"，如图16-15所示。

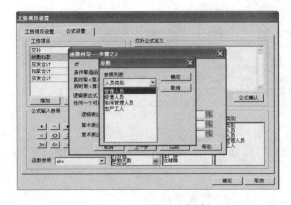

图16-14　选择人员类别

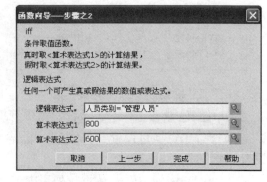

图16-15　函数向导—步骤之2

（9）单击"完成"按钮，返回公式设置界面。

（10）单击"公式确认"按钮，然后单击"确定"按钮，如图16-16所示。

第十六章 薪资管理

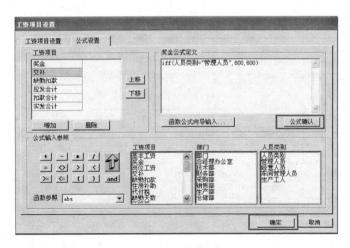

图 16-16　交通补贴公式设置

【补充说明】
也可以在公式定义栏里直接输入公式:iff(人员类别 = "管理人员",800,600),注意这里是英文双引号。

10. 账套备份

将账套进行备份,并将账套号和名称修改为"131 薪资系统初始化完成账套"。具体操作步骤参考"实验三"实验指导中的第 7 步操作。

第三节　实验三十四:薪资系统日常业务及期末处理

一、实验目的

(1)掌握用友 ERP-U8 管理软件中薪资系统日常业务的相关内容。
(2)理解薪资系统日常业务的各种操作。
(3)掌握以账套主管身份进行固定工资数据编辑及变动工资数据的方法,掌握计算个人所得税的方法和工资数据的计算和汇总的方法。
(4)掌握以会计人员的身份进行工资分配与计提,工资转账凭证生成的原理和方法。
(5)掌握以账套主管的身份进行期末操作的方法。
建议课时:2 课时。

二、实验准备

引入"131 薪资系统初始化完成账套"的账套备份数据,将系统日期修改为"2016 年 9 月 30 日",再以"001 李建(账套主管)"身份登录,登录时间与系统日期保持一致。

三、实验要求

(1)工资变动。
基本工资、岗位工资、交补和资金如表 16-3 所示。

2016年9月工资数据 表16-3

人员编码	人员姓名	行政部门名称	是否正式工	人员类别	基本工资	岗位工资	交补	奖金
001	高乐	总经理办公室	是	管理人员	4500	3000	200	800
002	李健	技术部	是	管理人员	3600	2600	200	800
003	杨易	财务部	是	管理人员	3500	2500	200	800
004	张军	财务部	是	管理人员	3000	2000	200	800
005	肖华	财务部	是	管理人员	3000	2000	200	800
006	张林	采购部	是	经营人员	3500	2500	200	600
007	朱俊	生产部	是	车间管理员	2000	1000	200	600
008	姚军	销售部	是	经营人员	3000	2000	200	600
009	赵京	仓储部	是	管理人员	3000	2000	200	800
010	孙红	生产部	是	生产工人	1500	1000	200	600

(2)扣缴所得税。

个人所得税应在"实发工资"扣除3500元后计税。

(3)银行代发。

(4)工资分摊。

分摊部门及科目信息见表16-4。

工资分摊(应付工资/应付福利费)构成设置 表16-4

	部门名称	人员类别	工资项目	借方科目	借方项目大类	借方项目	贷方科目
应付工资	总经理办公室、技术部、财务部、仓储部	管理人员	应发合计	660201			221101
	采购部、销售部	经营人员	应发合计	6601			221101
	生产部	车间管理人员	应发合计	500103	生产成本	车体加工	221101
	生产部	生产工人	应发合计	500103	生产成本	车体加工	221101
应付福利费	总经理办公室、技术部、财务部、仓储部	管理人员	应发合计	660201			221102
	采购部、销售部	经营人员	应发合计	6601			221102
	生产部	车间管理人员	应发合计	500103	生产成本	车体加工	221102
	生产部	生产工人	应发合计	500103	生产成本	车体加工	221102

(5)月末处理。

(6)查看薪资发放条。

(7)查看部门工资汇总表。

(8)对财务部进行工资项目构成分析。

(9)账套备份。

四、实验指导

1.工资变动

菜单路径:业务工作/人力资源/薪资管理/业务处理/工资变动。

(1) 打开"在岗人员"类别，再打开"工资变动"窗口，然后录入基本工资、岗位工资；奖金和交补不录入，留待计算，如图16-17所示。

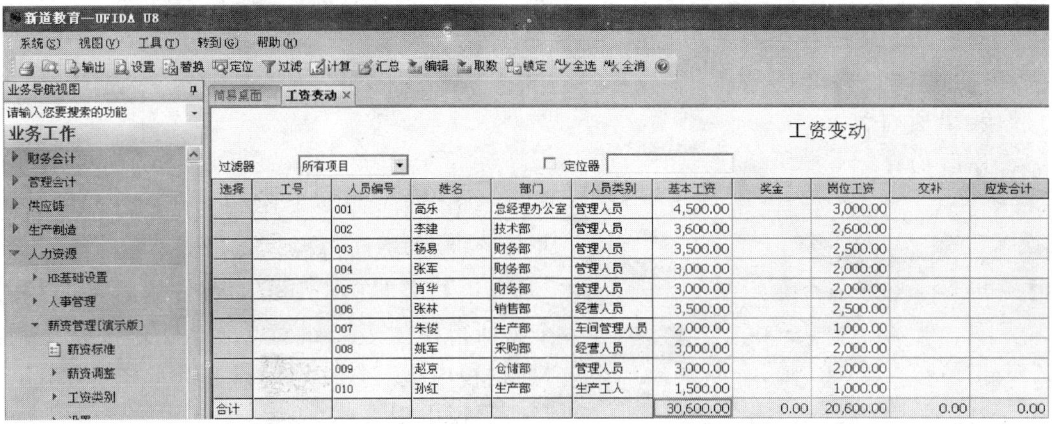

图16-17 工资变动录入基本工资

(2) 单击"全选"按钮，在人员记录的选择栏出现选择标记Y。单击"替换"按钮，打开"工资项数据替换"对话框，选择将工资项目"交补"替换成"200"。单击"确定"返回，系统弹出"数据替换后将不可恢复，是否继续？"，单击"是"按钮，系统继续提示"10条记录被替换，是否重新计算？"，单击"是"按钮，则可直接填补所有人员的交补。

(3) "交补"以及应发合计等工资项目内容，如图16-18所示。

图16-18 工资变动计算交补及应发合计

(4) 单击"汇总"，则汇总最新计算的结果。

【补充说明】

(1) 第一次使用工资系统必须将所有人员的基本工资数据录入系统。工资数据可以在录入人员档案时直接录入，需要计算的内容再在此功能中进行计算；也可以在工资变动功能中录入，当工资数据发生变动时应在此录入。

(2) 如果工资数据的变化具有规律性，可以使用"替换"功能进行成批数据替换。

(3) 在修改了某些数据、重新设置了计算公式、进行了数据替换或者个人所得税中执行了自动扣税等操作后，必须调用"计算"和"汇总"功能，对个人工资数据重新计算，以保证数据正确。

（4）如果对工资数据只进行了"计算"的操作,而未进行"汇总"操作,则退出系统时系统提示"数据发生变动后尚未进行汇总,是否进行汇总?",如果需要汇总,则单击"是"按钮,否则,单击"否"按钮即可。

2. 扣缴所得税

操作员:001。

图16-19 税率表

菜单路径:业务工作/人力资源/薪资管理/业务处理/扣缴所得税。

（1）打开"在岗人员"类别,然后点击"扣缴个人所得税报表",继续单击"打开",系统弹出"所得税申报"过滤条件查询图,单击"确定",打开所得税申报表。

（2）在所得税申报表里点击"税率",查看系统预置的所得税纳税基数是否为"3500"、附加费是否为"1300"、税率表是否与国家现行规定一致,若不一致,则需要按国家规定修订。单击"确定"后即可计算企业代缴的个人所得税,如图16-19所示。

【补充说明】

（1）个人所得税扣缴应在"工资变动"后进行,但是如果目前个人所得税的计提基数与系统中预置的不同,则应先核对个人所得税计提基数后再进行工资变动处理。如果先进行工资变动处理再修改个人所得税的计提基数,就应该在修改了个人所得税的计提基数后再进行一次工资变动处理,否则工资数据将不正确。

（2）系统默认以"实发合计"作为扣除基数,如果想以其他工资项目作为扣税标准,则需要在定义工资项目时单独为应税所得设置一个工资项目。

（3）在"工资变动"中,系统默认以"实发合计"作为扣除基数,所以在执行完个人所得税计算后,需要在"工资变动"中,执行"计算"和"汇总"功能,以保证"代扣税"这个工资项目正确地反映出单位实际代扣个人所得税的金额。

3. 银行代发

操作员:001。

菜单路径:业务工作/人力资源/薪资管理/业务处理/银行代发。

（1）单击"银行代发",打开在岗人员下面的所有部门。

（2）点击"确定",系统弹出"银行文件格式设置"对话框,银行模块选"交通银行凤城路支行",单击"确定",系统弹出"确认设置的银行文件格式?"点击"是"。

（3）进入"银行代发一览表"窗口,输出即可。

【补充说明】

银行文件格式可以进行设置。并且可以分别以TXT、DAT及DBF文件格式输出。

4. 工资分摊

【注意事项】

(1) 先给会计授权:在"系统管理"/"权限"/"权限"中给"002"增加"薪资管理"的权限。

(2) 同时给会计授予数据权限:账套主管登录企业应用平台,点击"系统服务"/"权限",打开数据权限分配对话框,选择"002 杨易",点击"授权",打开"记录权限设置"对话框,在"业务对象"中选择"工资权限",并将其设为"工资类别主管",如图 16-20 所示。

图 16-20　对会计进行数据权限分配

(3) 再以会计身份进入,进行工资分摊。

操作员:002。

菜单路径:业务工作/人力资源/薪资管理/业务处理/工资分摊。

(1) 双击"工资分摊",系统弹出"打开工资类别"对话框,选择"在岗人员",点击"确定"。

(2) 系统进入"工资分摊"对话框,选择所有部门,并勾选"明细到工资项目",如图 16-21 所示。

　　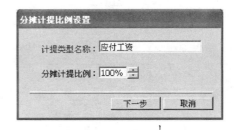

图 16-21　工资分摊对话框　　　　图 16-22　分摊计提比例设置

(3) 单击"工资分摊设置"按钮,打开"工资分摊设置"对话框。

(4) 单击"增加"按钮,打开"分摊计提比例设置"对话框。

(5) 在"计提类型名称"栏录入"应付工资",如图 16-22 所示。

(6) 单击"下一步"按钮,打开"分摊构成设置"对话框,分别选择分摊构成的各个项目内容,如图 16-23 所示。

部门名称	人员类别	工资项目	借方科目	借方项目大类	借方项目	贷方科目
总经理办公室,技术部,财务部,仓储部	管理人员	应发合计	660201			221101
采购部,销售部	经营人员	应发合计	6601			221101
生产部	车间管理人员	应发合计	500103	生产成本	车体加工	221101
生产部	生产工人	应发合计	500103	生产成本	车体加工	221101

图 16-23　"分摊构成设置"对话框

（7）单击"完成"按钮，返回到"分摊构成设置"对话框。

（8）单击"增加"按钮，在"计提类型名称"栏录入"应付福利费"，在"分摊计提比例"栏录入"14%"。对照应付工资的分摊设置，完成应付福利费的"分摊构成设置"，如图 16-24 所示。

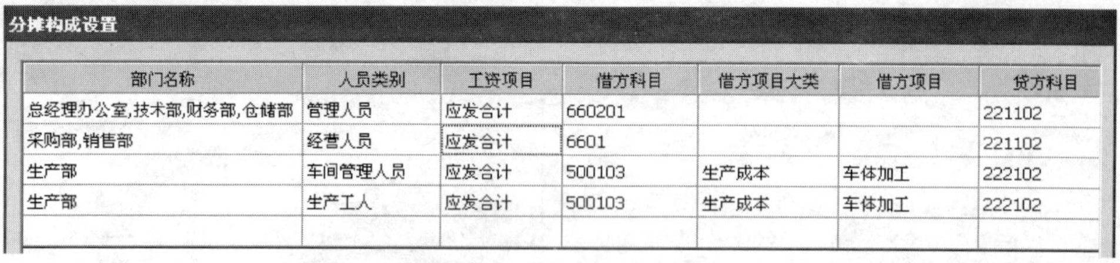

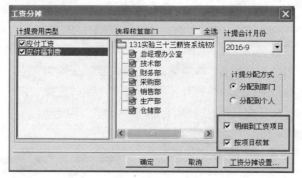

图 16-24　分摊构成设置

（9）进行工资分摊，并生成转账凭证。在"工资分摊"窗口分别选中"应付工资""应付福利费"前的复选框，并单击选中各个部门，选中"明细到工资项目"复选框，系统出现"按项目设置"复选框并勾选，如图 16-25 所示。

图 16-25　工资分摊对话框

【注意事项】

在"工资分摊"这个窗口，应勾上"按项目设置"，否则后面做凭证时会有窗口提示没有项目。

（10）单击"确定"按钮，进入"应付工资一览表"窗口，如图 16-26 所示。

图 16-26　应付工资一览表

(11)选中"合并科目项目、辅助项相同的分类"前的复选框。

(12)单击"制单"按钮,选择凭证类别为"转账凭证",单击"保存"按钮,结果如图16-27所示。

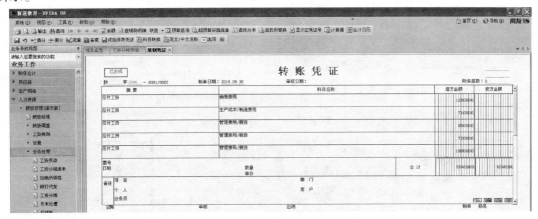

图16-27 应付工资分摊转账凭证生成

(13)单击"退出"按钮,返回"应付工资一览表"窗口。

(14)在"应付工资一览表"窗口再单击"类型"栏的下三角按钮,选择"应付福利费",生成"应付福利费一览表",并参照"应付工资"生成"应付福利费分摊"转账凭证,如图16-28所示。

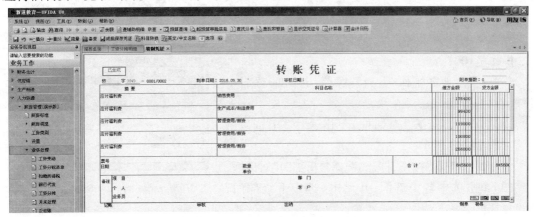

图16-28 应付福利费分摊转账凭证生成

【补充说明】

(1)工资分摊应按分摊类型依次进行。

(2)在进行工资分摊时,如果不选择"合并科目相同、辅助项相同的分录",则在生成凭证时将每一条分录都对应一个贷方科目;如果单击"批制"按钮,可以一次将所有参与本次分摊的"分摊类型"所对应的凭证全部生成。

5.月末处理(重注册为账套主管操作)

操作员:001。

菜单路径:业务工作/人力资源/薪资管理/业务处理/月末处理。

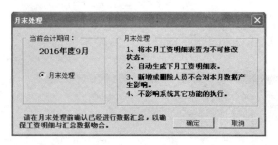

图 16-29 "月末处理"对话框

(1)先点击"打开工资类别",选择在岗人员,点击"确定"。再打开"月末处理"对话框,如图 16-29 所示。

(2)单击"确定"按钮,系统提示"月末处理之后,本月工资将不许变动!继续月末处理吗?"。

(3)单击"是"按钮,系统提示"是否选择清零项?",单击"否"按钮。

(4)系统提示"月末处理完毕",单击"确定"即可完成。

【补充说明】

(1)月末处理只有在会计年度的 1~11 月进行。

(2)如果处理多个工资类别,则应分别打开工资类别,分别进行月末处理。

(3)在进行月末处理后,如果发现还有一些业务或其他事项要在已进行月末处理的月份进行账务处理,可以由账套主管以下月日期登录,使用反结账功能,取消已结账标记。

(4)本月工资分摊、计提凭证传输到总账系统,如果总账系统已审核并集中,需做红字冲销后,才能反结账;如果总账系统未做任何操作,只需删除此凭证即可。如果凭证已由出纳或主管签字,应在取消出纳签字或主管签字,并删除该张凭证后才能反结账。

6. 查看薪资发放条

操作员:001。

菜单路径:业务工作/人力资源/薪资管理/统计分析/账表/工资表。

(1)打开"工资表"对话框,单击选中"工资发放条",如图 16-30 所示。

(2)单击"查看"按钮,打开"选择分析部门"对话框。

(3)单击选中各个部门,并单击"选定下级部门"前的复选框。

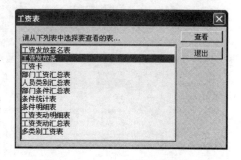

图 16-30 选中"工资发放条"

(4)单击"确定"按钮,进入"工资发放条"窗口,如图 16-31 所示。

人员编号	姓名	基本工资	奖金	岗位工资	支补	应发合计	缺勤扣款	住房补助	代扣税	扣款合计	实发合计	本月补零	上月扣零	代扣税	缺勤天数
001	高乐	4,500.00	800.00	3,000.00	200.00	8,500.00			445.00	445.00	8,055.00				
002	李建	3,600.00	800.00	2,600.00	200.00	7,200.00			265.00	265.00	6,935.00				
003	杨易	3,500.00	800.00	2,500.00	200.00	7,000.00			245.00	245.00	6,755.00				
004	张军	3,000.00	800.00	2,000.00	200.00	6,000.00			145.00	145.00	5,855.00				
005	肖华	3,000.00	800.00	2,000.00	200.00	6,000.00			145.00	145.00	5,855.00				
006	张林	3,500.00	600.00	2,500.00	200.00	6,800.00			225.00	225.00	6,575.00				
007	朱俊	2,000.00	600.00	1,000.00	200.00	3,800.00			9.00	9.00	3,791.00				
008	戚军	3,000.00	600.00	2,000.00	200.00	5,800.00			125.00	125.00	5,675.00				
009	赵京	3,000.00	600.00	2,000.00	200.00	6,000.00			145.00	145.00	5,855.00				
010	孙红	1,500.00	600.00	1,000.00	200.00	3,300.00					3,300.00				
合计		30,600.00	7,200.00	20,600.00	2,000.00	60,400.00	0.00	0.00	1,749.00	1,749.00	58,651.00	0.00	0.00	0.00	0.00

图 16-31 工资发放条

【补充说明】

(1)工资业务处理完成后,相关工资报表数据同时生成,系统提供了多种形式的报表反映工资核算的结果。如果对报表的格式不满意还可以进行修改。

(2)系统提供的工资报表主要包括"工资发放签名表""工资发放条""部门工资汇总表""人员类别汇总表""部门条件汇总表""条件统计表""条件明细表""工资变动明细表"等。

7. 查看部门工资汇总表

操作员:001。

菜单路径:业务工作/人力资源/薪资管理/统计分析/账表/工资表。

(1)打开"工资表"对话框,单击选中"部门工资汇总表",单击"查看"按钮,打开"部门工资汇总表—选择部门范围"对话框。

(2)单击选中各个部门,并单击"选定下级部门"前的复选框,单击"确定"按钮。

(3)选择"一级"部门,单击"确定"按钮,进入"部门工资汇总表"窗口,如图16-32所示。

部门工资汇总表
2016年 9月

会计月份 九月

部门	人数	基本工资	奖金	岗位工资	交补	应发合计	缺勤扣款	住房补助	扣款合计	代扣税	扣税合计	实发合计	本月扣零	上月扣零	代付税	缺勤
总经理办公室	1	4,500.00	800.00	3,000.00	200.00	8,500.00			445.00	445.00	445.00	8,055.00				
技术部	1	3,600.00	800.00	2,600.00	200.00	7,200.00			265.00	265.00	265.00	6,935.00				
财务部	3	9,500.00	2,400.00	6,500.00	600.00	19,000.00			535.00	535.00	535.00	18,465.00				
采购部	1	3,500.00	600.00	2,500.00	200.00	6,800.00			225.00	225.00	225.00	6,575.00				
销售部	1	3,000.00	600.00	2,000.00	200.00	5,800.00			125.00	125.00	125.00	5,675.00				
生产部	2	3,500.00	1,200.00	2,000.00	400.00	7,100.00			9.00	9.00	9.00	7,091.00				
仓储部	1	3,000.00	800.00	2,000.00	200.00	6,000.00			145.00	145.00	145.00	5,855.00				
合计	10	30,600.00	7,200.00	20,600.00	2,000.00	60,400.00			1,749.00	1,749.00	1,749.00	58,651.00				

图16-32 部门工资汇总表

【补充说明】

(1)部门工资汇总表提供按单位(或各部门)进行工资汇总的查询。

(2)可以选择部门级次,可以查询当月部门工资汇总表,也可以查询其他各月的部门工资汇总表。

8. 对财务部进行工资项目构成分析

操作员:001。

菜单路径:业务工作/人力资源/薪资管理/统计分析/账表/工资分析表。

(1)打开"工资分析表"对话框。

(2)单击"确定"按钮,打开"请选择分析部门"对话框。

(3)在"选择分析部门"对话框中,单击选中各个部门。

(4)单击"确定"按钮,打开"分析表选项"对话框。

(5)在单击"分析表选项"对话框中,单击"》"按钮,选中所有的薪资项目内容。

(6)单击"确定"按钮,进入"工资项目分析表(按部门)"窗口,如图 16-33 所示。

(7)单击"部门"栏的下三角按钮,选择"财务部",即可查看财务部等其他部门的工资项目构成情况。

(8)如果需要输出,可以单击"输出"按钮,保存为 excel 表。

(9)单击"退出"按钮退出。

项目	1月	2月	3月	4月	5月	6月	7月	8月	9月	月均	年度合计
基本工资									4,500.00	4,500.00	4,500.00
奖金									800.00	800.00	800.00
岗位工资									3,000.00	3,000.00	3,000.00
交补									200.00	200.00	200.00
应发合计									8,500.00	8,500.00	8,500.00
缺勤扣款											
住房补助											
代扣税									445.00	445.00	445.00
扣款合计									445.00	445.00	445.00
实发合计									8,055.00	8,055.00	8,055.00
本月扣零											
上月扣零											
代付税											
缺勤天数											
年终奖											
年终奖代扣											
工资代扣税									445.00	445.00	445.00
扣税合计									445.00	445.00	445.00
年终奖代付											
工资代付税											

图 16-33 工资项目分析(总经理办公室)

【补充说明】
对于工资项目分析,系统仅提供单一部门的分析表,用户可以在分析界面中单击"部门"栏的下三角按钮,查看该部门的工资项目构成分析。

9.账套备份

将账套进行备份,并将账套号和名称修改为"132 薪资系统日常业务及期末处理完成账套"。具体操作步骤参考"实验三"实验指导中的第 7 步操作。

第四节 实验三十五:总账期末结账业务

一、实验目的

(1)掌握用友 ERP-U8V10.1 管理软件中总账管理系统中期末结账业务的相关内容。

(2)理解总账系统期末结账业务的相关操作。

建议课时:1 课时。

二、实验准备

引入"132 薪资系统日常业务及期末处理完成账套"的账套备份数据,将系统日期修改为"2016 年 9 月 30 日",再以"005 姚军(采购主管)"操作员身份登录,登录时间与系统日期保持一致。

三、实验要求

(1)销售管理系统结账。
(2)采购管理系统结账。
(3)委外管理系统结账。
(4)库存管理系统结账。
(5)存货核算系统结账。
(6)薪资管理系统结账。
(7)应收款管理系统结账。
(8)应付款管理系统结账。
(9)期间损益结转。
(10)总账结账。
(11)账套备份。

【补充说明】
　　若操作过程中涉及了其他系统,则须先对其他系统逐一结账,再对总账结账。结账顺序如下:第一层对销售系统、采购系统、库存管理系统、存货核算系统和薪资管理系统进行结账,此处要求销售和采购系统先结账,然后再对库存管理系统和存货核算系统等系统进行结账;第二层对应收管理和应付管理系统结账,此处要求必须先对销售、采购系统结账,然后才能对应收、应付系统结账。最后,即第三层在总账系统结账。

四、实验指导

1. 销售管理系统结账

操作员:005。

菜单路径:业务工作/供应链/销售管理/月末结账。

(1)双击"月末结账"进入"结账"窗口,选中要结账的会计月份,点击"结账"按钮,如图 16-34 所示。

(2)系统弹出"是否关闭订单"的销售订单管理窗口,点击"是",如图 16-35 所示。

(3)系统弹出"销售订单查询条件"窗口,点击"确定",进入"销售订单列表"窗口。

(4)单击"全选",选中所有订单后在,再单击"批关",显示"批量关闭完毕",如图 16-36 所示。点击"确定"退出。

图 16-34　销售管理系统结账月份选择

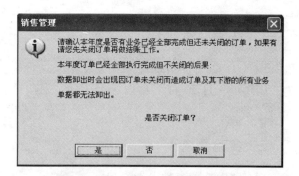

图 16-35　销售订单关闭过滤条件图

图 16-36　销售订单关闭完成

（5）再次双击"月末结账"进入"结账"窗口，点击"结账"按钮，在弹出的"是否关闭订单"窗口单击"否"，9月份销售管理系统结账完成，如图16-37所示。单击"退出"。

2．采购管理系统结账

操作员：007。

菜单路径：业务工作/供应链/采购管理/月末结账。

处理方式参考"销售管理系统结账"。

3．委外管理系统结账

操作员：007。

菜单路径：业务工作/供应链/委外管理/月末结账。

处理方式参考"销售管理系统结账"。

4．库存管理系统结账

操作员：005。

菜单路径：业务工作/供应链/库存管理/出库业务/其他出库单。

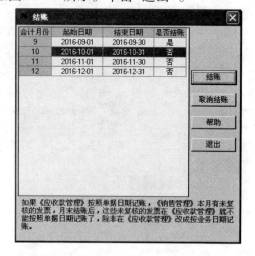

图 16-37　9月份销售管理系统结账完成

菜单路径：业务工作/供应链/库存管理/不合格品/不合格品处理单。

（1）进入"其他出库单"窗口，点击右侧"历史单据"，对 0000000001 号其他出库单据进行审核，单击"审核"按钮。

（2）进入"不合格品处理单"窗口，单击右侧"历史单据"，对 0000000001 号单据进行审核，单击"审核"按钮，如图16-38所示。

图 16-38　审核不合格品处理单

(3)双击"月末结账"进入"结账"窗口,选中要结账的会计月份,点击"结账"按钮。

(4)系统弹出"库存启用月份结账后将不能修改期初数据,是否继续结账?"窗口,点击"是",如图16-39所示。

5. 存货核算系统结账

操作员:007。

菜单路径:业务工作/供应链/存货核算/业务核算。

(1)双击"正常单据记账",进入"正常单据记账列表"窗口,点击"全选"按钮,选中所有单据后,单击"记账"按钮,如图16-40所示。

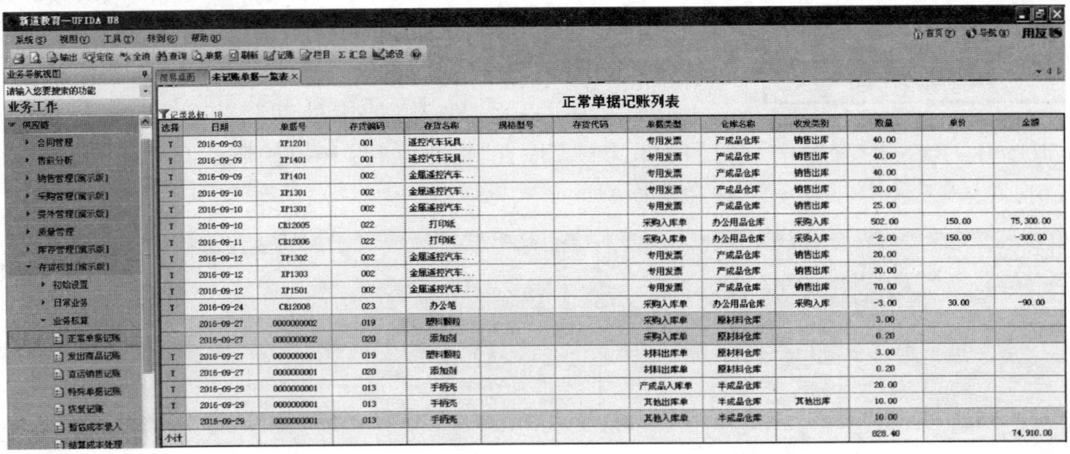

图 16-39　9月份库管理系统结账完成图

图 16-40　正常单据记账列表

（2）系统弹出"未记账单据一览表"窗口，在单价一栏输入数据"29"，如图16-41所示。

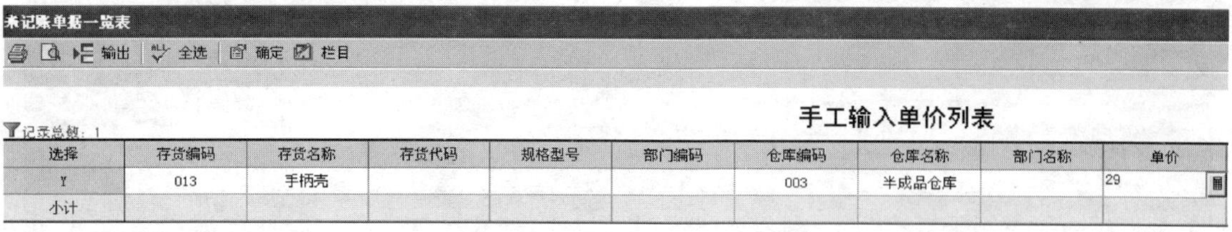

图16-41　未记账单据手工输入单价

（3）单击"确定"，系统弹出"记账成功"。

（4）单击"确定"，系统弹出3张未填写单价的入库单，如图16-42所示。

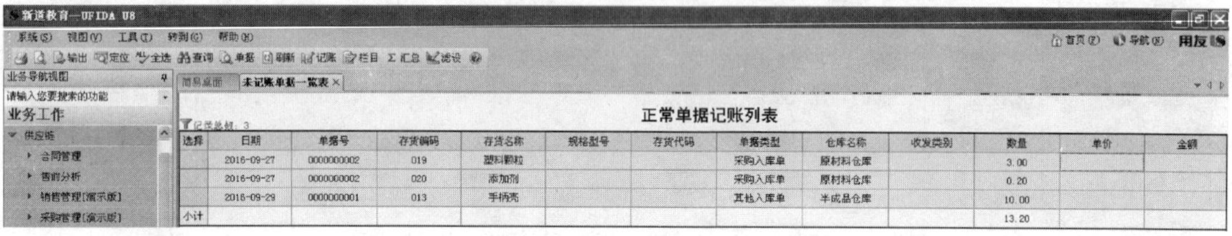

图16-42　未填写单价入库单

（5）在塑料颗粒"单价"一栏单击右键，选择"手工输入"，如图16-43、图16-44所示。

图16-43　手工输入入库单材料单价图（1）

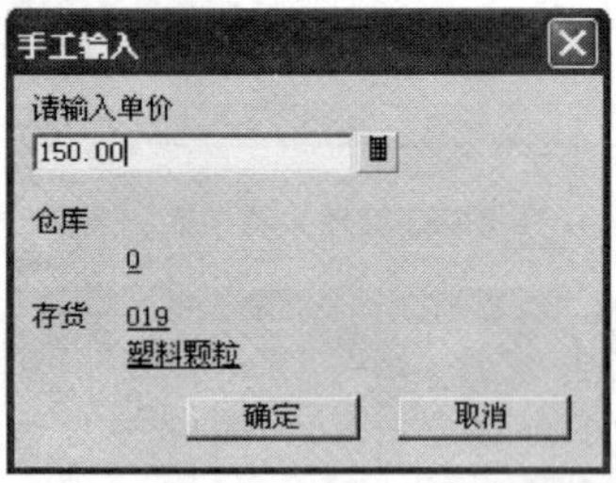

图16-44　手工输入入库单材料单价图（2）

（6）依次输入塑料颗粒单价（150）、添加剂单价（100）、手柄壳单价（29），如图16-45所示。单击"全选"按钮，选中所有单据后，单击"记账"按钮，完成记账。

（7）退出窗口后，双击"发出商品记账"，进入"发出商品记账"列表窗口，点击"全选"按钮，选中所有单据后，单击"记账"按钮，如图16-46所示。

（8）退出窗口后，双击"期末处理"，弹出"期末处理－9月"窗口，点击"检查"按钮，如图16-47所示，再单击"确定"按钮完成检测。

图16-45　手工输入入库单材料单价完成图

图 16-46　发出商品记账成功

图 16-47　期末处理检测成功

（9）点击"处理"窗口，系统弹出"仓库平均单价计算表"，如图 16-48、图 16-49 所示。

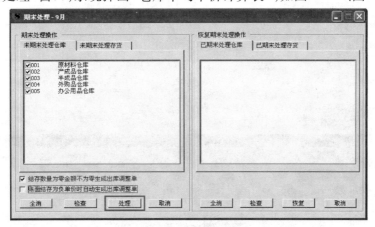

图 16-48　期末处理操作

图 16-49　仓库平均单价计算表

(10)单击"确定"按钮,期末处理完毕,如图16-50所示。

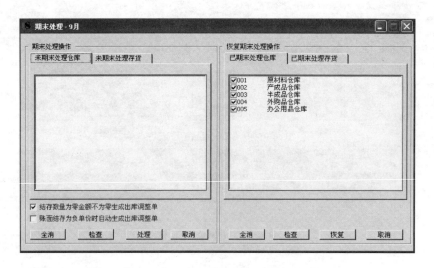

图16-50 期末处理完成图

(11)双击"月末结账",弹出"结账"对话框,单击"月结检查",完成检测,如图16-51所示。

图16-51 期末处理月结检查

(12)单击"结账"按钮,完成存货核算9月份月末结账。单击"确定"按钮退出。

6.薪资管理系统结账

1)操作员:004

菜单路径:业务工作/财务会计/总账/凭证/审核凭证。

双击"审核凭证",点击"确定",进入"审核凭证列表"窗口,进行凭证审核,如图16-52、图16-53所示。

图16-52 凭证审核列表

2)操作员:002

菜单路径:业务工作/财务会计/总账/凭证/记账。

进入"记账"窗口后,单击"全选",选中未记账凭证后,单击"记账"按钮,完成薪资管理系统的记账。

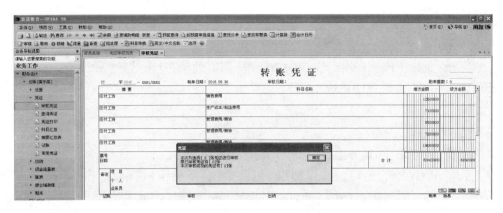

图 16-53　审核签字

【补充说明】
若在工作分摊进行过审核及记账操作,则上述操作步骤可省略。

3)操作员:001

菜单路径:业务工作/人力资源/薪资管理/业务处理/月末处理。

(1)双击"工资类别",打开"在岗人员"工资类别,如图16-54所示。

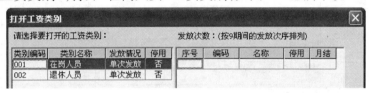

图 16-54　打开"在岗人员"工资类别

(2)打开"月末处理"对话框。

(3)点击"确定",系统弹出"月末处理之后,本月工资将不许变动!继续月末处理吗?"点击"是"。

(4)系统弹出"是否选择清零项",点击"否",月末处理完毕。

(5)对照"在岗人员",双击"工资类别",打开"退休人员"工资类别。参考"在岗人员"进行月末处理。

7.应收款管理系统结账

操作员:002。

菜单路径:业务工作/财务会计/应收款管理/期末处理/月末结账。

(1)双击"月末结账",打开"月末处理"对话框,选择结账月份。

(2)单击"下一步",所有处理类型的处理情况为"是",如图 16-55 所示。单击"完成",9月份应收款管理系统完成结账。

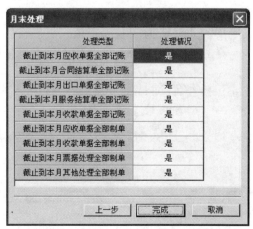

图 16-55　应收款管理系统月末处理情况

8. 应付款管理系统结账

操作员:002。

菜单路径:业务工作/财务会计/应付款管理/期末处理/月末结账。

处理方式参考"销售管理系统结账"。

9. 期间损益结转

操作员:002。

菜单路径:业务工作/财务会计/总账/期末/转账生成。

(1)打开"转账生成"窗口。选择"期间损益结转"单选按钮,单击"全选"按钮,再单击"确定"按钮,生成"期间损益结转"凭证,单击"保存"按钮,凭证上出现"已生成"标志,如图16-56所示。单击"退出"按钮退出。

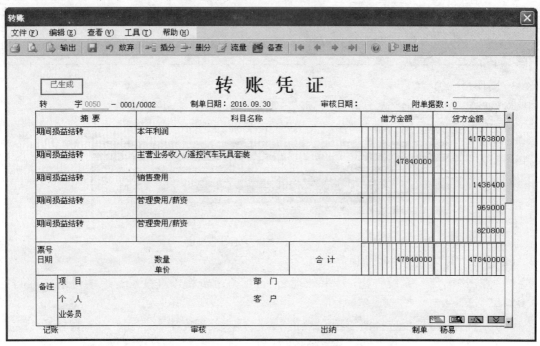

图16-56 期间损益结转转账凭证生成

(2)重注册为"004",审核人员进行凭证审核。

(3)重注册为"002",会计人员进行记账。

【补充说明】

(1)如果操作了销售、采购、库存、薪资中任何一个模块,那么这里需要再次进行"期间损益结账"的操作,如果未操作销售、采购、库存、薪资模块,则不需要再次进行期间损益结转。

(2)因本书未涉及成本系统、固定资产系统和项目管理系统,所以不再进行该系统的结账。所以直接由账套主管在"基础设置/基本信息/系统启用"进行系统注销,如图16-57所示。

图 16-57 系统注销

10. 总账结账

1）操作员：002

菜单路径：业务工作/财务会计/总账/期末/结账。

（1）打开"结账"窗口，单击"下一步"按钮，打开"结账—核对账簿"窗口。

（2）单击"对账"按钮，系统进行对账。对账完毕后，单击"下一步"按钮，打开"结账—月度工作报告"，如图16-58所示。

图 16-58 总账结账操作图

（3）单击"结账"按钮，完成结账操作，如图16-59所示。

【补充说明】

如果在结账窗口出现"2016年09月未通过工作检查，不可以结账"的信息提示框，则不能结账，须单击"上一步"，检查不能结账的原因，修改后重新结账。

289

2)反结账(取消结账)

菜单路径:业务工作/财务会计/总账/期末/结账。

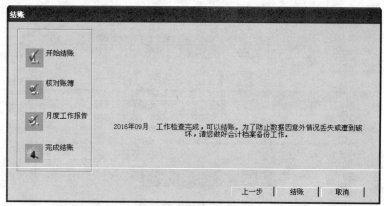

图 16-59　结账完成

打开"结账"窗口,选择欲取消结账月份,如图 16-60 所示,同时按"Ctrl + shift + F6",输入口令(无密码),最后并单击"确认",即可反结账。

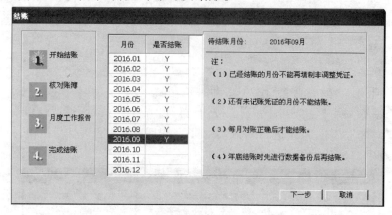

图 16-60　选择取消结账月份

【补充说明】
结账后除了查询工作,不得对本页业务进行任何操作,如果发现凭证有误需要修改,可以进行反结账,然后反记账,取消审核,然后进行修改,并重新审核、记账、结账。

11. 账套备份

将账套进行备份,并将账套号和名称修改为"133 总账期末结账业务完成账套"。具体操作步骤参考"实验三"实验指导中的第 7 步操作。

第十七章 UFO 报 表

第一节 UFO报表系统简介

用友 UFO(User's Friendly Office)报表系统是报表处理的工具,利用 UFO 报表系统既可编制对外报表又可编制各种内部报表。它的主要任务是设计报表的格式和编制公式,从总账系统或其他业务系统中取得有关会计信息自动编制各种会计报表,对报表进行审核、汇总,从而生成各种分析图,并按预定格式输出各种会计报表。

第二节 UFO报表功能概述

UFO 与其他电子表软件的最大区别在于它是真正的三维立体表,在此基础上提供了丰富的实用功能,完全实现了三维立体表的四维处理能力。UFO 的主要功能有:

(1)提供各行业报表模板

提供 33 个行业的标准财务报表模板,可轻松生成复杂报表。提供自定义模板的新功能,可以根据本单位的实际需要定制模板。

(2)文件管理功能

提供了各类文件管理功能,并且能够进行不同文件格式的转换:文本文件、*.MDB 文件、EXCEL 文件、LOTUS1-2-3 文件;支持多个窗口同时显示和处理,可同时打开的文件和图形窗口多达 40 个;同时提供了标准财务数据的"导入"和"导出"功能,可以和其他流行财务软件交换数据。

(3)格式管理功能

提供了丰富的格式设计功能,如设组合单元、画表格线(包括斜线)、调整行高列宽、设置字体和颜色、设置显示比例等,可以制作各种要求的报表。

(4)更强大的数据处理功能

UFO 以固定的格式管理大量不同的表页,能将多达 99999 张具有相同格式的报表资料统一在一个报表文件中管理,并且在每张表页之间建立有机的联系。提供了排序、审核、舍位平衡、汇总功能;提供了绝对单元公式和相对单元公式,可以方便、迅速地定义计算公式;提供了种类丰富的函数,可以从《账务》《应收》《应付》《工资》《固定资产》《销售》《采购》《库存》等用友产品中提取数据,生成财务报表。

(5)丰富的打印功能

采用"所见即所得"的打印,报表和图形都可以打印输出。提供"打印预览",可以随时观看报表或图形的打印效果。报表打印时,可以打印格式或数据,可以设置财务表头和表尾,可以在 0.3~3 倍之间缩放打印,可以横向或纵向打印等。

支持对象的打印及预览(包括 UFO 生成的图表对象和插入 UFO 中的嵌入和链接对象)。

(6)强大的二次开发功能

提供批命令和自定义菜单,自动记录命令窗中输入的多个命令,可将有规律性的操作过程编制成批命令文件。提供了 Windows 风格的自定义菜单,综合利用批命令,可以在短时间内开发出本企业的专用系统。

第三节 实验三十六:报表格式设计

一、实验目的

(1)掌握 UFO 表的格式设计、数据处理。
(2)掌握报表模板使用的工作原理和操作方法。
建议课时:1 课时。

二、实验准备

引入"133 总账期末结账业务完成账套"的账套备份数据,将系统日期修改为"2016 年 9 月 30 日",再以"001 李建(账套主管)"身份登录,登录时间与系统日期保持一致。

三、实验要求

(1)设计利润表格式,见表 17-1。

利润表   表 17-1

编制单位:年月

项目	行次	本月数	本年累计数
一、主营业务收入	1		
减:主营业务成本	2		
营业税费	3		
销售费用	4		
管理费用	5		
财务费用(收益以"-"号填列)	6		
资产减值损失	7		
加:公允价值变动净收益(净损失以"-"号填列)	8		
投资净收益(净损失以"-"号填列)	9		
其中对联营企业与合营企业的投资收益	10		
二、营业利润(亏损以"-"号填列)	11		
营业外收入	12		
减:营业外支出	13		
其中:非流动资产处置净损失(净收益以"-"号填列)	14		

续上表

项 目	行次	本月数	本年累计数
三、利润总额(亏损总额以"－"号填列)	15		
减:所得税	16		
四、净利润(净亏损以"－"号填列)	17		
五、每股收益	18		
基本每股收益	19		
稀释每股收益	20		

(2)按新会计制度设计利润表的计算公式,见表17-2。

报表中的计算公式　　　　　　　表17-2

位置	单元公式	位置	单元公式
C5	fs(6001,月,"贷",,年)	D5	?C5+select(?D5,年@=年 and 月@=月+1)
C6	fs(6401,月,"借",,年)	D6	?C6+select(?D6,年@=年 and 月@=月+1)
C7	fs(6403,月,"借",,年)	D7	?C7+select(?D7,年@=年 and 月@=月+1)
C8	fs(6601,月,"借",,年)	D8	?C8+select(?D8,年@=年 and 月@=月+1)
C9	fs(6602,月,"借",,年)	D9	?C9+select(?D9,年@=年 and 月@=月+1)
C10	fs(6603,月,"借",,年)	D10	?C10+select(?D10,年@=年 and 月@=月+1)
C11	fs(6701,月,"借",,年)	D11	?C11+select(?D11,年@=年 and 月@=月+1)
C12	fs(6101,月,"贷",,年)	D12	?C12+select(?D12,年@=年 and 月@=月+1)
C13	fs(6111,月,"贷",,年)	D13	?C13+select(?D13,年@=年 and 月@=月+1)
C14		D14	
C15	C5－C6－C7－C8－C9－C10－C11+C12+C13	D15	?C15+select(?D15,年@=年 and 月@=月+1)
C16	fs(6301,月,"贷",,年)	D16	?C16+select(?D16,年@=年 and 月@=月+1)
C17	fs(6711,月,"借",,年)	D17	?C17+select(?D17,年@=年 and 月@=月+1)
C18		D18	
C19	C15+C16－C17	D19	?C19+select(?D19,年@=年 and 月@=月+1)
C20	fs(6801,月,"借",,年)	D20	?C20+select(?D20,年@=年 and 月@=月+1)
C21	C19－C20	D21	?C21+select(?D21,年@=年 and 月@=月+1)

(3)打开自制利润表。

(4)录入关键字并计算报表数据。

(5)生成利润表数据。

(6)账套备份。

四、实验指导

1.设计利润表格式

菜单路径:业务工作/财务会计/UFO报表。

1)设置表尺寸

（1）进入 UFO 报表系统后，执行"文件"/"新建"命令，进入报表"格式"状态窗口。

（2）执行"格式"/"表尺寸"命令，打开"表尺寸"对话框。录入行数"24"、列数"4"，单击"确认"按钮，出现 24 行 4 列的表格。

【补充说明】
(1) 在单击"新建"后，系统自动生成一张空白表。
(2) 设置报表尺寸是指设置报表的大小。因此，设置表尺寸前应根据所定义的报表大小计算该表格的行数及列数，然后再设置。报表行数还应包括表头、表体和表尾。
(3) UFO 报表系统建立报表时，是一个报表簿，可以容纳多种报表。

2）定义行高和列宽

（1）单击选中 A1 单元格，执行"格式"/"行高"命令，打开"行高"对话框。

（2）录入 A1 单元所在行的行高为"12"，如图 17-1 所示。

图 17-1　设置行高

（3）单击选中 A4 单元后拖动鼠标到 A24 单元，执行"格式"/"行高"命令，打开"行高"对话框。录入 A4：A24 区域的行高为"6"，单击"确认"。

（4）单击选中 A1 单元后拖动鼠标到 A24 单元，执行"格式"/"列宽"命令，打开"列宽"对话框。录入 A1 单元所在列的列宽为"50"，单击"确认"。

（5）同理设置 B1 单元所在列的列宽为"10"；设置 C 列和 D 列列宽为"32"，单击"确认"。

3）区域划线

（1）单击选中 A4 单元后拖动鼠标到 D24 单元，执行"格式"/"区域划线"命令，打开"区域划线"对话框。

（2）按照默认样式划线，单击"确认"，如图 17-2 所示。

4）定义单元组合

（1）单击选中 A1 单元后拖动鼠标到 D1 单元，执行"格式"/"组合单元"命令，打开"组合单元"对话框。

（2）单击"整体组合"，将第 1 行组合为一个单元，如图 17-3 所示。

【补充说明】
组合单元可以整体组合，也可以按行组合，即将选中的单元合并为一行。

5）保存报表

（1）执行"文件"/"保存"命令，选择保存文件路径为"D:\账套备份"，修改文件名为"自制利润表"。

（2）单击"另存为"按钮，即可保存。

6）输入项目内容

根据实验资料表 17-1 直接在对应单元中输入所有项目内容，A1 单元输入"利润表"，输入项目后的利润表如图 17-4 所示。

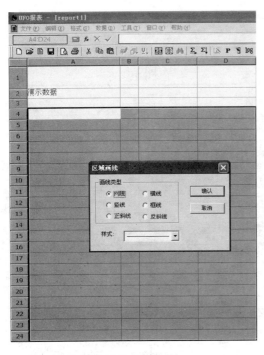
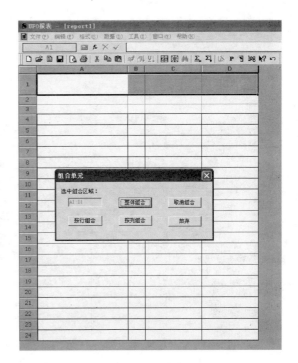

图17-2　区域划线　　　　　　　　　　图17-3　组合单元

【补充说明】

在录入报表项目时,单位名称及日期需要设置为关键字后在数据状态下填写调用,因此不需要在格式状态下手工录入。

7)设置单元属性

(1)单击选中 A1 单元,执行"格式"/"单元属性"命令,打开"单元格属性"对话框。

(2)选择"字体图案"选项卡,选择字体为"宋体",单击"字号"栏的下三角按钮,选择"28"。

(3)单击"对齐"选项卡,选择水平方向"居中"及垂直方向"居中",单击"确定"按钮。

(4)单击选中 A4 单元后拖动鼠标到 D4 单元,同理,将该区域设置为"黑体""14"号字。选择水平方向"居中"及垂直方向"居中"。

(5)以此方法在设置 A5:D24 区域的字体为"宋体""14"号字,单击"确定"按钮。设置好后,如图 17-5 所示。

【补充说明】

(1)新建的报表,所有单元的单元类型均默认为数值型。在设置单元属性时,可以分别设置单元类型、字体图案、对齐方式及边框样式等。

(2)格式状态下输入的内容均默认为表样单元。字符单元和数值单元只对本表页有效,表样单元输入后对所有的表页有效。

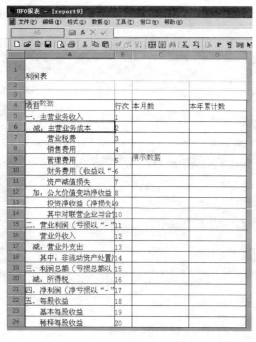

图17-4 输入项目内容　　　　　　图17-5 设置利润表格式

8）定义关键字

（1）单击选中A3单元，执行"数据"/"关键字"/"设置"命令，打开"设置关键字"对话框。

（2）选择默认的"单位名称"，单击"确定"按钮，A3单元格会显示"单位名称：××××××××"，即为关键字，如图17-6所示。

（3）同理，在C3单元中设置关键字"年"；在D3单元中设置关键字"月"，如图17-6所示。

2. 按新会计制度设计利润表的计算公式

（1）根据表17-2录入单元公式。单击选中C5单元，执行"数据"/"编辑公式"/"单元公式"命令，打开"函数向导"对话框。

（2）在函数分类列表中选择"用友账务函数"，在函数名列表中选择"发生(FS)"，如图17-7所示。

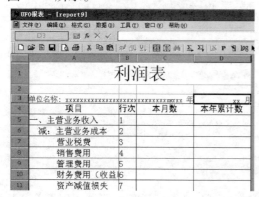

图17-6 设置关键字后的效果

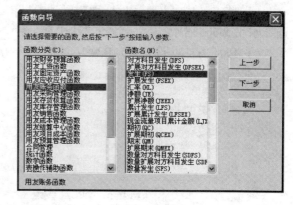

图17-7 函数向导

(3)单击"下一步"按钮,打开"用友账务函数"对话框。单击"参照"按钮,打开"账务函数"对话框。

(4)选择科目"6001"、方向"贷",单击"确定"按钮返回。

(5)可以看到在"定义公式"栏内,形成公式,如图17-8所示。单击"确认"按钮,然后,根据实验资料表17-2继续录入其他所有单元的计算公式。

图17-8 定义单元公式(2)

(6)至此,报表设计基本完成。保存报表并进行报表数据处理。

【补充说明】
(1)计算公式可以直接录入,也可以利用函数向导参照录入。注意必须在英文方式下录入计算公式。而且必须符合公式的模式,否则会被系统判定为公式错误。
(2)单元公式的作用是从账簿、凭证、本表或者其他报表等处调用运算所需要的数据,并输入相应的报表单元中,既可以将数据单元赋值为数值,也可以赋值为字符。

3. 打开自制利润表

(1)在系统中,执行"文件"/"打开"命令,打开"D:\账套备份"中的"自制利润表"报表文件。

(2)自制利润表打开后,自动进入数据处理状态,屏幕左下角的按钮显示为"数据",如图17-9所示。

4. 录入关键字并计算报表数据

(1)执行"数据"/"关键字"/"录入"命令,打开"录入关键字"对话框。

(2)录入单位名称"高乐公司"、"9"月,如图17-10所示。

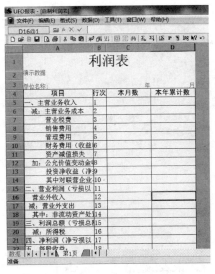

图17-9 打开利润表

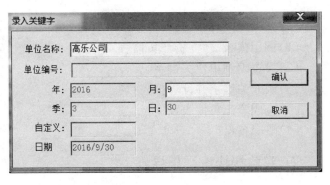

图17-10 录入关键字

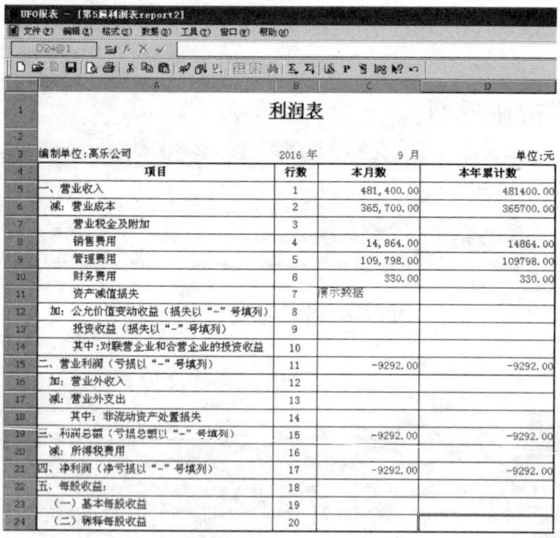

利润表

编制单位:高乐公司　　2016 年　　9 月　　单位:元

项目	行数	本月数	本年累计数
一、营业收入	1	481,400.00	481400.00
减：营业成本	2	365,700.00	365700.00
营业税金及附加	3		
销售费用	4	14,864.00	14864.00
管理费用	5	109,798.00	109798.00
财务费用	6	330.00	330.00
资产减值损失	7	演示数据	
加：公允价值变动收益（损失以“-”号填列）	8		
投资收益（损失以“-”号填列）	9		
其中:对联营企业和合营企业的投资收益	10		
二、营业利润（亏损以“-”号填列）	11	-9292.00	-9292.00
加：营业外收入	12		
减：营业外支出	13		
其中：非流动资产处置损失	14		
三、利润总额（亏损总额以“-”号填列）	15	-9292.00	-9292.00
减：所得税费用	16		
四、净利润（净亏损以“-”号填列）	17	-9292.00	-9292.00
五、每股收益:	18		
（一）基本每股收益	19		
（二）稀释每股收益	20		

图 17-11　计算利润表数据

(3)单击“确认”按钮,系统提示“是否重算第 1 页”,单击“是”按钮,系统自动计算报表数据并显示计算结果,如图 17-11 所示。

5. 生成利润表数据

(1)执行“文件”/“保存另存为”命令,选择保存文件路径为“D:\账套备份”,录入文件名为“9 月份利润表”。

(2)单击“另存为”按钮,即可保存。

6. 账套备份

将账套进行备份,并将账套号和名称修改为“134 UFO 报表格式设计完成账套”。具体操作步骤参考“实验三”实验指导中的第 7 步操作。

第四节　实验三十七:利用报表模板生成报表

一、实验目的及要求

(1)掌握报表格式设计的内容和方法。

(2)掌握报表数据处理的内容和方法。

(3)熟练使用报表模板生成会计报表。

(4)了解自制报表模板的方法。

建议课时:1 课时。

二、实验准备

引入“134 UFO 报表格式设计完成账套”的账套备份数据,将系统日期修改为“2016 年 9 月 30 日”,再以“001 李建(账套主管)”身份登录,登录时间与系统日期保持一致。

三、实验要求

(1)调用模板,建立资产负债表。

(2)设置编制单位关键字。

(3)录入关键字并计算报表数据。

(4)生成资产负债表数据。

(5)账套备份。

四、实验操作流程指导

1. 调用模板,建立“资产负债表”

(1)在 UFO 报表系统中,执行“文件”/“新建”命令,打开报表的“格式”状态窗口。

(2)执行“格式”/“报表模板”命令,打开“报表模板”对话框。

(3)单击“您所在的行业”栏的下三角按钮,选择“2007 年新会计制度科目”,再单击“财务报表”栏的下三角按钮,选择“资产负债表”。

(4)单击“确认”按钮,系统弹出“模板格式将覆盖本表格式！是否继续?”信息提示框。

(5)单击“确定”按钮,打开按“2007 年新会计制度科目”设置的“资产负债表”,如图 17-12 所示。

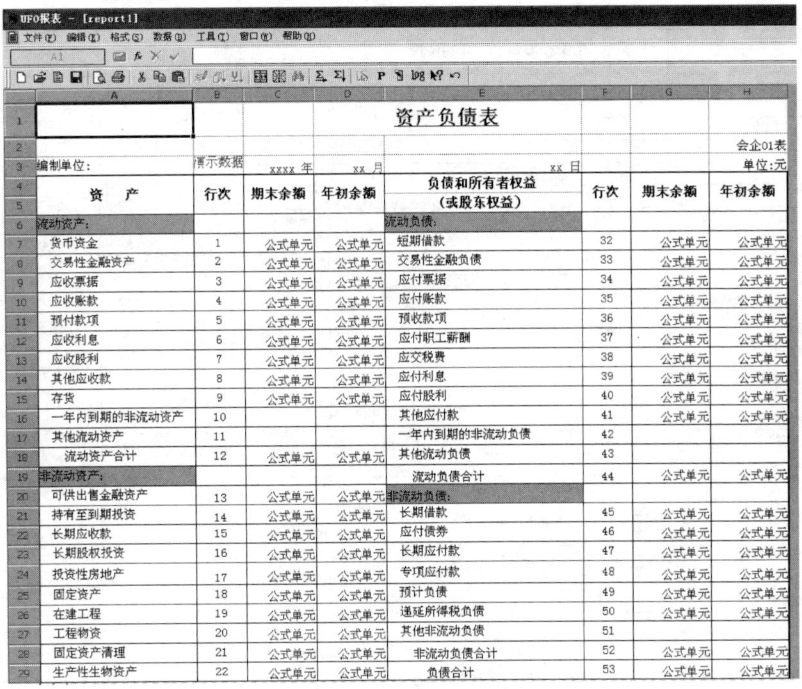
UFO报表 - [report1]
文件(F) 编辑(E) 格式(S) 数据(D) 工具(T) 窗口(W) 帮助(H)

资产负债表

会企01表

编制单位： 演示数据 xxxx 年 xx 月 xx 日 单位:元

资产	行次	期末余额	年初余额	负债和所有者权益（或股东权益）	行次	期末余额	年初余额
流动资产:				流动负债:			
货币资金	1	公式单元	公式单元	短期借款	32	公式单元	公式单元
交易性金融资产	2	公式单元	公式单元	交易性金融负债	33	公式单元	公式单元
应收票据	3	公式单元	公式单元	应付票据	34	公式单元	公式单元
应收账款	4	公式单元	公式单元	应付账款	35	公式单元	公式单元
预付款项	5	公式单元	公式单元	预收款项	36	公式单元	公式单元
应收利息	6	公式单元	公式单元	应付职工薪酬	37	公式单元	公式单元
应收股利	7	公式单元	公式单元	应交税费	38	公式单元	公式单元
其他应收款	8	公式单元	公式单元	应付利息	39	公式单元	公式单元
存货	9	公式单元	公式单元	应付股利	40	公式单元	公式单元
一年内到期的非流动资产	10			其他应付款	41	公式单元	公式单元
其他流动资产	11			一年内到期的非流动负债	42		
流动资产合计	12	公式单元	公式单元	其他流动负债	43		
非流动资产:				流动负债合计	44	公式单元	公式单元
可供出售金融资产	13	公式单元	公式单元	非流动负债:			
持有至到期投资	14	公式单元	公式单元	长期借款	45	公式单元	公式单元
长期应收款	15	公式单元	公式单元	应付债券	46	公式单元	公式单元
长期股权投资	16	公式单元	公式单元	长期应付款	47	公式单元	公式单元
投资性房地产	17	公式单元	公式单元	专项应付款	48	公式单元	公式单元
固定资产	18	公式单元	公式单元	预计负债	49	公式单元	公式单元
在建工程	19	公式单元	公式单元	递延所得税负债	50	公式单元	公式单元
工程物资	20	公式单元	公式单元	其他非流动负债	51		
固定资产清理	21	公式单元	公式单元	非流动负债合计	52	公式单元	公式单元
生产性生物资产	22	公式单元	公式单元	负债合计	53	公式单元	公式单元

图 17-12　资产负债表模板

【补充说明】

(1)在调用报表模板时,一定要注意选择本单位的行业相应的会计报表,否则不同行业的会计报表内容不同。

(2)如果被调用的模板与实际需要的格式或公式不完全一致,可以对其进行修改;也可以将自定义的报表模板加入到系统提供的模板库中。

2. 设置编制单位关键字

(1)在报表“格式”状态窗口中,单击选中 A3 单元。

(2)在编制单位后面录入“高乐公司”。也可以将单位名称设置为关键字,然后录入关键字。

3. 录入关键字并计算报表数据

(1)在报表“格式”状态窗口中,单击“数据”按钮,系统提示“是否确定全表重算?”。

(2)单击“否”按钮,进入报表的“数据”状态窗口。

(3)在报表的“数据”状态窗口中,执行“数据”/“关键字”/“录入”命令,打开“录入关键字”对话框。录入各项关键字“年”、“月”、“日”的日期,单击“确认”按钮。系统提示“是否重算第 1 页?”。

(4)单击“是”按钮,生成资产负债表的数据,如图 17-13、图 17-14 所示。

资产负债表

编制单位：高乐公司　　　2016 年 9 月 30 日　　　单位：元

资产	行次	期末余额	年初余额	负债和所有者权益（或股东权益）	行次	期末余额	年初余额
流动资产：				流动负债：			
货币资金	1	771,355.86	517,532.86	短期借款	32	200,000.00	200,000.00
交易性金融资产	2			交易性金融负债	33		
应收票据	3			应付票据	34		
应收账款	4	358,485.40	144,000.00	应付账款	35	529,949.70	276,500.00
预付款项	5	4,000.00	4,000.00	预收款项	36		
应收利息	6			应付职工薪酬	37	76,412.00	8,550.00
应收股利	7			应交税费	38	22,258.70	-16,800.00
其他应收款	8	1,900.00	4,000.00	应付利息	39	330.00	
存货	9	3,445,057.74	3,497,107.74	应付股利	40		
一年内到期的非流动资产	10			其他应付款	41	600.00	600.00
其他流动资产	11			一年内到期的非流动负债	42		
流动资产合计	12	4,580,799.00	4,166,640.60	其他流动负债	43		
非流动资产：				流动负债合计	44	829,550.40	468,850.00
可供出售金融资产	13			非流动负债：			
持有至到期投资	14			长期借款	45		
长期应收款	15			应付债券	46		
长期股权投资	16			长期应付款	47		
投资性房地产	17			专项应付款	48		
固定资产	18	211,739.09	211,739.09	预计负债	49		
在建工程	19			递延所得税负债	50		
工程物资	20			其他非流动负债	51		
固定资产清理	21			非流动负债合计	52		
生产性生物资产	22			负债合计	53	829550.40	468850.00

图 17-13　生成资产负债表 1

生产性生物资产	22			负债合计	53	829550.40	468850.00
油气资产	23			所有者权益（或股东权益）：			
无形资产	24	58,500.00	58,500.00	实收资本（或股本）	54	2,671,802.00	2,609,052.00
开发支出	25			资本公积	55		
商誉	26			减：库存股	56		
长期待摊费用	27			盈余公积	57		
递延所得税资产	28			未分配利润	58	1,349,685.69	1,358,977.69
其他非流动资产	29			所有者权益（或股东权益）合计	59	4,021,487.69	3,968,029.69
非流动资产合计	30	270239.09	270239.09				
资产总计	31	4851038.09	4436879.69	负债和所有者权益（或股东权益）总计	60	4,851,038.09	4,436,879.69

图 17-14　生成资产负债表 2

【补充说明】

（1）在数据状态中录入关键字后，系统会提示"是否重算第 1 页？"，可以单击"是"直接计算，也可以单击"否"暂不计算。

（2）在编制报表时，可以选择整表计算或表页计算、整表计算是将该表的所有表页全部进行计算，而表页计算仅是将该表页的数据进行计算。

4. 生成资产负债表数据

执行"文件"/"另存为"命令，在"D:\账套备份"中将文件保存为"9 月份资产负债表"。

5. 账套备份

将账套进行备份，并将账套号和名称修改为"135 模板生成报表完成账套"。具体操作步骤参考"实验三"实验指导中的第 7 步操作。

参 考 文 献

[1] 刘正刚,田军.ERP制造系统原理[M].北京:机械工业出版社,2013.
[2] 韩景倜,劳帼龄,曾庆丰,等.ERP综合实验[M].北京:机械工业出版社,2010.
[3] 李继鹏,董文婧,李勉.用友ERP供应链管理系统实验教程[M].北京:清华大学出版社,2016.
[4] 张莉莉,武钢.用友ERP生产管理系统实验教程[M].北京:清华大学出版社,2016.
[5] 薛春.ERP实验教材[M].北京:中国人民大学出版社,2012.
[6] 张莉莉.新编用友ERP生产管理系统实验教程[M].北京:清华大学出版社,2009.
[7] 赵新建,宋郁,周宏.新编用友ERP供应链管理系统实验教程[M].北京:清华大学出版社,2009.
[8] 王新玲,赵彦龙,蒋晓燕.新编用友ERP财务管理系统实验教程[M].北京:清华大学出版社,2009.
[9] 王新玲,李孔月,康丽.用友ERP财务管理系统实验教程(U8 V10.1版)[M].北京:清华大学出版社,2013.
[10] 王新玲,汪刚,赵婷.会计信息系统实验[M].北京:清华大学出版社,2013.
[11] 龚中华,何平.用友ERPU8(V8.72)模拟实战——财务、供应链和生产制造[M].北京:人民邮电出版社,2016.
[12] 陈荣秋,马士华.生产运作管理[M].4版.北京:机械工业出版社,2013.
[13] 陈启申.ERP——从内部集成起步[M].2版.北京:电子工业出版社,2005.
[14] 何平,龚中华.用友ERP-U8培训教程——财务核算/供应链管理/物料需求计划[M].2版.北京:人民邮电出版社,2010.
[15] 张瑞君.蒋砚章.会计信息系统[M].7版.北京:人民大学出版社,2015.
[16] 潘家轺.现代生产管理学[M].3版.北京:清华大学出版社,2011.

《ERP综合实验教程》图书试验账套使用说明

1. 本书中引用的实验账套是建立在SQL sever 2008 R2基础上,若读者之前安装的SQL sever为2005版本,可能会出现无法读取实验账套的情况,请安装SQL sever 2008 R2版本,64位版本和32位版本均可。若读者自行建立账套,则不受数据库版本的限制。

2. 用友ERP-U8 V10.1试用版软件和SQL sever 2008 R2试用版软件的安装程序已经上传,读者可自行下载。具体链接为:http://pan.baidu.com/s/1o8ArDPo ,密码:usp6。

3. 本书中涉及的实验账套共有36个,已经全部上传,读者可自行下载。具体链接为:http://pan.baidu.com/s/1gfNwZkB,密码:i7pz。

技术支持:王老师
邮箱:xixi333@163.com